广州市市政工程设计研究院
Guangzhou Municipal Engineering Design & Research Institute

华南地区中心城镇基础设施建设技术指引

隋　军　吴坚如　宁平华　胡勇有　吴纯德　编著

廣東省出版集團
广　东　科　技　出　版　社
·广　州·

图书在版编目（CIP）数据

华南地区中心城镇基础设施建设技术指引/隋军等编著．—广州：广东科技出版社，2009.11

ISBN 978－7－5359－4884－7

Ⅰ．华… Ⅱ．隋… Ⅲ．城镇—基础设施—基本建设—华南地区 Ⅳ．F299.24

中国版本图书馆CIP数据核字（2009）第193094号

责任编辑：尹少群
责任校对：C・Y
责任印制：LHZH
出版发行：广东科技出版社
（广州市环市东路水荫路11号 邮码：510075）
E－mail：gdkjzbb@21cn.com
http：//www.gdstp.com.cn
经 销：广东新华发行集团股份有限公司
印 刷：佛山市浩文彩色印刷有限公司
（地址：南海区狮山科技工业园A区 邮码：528225）
规 格：889mm×1 194mm 1/16 印张17.75 字数420千
版 次：2009年11月第1版
2009年11月第1次印刷
定 价：38.00元

编 著 人 员

编　　著：隋　军　吴坚如　宁平华　胡勇有　吴纯德

参编人员：李世杰　魏立新　刘良贵　汪传新　吴粤军

陈贻龙　王定文　程　瑾　孙志民　牛　樱

周建华　谢　磊　李希平　李鲁健

自　序

随着中央关于积极稳妥推进城镇化进程，促进小城镇健康发展的战略部署逐步落实，以及我国城市化水平的提高和城镇经济社会的全面发展，完善小城镇，特别是中心城镇的基础设施，提高其基础设施的水平与功能质量，优化小城镇发展布局，扩大重点小城镇的发展规模已成为我国未来城镇发展的一项重要内容。

2000 年 5 月 29 日至 30 日，广东省委、省政府在广州召开了全省城乡建设工作会议，会议的主题是“加快城乡建设，推进城市化进程”。2000 年 7 月 ~ 8 月，省委、省政府连续颁发了《关于加快城乡建设，推进城市化进程的若干意见》（粤发［2000］8 号）和《关于推进小城镇健康发展的意见》（粤发［2000］10 号）两个重要文件，明确提出到 2010 年全省城市化水平达 50% 以上。把中心镇建设成为设施完善、环境优美、适宜创业发展和生活居住、管理高效、经济繁荣的现代化新型城区，成为城市拓展和城市文明向广大农村辐射的重要载体和依托，成为现代化大都市的重要组成部分，彻底走出传统小城镇建设的旧模式。

在未来几年内，华南地区将迅速发展中心城镇。作为中心城镇发展支持的基础设施建设，必将全面开展。目前中心城镇基础设施规划、建设和管理维护过程中仍存在十分突出的问题，诸如规划滞后、标准偏低、建设随心所欲、程序操作性不强、管理弱化等等，不能真正指引城镇建设，与中心城镇发展定位和建设目标存在较大差距，迫切需要相关指引对华南地区中心镇基础设施建设进行政策引导和技术指引，以确保其顺利进行。通过推进中心镇建设，最大限度地保护耕地，保护资源，促进政府的观念更新、职能转变和管理服务水平的提高。

本书是在广东省建设厅下达的有关城镇化研究要求和广州市建设委员会委托开展城镇化研究课题的基础上，根据华南地区的城镇具类似性的特点，对华南地区中心城镇进行研究的结果。尽管全书试图从规划，基础设施配备、建设及管理，以及法律、法规和政策制定等诸方面给出一个较为系统的指引，但因涉及面广，各个因素的相关程度深，必然存在一些不足和许多值得今后更深入研究的内容。现今出版此书所期望的，是能为国家的城镇化提供具广泛交流作用的材料，能对华南地区乃至全国中心城镇的基础设施建设起到有所借鉴的作用。

作　者
2009 年 9 月

目　　录

前　　言

第一编　交通设施

第二编　城镇保障设施

前　言

随着我国城市化水平的提高和城镇经济社会的全面发展，小城镇特别是中心城镇的基础设施完善程度、功能质量和设施水平等需要进一步提高。优化小城镇发展布局、扩大重点发展的小城镇的规模、加强基础和公共设施建设、完善小城镇的功能是我国未来城镇发展的一项重要内容。

在未来几年内，华南地区将迅速发展中心城镇。作为中心城镇发展支持的基础设施建设，必将全面开展。在中心城镇基础设施规划、建设和管理维护过程中仍存在十分突出的问题，诸如规划滞后、标准偏低、操作性不强等，不能真正指导城镇建设，与中心城镇发展定位和建设目标存在较大差距，迫切需要相关的规范、指引对华南地区中心镇基础设施建设进行政策引导和技术指导，以确保其顺利进行。通过推进中心镇建设，最大限度地保护耕地，保护资源，促进政府的观念更新、职能转变和管理服务水平的提高。

2003 年 6 月广州市召开农村工作会议，会议提出，加快农村中心镇建设，是从根本上解决广州“三农”问题的必由之路。广州现有 200 多万农民，建设 10 个左右中心镇就能够有效地解决好农民的问题，推进农村城市化。广州市市委、市政府决定，当前及今后一段时间，广州将重点建设 15 个中心镇。要把中心镇建成广州周边的“卫星城”，每个中心镇中心区约 20km^2、可容纳 20 万人左右的规模。把中心镇建设成为设施完善、管理高效、环境优美、经济繁荣、适宜创业发展和生活居住的现代化新型城区，成为城市拓展和城市文明向广大农村辐射的重要载体和依托，成为广州现代化大都市的重要组成部分，彻底走出传统小城镇建设的旧模式。所以，本文所指的中心城镇是在城市体系中，位于中间层次的，人口在 20 万～50 万之间、交通条件较好、综合发展水平较高的建制镇甚至乡镇。从功能上看，中心城镇在整个城镇体系中处于承上启下的中间位置，上为城市分担过于饱和的集聚功能，下为广大的小城镇提供进一步聚集的桥梁和渠道。

中心城镇的基础设施建设不仅是中心镇居民生产和生活所必需的基本设施，不仅是中心城镇进行各项经济和社会活动的保障体系，而且应具备中心城镇的鲜明特点和功能，即功能完善，规模大，区域中心地位显著，辐射能力强劲，可带动其他小城镇及农村经济社会的全面发展，特别要解决好中心城镇和周边镇基础设施和公共设施的共建、共享问题。所以，本文中基础设施是指为中心城镇生产和居民生活提供公共服务的物质工程设施，是中心城镇赖以生存和发展的基础条件。基础设施是一个系统工程，它主要包括 6 大系统，即交通运输系统、供水排水系统、能源供应系统、邮电通讯系统、环保环卫系统、防卫防灾安全系统。

中心城镇基础设施建设不同以往小城镇基础设施建设模式，需要技术先进、功能齐全、能量充足、布局合理、彼此协调与之相匹配的基础设施支持，确保中心城镇健康、可持续性发展。因此，急需制定关于中心城镇基础设施建设的引导性规范和技术，为中心城镇基础设施规划、建设和维护的行政主管部门提供政策性引导，为实施技术人员提供技术指导。

《华南地区中心城镇基础设施建设技术指引》的编制，将使中心城镇的基础设施的建设在规划之前就有据可依，在建设和管理之中有章可循，从而一切朝着合理、先进、实用和协调的方向发展，将为华南地区中心城镇基础设施建设提供有力的技术支撑和政策引导，并可为广东省乃至全国中心城镇的基础设施建设中起到示范和借鉴作用。

《华南地区中心城镇基础设施建设技术指引》可作为中心城镇基础设施规划、建设和维护的相关的中心镇地方官员、行政管理人员以及基层工程技术人员培训读物。

《华南地区中心城镇基础设施建设技术指引》编写中所参照或参考的技术规范与标准见附录。

第一编

交通设施

第 1 章　中心城镇道路设施技术指引

1.1　道路的基本概念

1.1.1　中心城镇道路的分类、功能

1.1.1.1　中心城镇道路的分类

1）按城市骨架的分类

a. 快速路。

又称城市快速干道，是城市中为联系城市各组团的中、长距离快速机动车交通服务的道路，属全市性交通主干道。快速路是大城市交通运输的主要动脉，同时也是城市与高速公路联系通道。

b. 主干路。

又称城市主干道，是城市中主要的常速交通道路，主要为相邻组团之间和与城市中心区的中距离运输服务，是联系城市各组团及与城市对外交通枢纽联系的主要通道。主干路在城市道路网络中起骨架作用。大城市的主干路多以交通功能为主，除可分为以货运或客运为主的交通性主干道外，也有少量主干路可以成为城市主要的生活性大道。

c. 次干路。

城市各组团内的交通干道。次干路联系主干路，并与主干路组成城市干道网，在交通上主要起集散交通的作用，同时又兼具生活性服务功能。次干路又可分为交通性次干道和生活性次干道。

d. 支路。

又称城市一般道路或地方性道路，是城市一般街坊道路，在交通上起汇集性作用，是直接为用地服务，以生活性服务功能为主的道路。

表 1－1　按城市骨架分类的道路交通功能关系

类别	位置	交通特性						
快速路 主干路 次干路 支路	组团间 组团间 组团内 组团内	交通性 ⇩ 生活性	货运为主 ⇩ 客运	高速 ⇩ 低速	隔离性大 ⇩ 不需隔离	交叉口间距大 ⇩ 交叉口间距小	机动车流量大 ⇩ 机动车流量小	无自行车、步行流量小 ⇩ 自行车、步行流量大

2）按道路功能的分类

城市道路按功能分类的依据是道路与城市用地的关系，按道路两旁用地所产生的交通流的性质来确定道路的功能。可分为两大类：

a. 交通性道路。

是以满足交通运输为主要功能的道路，承担城市主要的交通流量及与对外交通的联系。其特点是车速高、车辆多、车行道宽、道路线形要符合快速行驶的要求，道路两旁要避免建造吸引大流量人流的公共建筑。根据车流的性质有可分为：

①货运为主的交通干道。

②客运为主的交通干道。

③客货混合性交通道路。

b. 生活性道路。

是以满足城市生活性交通要求为主要功能的道路，主要为城市居民购物、社交、游憩等活动服务，以步行和自行车交通为主、机动交通较少。可分为：

①生活性干道。

②生活性支道。

3）按交通目的的分类

a. 疏通性道路。

要求畅通、快捷。如城市中的快速路、交通性干道等。疏通性道路应与对外交通系统有好的衔接作用。

b. 服务性道路。

要求能便于直接服务于用地。通常是城市次干道、支路等，服务性道路上的车速较低，要有较多的供车辆停放的车位。两侧用地为生活性居住、商业等时，要有较好的步行环境；两侧用地为工业仓库等时也应对车速加以限制。

1.1.1.2 中心城镇道路的功能

①交通功能。

②城市构造功能。

③城市空间功能。

④防火避灾功能。

⑤景观环境美化功能。

⑥绿化系统构成功能。

1.1.2 中心城镇交通出行特点

1）自行车出行比例呈下降趋势

虽然自行车数量呈上升趋势，但居民利用自行车作为交通工具的出行方式的比例不断下降，从1984年的34.05%下降到1998年的21.47%。但在CBD区内，尤其是在道路比较狭窄、人流又较多分区，自行车仍然是较为理想的交通工具。

2）小汽车不断增加，摩托车将逐渐减少

随着小汽车的不断增加，市区居民利用小汽车出行的比例骤增，由1992年的1.4%增加到1998年的7.3%。利用摩托车出行的比例提高很快，由1984年的0.37%增加到1992年的6.4%，再到1998年的10.35%，摩托车占如此大的比例全国少见。摩托车噪音大、道路利用率低、交通安全性低并会阻碍机动车行车。目前如广州市等城市市区已开始采取限制摩托车使用政策。

3）公共交通出行比例过低

随着各项政策的制定，公交服务水平的提高，公共交通出行比例将进一步上升。虽然公交线路和车辆不断增加，但利用公共交通出行的比例一直很低。公共汽车线路缺乏统一规划，往往造成在高峰时段、在人流最集中的地区众多公共汽车争相停靠、互不相让，造成交通拥挤。公交车不能有效地疏导人流，通勤人士不能通过公交方式准时到达目的地，所以很多人不得不选择摩托车或自行车。

4）交通流量方面

中心城镇主要交叉口的交通流量很多情况下处于接近饱和的状况，在道路几何的限制下，应尽可能采用各种先进的交通管理设施及手段。

1.1.3 中心城镇道路现状及特点

1）城市道路网布局特点

目前广州市城市道路布局为：2 个环线（指内环和外环）；2 个半环（指城区东面的华南路和东北部的北二环）；8 条联络线（包括增槎路、广园西路、永福路、黄埔大道、东晓路、花地大道、珠江大桥、新滘南路）；15 条放射线（指是呈放射形状的广清高速路、广花路、机场高速路、新广从路、京珠高速路及华南路、广汕路、广惠高速路、广深高速路、广佛高速路等）；16 纵主干路（包括花地大道，如意坊线，康王路，解放路，江南大道，东濠涌高架路，良太路，旧广从路，广州大道，天河东路，科韵路，珠吉路，丰乐路，夏港大道，东江大道，槎神大道，铁路西线，106 国道，机场西路，一环线，大观路，车陂路）；16 横主干路（包括白云六线，白云五线，白云四线，黄石路，云溪路，白云一线，环市东路，天河路，中山大道，护林路，黄埔东路，东风路，中山路，寺右路，花城大道，花蕾路，宝岗北路，鹤洞路，昌岗路，新港路，工业大道，南洲路，芳村大道，324 国道）。广州市大力发展高速公路和快速路，北二环、新机场、广清、广惠、广佛、广深、京珠等高速公路和华南快速路、广园路等快速路已相继建成使用。目前，以广州为中心，广州环城高速、珠三角二环高速、珠三角外环高速共 3 个环路，广清高速、京珠高速、广惠高速、广深高速、广深沿江高速、广珠东线高速、广珠西线高速、广佛高速和广肇高速共 9 条放射线的立体高速公路网正在形成。

2）目前中心城镇道路存在的主要问题

①建成区道路面积率偏低。

②交通方式结构不合理。

③停车空间严重不足。

④交通管理手段落后，交通守法意识淡漠。

1.2 中心城镇道路建设的必要性和可行性

1.2.1 道路是中心城镇不可缺少的基础设施

1.2.1.1 道路是组织交通运输、满足人们日常出行的基础设施

城市道路作为城市地面运输工具的载体，为各类汽车、电动车、无轨电车、摩托车、轻骑、自行车、人力车等交通工具及行人提供行驶的通道与网络系统。其中心城镇的道路基础建设关系到社会经济的发展及人们日常工作生活的开展。

1.2.1.2 道路为城镇公共设施的配置提供了必要空间

城市道路的网络系统构成城市公共空间与网络走廊，为城市提供良好的通风、采光与生活空间。同时也为城市公共设施的配置提供了必要的空间，人们在城市内部为维持现代社会生活和各种日常活动，需要在道路用地内安装或埋设各类市政工程管线设施，并使这些设施的服务水平能够保证通过市内各住宅、机关、建筑物等，为其提供良好的服务功能。

1.2.1.3 道路是中心城镇功能小区划分的基础

城市主次干道具有框定城市土地使用性质和划分社区与居住区范围，构成城市平面空间骨架与支撑体系，为城市中心商务区、生活居住区、工业区等不同性质规划区域的形成起了分隔与支撑作用，同时由主干路、次干路、环路、放射路所组成的交通网络，构造了城市的骨架体系和筋脉网络将城市各分区的大小单位组成功能各殊的有机整体。道路建设是城镇功能小区划分的基础和重要依据，对广州中心城镇的功能布局、发展方向等起重要作用。

1.2.2 中心城镇道路建设的可行性

1.2.2.1 城市政府相关部门的政策和财政支持

现阶段广州市制定有明确的远期交通战略，着力加强交通基础设施建设，构建高效、便捷的城镇交通系统，扭转普遍地区交通混乱和“长堵”的交通现象，综合运输能力不断加强，在交通改善方面取得了长足的进步，基本实现广州市“一年一小变，三年一中变，十年一大变”的规划发展目标。2003年广州城市建设固定资产投资160亿元（不含城市维护费68.30亿元），比2002年增长16.2%，其中城市道路总长度4 496 km，比2002年增长1.1%，城市道路面积6 370万m^2，比2002年增长2.8%。

为加快城市市郊城市化建设，广州市按照卫星城的标准高起点编制中心镇镇域规划、镇区规划和中心村规划等3个层次规划。2003年，广州市政府投入7 500万元，首批重点扶持的沙湾、太平、江高、狮岭和石滩5个中心镇的基础设施建设，远期规划发展目标每个中心镇面积约20 km^2，人口约20万。目前，5个中心镇建设已全面铺开20个建设项目，总投资达到2.86亿元。小城镇创建“四个一”样板工程活动取得新的成效，全年共有23个项目被评为“四个一”样板工程。

1.2.2.2 社会经济发展的推动

广州是广东省省会城市，华南地区的政治、经济和文化中心，毗邻香港地区和澳门地区，是华南地区区域性中心城市、交通通讯枢纽。近年来，广州国民经济发展迅速，综合实力大大增强。2003年，广州市国内生产总值达到3 466.63亿元，比2002年的3 001.7亿元增长15.5%。广州市的人均国内生产总值从1978年的907元，增长到2002年的4.19万元，仅次上海，居十大城市第二位。

2004年广州市经济社会发展预期目标为生产总值（GDP）增长12%，全社会固定资产投资增长10%，实际利用外资增长9%，外贸出口总额增长10%，城镇居民人均可支配收入增长6%。

1.2.2.3 道路规划水平的提高

随着城市经济的发展，城市交通需求量急剧增长，城市交通问题日趋严重。城市道路规划理论也不断提高，趋于成熟。城市道路交通规划理论体系的发展已有近50年的历史，欧美发达国家从20世纪50年代至60年代开始就进行大规模的城市交通基础设施建设，学术界对城市交通基础设施建设提供理论的指导，提出了城市道路交通规划理论体系，也就是城市交通基础设施建设的决策支持系统。

1.2.2.4 道路施工技术的发展

随着近年来城市道路建设的发展，道路施工工艺和技术也有了飞快的发展，取得了许多突破性的系列成果，如高路堤修筑技术、软土地基处理新技术、高边坡处理新技术等等，这些都给中心城镇道路建设提供了良好的技术基础和条件。

1.3 中心城镇道路系统规划

中心城镇道路系统是城镇各种功能用地的“骨架”，又是城镇进行生产和生活活动的“动脉”。中心城镇道路系统布局是否合理，直接关系到城镇是否可以合理、经济地运转和发展。

1.3.1 中心城镇道路系统规划的基本原则和要求

1.3.1.1 满足组织中心城镇各部分用地布局的“骨架”要求

①中心城镇各级道路应成为划分城镇各分区、组团、各类城镇用地的分界线。

②中心城镇各级道路应成为联系城市各分区、组团、各类城镇用地的通道。

③中心城镇道路的选线应有利于组织城镇的景观，并与城镇绿地系统和主体建筑相配合形成城镇的“景观骨架”。

1.3.1.2 满足中心城镇交通运输的要求

①道路的功能必须同毗邻道路的用地（道路两旁及两端的用地）的性质相协调。

②中心城镇道路协调完整，交通均衡分布。

③道路系统要有利于实现交通分流。

④道路系统应与城镇对外交通有方便的联系。

1.3.1.3 满足城镇环境的要求

中心城镇道路的布局应尽可能使建筑用地取得良好的朝向，道路的走向最好由东向北偏转一定的角度（一般不大于15°），要结合城镇绿地规划，把绿地中的新鲜空气，通过道路引进城镇。

1.3.1.4 满足各种工程管线布置的要求

中心城镇公共事业和市政工程管线，如给水管、雨水管、污水管、电力电缆、照明电缆、通讯电缆、供热电缆、煤气管道及地上架空线杆等一般都沿道路敷设。城镇道路应根据城市工程管线的规划为管线的敷设留有足够的空间。道路系统还应与城镇人防工程规划密切配合。

1.3.2 中心城镇道路规划标准和网络结构形式

1.3.2.1 中心城镇道路规划标准

1）中心城镇道道路网规划建议指标

中心城镇道路规划取决于规划的要求及交通量的要求。中心城镇道路网规划的建议指标见表1－2。

表1－2 中心城镇道路网规划建议指标

项目	中心镇人口（万人）	干路	支路
机动车设计速度（km/h）	10	40	20
	20	40	20
道路网密度（km/km^2）	10	3～4	3～5
	20	2～3	2～4
道路中机动车车道条数（条）	10	4～6	2～4
	20	6～8	4～6
道路宽度（m）	10	25～35	14～16
	20	30～40	20～25

2）中心城镇道路机动车道宽度

在中心城镇道道路机动车道规划设计时，要根据不同的交通组织确定机动车道的具体尺寸。目前规范规定大型车道宽3.75 m，小型车道宽3.5 m，停车道宽3.0 m。然而根据广州市的实际调查结果及部分城市的实际经验，机动车道的宽度可适当缩窄。广州市道路横断面规划研究中采用的车道宽度见表1－3所列。

表1－3 机动车道宽度

设计速度（km/h）	>60	40～60	20～40	<20
大型车道（m）	3.75	3.75	3.5	3.5
小型车道（m）	–	3	3	3

3）中心城镇道路网系统规划

中心城镇道路分为公路和村镇道路两类。公路的分类分级参见《公路工程技术标准》（JTG B01—2003)。《村镇规划标准》（GB50188—93）规定，村镇道路按技术条件可分为一级道路、二级道路、三级道路、四级道路。村镇道路系统的组成，应符合表 1－4 的规定。

表 1－4　村镇道路系统组成

村镇层次	规划规模分级	道路分级			
		一级	二级	三级	四级
中心镇	大型	●	●	●	●
	中型	○	●	●	●
	小型	－	●	●	●
一般镇	大型	－	●	●	●
	中型	－	●	●	●
	小型	－	○	●	●
中心村	大型	－	○	●	●
	中型	－	－	●	●
	小型	－	－	●	●
基层村	大型	－	－	●	●
	中型	－	－	○	●
	小型	－	－	－	●

注：表中●表示应设的级别；○表示可设的级别。

1.3.2.2　道路网络结构形式

中心城镇道路网络形式有：方格网式、环形放射式、自由式、混合式等。

1）方格网式道路系统

方格网式又称棋盘式，是最常见的一种道路网类型，它适应于地形平坦的城镇。用方格网道路划分的街坊形状整齐，有利于建筑的布置，由于平行方向由多条道路，交通分散，灵活性大，但对角线方向的交通联系不便。

2）环形放射式道路系统

这种道路系统有利于中心城镇对市区及郊区的相互联系，在功能上有一定的优点，但也容易把外围的交通迅速引入城镇中心地区，引起交通在城镇中心过分的集中。

3）自由式道路系统

自由式道路常是由于地形起伏变化较大，道路结合自然地形呈不规则状布置而形成的。这种类型的路网没有一定的格式，变化很多，非直线系数较大。

4）混合式道路系统

由于历史的原因，中心城镇的发展经历了不同的阶段，同时存在几种类型的道路网，组合而成为混合式的道路系统。常见的混合式是方格网加环形放射式的道路系统，还有一种常见的是由一两条主要交通干道作为纽带，好像脊椎骨一样联系着各类较小范围的道路网而形成的。

1.3.3　中心城镇道路系统规划的程序

中心城镇道路系统规划不是一项单独的工程技术设计，而是受到很多因素的影响和制约的。一般规划程序如下：

1.3.3.1　现状调查，资料准备

①中心城镇用地现状和地形图：比例一般为 1∶5 000，一般还要有 1∶500 的地形图作定线校核用。

②中心城镇发展经济资料：包括城镇发展期限、性质、规模、经济和交通运输发展资料。

③中心城镇交通现状调查资料：包括城镇机动车、非机动车数量统计资料；城镇道路及交叉口的机动车、非机动车、行人交通量分布资料和对外过境交通资料。

④中心城镇布局和交通系统初步方案，城镇土地使用初步规划方案。

1.3.3.2 城镇道路系统初步规划方案设计

针对现状存在的交通问题，考虑城镇发展和用地的调整，从“骨架”和“功能”的角度提出道路系统初步规划方案。

1.3.3.3 道路规划初步方案

道路规划初步方案包括车辆、交通量增长的预测，交通的城市、分布和在道路上交通量的分配的预测，以及根据交通量对道路面积和密度的预测。

根据土地使用规划和交通规划的方案确定道路系统初步规划方案，并对道路的红线、横断面、交叉口等细部进行研究，提出道路系统规划设计及重要交通节点的设计方案，考虑其经济合理性。

1.3.3.4 绘制道路系统规划图

道路系统规划图包括平面图和横断面图。平面图要标出中心城镇主要用地的功能布局，干道网中心线，线形控制点的位置、坐标及高程，交通节点及交叉口的平面形状规划方案，比例为1:2 000或1:1 000。横断面图要标出道路红线控制宽度，断面形式及标准断面尺寸，比例为1:100或1:50。

1.3.3.5 编制道路系统规划文字说明

道路系统规划文字说明力求简洁、明了。

1.3.4 中心城镇交通组织管理规划

交通组织的目的是以满足规划年度交通需求为出发点，合理组织中心城镇道路网的交通运行，提高道路的有效利用率和道路通行能力，减少道路的交通拥挤程度、交通事故的发生频率以及因交通拥挤、事故等造成的出行时间延长，降低油耗、减少废气排放等，实现交通管理的智能化和高效率。总体目标是实现交通指挥现代化、管理数字化和信息网络化。

1）交通工程技术原则

a. 交通分离原则。

即将城市道路上不同类型、不同方向、不同速度的车辆以及行人，在时间或者空间上进行分离。比如快慢车画线分道或物体隔离，设置专用道路、立交等。

b. 交通量控制和调节原则。

综合运用多种策略措施，从时间、方向、区域、道路功能等方面来对交通量进行控制和调节。如设置单行线、路线的限时限车种通行、繁华商业区禁止货车通过等。

c. 按交通性质疏导的原则。

即对不同交通性质的车辆有区别地进行引导限制。如对客运交通、货运交通分别考虑，客运交通优先，开辟过境路线，引导过境交通避开市区等。

d. 公共交通优先原则。

在世界范围内，公共交通优先已经成为城市交通发展的主题。具体到我国的实际情况，优先发展大容量、高效率的公共交通则是解决城市交通问题的唯一出路，因此必须对中心城镇公共交通的发展提供明确的优先政策和技术措施，如设置公交专用道等。

2）交通组织思想方法原则

a. 换位思维原则。

交通组织调整，特别是单行、禁左、禁限措施的调整，在方案实施前，首先要站在禁限对象的角度查找是否有时空出路。

b. 以人为本，方便出行原则。

交通组织不应以方便管理为出发点，而应以方便大多数人出行为准则。

c. 通行能力资源配置原则。

这是道路交通组织的基础，源于管理学中的“木桶原理”，即长短不齐的木片箍成木桶，桶内盛水的多少取决于最短木片。长短木片代表道路不同路口的通行能力、桶内容量代表道路所能通过的最大车流量。

d. 路权分配原则。

通行能力分配的实质是路权分配。路权分配不仅是要为管理者创造执法条件，更重要的是要让不同的交通行为人看懂各自的时间路权和空间路权。

e. 动静态交通组织相结合原则。

在路网静态通行能力资源配置基础上，根据路网各节点流量负荷，进行流量流向的动态调整。

f. 渐变原则。

交通组织调整应按调整作用力度大小循序渐进，选取调整方式的顺序依次为调信号配时，调渠化车道、调禁限流向、调禁限车种。

1.3.4.1 中心城镇内部交通组织

1）货车禁行区域与货车禁行线路

a. 实施货车禁行的理论依据。

一般货车车辆外廓尺寸大，动力性能差，其对道路时空资源的消耗占用明显大于一般的车辆。城市内载货车辆占有一定的比例，因此在城镇中心区、繁华的商业区或商业干道上，在特定的时段内限制货运车辆通行可使城镇部分区域或道路上的交通压力大大减少，从而缓解城镇中心交通拥挤的矛盾。

b. 货车禁行的设置方法。

①与城镇道路交通规划中道路功能的划分相一致，一般应严格限制货车白天在城镇中心区域通行以减轻交通压力。对于机动车、非机动车和人流汇集的道路宽度不足的商业性路段，须对货车采取禁行措施。

②对于交通流量已达到或超过道路通行能力的道路，为分流一部分交通，可以实行限制货运车辆通行的措施，禁止通行的时间应根据实际情况确定为高峰时间或白天。

c. 实行货车禁行的注意点。

货运交通一方面对中心城镇交通运行状况影响很大，另一方面其与城镇经济发展和人民生活水平密切相关，因此在货车禁行措施出台前应进行仔细的研究。对于禁区内单位的货运车辆，可酌情发给部分通行证方便出入；对于一些特殊运输车辆可发放临时通行证。

2）公共交通专用车道

公交优先是现今世界范围内城市交通发展的主题，而实施专用道路系统是公交优先在技术上最重要的内容，也是解决城市交通问题的重要途径之一。

a. 实施公交专用车道的基本条件。

①道路条件。设置公交专用道的道路，单向应具备 3 条或 3 条以上的机动车道，1 条作为公交专用道，其余的车道供其他机动车使用。

②交通条件。是指公交专用道的道路，公交车流量应该达到一定的标准，一方面应使专用道绿灯信号得到充分的利用，另一方面应保证公交车在交叉口前能消除二次排队现象。

b. 公交专用车道的实施办法。

公交专用车道的开辟，可在多车道道路上划出一条车道，用路面标示或交通岛同其他车道分隔，专供公交车辆通行。再有，在有单向交通的多条车道道路上，若车道有剩余时，可以划出一条靠边的车道，专供对向公交车辆行驶，称为逆向公交专用车道，即在单行线上，只允许公交车双向通行。

3）禁止车辆左转

左转车流是产生冲突点最多的车流，对交叉口交通影响最大。左转车辆将引起交叉口通行能力的下降，并增加交叉口的延误和降低安全性。禁止车辆左转是提高交叉口通行能力，保证交叉口安全畅通的有效措施。具体下列情况的交叉口宜考虑采取禁止左转措施：

①交叉口通行能力受到道路几何条件限制而不能设置左转专用道以及不能设置多相位信号控制的路口。

②干道与支路相交，支路左转车辆影响干道直行车流的路口。

③左转流量比例极小，而对向车流中直行流量很大的交叉口。

④交叉口禁左可以是某个进口禁左，也可以整个路口所有进口全部禁左，要视具体情况而定。

1.3.4.2 中心城镇对外交通组织

1）城市骨架路网介绍

城市骨架路网是城市路网的核心，对路网的运行效率起着决定性的作用，其模式的选择取决于交通发展目标和交通需求。在交通需求一定的前提下，不同的交通结构所导致的道路交通量又比较大的差别。

目前比如广州城市道路网的布局是：

2个环：指内环和外环，其中内环线大大改善了老城区交通阻塞之扰；外环线则打通了八区的外围交通。

2个半环：指城区东面的华南路和东北部的北二环。

8条联络线：包括增槎路、广园西路、永福路、黄埔大道、东晓路、花地大道、珠江大桥、新滘南路。

15条放射线：指是呈发散形状的广清高速路、广花路、机场高速路、新广从路、京珠高速路及华南路、广汕路、广惠高速路、广深高速路、广佛高速路等。

16纵主干路：包括花地大道，如意坊线，康王路，解放路，江南大道，东濠涌高架路，良太路，旧广从路，广州大道，天河东路，科韵路，珠吉路，丰乐路，夏港大道，东江大道，槎神大道，铁路西线，106国道，机场西路，一环线，大观路，车陂路。

16横主干路：包括白云六线，白云五线，白云四线，黄石路，云溪路，白云一线，环市东路、天河路、中山大道、护林路，黄埔东路，东风路，中山路，寺右路、花城大道，花蕾路、宝岗北路，鹤洞路、昌岗路、新港路，工业大道、南洲路，芳村大道，324国道。

广州市大力发展高速公路和快速路，北二环、新机场、广清、广惠、广佛、广深、京珠等高速公路和华南快速路、广园等快速路已相继建成使用。目前，以广州为中心，广州环城高速、珠三角二环高速、珠三角外环高速共3个环，广清高速、京珠高速、广惠高速、广深高速、广深沿江高速、广珠东线高速、广珠西线高速、广佛高速和广肇高速共9条放射线的立体高速公路网正在形成。东二环、西二环、北三环、广深沿江高速公路（广州段）等10条高等级公路项目建设顺利，至2010年，广州将形成一个完善的、大规模的高等级公路网。城市骨架路网的模式，将是“可以起到快速疏解道路交通流、具有较高通行能力的城市快速道路系统”。

根据城市交通流的分布，城市快速道路网络主要服务于城市各组团间的交通联系，兼顾主城长距离出行的需求，以及衔接市区的对外交通。

2）中心城镇对外交通特点

①进出口交通规模巨大。随着珠三角经济区经济的蓬勃发展与城市中心地位的加强，导致了外部交通迅速增长，对市区交通的影响加剧。调查显示：目前，广州市16大进出口日均12h交通辆约42万辆/日；组团间交通联系日益加强。调查显示：沿广园路、华南路、昌港路、新港路等29条道路（分地面、高架）双向交通总量约60万辆/12h，平均饱和度0.6。市区道路交通在主要道路上日益集中的同时，全方位出现膨胀。市区主要骨干性道路高峰小数交通负荷度都在0.9以上。

②进出口交通峰值平缓，全日高峰小时出现在下午的16：00～17：00，高峰小时交通量占白天12h的9.52%；出行时间迟，城市内的早高峰时段（7：00～8：00）在进出口并不适用，该时段进出口的

交通量低于 8：00～19：00 点间任何一个时段的交通量。

③进出口交通客运方式比重增加，货运方式比重降低；货运方式中：小货车和大货车的绝对出行量都在增加，相对而言小货车增长更快。2002 年，城市道路小客车的占用率占 30% 以上，其次是摩托车占 38%。出租车的比重持续上升，占 20%。

④不同交通方式的衔接较少。由于行政体制上的原因，不同交通方式的规划是单独进行的，彼此的衔接考虑较少，这既增加了换乘过程对交通的干扰，降低了交通效率，又使得公共交通的吸引力大大降低。

1.3.4.3 现代交通组织优化思路

随着科技发展和社会进步，交通组织也要做到与时俱进。由非饱和路网的局部拥堵到饱和路网的整体拥堵，由单行、禁左、渠化的传统交通优化观念到信号协调、信息诱导动态负荷调控的现代交通组织优化思路的形成，交通组织重点正逐步由单行、禁左、渠化组织到信号配时协调的交通负荷组织再向交通诱导信息组织方向发展。未来的交通组织将是以交通信息组织为主要手段，而不是完全由信号灯进行人为调控，把行驶路线选择的主动权部分地给了驾驶员。

今后一个时期交通组织优化的思路，可用几句话概括，即：对于宏观交通组织，在时间上要削峰填谷，在空间上要控密补稀，体现出矛盾分散时空均分的原则；对于微观交通组织，信号配时上要分秒必争，在车道渠化上要寸土必争，体现出在冲突分离基础上充分利用空闲时间和空闲面积。

对于静态交通组织，重点解决好通行能力分配和路权分配问题，为动态流量调控和交通有序打下一个好的基础；对于动态交通组织，重点解决好路网交通负荷均分问题，防止交通压力过于集中造成拥堵。换言之，现代交通组织优化，在宏观上要解决好压力均分，在微观上要解决好冲突分离。静态组织是基础，动态组织是手段；思路是分散矛盾，转移压力，各个击破，追求整体效益，方法是动、静态结合，重在路网调控能力。

1.4 中心城镇道路设计

中心城镇道路设计的内容包括：线型设计、交叉口设计、交通管理设施设计、景观与绿化设计、道路附属设施设计和无障碍步道体系设计等 6 个部分。

1.4.1 中心城镇道路设计依据及原则

在进行中心城镇道路的设计时，需要遵循以下原则：

①中心城镇的设计必须在城镇规划、特别是土地使用规划和道路系统规划的指导下进行。必要时，可以提出局部修改规划的道路走向、横断面形式、道路红线等建议，经批准后进行设计。

②要求在经济、合理的条件下，考虑道路建设的远近结合、分期发展，避免不符合规划的临时性建设。

③要求满足交通量在一定时期内的发展要求。

④综合考虑道路的平面线形、纵断面线形、横断面布置、道路交叉口、各种道路附属设施、路面类型，满足行人及各种车辆行驶的技术要求。

⑤设计时应同时兼顾道路两侧城市用地、房屋建筑和各种工程管线设施的高程及功能要求，与周围环境协调，创造好的街道景观。

⑥合理使用各项技术标准，尽可能采用较高的线形技术标准，除特殊情况外，应避免采用极限标准。

1.4.2 道路线型设计

中心城镇道路线形设计包括横断面设计、平面设计和纵断面设计 3 部分，3 部分是综合考虑、协调进行设计的。

1.4.2.1 道路横断面设计

中心城镇道路横断面是指垂直于道路中心线的剖面。道路横断面的规划宽度又称为路幅宽度，即规划红线间的道路用地总宽度。中心城镇道路横断面由机动车道、非机动车道、人行道和绿带带4部分组成。

城市道路横断面的布置受到多方面因素的影响，综合考虑主要有以下几个方面：沿街道路性质、交通管理、管线布置、路边停车以及分期建设等。

1）道路横断面的布置原则

①在规划设计中应充分体现“以人为本”的设计理念。

②贯彻可持续发展的概念，适应近远期分期建设的要求。

③行人与机动车互相分离，机动化与非机动化车辆尽量分离，加强三者的安全性，提高行车的速度，减少三者之间的互相干扰。

④增加道路绿化率，合理布置绿化带。

⑤保证沿路管线的布设，根据发展需要确定管线布设的合理宽度。

⑥考虑沿街建筑的性质，使道路横断面布置适应其功能要求。

⑦基于TDM要求，考虑蓬勃发展的小汽车工业，在保证小汽车行驶的同时，提倡公交优先，有条件的情况下应设置公交专用道及港湾式车站。

⑧中央分隔带的设置一般应满足自行车过马路最小安全等待宽度，在主次干道上要考虑路口进口道左转拓宽需要，在部分主干道要考虑车辆中间调头需要。

⑨支路要考虑机非混行以及路边停车的需要。

⑩道路绿化率应满足《城市道路绿化规划与设计规范》的要求。

2）各组成要素的布置

a. 机动车道。

不同类型的机动车有不同的净空要求，在机动车道设计时，要根据不同的交通组织确定机动车道的具体尺寸。目前规范规定大型车道宽3.75m，小型车道宽3.5m，停车道宽3.0m。然而根据广州市的实际调查结果及部分城市的实际经验，机动车道的宽度可适当缩窄。

b. 非机动车道。

中心城镇的非机动车主要是自行车。因此非机动车道的宽度按照现规范设置，即单条车道宽1.5 m，每增加一条车道宽度增加1 m。主干道和部分次干道，将非机动车道设置在与人行道同高的位置上，与机动车道通过绿化分隔，支路与部分次干道的非机动车道可以设置在机动车道的两侧，与机动车道采用画线或分隔栏分隔。将非机动车道设与人行道同高，可以减少公交停靠与非机动车的干扰，而且也方便将来道路的拓宽改造，优于传统的三幅路和四幅路道路。

c. 人行道。

根据城市道路设计规范，城市道路上每条步行带的宽度为0.75 m。人行道宽度主要与沿街的用地性质及人群活动特点有关，最小宽度不得小于1.5 m。

d. 绿化带。

绿化带包括中央分隔带和两侧分隔带。考虑行人过街安全岛的设置、交叉口进口道的拓宽以及车辆掉头的需要，中央分隔带可采用2 m、5 m、8 m 3种宽度。两侧的分隔带设置主要考虑港湾停靠站的设置，建议一般宽度在3 m以上。另外，在自行车和行人以及行人和路侧建筑物之间在有条件的情况下也可设置绿化带，以增加行人和非机动车的舒适性。

1.4.2.2 道路平面设计

中心城镇道路平面设计就是根据道路系统规划和详细规划（或城镇用地的现状）确定道路中心线的具体位置（确定道路的直线、曲线线形，又称为“定线”）；按照标准横断面和道路两旁地形、用地、建筑、管线等要求，详细布置道路红线范围内道路各组成部分，包括道路排水设施（如雨水进水口）城市公共交通停靠站台等其他设施和交通画线的布置在内；确定各路口、交叉口、桥涵的具体位置和设计标准、选型、控制尺寸等。

1）道路平面曲线设计

道路平面曲线常采用圆曲线。道路平曲线半径主要取决于设计车速 V。同时要考虑地形、地物（建筑）所允许道路通过的（视距）空间条件，在满足这两个条件的情况下，一般尽可能选用较大的曲线半径。

平曲线半径选用参考值如表 1－5 所示。

表 1－5　平曲线半径选用参考值

平曲线半径	道路设计车速（km/h）		
	>40	20 ～ 40	<20
最小平曲线半径（m）	150 ～ 250	70 ～ 100	40 ～ 60
不设超高的平曲线允许半径（m）	500 ～ 1 500	150 ～ 250	100 ～ 200

汽车在曲线上行驶时所占用的行车宽度比在直线路段上行驶时的宽度大。所以，对于圆曲线半径 $R \leqslant 250$ m的城市道路的曲线路段的车行道需要考虑加宽。

道路平面设计中出现两段或三段曲线相接的情况。对于不设超高的相邻曲线，一般允许直接衔接；设有超高时，两曲线之间应该设置改变超高的缓和段，反向曲线之间的缓和直线段长度不小于两曲线超高缓和段之和。直接衔接的相邻曲线要尽可能避免选用相差一倍以上的曲线半径。

2）道路路段平面综合设计

常用比例为：1∶500 或 1∶1 000。

平面图绘制范围：在中心城镇一般要求超出红线两侧各 20 m。

平面综合设计步骤如下：

①定线；

②道路平面布置；

③设施平面布置。

1.4.2.3　道路纵断面设计

中心城镇的纵断面是指沿道路中心线方向的剖面，纵断面设计主要是确定纵坡大小、坡长，以及竖曲线，最后计算直线段与曲线段上各整桩与特殊桩的高程。

1）中心城镇的纵断面设计原则

①注意道路平、纵、横综合设计的原则，纵断面拉坡实际时必须以平曲线资料为依据，结合横断面上地形、地物、超高、加宽的方向和数值确定相应设计标高。

②路线经过水文地质不良地段时，应提高路基标高以保证路基稳定。当受规划标高限制不能提高路基时，应采取稳定路基措施。

③沿河路线路基标高一般应高出规定的洪水频率计算水位 0.5m 以上。

④新辟道路的纵断面设计应综合考虑土石方平衡、汽车运输经济效益等因素，合理确定设计标高。

⑤纵坡宜平缓，起伏不宜过大与频繁，变坡点处尽量设置大半径竖曲线，避免极限纵坡值；缓和段配合地形布设；垭口处缓坡要放缓；越岭线应尽量避免设置反坡段。

⑥非机动车与机动车混合行驶的车行道，宜按非机动车爬坡能力设计纵坡段。

⑦纵断面设计应参照城市规划控制标高，并适应临街建筑地坪标高，考虑沿路范围内地面水的排除，通常路中心标应低于建筑地坪标高，其数值因横断面宽度而异。

⑧要妥善处理地下管线覆土的要求，并减少埋深，节约工程造价。

2）各组成要素的设计

a. 道路纵坡。

道路纵坡是指沿道路中心线方向的纵坡坡度。在保证排水要求的条件下，设计中应尽可能选用较平缓的纵坡。中心城镇道路机动车最大纵坡限制值如表1-6所示。

表1-6 城市道路机动车最大纵坡限制值

设计车速（km/h）	80	60	50	40	30	20
最大纵坡（%）	4	5	5.5	6	7	8
设超高时坡度（%），$i_{超}+i_{纵}\leq$	6.5	6.5	6.5	7	7	8

b. 竖曲线。

在道路纵坡转折点常设置竖曲线将相邻的直线坡段平滑地衔接起来，以使行车比较平稳，避免车辆颠簸，并满足驾驶者的视觉要求。道路竖曲线也常采用圆曲线。中心城镇道路竖曲线最小半径建议值如表1-7所示。

表1-7 城镇道路竖曲线最小半径建议值

道路设计车速（km/h）	>60	40～60	20～40	<20
凸形竖曲线最小半径（m）	10 000	600～1 800	150～600	150
凹形竖曲线最小半径（m）	2 500	700～1 500	150～700	150

为了保证平面和纵段的线形平顺，一般取凸形竖曲线的半径为平曲线半径的10～20倍。应避免将小半径的竖曲线设在长的直线段上。

c. 纵断面设计步骤。

①测量和绘制地面高程线。

②确定设计线。

③计算设计标高及填土高度。

④纵断面上边沟设计。

1.4.3 道路交叉口设计

交叉口是城市道路系统的重要组成部分，是城市道路上各类交通汇合、转换、通过的地点，也是管理、组织道路上各类交通的控制点。

1.4.3.1 一般平面交叉口

道路与道路在同一平面相交的路口称为平面交叉口。

1）一般平面交叉口要素布置

a. 交叉口转角半径（见表1-8）。

交叉口转角的路缘石常按圆曲线布置，也有采用三心圆复曲线和圆、回旋线复曲线的做法。转角半径一般根据车型、道路性质、横断面形式、车速来确定。

表 1-8 平面交叉口转角半径建议值

道路设计车速（km/h）	>40	20～40	<20
交叉口设计车速（km/h）	25～30	20～25	15～20
转角半径（m）	20～25	10～15	6～10

同级道路相交时按本级道路取值，与低一级道路相交时可按低一级道路取值；机动车专用道选取较大的转角半径，设有非机动车道的道路选取较小的转角半径。

b. 人行横道。

人行横道的设置要考虑尽可能减小交叉口的面积，以减少车辆通过交叉口的时间，提高交叉口通过效率；因此，应将人行横道设在转角曲线起点以内。人行横道的宽度应按过街人行量确定，最小宽度为 4 m，当车行道宽在 6～8 m 时，可缩至 2 m。当人行横道的长度大于 15 m 时，需考虑在道路中央设置安全岛，最小宽度为 1.25 m，最小面积为 5 m^2。

属于下列情况之一时，宜设置人行天桥或地道：

①横过交叉口的一个路口的步行人流量大于 3 000 人次/h，且同时进入该路口的当量小汽车交通量大于 1 000 辆/h 时。

②通过环形交叉口的步行人流总量大于 12 000 人次/h，且同时进入环形交叉的当量小汽车交通量达到 1 800 辆/h 时。

③行人横过中心城镇快速路时。

④铁路与城市道路相交道口，因列车通过一次阻塞步行人流超过 800 人次或道口关闭的时间超过 15 min 时。

此外，人行天桥或地道设计应符合城市景观的要求，并与附近地上或地下建筑物密切结合；人行天桥或地道的出入口处应规划人流集散地，其面积不宜小于 50 m^2。地震多发地区的城镇，人行立体过街设施宜采用地道。

c. 停止线。

停止线设在人行横道线外测 1～2 m 处。

2）一般平面交叉口竖向设计

交叉口竖向设计就是确定交叉口道路相交面的形状和标高，统一解决行车、道路排水和建筑艺术在立面上的关系。

竖向设计的原则：

①主要道路通过交叉口，其设计纵坡保持不变。

②同级道路相交，中心线设计纵坡均保持不变。

③次要道路的纵坡在交叉口范围内服从于主要道路的设计纵坡和横坡。

④竖向设计要有利于道路排水，至少要求保证有一个路口的纵坡坡向离开交叉口。竖向设计必须结合排水管道的设计，确定雨水进出口的位置和标高。

3）一般平面交叉口的设计步骤

a. 确定设计小时交通量。

交叉口的设计小时交通量一般以道路开放后 5 年的交通量作为设计交通量较合适，而不以相交道路设计年限交通量作为交叉口设计交通量，这是因为当路段交通量逐渐增长到接近饱和时，一般形式的平面交叉口已无法适应。

b. 确定交叉口进口道车道宽度。

平面交叉口多采用交通管制，且进口道车速低，为尽可能增加转弯车道来提高通行能力，因而适当减小车道宽度，具体按交叉口所在位置、道路等级及交通组成而异。一般小汽车车道宽度采用 3 m，混入普通汽车和铰接车的车道、左、右转专用车道宽度可采用3.5 m，最小3.25 m，比路段宽度减少0.25 ~0.5 m。

c. 确定进口道车道的数量。

直行车道的设置条数与交叉口直行设计小时交通量成正比，与交叉口直行车道设计通行能力成反比。

高峰小时一个信号周期进入交叉口左转车辆多于3或4pcu时，应增设左转专用车道；高峰小时一个信号周期进入交叉口右转车辆多于4pcu时，应增设右转专用车道。

d. 确定计算行车速度。

一般而言，中心城镇交叉口内计算行车速度应按各级道路计算行车速度的50%～70%计算，直行车取大值，转弯车取小值。

e. 确定交叉口的视距。

车辆到达交叉口前，应使司机能看清路口情况，以便通过或停车，这一段距离必须不小于停车视距。交叉口转角处由两相交道路的停车视距所组成的三角形称为视距三角形，在视距三角形的范围内，有碍视线的障碍物应予清除，以保证通视与行车安全。

f. 确定交叉口的转角半径。

为了保证右转弯车辆能以一定的速度顺利地转弯，交叉口转角处的缘石应做成圆曲线或多圆心复曲线，以符合相应车辆行驶的轨迹。通常多采用圆曲线，计算与施工均较方便。

1.4.3.2 平面环形交叉口

平面环形交叉口又称环交、转盘，就是在交叉口中央设置一个中心岛，车辆绕岛作逆时针单向行驶连续不断地通过交叉口。一般适用于多条道路交汇地交叉口和左转交通量较大地交叉口。

1）平面环交形式

平面环交的中心岛一般为圆形。当主次干道相交时，为了使主干道交通更为通畅，可将中心岛做成长圆形。此外，根据用地情况和建筑环境的要求，还可做成圆角方形、菱形和卵形等。

2）环道的交织要求

车辆在环道上交织一次的长度成为交织段长度，它取决于环道的设计车速和车辆的长度。环道的设计车速一般取设计车速的60%～70%，规范规定的环交路口最小交织段长度如表1-9所示。

表1-9 环形交叉口最小交织段长度值

设计车速（km/h）	20	25	30	35
最小交织段长度（m）	25	30	35～40	40～45

车辆沿最短距离方向行驶交织时的夹角称为交织角，它是检验车辆在环道上交织行驶的便利程度和安全状况的指标，一般限制在20°～30°为宜。

3）中心岛

环形交叉是在交叉口中央设置一个中心岛，用环道组织渠化交通，驶入交叉口的车辆，一律绕岛作逆时针单向行驶，至所要去的路口离岛驶出。

中心岛的形状和尺寸的确定，必须保证车辆能按一定车速以交织方式行驶来代替一般交叉口的车流交叉，即必须同时能满足行车速度以及进环和出环的车辆在环道上行驶时互相转换车道所需的交织距离的要求。中心岛的形状一般多采用圆形。

环形交叉口设计要点：

1）环道的宽度

环道的宽度决定于相交道路的交通量和交通组织。环道上一般设计3条车道（未计非机动车道）即已足够，不宜设计过多的车道。环道上的车道宽度必须按照弯道加宽值予以加宽，加宽值见表 1－10。

表 1－10　环道上每条车道的加宽值

弯道半径（m）	20	25	30	40	50
加宽值（m）	2.2	2.0	1.7	1.5	1.2

非机动车道所需宽度，应根据交通量的具体情况而定。设计时应尽可能设置足够宽度的非机动车道，以减少干扰；机动车道与非机动车道最好用分隔带隔开，以保证交通安全。一般情况下，非机动车道宽度可参照表 1－11。

表 1－11　环道上的非机动车道宽度

非机动车数量（辆/h）	10 000	15 000	20 000
非机动车道宽度（m）	5～6	7～8	9～10

2）交织角

交织角以右转弯车道的外缘 1.5 m 和中心岛缘石外 1.5 m 的两条切线的交角来表示。交织角过大，行车易出现事故，一般限制在 40°以内。交织角越小越安全，但交织段长度和中心岛直径就要增大，因此占地也增多，交织角最好选择在 20°～30°。

3）环道进出口的转弯半径

环道进出口的转弯半径决定于环道的设计车速。为了使环道上的车速比较一致，对入环车辆的车速应加于限制，因此，环道进口的曲线半径应接近于或小于中心岛半径。环道出口的曲线半径，不应相差过大，以免造成与入环车速的很大差别，影响环道的行车安全。

4）环道的横断面

环道的横断面形状与行车平稳和排水的关系很大。通常横断面的路拱脊线是设在交织车道的中间，在进出环道处，横坡度的变化应较缓和。中心岛的四周应设置雨水口，以保证环道上积水的及时清除。在进出口之间无交通的地方，可设置三角形的方向岛。

5）环道的外缘石

环道的外缘石宜采用直线圆角形。

1.4.3.3　道路立体交叉口

1）立体交叉设置原则

立体交叉设置的主要目的是为了保证快速道路交通的快速性和连续性，减少或避免低速的车辆、行人对快速车辆正常行驶的干扰，提高通行能力。

设置立体交叉的条件：

①快速道路［$v>80$（km/h）］与其他道路相交。

②主干道交叉口高峰小时交通量超过 6 000 辆当量小汽车时。

③城市干道与铁路干线交叉。

④其他安全等特殊要求的交叉口和桥头。

⑤具有用地和高差条件。

2）立体交叉的组成

跨线桥（或下穿式隧道）：是立体交叉的主体，一座立交可以由多座桥组成。

匝道：是连接相交两条道路，为转弯行驶的车流而设置的交换道。

1.4.4 道路交通管理设施设计

1.4.4.1 交通信号设备

城市道路主、次干道交叉口一般都设置交通信号设备指挥交叉口交通的通行。交叉口交通信号设备有指挥信号灯、车道信号灯和人行横道信号灯。

1）信号灯的设置

①人行横道信号灯主要设置在交通繁杂的交叉路口或路段，用于保证行人安全有秩序地横过车行道，设置在人行横道的两端。

②车道信号灯是为适应交通信号线控制和区域控制的需要，用于提前提示前方车道能否通行的信号灯，设在可变车道上。

③指挥信号灯是指挥交叉口各路口车辆通行的信号灯。它的设置方式有3种：一种是设在交叉口中央，这种形式信号比较醒目；一种是设置在进入交叉口的路口停止线前，是最常见的设置形式；另一种是设置在交叉口出口一侧，适用于较小的交叉口。

④夜间黄色警告灯是夜间停止使用指挥信号灯指挥交通后，提醒车辆、行人注意前方是交叉口而设置的。

2）信号灯操纵方式

①人工控制。

②定时自动调节。

③电子计算机和传感系统控制。

1.4.4.2 交通标志

道路交通标志是用图形符号和文字传递特定信息，用以管理交通的安全设施，道路交通标志的形状、图案、尺寸、设置、构造、反光、照明以及制作，应按《道路交通标志和标线》（GB5768－1999）国家标准执行。交通标志在提供简明交通信息、交通诱导功能的同时，还应体现技术先进，经济合理、安全适用、美观大方等原则。

①交通标志设计位置。标志按不熟悉线路行车要求进行设计，向驾驶员提供准确、及时的道路和交通信息等；避免信息量过剩，同一地点的指路标志不超过3次，同一地点的指路标志与禁令标志不能同时出现。

②互通式立交的标志牌版面布设。互通式立交4个主出入口可设置跨线龙门架，提供交通信息。由于立交入口匝道较多，每一匝道入口设置小型指路牌，提示前方出口街道名称。柱式标志牌下缘距路肩的高度为2.5 m，悬臂或门式标志牌下缘距离路面的高度为5.5 m。由于立交的交通信息较多，在同一地点，需要设置两种以上标志时，可安装在同一标志柱上，但最好不超过4种，且应按警告、禁令和指示的顺序，先上后下、先左后右地排列。

③交通标志牌版面设计。指示牌颜色按国标颜色，牌面内容采用中英文对照或汉字与拼音对照；一条道路的支柱均涂刷单一颜色。

城市环线互通式立交设置距离短，可在立交的4个出入口设置龙门架，提供地名交通信息，每一匝道入口可设置小型指路牌。匝道入口前的方向预告标志距离可按减速距离计算。

1.4.4.3 交通标线

道路交通标线是由标画于路面上的各种线条、箭头、文字、立面标记和轮廓标所构成的交通安全设施。其作用是管制和引导交通，可以与标志配合使用，也可单独使用。城镇快速路、主干路上的交通标线应使用反光材料。

交通标线按功能可分为：指示标线、禁止标线、警告标线3种。

1.4.4.4 道路交通管理与控制

在中心城镇的重要交通路口、车辆运行的主干道应当使用闭路摄像机对交通运行情况实行全天候图像监控，此外，在重要交通路口还应安装相应设备对违章车辆进行图像抓拍，定期在报纸上公布违章车辆牌号并作相应罚款处理，在广州市主城区运行经验证明，这是处理闯红灯、减少交通违章的一个行之有效的方法。

1.4.5 道路景观与绿化设计

1.4.5.1 道路景观要素

城市道路景观要素可分为主景要素和配景要素2类：

1）主景要素

是在城市道路景观中起中心作用、主体作用的视觉对象，通常采用轴线对景的手法予以表现。包括：

山景：土要是可以构成为“景”的山峰及峰上的建筑物、构筑物，如塔、亭、楼阁等。

水景：注意是具有特色的水面及中心岛屿、绿化，岛上或岸边的建筑物、构筑物。

古树名木：指在城市街道上可以成为视觉中心、有观赏价值的高大乔木。

主体建筑：主要指从建筑高度、建筑形式、建筑造型、建筑位置等方面在城市形体上或城市街道局部建筑环境中具有突出主导作用的建筑物。

2）配景要素

是在城市道路景观中对主景要素起烘托、背景作用，创造环境气氛的视觉对象，通常采用借景、呼应的手法予以表现。包括：

山峦地形：作为景观构图环境的空间背景轮廓线。

水面：作为景观环境的借景对象。

绿地花卉：成片的绿地、花卉可以用作景观环境的背景，烘托环境气氛。

雕塑：一般作为街道景观环境起呼应、点缀作用的因素，特殊情况下也可以作为主景要素，成为一定视觉景观环境的中心视觉对象。

建筑群：作为景观环境中的建筑背景。

1.4.5.2 道路景观与绿化设计思路

1）对城市道路绿化的总体要求

a. 尊重自然。

尊重自然、正视自然、顺应自然、保护自然。为了将道路对环境带来的不利影响控制在最小限度，在进行道路的选线，确定道路的车道构成、宽度、路面结构，进行线形设计以及植物的栽植等各个阶段都要充分考虑环保措施。

b. 以人为本。

道路绿化应充分考虑人们的需求，尽量创造舒适的人类活动空间。通过利用乡土植物、开花的树、秋叶树和草花等来创造与周围环境相融的景观空间，创造一种足够完整、富于变化并饶有趣味的行车环境，使道路更具有亲切感和情趣，提高行车的舒适性。

2）城市道路绿化的内容及对策

①道路绿化应充分考虑道路空间结构与风对道路污染的影响。风洞实验表明：街道峡谷系数（即高宽比）越大，则峡谷内污染越不易扩散，位于下风的建筑明显矮于上风建筑时，峡谷内背风面浓度急剧升高；下风建筑高于上风建筑时，峡谷内浓度明显降低。

②风向和风速都能对街道峡谷内污染的扩散产生影响。研究实验表明：风在进人街谷内部时速度急剧衰减，且这一衰减并不受风向的控制；街谷中心处较同高度边缘处的湍强低，垂直方向湍强低于水平方向。

③道路空间结构将对声环境产生影响。在进行道路绿化时，应充分考虑道路空间结构和风的影响。

第一，道路宽度小，且建筑紧靠道路，可绿化宽度小时，由于这一类道路街谷系数较大，街谷内污染物不易排出，噪声也由于近距离来回反射而增加较大，因此绿化应尽量使污染快速稀释及增加街道吸声系数。

第二，道路有一定宽度，每侧可有8～10 m绿带时，机动车道与自行车道间应以绿带分隔，这类绿带可采取乔、灌、草相结合的复层种植结构，乔木宜靠自行车道种植，灌木宜靠机动车道种植且高度以不遮挡司机视线为佳，这样可以较大程度地削减噪声并将汽车尾气阻挡在机动车道上，使道路两侧人行空间空气较清新、环境较安静。

第三，道路宽度较大，每侧可绿化带宽度可达20～30 m，这类道路较为理想。在保证司机视距的前提下，可以在靠近干道两侧种植紧密的隔离林带，而隔离林带与建筑物间则可以结合人行道设计为带状休闲绿地空间。

城市道路为人们提供的已不仅仅是从环境的一处到另一处的通道，人们对道路的要求不但要承担足够的交通量，线型流畅优美，而且要求道路与周围的环境配合协调，将人、车、路、环境构成一个统一的整体，满足使用者的审美情趣和舒适的生理要求。

城市道路绿化方式多种多样，在进行道路绿化时应充分考虑各种因素，选择较为合理的绿化结构模式，以营造生态良好的道路景观和环境，取得最大的综合效益。

1.4.6 道路附属设施设计

1.4.6.1 道路雨水排水

中心城镇道路上的雨水排出方式是：沿道路横坡方向将雨水汇集到由侧石形成的街沟，然后顺道路纵坡方向排入设在街沟上的雨水进水口。

街沟的坡度一般与道路纵坡相同。当道路纵坡大于0.3%时，雨水可以顺道路纵坡方向自流排除，当道路纵坡小于0.3%时，需设置锯齿形街沟，加大街沟的纵坡，以利于排水。

1）雨水进水口

雨水进水口有3种类型：

①平石式：进水篦布置在平石位置上，排水较畅，但需相应增加道路路面宽度。

②侧石式：进水篦竖向布置在侧石位置上，排水不畅，但对交通影响小，不需增加路面宽度，适用于交通比较繁忙的街道。

③联合式：即在平石位置和侧石竖向位置均布置进水篦。排水量大，适用于较宽路面的道路排水。华南地区属于多雨地区，故多采用此种方式。

雨水进水口的设置应综合考虑街道宽度、路面种类、道路纵横坡度、周围建筑物地形条件等因素确定，在街道的汇水点、凹形竖曲线的低洼处，弯道切点附近、人行横道线的上游等处均应设置。同时，应尽量避免设置在沿街建筑物的门口、停车场站附近和道路分水点、地下管道的顶上。

一般雨水进水口的间距约为30～60 m，侧石式雨水进水口的间距要小一些，联合式雨水进水口的间距可以大一些。雨水口进水篦顶标高一般低于街沟标高2～3 cm。

2）锯齿形街沟

当道路纵坡为0.2%～0.3%时，为利于路面雨水的排除，将位于街沟附近的路面横坡在一定宽度内变化，提高街沟的坡度，使其介于0.3%～0.5%，形成锯齿形街沟。横坡变动宽度视道路的宽度而定，一般不超过一条车道的宽度。

1.4.6.2 道路照明

道路照明是确保城镇道路夜间交通安全、提高道路夜间交通效率、美化城镇环境的重要措施，包括城镇道路上的连续照明、城市广场、立交等处的特殊照明和隧道出口等地的缓冲照明。

1）中心城镇道路照明要求

①保证城镇道路车行道交通的安全，使汽车司机在夜间行车时能准确识别路面上的各种情况，减少司机视觉疲劳。

②保证人行道有足够的照度，以满足行人在不同环境（商业步行街、步行广场、一般人行道等）对步行环境亮度的要求，既形成一定的气氛，又有安全感。

③满足城镇道路系统不同地段的夜间景观要求。

2）城镇道路照明标准

a. 平均路面亮度。

平均路面亮度为每平方米表面上沿法线方向产生1 cd的光强度。根据试验，平均路面亮度值以1.5～2.0 cd/m^2 为宜。

b. 路面亮度均匀度。

路面亮度均匀度是路面最低局部亮度与路面平均亮度之比，又分为全路面亮度均匀度和纵向亮度均匀度。

c. 眩光限制。

眩光是因照明设施的强光造成妨碍司机视觉或产生不舒适感觉的现象，分为失能性眩光和不舒适性眩光两种。我国采用的城市道路照明标准如表1－12所示。

表1－12　城市道路照明标准

道路等级	照明水平		均匀度		眩光限制
	平均亮度	平均照度（l_x）	亮度均匀度	照度均匀度	
快速路	1.5	20	0.40	0.40	严禁采用非截光型灯具
主干路	1.0	15	0.35	0.35	不得采用非截光型灯具
次干路	0.5	8	0.35	0.35	不宜采用非截光型灯具
支路	0.3	5	0.30	0.30	

3）道路光源选择

中心城镇道路照明光源主要有：高压钠灯、低压钠灯、荧光高压汞灯等。

4）道路灯具的平面布置

常用的城镇道路灯具平面布置方式有6种：

①沿道路单侧布置。

②沿道路中心线（悬吊式）布置。

③沿道路两侧双排对称布置。

④沿道路两侧双排交错布置。

⑤分别按车行道、人行道多排布置。

⑥交叉口的路灯常布置在交叉口入口道一侧，交叉口中央通常悬吊一盏红灯或黄灯，以提高驾驶人员的注意力。

1.4.6.3　港湾式公交中途停靠站

一般公交站点宜设置在路口的出口处，离路口越远，对路口的影响就越小，但乘客换乘的步行距离也就越远。公交站位距路口的距离多远为合适，则要看路口出口是否加宽，公交站位处公交线路和各线路高峰配载车辆来定，以高峰时各线路来车数的站台占用时间来计算同时停靠站台的车辆数，并以此确定站台长度，即公交站位距路口的最小距离。

应对新建、改建、扩建的道路同步规划和建设港湾式车站。有关港湾式的建设规格标准，参考港湾式公交中途停靠站设计规格（表1－13）：

表1-13 港湾式公交中途停靠站设计规格

型号	加速带长度（m）	站台长度（m）	减速带长度（m）	停车带车道宽度（m）
A型（105 m）	25	55～60	20～25	3.5
B型（90 m）	20～25	40～45	20～25	3.5
C型（75 m）	20～25	26～30	20～25	3.5

1.4.7 无障碍步道体系规划与设计

设计理念：无障碍市政设施设计按照“以人为本”的原则，体现了社会对残疾人的关心和爱护，保护残疾人的权益和尊严，在一定范畴内考虑残疾人的需要，使他们在平等参与社会生活和工作的同时能共享社会物质和文化的成果。

1.4.7.1 缘石坡道

人行道是城市道路的重要组成部分，也是人们在行走中最方便和最安全的地带。据有关资料统计，在我国许多城市，人们近距离的步行约占城市居民出行量的30%～40%。通常人行道的地面高出车行道地面150～200 mm，当人们通过人行横道时，需走下一步台阶再上一步台阶继续行走。这种现象给乘轮椅残疾人的通行带来了困难，通常要在旁人的帮助下才能解决。因此，在各种路口的人行道及城市广场、大型公共建筑入口等处，应设置可供轮椅通行的缘石坡道。

缘石坡道的坡面可设计成单面坡形、三面坡形及扇面形等多种形式。通常缘石坡道设在人行道的范围内。道路交叉口是缘石坡道重点设置部位，要注意与人行横道和安全岛的良好结合，使乘轮椅残疾人安全、方便地行驶到马路对面的人行道。

缘石坡道的坡度为1:20～1:12，缘石坡道的宽度不应小于1 200 mm，坡面应平整和防滑，坡道下口的平缘石不得超过车行道地面20 mm。人行道上的盲道可与缘石坡道衔接。

1.4.7.2 盲道

盲人在人行道上行走时，往往没有准确和规律性的直线空间定位条件，只能时左时右敲打地面困难地慢慢行走。在遇到各种人为障碍物而无法行走时，为了避免碰撞的危险，只好选择在车行道上用盲杖敲打人行道边的路缘石（高出车行道地面150～200 mm）行走。这种行进方式是很危险的。因此，在城市道路和城市广场的人行道、大型公共建筑的入口及商业街、居住区等的人行道设置盲道，协助盲人通过盲杖和脚底的触觉，方便安全地行走。

盲道分为行进盲道和提示盲道两种。行进盲道表面呈条状形，盲人通过脚感和盲杖的触感，指引其向正前方行走；提示盲道表面呈圆点形状，用于行进盲道的拐弯处、终点处和无障碍设施的位置前，具有提醒注意的作用。盲道的设计应连续，并避开树木、电线杆、拉线、树穴、窨井盖等障碍物，其他设施不得占用盲道，行进盲道宜放在人行道外侧距围墙、花坛、绿化带250～600 mm处。建筑入口、无障碍电梯、无障碍厕所、公交车站、铁路客运站和轨道交通站的站台处应设提示盲道。

1.4.7.3 人行天桥、人行地道

人行天桥与人行地道的设计应保证城镇快速生活节奏的人流的畅通，并应满足社会不同人口结构的需要，特别要考虑方便残疾人和老年人。为此，人行天桥与人行地道应设计成具有平缓坡道和梯道相结合的形式，可使乘轮椅残疾人、老年人等安全方便地通过，而对于急于上班、上学、办事的人们，可在另一侧设置快速通行梯道。

1）轮椅坡道的设计

轮椅坡道的坡度不应大于1:12，坡面应平整防滑，如受地形限制无法设置轮椅坡道，宜设无障碍电梯或升降平台。

2）梯道的设计

梯道的宽度不应小于2 000 mm，中间平台深度不应小于2 000 mm，踏步的高度不应大于150 mm，宽度不应小于300 mm，踏面应平整且防滑，前缘不应有凸出部分；应放高度不小于100 mm的安全挡台；宜设置顶棚。

3）扶手和栏杆的设计

栏杆的设置在于确保行人安全，栏杆在人行天桥的造型上也占有重要的位置。为了方便残疾人，老年人和幼儿通行，扶手设计应遵循以下原则：

①设二层扶手，上层高度900 mm，下层高度650 mm。

②扶手应保持连贯，起点和终点处应延伸300 mm。

③扶手应安装坚固。

④扶手起点水平段应安装盲文铭牌。

⑤扶手的粗细要易于抓握，应以残疾人、老年人及幼儿为使用对象。

⑥扶手的形态应与栏杆相协调。

1.5 中心城镇道路建设

1.5.1 道路建设的一般步骤

道路建设应当按照下列步骤进行：

①依据城镇总体规划、市政工程专项规划等进行可行性研究，并编制计划任务书。

②根据批准的计划任务书，按要求进行设计、施工、监理的招标。

③进行现场勘测，编制初步设计文件和概算。

④根据批准的初步设计文件，编制施工图和施工图预算。

⑤进行施工前的各项准备工作。

⑥编制实施性施工组织设计及开工报告，报上级主管部门核备。

⑦严格执行有关施工的规程和规定，坚持正常施工秩序，做好施工记录，建立技术档案。

⑧编制竣工图表和工程决算，办理竣工验收。

1.5.2 道路路基施工

1.5.2.1 路基施工的准备工作及基本方法

1）路基施工的准备工作

大致可归纳为组织准备、技术准备和物质准备3个方面。

a. 组织准备工作。

主要是建立和健全施工队伍和管理机构，明确施工任务，制定必要的规章制度，确立施工所应达到的目标等。

b. 技术准备工作。

路基开工前，施工单位应在全面熟悉设计文件和设计交底的基础上进行施工现场的踏勘，核对施工图设计文件，发现问题应及时根据相关程序提出修改意见并报请变更设计，编制施工组织计划，恢复路线，施工放样与清楚施工场地，搞好临时工程的各项工作等。

c. 物质准备工作。

包括各种材料与机具设备的购置、采集、加工、调运和储存，以及生活后勤供应等。为使供应工作能适应基本工作的需要，物质准备工作必须指定具体计划，其中有的计划内容，如劳动力调配、机具配置及主要材料供应计划，必须服从于保证上述施工组织计划顺利实施，而且也常被列为施工组织计划的一个组成部分。

2）路基施工的基本方法

路基施工的基本方法，按其技术特点大致可以分为：人工简易机械化、综合机械化、水力机械化和爆破法等。

为了加快施工进度，提高劳动生产率，实现高标准、高质量施工，对于劳动强度大和技术要求高的工序，应配以数量充足、配套齐全的施工机械。机械化施工和综合化施工是保证高等级公路施工质量和施工进度的重要条件，对于路基土石方工程来说，更具有迫切性。

上述施工方法的选择，应根据工程性质、施工期限、现有条件等因素而定，而且因地制宜和综合使用各种方法。

1.5.2.2 土质路基施工技术

土质路基的挖填，首先必须搞好施工排水，包括开挖地面临时排水沟槽及设法降低地下水位，以便始终保持施工场地的干燥。对路基取土与填筑，必须有条不紊、有计划有步骤地进行操作。

路堑开挖，应在全横断面进行，自上而下一次成型，不断检查校正，边坡表面削齐拍平。路堑底面，如土质坚实，应尽量不扰动，予以整平压实；如果土质较差，水文条件不良，应根据路面强度设计要求，采取加深边沟、设置地下盲沟以及挖松表层一定深度原土层，重新分层填筑与压实或必要时予以换土和加固，以确保路堑底层土基的强度与稳定性，达到规定标准。

土质路堤，应视路基高度及设计要求，先着手清理或加固地基。潮湿地基尽量疏干预压，如果地下水位较高，因工期紧或其他原因无法疏干，第一层填土适当加厚或填以砂性土后再予以压实。路堤加宽或新旧土层搭接处，原土层挖成台阶，逐层填新土，不允许将薄层新填土层贴在原路基的表面。

1.5.2.3 土基压实

土基压实后，土基的塑性变形、渗透系数、毛细水作用及隔温性能等均有明显改善，土质路基只有充分压实及达到规定要求的压实度，才能满足强度和稳定性等技术、质量要求，从而保证路基的正常使用。土基施工时应严格按现行《公路路基施工技术规范》要求进行，并应通过试验路段来确定不同机具压实不同填料的最佳含水量、适宜的松铺厚度和相应的碾压遍数、最佳的机械配套和施工组织。土基施工中压实度的影响因素有：

①含水量。

②现场含水量。

③压实机械。

④碾压层厚度和遍数。

1.5.2.4 石质路基施工技术

1）抛石挤淤

先进行抛石挤淤，逐渐向前推进，待填出水面后再分层填筑。施工时按规范要求，先对填筑范围内的水中植物及根进行人工清除，然后抛入大块石，上面再抛入小尺寸片石、石碴由推土机摊平、稳压。同时用人工码砌边坡，对个别不稳定石块，用人工进行处理，使其稳定，然后再填小尺寸片石或石碴，用平地机整平，16 t 振动压路机碾压，对个别坑洼用人工进行局部补填，效果较好。

2）分层填筑

在抛石挤淤的基础上，恢复中线，并用竹竿放出填筑边线。在已放好线的填筑范围先填一层较大的片石，用推土机整平、稳压。然后，在其顶面铺一层碎石碴，用平地机整平，接着用16 t振动压路机碾压。表面无松散的石碴时，可再铺一层上述细料，用振动压路机碾压，直到表面没有多余的石碴。每填筑一层，及时用人工码砌边坡，以确保边坡的稳定，减少边坡整修用工。

3）质量检测

为了有效地控制路基的压实效果，用“沉降板”来检测填石层厚进而检验路基的压实度。其原理是由测量“沉降板”的沉降值的大小来确定路基是否密实。除了用沉降板控制外，严格控制分层厚度在30 cm，碾压遍数以测得沉降值符合要求时的遍数为准。对外观质量要求，必须达到表面平整，无明显轮迹为止，边坡必须边施工边码砌整齐。

4）压实效果

路基顶面的弯沉值是反映路基整体强度的，而压实度是反映路基每一压实层的紧密程度。只有每一压实层的紧密程度均符合要求，才能使路基的整体强度满足要求。石质路基施工的关键是如何压实。用一般常用的方法难以碾压、检查和控制压实度。在施工中采取如下对策：

①严格控制石料的最大粒径，石料的最大料粒径不超过层厚的2/3。

②采取分层填筑、分层碾压的方法，每层厚度不超过50 cm。

③用碎石、石屑等材料填充每一碾压层内部和表面石块之间的空隙，并用大功率的振动压路机碾压，以增加中路基的稳定性。

④对于软质量岩石，尽量不用或压碎后填筑。

采用规定的压实方法控制压实。

1.5.3 道路路面施工

1.5.3.1 石料路面及基层

1）碎石路面与基层

碎石路面是指用加工轧制的碎石按嵌挤原则铺压而成的路面。

a. 碎石路面的分类。

水结碎石路面；

泥结碎石路面；

泥灰结碎石路面；

干压碎石基层。

b. 施工程序（以泥结碎石路面为例）。

准备工作→摊铺碎石→预压→浇灌泥浆→撒嵌缝料→碾压。

2）级配碎石路面与基层

是指由各种集料和土，按最佳级配原理修筑而成的路面和基层。施工过程：开挖路槽→备料运料→摊铺→搅拌整形→碾压→铺封层。

碎石路面的养护的主要任务是：在各种交通组成和交通量的负荷下，使路面保持应有的强度和平整度；对路面在车辆负载与自然因素影响下产生的病害，如沉陷、车辙、松散、坑洞及裂缝等，进行事前预防和事后及时维修，使其经常保持良好的状态，以便利行车，并延长使用寿命。为提高碎石路面的平整度，抵抗行车和自然因素的磨损和破坏作用，应在面层上加铺磨耗层和保护层设置。

1.5.3.2 稳定土基层

1）稳定土基层（底基层）的施工方法

稳定土基层（底基层）的施工方法有路拌法和厂拌法。

2）路拌法施工

路拌法施工的主要工序为：准备下承层→施工测量→备料→摊铺→拌和→整平与碾压成型→初期养护。

3）厂拌法施工

稳定土混合料可以在中心站用多种机械进行集中拌和，如用强制式拌和机、双转轴桨叶式拌和机等，也可用路拌机械或人工在场地进行分批集中拌和。

1.5.3.3 沥青路面

沥青路面具有平整、无接缝、行车舒适、耐磨、噪音低、施工期短、养护维修简便、且适宜于分期修建等优点。按强度构成原理可将沥青路面分为密实类（级配类）和嵌挤类两大类；按施工工艺的不同，沥青路面可分为层铺法和路拌法2大类。

1）层铺法

用分层洒布沥青、分层铺撒矿料和碾压的方法修筑，主要优点是工艺和设备简便，功效较高，施工进度快，造价较低。缺点是路面成型期较长，需要经过炎热季节行车碾压之后路面才能成型。

2）拌和法

由一定级配的矿料和沥青材料在沥青拌和厂（场、站）用专用设备加热拌和，然后送到工地摊铺碾压而成的路面。厂拌法按混合料铺筑时温度的不同，又可分为热拌热铺、热拌冷铺和冷拌冷铺3种。

1.5.3.4 水泥混凝土路面

水泥混凝土路面具有强度高、水稳定性好、耐久性好、养护费用少、经济效益高、夜间能见度好等优点。水泥混凝土路面，包括素混凝土、钢筋混凝土、连续配筋混凝土、预应力混凝土、装配式混凝土、钢纤维混凝土、碾压混凝土和混凝土小块铺砌等面层板和基（垫）层所组成的路面。目前采用最广泛的是就地浇筑的素混凝土路面，简称混凝土路面。

混凝土路面板下必须设置厚度约0.15～0.20 m的基层，或者具有足够刚度的老路面。在水温状况不良路段的路基与基层之间宜设置垫层，垫层应具有一定的强度和较好的水稳定性。

1）施工准备工作。

①选择混凝土拌和场地。

②进行材料试验和混凝土配合比设计。

③基层的检查与整修。

2）混凝土板的施工程序和施工技术面层板的施工程序为：

①边模的安装。

②传力杆的安设。

③拌和与运送混凝土混合料。

④摊铺和振捣。

⑤真空吸水。

⑥筑做接缝。

⑦表面整修与防滑。

⑧养护与填缝。

⑨开放交通。

1.6 中心城镇道路管理与维护

1.6.1 道路系统规划评价

1.6.1.1 非直线系数

交通线路长度与起、终点站间空间直线距离之比，称为路线的非直线系数，环形线路的非直线系数是对线路上的主要枢纽点（或最远的两节点）间来衡量的。

1.6.1.2 道路网密度

路网密度是衡量道路设施数量的一个基本指标。一个区域的路网密度等于该区域内道路总长比该区域的总面积。城市道路网密度、间距的选取应遵循以下两条原则：

①道路网密度、间距与不同等级道路的功能、要求相匹配。

②道路网密度、间距与城镇不同区域的性质、人口密度、就业密度相匹配。

1.6.1.3 道路面积率

城镇道路面积率是反映城镇建成区内城镇道路拥有量的重要经济技术指标。这里所说的城镇道路系指城镇主干路、次干路、支路，不包括居住区内的道路。建成区的城镇道路面积率计算公式如下：城镇道路面积率＝（建成区道路用地总面积÷城镇建成区用地总面积）（%）；也可以计算建成区内局部地区的城镇道路面积率，公式为：道路面积率 =（道路用地总面积 ÷ 建设用地总面积）（%）。

1.6.1.4 人均道路占有面积

人均道路占有面积是指建成区内平均每个非农业人口拥有的道路面积（道路指铺装的宽度 3.5 m 以上的路，不包括人行道）。人均道路面积是一个同时具有上限和下限的指标。基于广州市中心城镇人多地少的状况，人均道路占有面积进一步增加的潜力是有限的。为了保证交通的畅通，一方面要保证人均道路占有面积达到一个合理的水平；另一方面，要积极从交通需求管理这方面想办法，从城镇土地利用规划、交通结构优化的角度，尽量削减不必要的交通量。

1.6.2 道路养护的任务

1.6.2.1 及时维修损坏道路

道路在使用过程中，其使用性能会因行车荷载和环境因素的不断作用而逐渐变坏。道路使用性能的恶化，将增加车辆的运行费用，包括耗油、轮胎和保修材料的消耗及行程时间等费用。因而，在路面使用期内，还需投入大量资金用以及时维修损坏道路，使之保持一定的使用性能。道路的病害分为 7 种类型：变形、车辙、裂纹、剥落、沥磨损、脱落、坑洼。

1.6.2.2 保障道路交通正常运行及交通安全

城镇道路是一个网络整体，中心城镇市政部门应根据中心城镇道路的技术等级和数量，统一安排维修资金、计划和机械设备的调配工作。特别要加强主、次干道养护。各城镇按养护维修定额进行管理，按城镇道路平方米投资包干进行养护，既有利于保证维护质量，又能稳定维护资金。对设施及时维修养护，经常保持完好，才能保障道路交通正常运行及交通安全。

1.6.3 道路养护技术

1.6.3.1 路基养护

路基养护的工作内容包括：

①维修、加固路肩和边坡。

②疏通、改善、铺砌排水系统。

③维护、修理各种防护构造物以及透水路堤，管护两旁公路用地。

④清除坍方，预防、处理翻浆、滑坡、泥石流等病害。

⑤有计划地局部加宽、加高路基，改善急弯、陡坡和视距，使之逐步达到要求的技术标准。

1.6.3.2 路面养护

路面的养护技术主要有：

1）灌缝处理

主要针对道路表面出现裂缝这一病害。采用灌缝机进行灌缝作业。用手持喷枪把压缩空气吹向裂缝，将缝里杂物吹干净，再将沥青喷至裂缝处，然后用喷枪将细粒径的沥青混凝土灌入裂缝，再把多余或误洒的缝外沥青清除干净即可。

2）路面局部修补作业

主要针对龟裂、坑槽、小面积沉陷等病害。可采用破碎机械和切割机械将修补的范围切割出来，并将病害的路面挖除，将损坏的混合料清除干净，使坑底面层坚实，在坑内洒布涂刷新的沥青或乳化沥青，用混合料铺平坑槽，并碾压新铺混合料，直到碾压密实，新旧混合料结合紧密、无缝隙。也可对损坏路面局部进行高温加热，使其与新铺料结合到一起，然后进行碾压。

3）大范围路面维修作业

主要针对道路表面出现大面积的龟裂和沉陷、严重的车辙、桥面脱落等病害，需要组织采用专用机组作业。施工前除做一些必要的准备工作外，要对路面病害段、桩号、路面标高、宽度、病害范围、转弯半径、超高超宽、纵坡横坡、路面结构、沥青混凝土级配、原材料产地和型号规格等作全面的了解和详细的记录。大范围路面维修作业组织工作复杂，工程量大，应编制详细的施工工艺。其作业包括：路面测量、铣刨机铣刨、废料运输、清扫余渣、洒布乳化沥青、沥青混合料拌和和运输、沥青混合料摊铺、沥青混合料压实等，除此之外，还要进行交通设施的恢复和维修。

在养护施工前，要对病害进行实地调查。根据病害的类型、面积大小、施工的难易程度、交通流量的大小等确定最佳处治方案，保证养护工作快速、高效、安全。

第2章　中心城镇桥梁设施技术指引

2.1　桥梁的基本概念

2.1.1　桥梁在中心城镇基础设施建设中的功能及重要作用

中心城镇是一个交通汇聚点，线路繁多。桥梁是解决线路与线路之间交错的最好办法，在华南地区的多数城市，采用桥梁的形式跨越其他线路是最好的方法。目前土地资源已经越来越匮乏，采用占用土地资源较少的桥梁及其构造物也可以减少对土地资源的浪费。还有在华南地区，道路建设经常会遇到一个大问题，那就是软土地基的问题。虽然在解决软土地基方面当今已经有了不少先进的方法，而且同修建桥梁相比具有成本优势，但是有时受到各种客观情况的约束，或为提高一大段路线标高而不得不采用桥梁的形式来解决软地基问题。在软基特别深的复杂地段，修建桥梁比软基处理甚至更加经济合理。在城市交通的快速化的发展（城市轻轨、城郊高速铁路等）以及与周边城市连接需求的进一步提高，对原有路线改造以及相互之间的连接工程中，桥梁的建设都将起到重要的作用。

2.1.2　中心城镇桥梁分类

按照受力特点的不同，桥梁结构可以分为：梁式桥、拱式桥、刚架桥、斜拉桥、悬索桥。目前广州市各个不同年代建成的城市桥梁已接近700座，其中心城镇桥梁按照功能可划分为：立交桥、高架桥、河涌桥、人行天桥、管线桥等。而且按照目前的交通规划，不久就将出现轻轨运输高架桥这种新桥型。

2.1.3　中心城镇桥梁特征及存在的问题

城市桥梁不仅数量大，而且其结构体系复杂、形式多样，设计荷载标准也不一致，新旧桥梁混杂而承载力各不相同。这些都给桥梁的检测、评价、维护和统一管理带来很多困难。

2.1.3.1　形式各异

如跨越珠江的十几座大跨径桥梁中，就有斜拉桥、钢管混凝土拱桥、刚构桥、连续梁桥、圬工拱桥、连续刚构桥和钢桁架桥等多种桥型；市区纵横林立的高架桥中，有预应力简支梁桥、结合梁桥、连续梁桥和曲线梁桥等不同的结构体系；各种互通或半互通式立交桥，其平面线形各异，构成形式复杂的异形桥梁。

2.1.3.2　规模不一

中心城镇桥梁规模不一，由于原有的路面限制或者交通量的预测决定，桥面宽度有两车道、四车道、六车道多种，长度则由于要求不用从十几米到几千米不等，跨径也受实际地理要求和建筑方式的影响从十几米到几百米不等。桥梁净空高度也大不相同，有的仅仅4～5m高，而有的在有多重立交的情况下，达到了30多m甚至更高的高度。

2.1.3.3　使用材料不同

由于建设年代不同，各种桥梁所使用的材料也各不相同，有钢桥、钢筋混凝土、预应力混凝土、圬工材料（包括砖、石、混凝土桥）。特别是采用圬工材料的桥梁，由于各处取料不同，所以各段的材料组成或者是混合比也是没有达到一致相同。

2.1.3.4 设计荷载不同、结构形式多样

不同桥梁建造的年代不同，其设计荷载、结构形式等也有所不同，由于旧桥的改造加宽与加固，经常造成同一座桥梁不同车道的设计荷载不同、结构形式不同等现象。由于修建路段的地理情况不同，就是同一个年代修建的一条路线，在不同路段会采用不同的截面形式，有的采用肋板式，有的采用板梁形式，有的采用箱形，就是采用箱形的形式也有着单箱单室、单箱多室、多箱单室、多箱多室的不同。同时由于各种桥型的选择不同，有的采用上承式，有的是下承式，还有的是采用中承式。

2.2 中心城镇桥梁建设的必要性和可行性

2.1.1 中心城镇桥梁建设的必要性

2.2.1.1 桥梁建设是城镇规划的重要组成部分

目前的城镇规模大抵是按照20世纪70年代末至80年代初所编制的城市总体规划实施而形成的，但是当年的规划只是考虑到2000年为止，而且当时规划确定的远期城市人口规模现在已被突破。当年制定规划的时候，并未考虑到经济发展速度有如此之快，而且考虑的人口主要是户籍人口，没有考虑城市大量的流动人口，现在有的城市流动人口占城市人口的比例已经接近30%甚至已经超过，这些人口对为城市服务的要求更加高，其中对城市服务的重大影响之一就是交通。如何解决交通堵塞问题已经成为当今城市规划的重要课题，在现有的城市中，解决行车难的主要方法之一就是新建快速路，并与原有的道路系统连接起来，从而形成四通八达的公交系统。这就需要有更多的立交桥梁和高架桥建设。而且在城市中的桥梁建设，将涉及路线所经过的居民的搬迁，线路上原有的城市基础设施（例如煤气管道、输水管道、电缆管道等）的重新改造，这就使得所涉及的经济层次更深、更广，而且必须考虑到经济回报。这就要求在桥梁设计的时候综合考虑各个方面的影响，从而使到桥梁建设成为在城市规划中是一个必须重点考虑的问题。

早在2000年，在广东城市建设工作会议上，广东省领导郑重宣布，要在2010年建成300个布局合理、功能齐全、设施完善、环境优美、经济发达、富有地方特色的中心镇，加速推进城市化过程。这300个中心城镇建成后，将同广州、深圳两个中心城市和省内一批大中城市一起，把全省的城市化程度提高到50%以上。在这样一个发展规划面前，各个城市之间以及各个城市同中心城市广州、深圳之间的连接，必然要求修建更多的高速路和各类桥梁，与此同时，各个中心城市同自己辖下各乡镇的交通也是城镇规划的一个重要课题。显然，在广袤的珠江三角洲，搞交通建设，就离不开修建桥梁。因此，桥梁是城镇规划中的重要组成部分。

2.2.1.2 桥梁是城镇道路系统的重要组成部分

随着我国道路系统的快速发展，线路已经越来越繁多，如何解决线路之间的连接问题以及线路之间的跨越问题，采取立交方式就成为一种主要的选择。而且交通快速化的发展，要求行人穿越马路不对行车产生影响，以及在不影响车辆行驶速度的同时实现车辆的分流、调头、转向等，而立交桥是实现以上功能以最佳方法，同时在水系地区修建道路，跨越江河将是必不可免的。跨越河流的建筑物有桥梁和隧道，在成本上占有优势的桥梁将是主要选择，这就使桥梁成为道路系统的重要组成部分。而且在经济上，现在桥梁的造价平均占公路总造价的比例已越来越高，最高接近20%。城镇道路系统的进一步发展离不开桥梁。

2.2.1.3 桥梁是分离冲突交通的重要方式

城市立交桥把相交主干道的车流在空间上分隔开，使得各种车辆在各自的行车方向上不会产生交叉，从而互相影响，不但可以提高行车的效率，同时提高了行车速度。人行天桥则把行人和车辆在空间上分隔开，使行人穿越道路时不会对行车有影响。还有引桥，它解决了道路与过河过江大桥的连通问题；栈桥能解决快速路上的车辆掉头问题，解决快速路与周围的其他道路以及社区、工业区的连通

问题。

2.2.1.4　桥梁是城镇景观的重要组成部分

桥梁可以成为一个城市的标志和骄傲是因为桥梁能够将城市装扮得格外醒目、美丽，所以修筑桥梁的时候，在满足交通的需要的前提下，还可以结合人文方面，加多一些装饰，让桥梁附带有文化色彩，使之成为一个城市的景观。

2.2.2　中心城镇桥梁建设的可行性

2.2.2.1　城市政府相关部门的政策和财政支持

国家城镇化战略的确立以来，各市政府及相关部门纷纷讨论出台了一批加大城镇基础设施建设的政策条文。特别是近年来城市发展步伐的加快，相继又增大了对城市市周边城镇基础设施的政策及资金投入。按照“政府引导、市场运作”的思路，在积极争取国家、省、市支持，增加财政投入的同时，采取多种方式，全方位、多元化的筹集小城镇建设资金。

目前，全国在小城镇试点工作中已经取得了不少的经验，广东省部分小城镇建设已经走在了全国前列，如东莞的虎门镇、深圳的长安镇等。中心城镇在这些小城镇中又具有自己的优势，加快中心城镇桥梁建设，将会得到市政府及相关部门的大力支持。

2.2.2.2　社会经济发展的推动

随着“9+2”政府领导签署《泛珠三角区域合作框架协议》，华南地区的城市将又迎来了一个大步发展的机遇。不管是社会经济发展还是文化交流都离不开交通设施的发展完善，华南地区中心城镇的桥梁建设步伐更加高速发展。

2010年广州市又将承办第16届亚运会，这又会极大地推动华南地区中心城镇的交通设施建设。

2.2.2.3　桥梁设计及施工技术的发展

近年来，桥梁建设在设计和施工方面的技术得到很大发展，特别是一些大型、轻型化桥梁的相关技术已经相当成熟。一些大型重吨位的施工设备也得到广泛应用，极大地满足城镇桥梁建设中任务量大、工期短、施工场地小等要求。总之，加快广州市中心城镇桥梁建设，技术上是可行的。

2.3　中心城镇桥梁规划与设计

2.3.1　桥梁规划的基本原则和要求

当今我国桥梁的规划和设计必须遵照“实用、经济、安全、美观”的基本原则。

桥梁必须实用，要有足够的承载能力，能保证行车的畅通、舒适和安全；既满足当前的需要，又要考虑今后的发展；既满足交通运输本身的要求，也要考虑到支援农业，支援城市基础设施建设等有关方面的要求；通航河流上的桥梁，应满足航运的要求；桥梁还应考虑在战争时期适应国防的要求；在特定地区，桥梁还应满足特定条件下的特殊要求（如防地震等）。

只有在满足了实用这一基本条件后，才能谈得上对桥梁结构的其他要求，既做到总造价经济，又保证工程质量和使用安全可靠。在实用、经济和安全的前提下，尽可能使桥梁具有优美的外形，并与周围的环境相协调，这就是美观的要求。合理的轮廓是美观的主要因素。在城市和游览地区，要注意环保问题，较多地考虑桥梁的建筑艺术。但是不要把美观片面地理解为豪华的细部装饰，在这方面增加很多的费用是不妥当的。

桥梁设计必须积极采用新结构、新设备、新材料、新工艺，认真学习国外的先进技术，充分利用国际最新科学技术成就，把学习外国和自己独创结合起来。只有这样才能更好地贯彻“实用、经济、安全、美观”的原则，提高我国的桥梁和城市立交的建设水平，达到和超过世界先进水平。

2.3.2　桥梁设计的一般规定和基本设计资料

桥梁设计的规定主要由《铁路桥涵设计规范》、《公路工程技术标准》、《公路桥涵设计规范》以及《公路工程抗震设计规范》等规范规定。

而桥梁的基本设计资料，对于有跨越作用的桥梁一般包括下列几方面的内容：

①调查研究桥梁的具体任务。桥上交通的种类和其他的要求，如车辆的荷载登记、实际交通量和增长率、需要的车道数目或行车道的宽度以及人行道的要求等等。

②选择桥位。

③勘测桥位附近的地形，并绘制地形图，以供设计和施工参考。

④通过钻探调查桥位的地质情况，并将钻探资料制成地质剖面图，作为基础设计的重要依据。为使地质资料更接近实际，可以根据初步拟定的桥梁分孔方案将钻孔布置在墩台附近。

⑤对于跨越河流的桥梁，要调查和测量河流的水文情况，为确定桥梁的桥面标高、跨径和基础埋置深度提供依据。其内容应该包括如下内容：了解河道有无潮水、河床以及两岸的冲刷和淤积，以及河道的自然变迁和人工规划的情况，测量桥位处河床断面；调查了解洪水水位的多年历史资料，通过分析推算设计洪水水位；测量河床比降，调查河槽各部分的形态标高和粗糙率等，计算流速、流量等有关资料，通过计算确定设计水位下的平均流速和流量，结合河道性质可以确定桥梁所需要的最小总跨径；选择通航孔的位置和墩台基础形式以及埋置深度；向航运部门了解和协商确定设计通航水位和通航净空，根据通航要求与设计洪水位，确定桥梁的分孔跨径和桥跨底缘设计标高。

⑥对大型桥梁工程，应调查桥址附近风向、风速，以及桥址附近有关地震资料。

⑦调查了解其他与建桥有关的情况，如当地建筑材料（砂、石料等）的来源；水泥、钢材供应情况。

⑧对于桥梁加宽工程，要调查旧桥的使用情况，以及预测新桥的建设对旧桥质量的影响，同时向有关部门和当地群众了解有无特殊要求，例如桥上是否需要铺设电缆或输水、输气管道等。

2.3.3　桥位选择和与布置

一般的说，大、中桥桥位的选择原则上应服从路线的总方向，路桥应综合考虑。一方面从整个路线或路线网的观点上来看，既要力求降低桥梁的建筑和养护费用，也要避免或减少因车辆绕道而增加的运输费用。另一方面，从桥梁本身的经济性和稳定性出发，应尽量选择在河道顺直、水流稳定、河面较窄、地质良好、冲刷较小的河段上，以降低造价和养护费用，并防止因冲刷过大而发生桥梁倒塌的危险。此外，一般应尽量避免桥梁与河流斜交，以免增加桥梁长度而提高造价。

对于小桥，特别是城市立交等的位置应服从路线走向，当遇到不利的地形地质和水文条件时，应采取适当的技术措施，不应因此而改变路线。特别在城市中，因为桥位的改变而改变线路将会带来极大的影响。

桥梁的线形及桥头引道要保持平顺，使车辆能够平稳的通过。小桥的线形及其与公路的衔接，可按路线的要求布置。大、中桥梁的线形一般为直线。当桥面受到两岸地形限制时，允许修建曲线桥，但曲线的各项指标应符合路线的要求，也允许修建斜桥，但其斜度一般不大于45°，通航河流上不宜大于5°（桥墩沿水流方向的轴线与通航水位主流方向的交角）。

2.3.4　设计荷载标准

根据使用任务，桥梁结构除了承受本身自重和各种附加恒载以外，主要是承受桥上各种交通荷载，例如各种汽车、平板挂车、履带车、电车以及各种非机动车和人群荷载。而且，桥梁结构处在自然环境中，还要经受气候、水文等种种复杂因素（外力）的影响等。

通常可以将作用在公路桥梁上的各种荷载和外力归纳成3类：永久荷载，可变荷载，偶然荷载。

2.3.4.1 永久荷载

永久荷载包括结构物自重、桥面铺装及附属设备的重量、作用于结构上的土重以及土侧压力、基础变位的影响力、水浮力、长期作用于结构上的人工预施力以及混凝土收缩和徐变的影响力。

2.3.4.2 可变荷载

桥梁设计中应该考虑的可变荷载有汽车、平板挂车和履带车的车辆荷载和人群荷载。同时，对于汽车荷载还应该计算其冲击力和离心力。对于所有车辆荷载尚应计算其所引起的土侧压力。规范中规定的其他可变荷载包括：汽车制动力、支座摩阻力、温度影响力、风力、流水压力和冰压力等。

2.3.4.3 偶然荷载

偶然荷载包括地震力和船只或漂流物的撞击力，这种荷载在设计使用期内不一定出现，但一旦出现，其持续时间较短而数值很大。

设计时可供的荷载组合一共有5种：

组合一：基本可变荷载（平板挂车或履带车除外）的一种或几种与永久荷载的一种或几种相组合。

组合二：基本可变荷载（平板挂车或履带车除外）的一种或几种与永久荷载的一种或几种相组合与其他可变荷载的一种或几种相结合。

组合三：平板挂车或履带车与结构自重、预应力、土重及土侧压力中的一种或几种相组合。

组合四：基本可变荷载（平板挂车或履带车除外）的一种或几种与永久荷载的一种或几种与偶然荷载中的船只或漂流物撞击力相结合。

组合五：结构自重、预应力、土重及土侧压力中的一种或几种与地震力相结合。

《公路桥涵设计规范》规定：在其他可变荷载中，汽车制动力不同时与流水压力、冰压力和支座摩阻力相结合；流水压力不同时与冰压力相结合。在各个规范中还有更加详细的规定，要注意实际情况查找对应的规范。

2.3.5 桥面标高的确定和桥上净空

2.3.5.1 桥面标高的确定

合理的桥面标高必须根据设计洪水水位、桥下通航（通车）净空的需要，并结合桥型、跨径等一起考虑。对于城市桥梁桥面标高，一般需注意如下问题：

1）流水净空要求

为了保证支座的安全和正常工作，对于设支座的桥梁，支座底面应高出计算水位（即设计洪水水位加壅水和浪高）不小于0.25 m，并高出最高流冰面不小于0.50 m。

对于无铰拱桥，拱脚允许被洪水淹没，但淹没深度不宜超过拱圈矢高的2/3，并且在任何情况下，拱顶底面应高出计算水位1.0 m，拱脚的起拱线应高出最高流冰面不小于0.25 m。

2）通航净空要求

对于跨越通航河流的桥梁，还要保证桥下安全通航。通航孔桥跨下缘的标高应高出自设计通航水位算起的净空高度，具体的通航净空尺寸会根据航道等级、是否是限制性航道以及桥梁类型等情况略有不同，各种情况下的净空要求可以在《公路桥涵设计规范》中查找对应的数据。

3）跨线桥桥下的交通要求

在设计跨线路（铁道或公路）的立体交叉时，桥跨结构底缘的标高应高出规定的车辆净空高度。

综上所述，全桥位于河中各跨的桥面标高均应首先满足流水净空的要求，对于通航或桥下通车的桥孔还应满足通航或通车净空的要求。另外，还应考虑桥的两端能够与公路或城市道路顺利衔接等问题。因此，全桥各跨的桥面标高时不相同的，必须综合考虑和规划，一般将桥梁的纵断面设计成具有单项或双向的坡度，既有利于交通，美观效果好，又便于桥面排水（对于不太长的小桥，可以做成平坡桥），但桥面纵坡不宜大于4%；桥头引道纵坡不宜大于5%。对于位于市镇混合交通繁忙处的桥梁，桥上纵坡和桥头引道纵坡均不得大于3%，并应在纵坡变更的地方按规定设置竖曲线使坡度改变处不致出现转角。

2.3.5.2 桥上净空

公路桥梁横断面的设计，主要取决于桥面的宽度和不同桥跨结构横截面的形式。桥面宽度取决于行车和行人的交通需要。我国交通部颁布的《公路工程技术标准》（JTG B01—2003）中规定了各级公路桥面净空的限界。在建筑限界内，不得有任何建筑物侵入。

2.3.6 桥面的平面及纵断面、横断面设计

2.3.6.1 桥梁纵断面设计

桥梁的纵断面设计包括总跨径的确定、桥梁的分孔、桥面标高与桥下净空、桥上以及桥头的纵坡布置等。

桥梁的总跨径一般根据水文计算确定。接着就是进行分孔布置，桥梁分孔关系到桥梁的造价，最经济的跨径就是要使上部结构和墩台的总造价最低，分孔的问题是设计中最基本最复杂的问题，必须进行深入全面的分析，综合考虑各个方面的要求，才能定出比较完美的方案。桥面的标高在路线纵断面的设计中已经规定，或根据设计洪水位及桥下通航需要的净空来确定；需要注意的是，市镇混合交通繁忙处桥面纵坡不得大于3%。

2.3.6.2 桥梁横断面设计

桥梁横断面的设计，主要是决定桥面的宽度和桥跨结构横截面的布置，桥梁的宽度决定于桥上交通需要，包括了行车和行人的交通需要。

桥上人行道和自行车道的设置应根据实际需要而定，人行道的宽度为0.75 m或1 m，大于1 m时按0.5 m的倍数增加。一条自行车道的宽度为1 m，当单独设置自行车道时，一般不应少于两条自行车道的宽度。而不设人行道和自行车道的桥梁，可根据具体情况设置栏杆和安全带。与路基同宽的小桥和涵洞可仅设缘石或栏杆。漫水桥不设人行道，但可设置护栏。

城市桥梁以及位于大、中城市近郊的公路桥梁的桥面净空尺寸，应结合城市实际交通量和今后发展的要求来确定。在弯道上的桥梁应按路线要求予以加宽。

公路和城市桥梁，为了利于桥面排水，应根据不同类型的桥面铺装，设置从桥面中间倾向两侧1.5%～3%的横向坡度。

2.3.6.3 平面设置

桥梁的线形及桥头引道要保持平顺，使车辆能平稳的通过。高速公路和一级公路上的大中桥，以及各级公路上的小桥的线形及其与公路的衔接，应符合路线布设的规定。

二、三、四级公路上的大中、桥线形一般为直线，如必须设成曲线时，其各项指标应符合路线布设的规定。

从桥梁本身的经济性和施工方便来说，应尽可能避免桥梁与河流或与桥下路线斜交，但对于一般的小桥，为了改善路线线形，或城市桥梁受原有街道的制约时，也允许修建斜交桥，斜度通常不宜大于45°，在通航河流上则不宜大于5°。

2.3.7 细部构造及附属设施

桥梁的细部构造包括了桥面铺装、桥面排水设施、桥面伸缩缝和人行道、栏杆与灯柱这几个方面。

2.3.7.1 桥面铺装

钢筋混凝土和预应力混凝土桥的桥面铺装，目前主要使用的是下列形式：

1）普通水泥混凝土或沥青混凝土铺装

普通水泥混凝土或沥青混凝土铺装层厚度5～8 cm。铺装层的混凝土一般用与桥面板混凝土相同的标号或略高一级的，在铺筑时要求有较高的密实度。混凝土铺装的造价低，耐磨性能好，适合于重载交通，维修养护也较方便，在铺筑后只等几小时就能通车运营。桥上的沥青混凝土铺装可以做成单层式的或双层式的。

2）防水混凝土铺装

桥梁铺装层需作适当的防水时，可在桥面板上铺筑 8 ～ 10 cm 厚的防水混凝土作为铺筑层。防水混凝土的标号一般不低于桥面板混凝土的标号，其上一般不另设面层，但为延长桥面的使用年限，宜在上面铺筑 2 cm 厚的沥青表面处治作为可修补的磨耗层。

3）具有贴式防水层的水泥混凝土或沥青混凝土铺装

在防水要求高或在桥面板位于结构受拉区而可能出现裂纹的桥梁上，往往采用柔性贴式防水层。由于这种防水层的造价高，施工也麻烦费时，故应根据建桥地区的气候条件、桥梁的重要性等，在技术上和经济上经充分考虑后再采用。

2.3.7.2 桥面排水设施

为了迅速排除桥面积水，防止雨水积留在桥面并渗入梁体内从而影响桥梁的耐久性，在桥梁设计时要有一个完整的排水系统。在桥面上处设置纵横坡排水外，常常需要设置一定数量的排水管。

通常当桥面纵坡大于2%，而桥长小于50 m 时，一般能保证从桥头引道上排水，桥上可以不设泄水管。此时，可在引道两侧设置流水槽，以避免雨水冲刷引道路基。

当桥面纵坡大于2%，而桥长大于50 m 时，为防止雨水积留，桥面就需要设置泄水管，每隔 12 ～ 15 m 设置一个。当桥面纵坡小于2%时，泄水管就需要设置更密一些，一般每隔 6 ～ 8m 设置一个。

泄水管可沿行车道两侧左右对称排列，也可交错排列，泄水管离缘石的距离为 0.10 ～ 0.50 m。泄水管也可以布置在人行道下面。混凝土梁式桥上的泄水管有下列几种形式：

1）金属泄水管

这种泄水管的内径一般为 0.10 ～ 0.50 m，管子下端应伸出行车道板底面以下至少 0.15 ～ 0.20 m，以防止渗湿主梁表面。金属泄水管适用于具有防水层的铺装结构。

2）钢筋混凝土泄水管

它适用于不设防水层而采用防水混凝土的铺装构造上，在制作时，可将金属栅板直接作为钢筋混凝土管的端模板，并在栅板上焊接上短钢筋锚固于混凝土中。这种预制的泄水管构造比较简单，可以节省钢材。

3）横向排水孔道

对于一些跨径不大，不设人行道的小桥，有时为了简化构造和节省材料，可以直接在行车道两侧的安全带或者缘石上预留横向孔道，用铁管或塑料管等将水排出桥外，管口要伸出构件 0.02 ～ 0.03 m，以便滴水。

4）封闭式排水系统

对于城市桥、立交桥及高速公路上的桥梁，应避免泄水管挂在板下，这样既影响桥的外观，又有碍于公共卫生。完整的排水系统应将排水管道直接引向地面。

2.3.7.3 桥梁伸缩缝

桥梁在气温变化时，桥面有膨胀或者收缩的纵向变形。车辆荷载也将引起梁端的转动和纵向位移。为使车辆平稳通过桥面并满足桥面变形，需要在伸缩缝处设置一定的伸缩装置。这种装置成为桥面伸缩缝装置。

对桥面伸缩缝的设计与施工，应全面考虑下述要求：

①能够适应桥梁温度变化所引起的伸缩。

②桥面平坦，行驶性良好的结构。

③施工安装方便，且与桥梁结构连为整体。

④具有能够安全排水和防水的结构。

⑤承担各种车辆荷载的作用。

⑥养护、维修与更换方便。

伸缩缝的类型有下列几种：

①对接式伸缩装置。

②钢制支承式伸缩缝。

③组合剪切式（板式）橡胶伸缩装置。

④模数支撑式伸缩装置。

⑤无缝式（暗缝型）伸缩装置。

⑥U 型锌铁皮式伸缩缝。

⑦跨搭钢板式伸缩缝。

2.3.7.4 人行道、栏杆、护栏与灯柱

1）安全带

不设人行道的桥上，两边应设宽度不小于0.25 m，高为0.25～0.35 m的护轮安全带，为了保证行车安全，安全带的高度现在一般都已经超过了0.4 m。安全带可以做成预制块件或与桥面铺装层一起现浇。预制的安全带有矩形截面和肋板式截面两种，以矩形截面最为常用。现浇得安全带宜每隔2.5～3 m做一断缝，以免参与主梁受力而被损坏。

2）人行道

按人行道的施工方法又有就地浇筑式、预制装配式、部分装配和部分现浇的混合式。

就地浇筑式的人行道用于跨径较小的桥梁中，有时人行道与行车道板以及梁整体地联结在一起。由于人行道的恒载及活载很小，故将其设在桥梁行车道的悬臂挑出部分上，但目前此种做法已经很少采用。

预制装配式的人行道，是将人行道做成预制块件进行安装，按预制块件有整体式和分块式两种；按安装在桥上的形式分，有悬臂式和搁置式两种。

桥面铺装中若设贴式防水层，就要在人行道内侧设置缘石，以便把防水层伸过缘石底面，从人行道与缘石之间的砌缝里向上叠起。

人行道在桥面断缝处也必须做伸缩缝。现代桥梁人行道伸缩缝与行车道伸缩缝是连在一起的。

3）栏杆、灯柱

栏杆是桥上的安全设施，要求坚固；栏杆又是桥梁的表面建筑，也要有一个美好的艺术造型。栏杆的高度一般约0.8～1.2 m，标准设计为1.0 m；栏杆的间距一般为1.6～2.7 m，标准设计为2.5 m。

栏杆的设计首先要考虑结构安全可靠，选材合理，栏杆柱或栏杆底座要直接与浇在混凝土中的预埋件焊牢，以增强抗冲能力。同时栏杆要经济实用，工序简单，互换方便。对于艺术处理则根据桥梁的类别有不同要求，公路桥的栏杆要求简单明快，栏杆的材料和尺度与整体工程配合，常采用简单的上扶手、下扶手和栏杆柱组成，给驾乘人员有一个广阔的视野。城市桥梁的栏杆艺术造型应当予以重视，以使栏杆与周围环境与桥梁本身协调。这主要是指栏杆在形式、色调、图案和轮廓层次上应富有美感，而不是过分追求华丽的装饰。

在城市及城郊行人和车辆较多的桥梁上，要有照明设施，一般采用柱灯在桥面上照明。灯柱可以利用栏杆柱，也可单独设在人行道内侧。照明用灯一般高出车道5 m左右。柱灯的设计同样要求经济合理，要确实能起到照明作用，同时也要符合在全桥的立面上具有统一的格调。近年来在公路桥上也有用低照明和发光建筑材料涂层标记，亦可考虑选用。

4）护栏

防撞护栏按照防撞性能有刚性护栏、半刚性护栏和柔性护栏之分。

刚性护栏是一种基本不变形的护栏结构。混凝土护栏是刚性护栏的主要形式，它是一种以一定形状的混凝土块相互连接而组成的墙式结构，它可使失控车辆改变方向并使其恢复到原来的行驶方向，防止其越出路外或跌落桥下。

半刚性护栏是一种连续的梁柱式护栏结构，具有一定的刚度和柔性。波形梁护栏是半刚性护栏的主要代表形式，它是一种以波纹钢护栏板相互拼接并由立柱支撑而组成的连续结构，它利用土基、立柱、波形梁的变形来吸收碰撞能量，并迫使失控车辆改变方向。

柔性护栏是一种具有较大缓冲能力的韧性护栏结构。缆索护栏是柔性护栏的主要代表形式，它是一种以数根施加初张力的缆索固定于立柱上而组成的结构，它主要依靠缆索的拉应力来抵抗车辆的碰撞，吸收碰撞能量。

2.4 中心城镇桥梁建设

2.4.1 中心城镇桥梁建设的一般步骤

各国根据大桥建设长期累积的经验，都形成了一套与本国管理体制相应的严密而有序的工作程序。在我国，根据国家基本建设程序分为前期工作、设计阶段、建设阶段、竣工验收阶段。前期工作包括编制预可行性研究报告和可行性报告。设计阶段按“三阶段设计”进行，即初步设计、技术设计与施工图设计。对于一般非特别复杂的桥梁，通常不作技术设计而按“二阶段设计”进行。各阶段设计文件完成后的上报和审批都由国家指定的行政部门办理。批准后的文件就是各阶段建设程序进行的依据，也是下一阶段设计文件编制的依据。

中心城镇桥梁建设基本程序流程如图2－1：

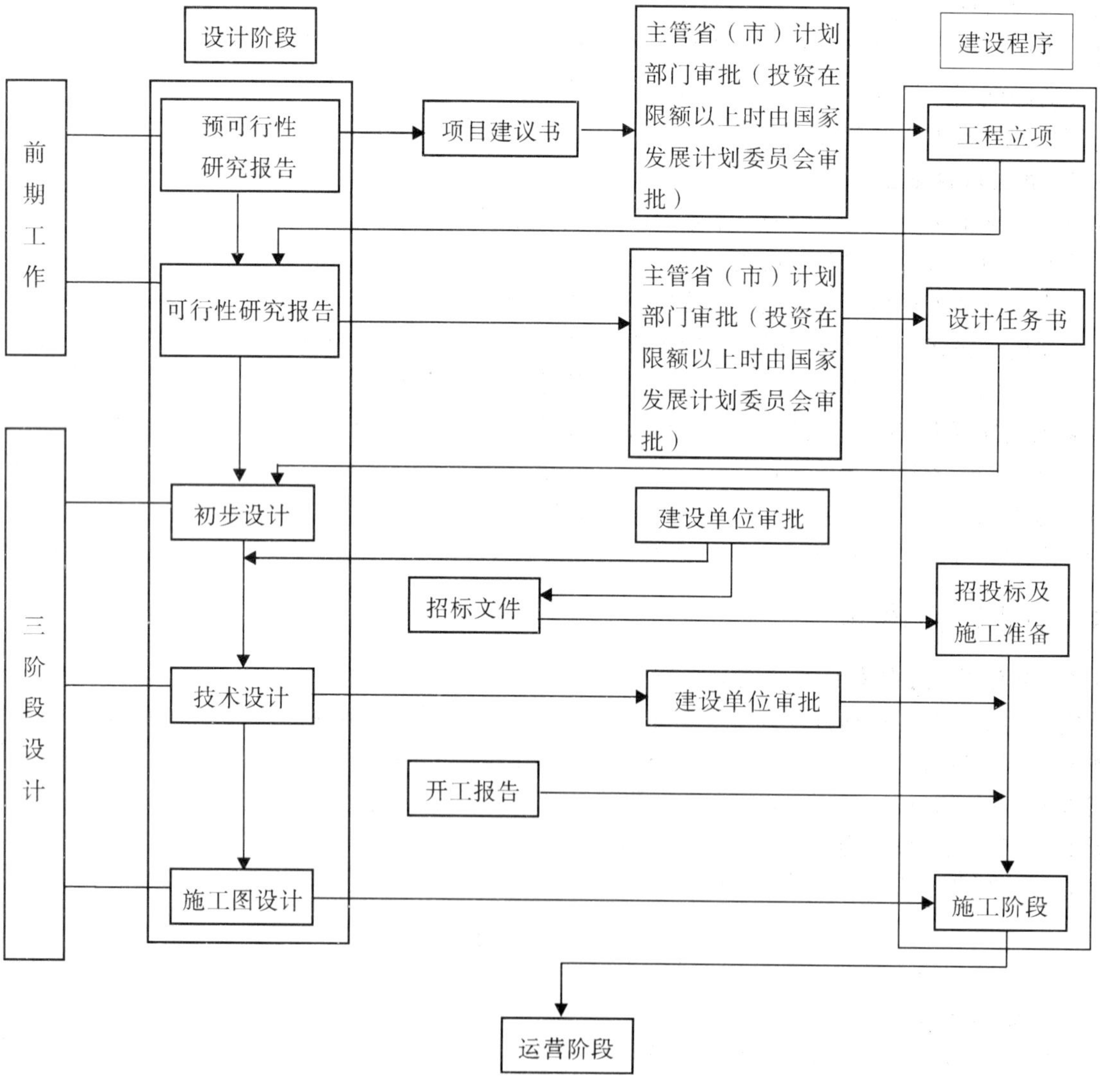

图2－1 桥梁建设一般流程

2.4.2 施工准备和施工测量

在认真审查和熟悉有关协议、文件、设计资料及相关图纸后，施工单位要仔细勘察施工现场，了解现场地理位置、水电资源、工程地点的气象条件等，用以确定施工现场的生产场地和生活设施，并进行合理的布局。

桥梁施工测量中，主要任务是精确地放出桥墩、桥台的中心位置及其纵横轴线。为了确保墩台的定位及其标高精度，对大型桥梁而言，首先必须建立好平面控制网、高程系统以及测量桥梁中心线的长度。

2.4.3 桥梁下部结构施工

2.4.3.1 桥梁基础施工

桥梁上部承受的各种荷载，通过桥台或桥墩传至基础，再由基础传给地基。基础是桥梁下部结构的重要组成部分，因此，基础工程在桥梁结构物的设计与施工中占有极为重要的地位，它对结构物的安全使用和工程造价有很大的影响。一个合理的施工方案，必须根据桥址处的地质条件、水文条件、桥梁结构体系、环境条件以及施工条件等诸因素，经过综合考虑和反复论证比选后才能得以确定，使之在基础施工及其后的桥梁使用期间，不仅基础自身的安全可靠性和耐久性得到保障，而且对桥址周围环境可能产生的危害减低到最低程度。各种基础施工包括明挖扩大基础施工、桩与管桩基础施工、沉井基础施工、地下连续墙基础施工和组合式基础施工。

2.4.3.2 桥梁墩台施工

桥梁墩台施工是桥梁施工中的一个重要部分，其施工质量的优劣，不仅关系到桥梁上部结构的制作与安装质量，而且对桥梁的使用功能也关系重大。因此，墩台的位置、尺寸和材料强度等都必须符合设计规范要求。在施工过程中，首先应准确地测定墩台的位置，正确地进行模板制作与安装，同时采用经过正规检验的合格建筑材料，严格执行施工规范的规定，已确定施工的质量。

桥梁墩台施工方法通常分为两大类：一类是现场就地浇筑与砌筑；一类是拼装预制的混凝土砌块、钢筋混凝土或预应力混凝土构件。多数工程是采用前者，优点是工序简单，机具较少，技术操作难度较小；但是施工期限较长，需耗费较多的劳力与物力。采用预制装配构件建造桥梁墩台的施工方法其特点是既可确保施工质量、减轻工人劳动强度，又可加快工程进度、提高工程效益，对施工场地狭窄，尤其对缺少砂石地区或干旱缺水地区等建造墩台更有重要意义。

2.4.4 桥梁上部结构施工

2.4.4.1 钢筋混凝土桥和预应力混凝土桥施工

装配式梁桥的施工包括分片或分段构件的预制、运输、安装3个阶段。桥梁的预制构件一般在预制场或预制工厂内进行，再由运输工具运至桥位，横向分片预制件可采用吊机或架桥机架设；纵向分段的结构可在桥头串联张拉后，用吊机或架桥机架设，或者直接在支架上串联张拉。

预制工艺方法可以分为：

①立式预制和卧式预制，等高度的T梁和箱梁在预制时采用立式预制，对于变高度的梁，宜采用卧式预制。

②固定式预制和活动台车预制，前者适用于与一般规模桥梁工程的构件预制，后者是用于大批地或永久性地制造构件的预制工厂内采用。

③先张法与后张法，前者一般在预制场进行，而桥位现浇箱梁均采用后张法工艺。构件可以在专业桥预制场内预制，也可在桥位处的预制场内预制，预制构件的基本要点包括模板工作、钢筋工作和混凝土工作。

装配式梁桥的安装包括预制梁的出坑和运输、预制梁的安装。其中与质量密切相关的安装方法包括用跨墩龙门吊机安装、用穿巷式吊机安装、自行式吊机安装、浮吊安装和架桥机安装等。

2.4.4.2 拱桥施工

对于大型拱桥就地浇筑施工，目前常用的施工方法有以下几种：

①采用各种钢拱架，有支架就地浇筑或拼装施工。

②采用型钢或钢管混凝土劲性骨架，无支架就地浇筑施工。

③采用塔架斜拉索法和斜吊式悬浇或拼装施工。

对于装配式拱桥，常用施工方法有：

①缆索吊装施工工序为在预制厂预制拱肋和拱上结构，将预制拱肋和拱上结构通过平车等运输设备移运至缆索吊装位置，将分段预制的拱肋吊运至安装位置，利用扣锁对分段拱肋进行临时固定，吊装合拢段拱肋，对各段拱肋进行了调整主拱圈合拢，拱上结构安装。

②桁架拱桥的施工吊装过程为吊运桁架供片之间的段构件的预制构件至桥孔，使之就位合拢，处理接头，与此同时随时安装桁架供片之间的横向联结系构件使各片桁架连成整体。然后再其上铺设预制的微弯拌和桥面板，安装人行道悬臂梁和人行道板。

对于钢管混凝土拱桥施工，其施工过程包括钢管拱肋制作、拱肋安装和钢管拱肋内混凝土浇筑。

2.4.4.3 斜拉桥施工

斜拉桥的施工一般包括索塔的施工和主梁的施工。混凝土索塔施工大体上可分为塔架现浇、预制吊装、滑升模板浇筑等几种方法。主梁的施工方法则包括在支架上施工、顶推法、转体施工法悬臂拼装和悬臂浇筑。

斜拉桥工程施工最常采用的是悬臂施工法。该施工方法就是在牵索式挂篮及底模就位后，借助吊机系统，用锚固系统按设计位置及标高进行锚固；安装外侧模，同时安装斜拉桥拉索并与牵索系统进行连接；绑扎底板及斜腹板钢筋等；安装开口箱梁侧模，并绑扎顶板钢筋；按设计值预拉斜拉桥拉索到挂篮需要的吨位；检查斜拉桥拉索冷铸锚的锚杯是否离开外侧模上的锚垫板，其间距应大于 4 cm。如有差异，应通过对主塔上的张拉千斤顶与牵索系统的千斤顶进行调整；检查钢筋绑扎情况及模板各部分尺寸，同时检查挂篮连接情况，使其均满足设计要求；悬臂灌注混凝土。

2.5 中心城镇桥梁综合管理

2.5.1 桥梁管理的重要性

目前各个城市都有各个不同年代建成的桥梁，比如广州市已建桥梁接近 700 座，总长度超过 100 km。由于不同桥梁建造的时间不同，其设计荷载、使用的材料、结构形式也不同。旧桥加宽与加固，经常造成一座桥梁不同车道的设计荷载不同、结构形式不同等现象。这都给日后桥梁的及时维修造成了许多困难。这就需要对桥梁进行有效的管理。

如果缺乏对桥梁进行有效的管理将很有可能引发两方面的问题：一方面，倘若对这些桥梁在管理上不到位或病害估计不足，就会失去对桥梁维护的有效时期，病害发展加剧而加快桥梁损害，缩短桥梁寿命，造成桥梁安全隐患，严重时还会造成桥梁的无征兆塌毁，危害人民生命安全和国家财产；另一方面，若对桥梁的病害估计过高，盲目地投入增加维修投入，进行不必要的维护，则会导致国家建设资金的浪费。

2.5.2 桥梁的维护

桥梁有效及时的维护可以确保车辆和行人通行安全。美国俄亥俄州的银河桥无征兆断桥事件就是因为桥梁没有得到及时的维护而造成的。我们应该要引以为鉴，应注重桥梁的及时维护。另外桥梁还代表了一个地方城镇的形象，桥梁往往反映了那里的经济文化的发展程度。日久失修的桥梁往往给人很不好的印象，日久显露的裂缝更是会令人触目惊心，这对于引进资金、发展经济是十分不利的。

归纳起来桥梁维护主要是针对以下几种病害：

①结构的承载能力不足，包括结构抗弯承载能力不足引起的顶板或底板严重的横向裂缝，及抗剪承载能力不足引起的腹板裂缝。这类病害形成原因主要有：原设计荷载标准偏低，现超载车增多，行车密度增大。如“七五”、“八五”期间许多桥梁是按汽-20级设计，现在荷载标准已超过原设计荷载；预应力结构由于施工等原因引起预应力度不足或失效；部分桥梁由于基础变形引起结构开裂；“八五”、“九五”期间个别地区建设的部分连续梁腹板厚度偏薄引起腹板斜裂缝等等。

②结构不满足正常使用状态要求。如裂缝超出容许值，空气中的水分、氯离子、二氧化碳的侵入引起钢筋的锈蚀，影响结构的适用性、耐久性。结构的变形过大，影响行车平顺及结构外观。形成此类病害原因主要有：结构体系原因，如T构，随着运营时间的增长，在T构末端出现较大的下挠。设计施工不当引起结构出现各类超过容许值的裂缝等等。

③砼保护层过薄引起砼碳化，严重影响使用的功能。

2.5.3 桥面系及外部景观的养护

2.5.3.1 栏杆、护轮带的养护

桥梁的栏杆损坏虽不妨碍交通，但会影响桥容的整洁美观。因此，对损坏的桥梁栏杆要及时维修，同时加强平时对栏杆的养护工作。

桥梁栏杆需经常保持完好状态，水平杆件要在桥梁的伸缩缝处自由伸缩。如已撞坏要及时重新安装；如有缺损，应及时补齐。钢筋混凝土栏杆如发现有裂缝或剥落，轻者可用环氧树脂黏结材料灌注封缝修补，严重者要凿除损坏部分，重新修补完整；金属栏杆要经常刷漆养护，如发现油漆有麻点、脱皮，应重新进行油漆。桥头端柱和导向柱，尤其要保持正确位置和视觉醒目，要经常校正纠偏。

2.5.3.2 桥面排水设施的养护维修

桥面的泄水管、引水槽要及时扫清、疏通。缘石的横向泄水孔道，不够长的要加以接长，避免桥面水流沿桥侧流泻；泄水管损坏要及时修补，接头不牢已掉落的要重新安装接上，损坏严重的要予以更换；引水槽已破裂的要重新修理，长度不足时应予以接长；当槽口太小，不能满足排水需要时要扩大槽口太小，不能满足排水需要时要扩大槽口重新修筑，等等。

2.5.3.3 伸缩缝的养护

桥面伸缩缝要注意经常养护，使其发挥其作用。对于锌铁皮U形槽伸缩缝要防止杂物嵌入；梳性钢板缝要及时清；钢板伸缩缝缝板在震断时要及时修复；橡胶支座破坏或老化时要注意修理更换。

2.5.3.4 桥面铺装层的养护维修

桥面铺装的养护工作：经常清扫桥面，保持桥面清洁完整和有一定的路拱；桥面在雨后随时将积水扫到泄水管口排除，不要积存；严禁在桥面上堆置杂物或占为晒场等，以保证车辆的通行安全。此外，桥面防水层如有损坏也要及时修理。

水泥混凝土铺装层如有磨光、脱皮、露骨或破裂等缺陷时，通常可以用下列方法进行维修：原结构凿补；采用黑色路面改建桥面；全部凿除，重筑铺装层。

2.5.3.5 桥头引道的养护维修

在桥头引道的养护工作中，须着重检查有无渗水、沉陷、冲刷等；纵横断面是否合乎规定；引道与桥头衔接是否合理，有无跳车现象；挡土墙、护坡、锥形溜坡与其他有关设施是否正常；引道上如设有油管或跨路渠道等，其孔径或闸门和其他各部位是否正常。

根据上述检查的情况，应该采取相应的养护维修措施：保证引道平整和正常给水；对桥头衔接处下沉的路面填补修理，使之连接平顺；挡墙、护栏等结构物受损时，应及时按原结构进行修补或更换；护坡或溜坡受洪水冲空或其他破坏时采取措施修补；引道上的涵管或水渠等应按涵洞的要求进行养护，顶部出现损坏时应采取与路面损坏相同的方法进行维修。

2.5.3.6 桥梁支座养护

支座的养护工作根据《公路养护技术规范》规定，其主要内容是：对支座各部分应保持完整、清

洁、要扫除垃圾，保证梁跨的自由伸缩；在滚动支座滚动面上要定期涂上一层润滑油，在涂油以前，必须先用钢丝刷或揩布把滚动面揩擦干净；为了防锈，支座各部分除钢锟和滚动面外，其余都要涂刷油漆保护；对固定支座要检查锚栓是否坚固，支承垫板要平整紧密，及时拧紧结合螺栓。

2.5.3.7　桥梁下部构造的养护

对桥梁墩台基础养护的工作主要内容有：桥梁上下游各 1.5 倍桥长，但不小于 50 m 和不大于 500 m 的范围内，应做到河床要适时地进行疏浚，每次洪水过后，应及时清理河床上的漂流物和沉积物，使水流顺利宣泄；不得任意修建对桥梁有害的水工建筑物，必须修建时应采取必要的桥梁保护措施；墩台表面必须保持清洁，要及时清除青苔、杂草、荆棘和污秽；圬工砌体长期受大气影响、雨水侵蚀而发生灰缝脱落，应重新勾缝；混凝土表面发生侵蚀剥落，蜂窝麻面等病害应及时将周围凿毛洗净，用水泥砂浆抹平；圬工砌体镶面部分严重风化和损坏时，应予更换；梁式桥墩台顶面没有流水坡或坡面凹凸不平、有裂缝时，应及时铺填水泥砂浆或混凝土，做成横向坡度以利排水。

2.5.4　桥梁的检查与评价

2.5.4.1　桥梁检查的作用

桥梁检查除适时检测发现桥梁现状的结构是否损坏或服务功能是否降低外，并可获得下列的信息：

①提供桥梁状况信息，桥梁状况若有危及公共安全时，可及时采取限制部分车辆通行或封闭交通等管制措施。

②提供劣化程度的信息，如劣化形成的原因与劣化对桥梁构件的影响程度。

③使桥梁具有完整的时序状况记录，该桥梁历史纪录可供研究分析桥梁结构的变化。

④适时地掌握桥梁结构的劣化程度，可使桥梁维修计划更具有效率性，并降低维修成本。

⑤及时维修，消除危害桥梁的病害，提高公共安全保障。

⑥有助于拟定更新桥梁结构计划。

2.5.4.2　桥梁检测的方法

桥梁检测方法分为：

1）经常检测

平时实施的调查桥梁各种异状、损伤检测，掌握其对行人造成的影响，需紧急维修的异状、损伤为检测重点。经常检测每月至少进行一次，汛期应加强检测。

2）定期检测

定时对桥梁所有构件实施的全面检测，以确认经常检测纪录的桥梁异状、损伤。定期检测周期一般不小于 3 年，但新桥交付使用 1 年后应进行一次全面检测；非永久性桥梁每年检测一次；经常检测中发现重要构件病害状况为三、四、五类的桥梁应立即安排一次检查。

3）特别检测

发生天灾或人祸后，可能损伤桥梁结构所做的不定期检测，包括专门检测和应急检测。定期检测中难以判明损坏原因及程度或桥梁技术为四、五类或拟通过加固手段提高荷载等级都要作专门检测，条件允许时，特殊重要的桥梁在正常使用期间可周期性进行荷载试验。当桥梁遭受洪水、流冰、滑坡、地震、风灾、漂流物或船舶撞击，因超重车辆通过或其他异常情况造成损害时，应进行应急检测。

2.5.4.3　桥梁评价

在桥梁检测发现劣化现象与原因后，应进一步了解这些劣化现象对桥梁整体的影响，并将桥梁材料特性的检测结果配合现场检测依循规范的精神，对桥梁的现状加以评估。桥梁检测评估有一定的流程，进行桥梁安全评估之前，需先进行检测工作，并填写桥梁基本资料表格及初步评估基本资料表以提供评估所需的部分资料。桥梁安全评估分为初步评估与详细评估两个层次。初步评估可快速筛选出大量桥梁的安全性程度，其次在由主管机构配合其重要性项目及地震危害等因素，决定是否需要进行详细评估。这里的初步评估包括耐震能力、耐荷能力评估、河川冲刷影响评估及土石流危险区桥梁安全评估。详细评估则包括桥梁耐震及耐荷的计算分析评估方法。

1）初步评估

根据影响桥梁耐震能力、耐荷能力及耐冲刷能力的主要项目，以填表方式评定单个项目的分数，再综合成整体分数，据以评定受评桥梁耐震能力、耐荷能力及耐冲能力是否足够或有疑虑或不足。

2）详细评估

根据桥梁现在的实际状况，配合最新相关设计规范资料，经详细结构分析后计算桥梁耐震能力及耐荷能力。

经详细评估后显示安全性不足的桥梁，应立即进行补强工作，且桥梁安全评估所获得的信息，应当作为补强工作的重要参考信息。桥梁评估程序，除了进行桥梁耐震能力、耐荷能力及耐冲刷能力评估外，还要对横跨土石流危险区域的桥梁安全进行初步评估。

第3章　中心城镇站场设施技术指引

3.1　站场的基本概述

3.1.1　中心城镇站场分类与分级

站场可分为3类：客运站、货运站、公路运输主枢纽。

3.1.1.1　客运站

客运站是集散旅客、停放车辆、直接为旅客及客运经营者服务的场所，是客运网络的节点。

客运站的分类：按车站站务工作量，结合所在地的政治、经济、文化等因素，可将车站划分为一、二、三、四、五级站。

表3－1　客运站场分级

分级	一级	二级	三级	四级	五级
规模（人次）	≥10 000	5 000～10 000	2 000～5 000	300～2 000	≤300

中心城镇的客运站按级别属于二级站或三级站，这将为后文的具体规划设计提供依据。

3.1.1.2　货运站

1）零担货运站

根据零担站年工作量，即零担站年货物吞吐量，可将零担站划分为一、二、三级。货物吞吐量指报告期内汽车零担货运站发出和到达的零担货物的总数量，包括中转发。

表3－2　货运站场分级

分　级	一级	二级	三级
规模（吞吐量t）	≥60 000	20 000～60 000	≤20 000

2）集装箱货运站

根据公路集装箱货运站的年箱运量（或年堆存量）、地理位置和交通条件，公路集装箱货运站可分为四级。年箱运量是指计划年度内通过货运站所运输的集装箱（TEU）总量。年堆存量是指计划年度内通过货运站所堆存的集装箱（TEU）总量。

3.1.1.3　公路运输主枢纽

1）广州公路主枢纽客运系统规划方案

广州公路主枢纽客运系统由20个客运站组成，分为4个类别，即主站、辅站、旅游站、区县站。另设一信息平台，主要功能为客运信息网络服务和综合管理。形成广州市公路客运“八主、三辅、四旅游、五郊县、一平台”的格局。具体方案见表3－3。

表3－3 广州公路主枢纽客运系统规划

站场类型	序号	站名	规划能力（万人/d）	占地面积（m^2）
主客运站	1	广州中心客运站	5.5	60 000
	2	省汽车站	4	27 000
	3	广州市客运站	4.5	31 096
	4	窖口客运站	3.25	30 000
	5	海珠客运站	2.5	31 517
	6	天河客运站	4.25	46 220
	7	火车东站汽车客运站	2	45 000
	8	江夏客运站	3	40 000
辅客运站	9	黄埔客运站	2.5	29 000
	10	罗冲围客运站	1.5	40 000
	11	开发区客运站	1.5	30 000
旅游专线站	12	芳村客运站	4.5	78 040
	13	沥滘客运站	2	25 000
	14	新机场客运站	1.2	40 000
	15	南沙客运站	1.3	62 367
区县站	16	番禺客运站	2.5	10 000
	17	从化客运站	2	53 000
	18	花都客运站	2.5	54 000
	19	荔城南客运站	2	50 000
	20	新塘客运站	1.5	40 000

按照调整规划，在两区两市一般布设1～2个综合性客运站。其中将番禺客运站、花都客运站、增城的荔城南客运站和新塘客运站及从化客运站纳入广州公路主枢纽客运站。通过此次调整，将能更好地推动中心城镇的站场基础设施建设。

另外，此次公路主枢纽规划，非常注重与地铁、公交等市内交通以及与机场、火车站、客运港口等其他运输方式的衔接，如省汽车站、广州客运站、窖口汽车站、天河客运站、新机场客运站、广州中心客运站等，向综合型、立体化客运枢纽发展。

客运站建设向“公交化”方向发展，大胆突破标准，采取“大站场、小站房”的做法，尽量压缩站房的面积。扩大停车场和站前广场的面积。客运站向环保型方向发展。

2）广州公路主枢纽货运系统规划方案

广州公路主枢纽货运系统由18个货运站场组成，分为5个类型，即物流中心、主货运站、集装箱中转站、物流配送中心、辅货运站。形成广州公路货运“3个物流中心、6个主货运站、2个集装箱中转站、3个物流配送中心、4个辅货运站、1个信息平台”的格局。具体方案见表3－4。

表3-4 广州公路主枢纽货运系统规划

站场类型	序号	站名	规划能力（万吨/d）	占地面积（m^2）
物流中心	1	广州东部物流中心	1.5	867 000
	2	广州北部物流中心	1	400 000
	3	广州南部物流中心	1	600 000
主货运站	4	沙太货运站	0.25	200 000
	5	窖口汽车站（货运区）	0.25	90 000
	6	黄金围货运站	0.8	300 000
	7	大朗货运站	0.25	70 678
	8	新机场货运站	0.3	200 000
	9	广州科学城货运站	0.35	93 695
集装箱中转站	10	黄埔集装箱中转站	14 万 TEU/d	148 302
	11	南岗集装箱中转站	27 万 TEU/d	400 000
物流配送中心	12	永泰物流配送中心	0.25	56 000
	13	神山物流配送中心	0.25	78 953
	14	番禺市桥物流配送中心	0.25	120 000
辅货运站	15	从化货运站	0.2	100 000
	16	南沙货运站	0.24	230 757
	17	增城货运站	0.2	80 000
	18	花都货运站		

依据调整规划，货运方面将结合公路集装箱运输的飞速发展，积极提升现代物流功能，发展物流中心及配送中心。广州市政府近期印发了《转发市交委关于进一步促进我市道路货运业发展的意见》，重点引导在我市道路货运站场中居主导地位的综合性货运站场（货运市场）健康、快速发展，因此制定相应的设计、建设标准指引是极为重要的。

3.1.2 中心城镇站场的现状及存在问题分析

3.1.2.1 基本现状

1）城市公路网及客流需求现状

a. 公路网现状。

广州市经过多年建设，正在逐步形成以内环快速路为核心，三级环路（内环快速路、环城高速公路、华南快速路与北二环两个半环路）为基础，13 条城市主干道和 14 条对外出口道路为主体的蛛网状的城市道路网络。

b. 客流需求特征。

城市公路客流具有以下特征：

①客流量大、增长速度快。

②中短途比例高。

③集散速度加快、在站停留时间短，人等车已经变成车等人。

④出行目的和经济状况的不同，使旅客对运输的需求呈现多样性。

3.1.2.2 存在问题分析

1）客运站场存在的主要问题

1993 年经交通部和广东省人民政府联合批准实施的《广州公路主枢纽总体布局规划》，对提高广州市综合运输效率、缓解交通阻塞、改善城市形象起到了指导作用。但随着社会经济的高速发展，城镇规模不断扩大，客运市场的需求也发生了很大的变化，原有的布局方案已不能适应客运需求的发展需要。目前主要存在以下问题：

a. 站场级别较单一，未成体系，主枢纽站场缺乏必要的辅助站。

各站场没有互联成网，基本上是作为一个单独的个体来发车，且所有的站场都是一级的混合性车站，缺少高速客运站、旅游站等适应时代、市场多样化需要的特色客运站。

b. 站场布局不平衡，局部过密，中心区缺乏必要的辅助站或配套措施。

当前，客流吸引强度高的市中心区客运站较少，而北边天河区的天河客运站和火车东站客运站，西边芳村区的窖口汽车站和芳村客运站又过近，吸引区重叠。枢纽站布局离中心区较远，中心区又缺乏必要的辅助站或配套措施，致使高峰期乘客从市中心乘车到达站场的平均耗时较长。

c. 站场大而全，次要设施占地大，停车场面积普遍不足。

各站场设施一应俱全，没有进行必要的剥离。如各站都有维修保养设备、洗车台、材料库、加油站等生产生活辅助设施。且站房、候车厅面积过大，占去了有限的用地红线面积，导致了停车场面积的普遍不足，不适应当前客流快速集散、在站停留时间短、车等人的时代特点。

d. 与城镇路网及地铁线网的交通衔接考虑不足。

点线、点点之间衔接不理想，公交接驳普遍不足，造成乘客乘车不便，车辆进出站场困难。

2）货运站场存在的主要问题

a. 站场设施短缺，功能较单一，表现在：

第一，临时建设的站场设施多，永久性的少。目前在用的货运站场中临时建筑简易站场所占比例大，难以保证长期使用，站场经营只能因陋就简，一方面限制了站场功能的发挥，另一方面造成较高的重置成本。

第二，各地规划多，建成少。根据交通部关于实施公路主枢纽站场规划要求，广州编制了货运站场规划，但由于与当地城建规划衔接不足，得到市政规划确认的比较少，优惠政策难以到位。

第三，新建站场空置率高。近几年，各区规划建设的站场如广州黄金围、沙太等货运市场，由于地理位置偏远，周边交通配套不到位、缺乏与其他运输方式合理衔接，以及投资经营机制等原因，空置率达七成以上，造成结构性短缺。

第四，站场功能单一，难以发挥其应有的效益。当前现有的道路货运站场大部分是档口加停车场的结构模式，缺乏大型集装箱运输作业和物流中心所要求的换装条件，缺乏仓储、搬运装卸等配套设施和信息金融等服务条件，难以发挥应有的效益。

b. 仓储设施落后，表现在：

第一，站场仓储条件简陋。目前，全市公路货运企业在用仓储设施总面积较少，且大部分是几十年一贯制的简易仓库。

第二，服务功能弱。大部分仓储设施没有分装分类的理货条件和机械化、自动化传输装卸设备。

c. 搬运装卸设施落后，包装技术简单。

目前的装运设备简陋，主要是起重机、叉车等一些简单的设备。连续运输机、国外应用广泛的无人搬运车和工业机器人等先进的搬运机械很少使用。

3.2 中心城镇站场建设的必要性和可行性

3.2.1 中心城镇客货流站场建设的必要性

3.2.1.1 满足客货流集中运输的需求

随着人民生活水平的提高，人们的生产性出行和消费性出行需求日益增长。站场是公益性公路交通基础设施，是道路运输网络的节点，是道路运输经营主体与旅客、货主发生运输交易活动的场所，是培育和发展道路运输市场的载体。

3.2.1.2 社会经济发展的迫切需求

城市经济的发展迫切要求完善道路运输站场系统，发挥站场运输组织、中转换装、装卸仓储、多式联运、通信信息、辅助服务的基本功能，实现“人便于行、货畅其流”，巩固和发展道路运输站场在运输市场的基础作用，从而促进道路运输市场的发展。构建便捷的现代综合运输体系，适应国民经济和社会发展的需要，站场的建设是必不可少的。

3.2.1.3 站场是中心城镇的一个重要对外窗口

站场是中心城镇的一个重要对外窗口，可以从一个侧面体现广州市的社会文明程度。应重点加快站场运营管理信息系统建设，提高站场服务水平。发挥货运站场在物流服务中的重要作用，把货运站场建成国际、国内多式联运的枢纽和适应物流业发展的现代物流中心。

3.2.1.4 站场的建设对相关行业的拉动作用

站场的建设对运输市场的培育及周边地区的繁荣起巨大推动作用。调整道路运输站场经营方向，站场经营要面向全社会，服务全社会，这样才能更好地发挥出站场建设对相关行业的拉动作用。

3.2.2 中心城镇站场建设的可行性

3.2.2.1 市政府相关部门的政策和财政支持

为加快城市市郊城市化建设，比如广州市按照卫星城的标准高起点编制中心镇镇域规划、镇区规划和中心村规划等3个层次规划。2003年，广州市政府投入7 500万元，首批重点扶持的沙湾、太平、江高、狮岭和石滩5个中心镇的基础设施建设，远期规划发展目标每个中心镇面积约20 km^2，人口约20万。目前，5个中心镇建设已全面铺开，20个建设项目，总投资达到2.86亿元。小城镇创建“四个一”样板工程活动取得新的成效，全年共有23个项目被评为“四个一”样板工程。

3.2.2.2 社会经济发展的推动

近年来，华南地区各市国民经济发展迅速，综合实力大大增强。比如广州市2003年国内生产总值达到3 466.63亿元，比2002年的3001.7亿元增长15.5%，比2001年增长30.7%。广州市的人均国内生产总值从1978年的907元，增长到2002年的4.19万元，仅次上海，居十大城市第二位。

3.2.2.3 现代物流发展的需要

在现代物流活动中，运输的作用是不言而喻的。而作为运输重要组成部分的站场更是适应了现代物流的发展，在现代物流中具有很重要的作用。无论从何种角度定义，无论实现管理的形式和手段为何，现代物流的基本实质似乎都可以用“降低成本、提高效率、改善服务”来概括。物流理论等运输理论的发展对中心城镇站场的建设起到推动和指导作用，并且保证了科学实施站场建设的可行性。

3.3 中心城镇公路客货运站场规划

3.3.1 客货运站场规划的原则

根据客货运站场规划发展目标及其在社会经济领域的特殊性，结合目前的实际情况，需要确定规划实施的原则：

1）先行于社会经济发展的原则

在规划时要对区域的土地利用和社会经济发展城镇布局规划等进行全面了解和预测，只有作好战略性的长远规划，才能保证站场建设的连续性和系统性。

2）全局性原则

客货运站场规划必须和区域内外的综合运输体系视为相互联系的有机整体，彼此应该相互协调，同时在规划实施中要有“顾全大局、合理布局、高瞻远瞩、科学安排”的思想，这样才能做到防止建设的重复性和盲目性。

3）市场性原则

客货运站场规划应以经济利益为先导激发市场中各行为主体自觉执行有关规划或按照规划所要达到的目标，实施自己的市场行为；充分发挥市场竞争机制，促进客货运站场规划目标的顺利实现；充分考虑信息的导向作用，注重经济效益的同时，也应考虑社会效益。

4）有序性原则

客货运站场规划是一个复杂的系统工程，规划的实施是一个循序渐进的过程。对客货运站场的发展制定科学合理的规划，并且按照规划有目的、有步骤地安排实施，才能保证道路运输业快速、健康地发展。

5）适度超前原则

客货运站场规划的一个重要作用就是保证道路运输行业健康、有序的发展，同时客货运站场作为城镇基础设施之一，要求其适度超前发展是保证国民经济持续、快速增长的关键。

6）可持续发展原则

客货运站场规划实施过程中要注意环境保护和运营时的汽车废气、噪声污染和路面污水排放倒流等问题，只有正确处理好这些问题，才能保证客货运站场的可持续发展。

3.3.2 中心城镇公路客运站场规划

3.3.2.1 公路客运需求预测

1）影响公路客运量的主要因素

客运量就是旅客运输量。人们出行目的一般可分为：出差、探亲访友、旅游、购物、求学、医疗等。影响公路客运量的主要因素有：

①人口数量及其构成情况（主要指年龄构成与职业构成）。

②地区政治、经济地位和发展水平。

③国民经济发展水平及国民收入水平。

④名胜古迹、风景区及疗养区的资源分布。

⑤城镇工业布局及卫星城的分布。

⑥其他因素，如交通运输网的分布与密度、文化教育发达程度、政府的方针、政策等。

2）公路客运量的预测方法

公路客运量的预测通常采用“四阶段法”，即是将交通量预测的全过程，划分成交通发生与集中、交通分布、交通方式的分担及交通分配4个阶段进行预测。

a. 生成、集中交通量预测。

在这个阶段主要进行规划区域总交通量预测和各分区生成，集中交通量预测。预测方法主要有：增长率法、回归分析法等。

b. 分布交通量预测。

i 区与 j 区之间的交通量称分布交通量或 OD 分布交通量。分布交通量预测是在生产、集中交通量预测基础上进行。主要预测方法有增长系数法、重力模型法、概率模型法和系统平衡法。

①增长系数法。增长系数法是使未来 OD 分布结构与基年 OD 分布结构尽可能保持一致的方法。现在通常采用底特律法，该方法认为：i，j 区域间的未来交通量与 i 区生成交通量增长量和 j 区集中交通量增长量与规划区域平均增长量的比值成正比。

②重力模型法。重力模型法是根据牛顿万有引力的原理研究区域间分布交通量的方法。该方法认为：i，j 区域交通量与 i，j 区域的生成、集中交通量成正比，与 i，j 区域间的距离成反比。

③概率模型法。概率模型法是采用概率论进行计算的方法。主要有介入机会模型、熵模型、竞争机会模型等。

④系统平衡法。系统平衡模型假定交通分布与交通生成和交通区间阻抗的关系是一种系统平衡关系，且各交通区在系统中的地位不同，其分布规律也不同。

c. 交通方式划分预测。

方式划分是确定各种运输方式承担的运量。在公路网规划中主要是在分布交通量预测的基础上，确定公路与铁路、公路与水运的分流数量。方式划分预测采用的方式有转移曲线法、概率模型法等。

d. 分配交通量预测。

分配交通量是确定公路网中各个路段的交通量，主要方法有全有全无法、容量限制法和路径概率分配法。

3.3.2.2 公路客运站场布局

1）客运站选址的原则

①客运站选址应服从“人便于行”的旅客运输服务宗旨，尽量靠近市中心或市区边缘人口集中地区，并符合城镇规划要求，旅客乘车方便，利于疏散。

②应尽量与城镇交通主要干道紧密衔接并配套市内公共汽车运输，减轻城镇道路通过压力。与城镇其他各项交通运输设施有合理的衔接和配合，在条件许可的条件下，应靠近铁路、水路客运站，以方便旅客换乘。

③应有足够大的站前广场，便于旅客集散，并给今后扩建留有余地。

④站址选择应考虑少占农田或不占农田。

⑤站址选择应尽量考虑拆迁量少。但亦不能舍近求远、偏离城区，以免客源下降。

⑥站址选择应避免开断层、山洪、滑坡、流砂等不利于抗震地段。

⑦站址选择应避开危险品、有毒物品和粉尘污染，尽量远离学校、医院与化工厂。

⑧站址选择应尽量避开沼泽地、低洼积水地段，以减少设计、施工管理上的困难，减少投资。

⑨所选站址应具有必要的水源、电源、通讯、消防和排污条件，施工方便，原材料来源可靠，以满足正常施工与客运站正常营运的需要。

2）客运站选址的程序

客运站选址是根据本地区客运情况、建站条件，配合城镇规划部门，合理地确定客运站建设地点。客运站选址的具体程序如下：

①根据公路运输站场总体布局规划，初步确定客运站的规模、等级、占地面积（包括站房、站前广场、停车场、绿化地及其他用房占地面积总和）。

②拟选地点要求客源多且稳定可靠，同时对货源情况亦进行调查。

③拟选地点现场勘测、绘制地形地貌图，进行工程地质与水文地质勘测，初步估算土石挖方与填方数量。

④拟建地点交通情况、道路情况，燃料、水、电供应条件、施工条件等调查分析。

⑤拟选地点社会、经济、文化、商贸等情况调查研究。

⑥拟选地点房屋拆迁量的大小，征地费用大小及占总投资的比例。

⑦拟选地点社会效益、经济效益、环境效益总评估，进行多方案比较后，按最优方案选定站址。

3.3.2.3　公路客运站场规模

客运站场建设规模，以车站设计年度平均日旅客发送量和旅客最高聚集人数为依据，结合所在地的国民经济发展规划与规模经济原则确定。日旅客发送量人数即客运适站量，旅客最高聚集人数指一年中旅客发送量偏高期间，每天最大的同时在站人数的平均值，前者用于确定客运站的总体规模和级别，后者主要用于确定候车厅的大小。旅客最高聚集人数，可按设计年度平均日旅客发送量乘以相应的百分比计算，计算百分比为：2 000～4 000人次的车站为17%～14%，4 000～7 000人次的车站为14%～12%。

表3－5　中心城镇车站占地面积及主要设施使用面积参考值　（单位：m^2）

序号	项目	平均日旅客发送量	7 000人次	5 000人次
		旅客最高聚集人数	840人次	620人次
1	占地面积		12 600	9 000
2	站前广场		1 260	744
3	停车场		4 500	3 600
4	发车位		900	720
5	站务用房		1 960	1 515
6	行政用房		260	180

3.3.3　中心城镇公路货运站场规划

3.3.3.1　公路货运需求预测

1）影响公路货运量的主要因素

货运量是一定时期内实际运送的货物吨数。影响公路货物运输量的主要因素有：

①国民经济发展规模和速度。

②经济结构，特别是工业内部的结构。例如重工业每万元产值提供的运量远比轻工业高，采掘工业的货运量又大于加工工业的货运量。

③能源及火力发电站建设布局。能源及火力发电站建设布局对货运量有着直接的影响。

④冶金工业发展规模、速度和布局。

⑤基本建设投资、房建工程数量。房建工程数量与货运量增长关系密切。

2）公路货运量的预测方法

公路货运量的预测方法很多，一般采取定性预测和定量预测相结合的方法。在定量预测方法中可采用时间序列分析预测法、回归预测分析法等，同时增长率法、产值系数法、弹性系数法等也是常采用的方法。

3.3.3.2　公路货运站场布局

1）货运站选址的原则

①货运站选址要与城镇总体规划相适应，即基本与拟定站地区城镇用地性质不发生大的矛盾，货运站选址既要最大限度地满足货流和货主需要，又应尽量减少车流、噪声及废气排放对城镇的干扰和影响，货运站用地应避免与学校、医院、住宅区相距过近。

②货运站应与城镇其他各种交通运输设施有合理的配合和衔接，具有良好的与其他运输方式换装联运条件及发展前景。货运站一般应设在城镇公路出入口及城镇对外交通干线、铁路货运站、货运码头附近；以中转货物为主的货运站，既要靠近城镇的工业区和仓库区，又要尽可能与铁路车站、水运码头有便捷的联系，以便组织联合运输；主要为城镇生产生活服务的货运站及专业零担站，要考虑货物取送方便，宜布置在市中心区边缘。

③中心城镇经济影响区域广泛，对外交流频繁，货流量大，应根据货流特点和城镇流通区域分设数个货运站。货运站的设置数目与城镇性质、规模和地形条件有关。

货运站应均匀分布，其分布半径与货运站的吸引及服务范围有关。由于各货运站分工不同，作业对象各有侧重，服务条件、货物取送运输速度等的差别，货运站实际服务半径有很大的不同。

④货运站建设区域应具有必要的水源、电源、消防及排污等条件，货运站不应选择在地质情况复杂的地震断裂带及低洼积水地段、有山洪、断层、滑坡、流砂地段及沼泽地区等。

2）货运站选址的程序

①分析所在地经济区域及经济发展预测，按照货运站地功能和选址原则，确定货运站的服务范围。

②确定规划期货物运输需求总量。

③分析所在地主要出入干道的位置、数目及发展变化，根据所在地主要货源吸引和发生情况以及城镇土地使用特征等因素，将所在地分别划分成若干个货运小区。

④以货运小区内对公路货运起关键作用的交叉口代表改小区的节点，根据所在地主要出入干道和各小区之间的主要交通干道，绘出公路货物运输网络图。

⑤根据货运统计调查资料，确定规划期每一小区的货物运输总工作量。按照货物运输场站经济规模的要求，确定每个小区的货物吞吐量。

⑥详细了解小区内各现有货运场站的分布及改、扩建能力，计算按可能规模改、扩建现有场站所需费用，确定两个以上的站址作为备选站址。

⑦建立选址模型，进行选址计算，初步确定站址方案。

⑧实地调查，方案比选，确定站址，并绘制站址平面图和地形图。

3.3.3.3 公路货运站场规模

货运站场建设总体规模与级别的确定，以规划的适站量为依据，同时结合所在地的国民经济发展规划与地理位置、产品结构等影响因素确定。按货运站场规模大小一般分为大型、中型和小型货运站。以美国为例，中型货运站一般设有60～120个门，小型站为60个门以下。国外的一些货运站一般具有现代化的结构建筑，装配着现代化的操作设备，并设有先进的防灾系统、冷冻保鲜设备、电子计算机管理系统及先进的调度系统。

3.4 中心城镇客货运站场设计

3.4.1 中心城镇公路客运站场设施、设备配置应符合以下规定：

3.4.1.1 中心城镇客运站站场设施配置

中心城镇客运站站场设施应符合表3－6、表3－7规定。

表3－6　汽车客运站设施配置（1）

设施名称			一级车站	二级车站	三级车站	四级车站	旅游、口岸车站
站前广场			●	●	●	○	●
停车场			●	●	●	●	●
发车位			●	●	●	★	●
站房	站务用房	候车室	●	●	●	●	●
		重点旅客候车室	●	★	○	○	★
		售票厅	●	●	●	○	●
		售票室	●	●	●	●	●
		票据库	●	●	★	○	★
		行包托运处	●	●	●	○	●
		行包库房	●	●	●	○	●
		发车站台和行包装卸平台	●	●	★	○	●
		行包提升室	●	●	★	○	★
		问讯处	●	●	★	○	●
		广播室	●	●	●	●	●
		小件寄存处	●	●	●	★	●
		失物招领处	●	●	○	○	●
		邮电服务处	●	★	★	○	●
		值班站长室	●	●	●	○	●
		调度室	●	●	●	●	●
		站务员室	●	●	●	●	●
		驾驶员休息室	●	●	●	●	●
		治安办公室	●	●	○	○	●
		联运办公室	●	●	○	○	★
		旅客厕所	●	●	●	●	●
		盥洗饮水室（处）	●	●	○	○	●
	行政用房	党、政、工、团办公室	●	●	●	★	★
		站务办公室	●	●	●	●	●
		会议室	●	●	●	●	●
		其他行政用房	★	★	★	○	★

注：●—必备；★—视情设置；○—不设。

①旅游、口岸车站指国家确定的旅游区、重要边境口岸和省、自治区、直辖市确定的旅游区和一般边境口岸的车站。

②下表中符号含义相同。

表3－7　汽车客运站设施配置（2）

设施名称			一级车站	二级车站	三级车站	四级车站	旅游、口岸车站
辅助设施	生产辅助设施	车辆维修间	★	★	○	○	★
		辅助车间	★	★	○	○	★
		材料库	★	★	○	○	★
		洗车台	●	●	★	○	●
		车辆安全检验台	●	●	●	○	●
		配电室	★	★	○	○	★
		锅炉房	●	★	★	○	★
		门卫、传达室	●	●	●	★	●
		其他辅助设施	★	★	○	○	★
	服务设施	司乘公寓	●	●	●	●	●
		单身职工宿舍	●	●	●	●	●
		医务室	●	★	○	○	○
		自行车棚	●	●	●	●	●
		旅客餐厅	●	★	★	○	●
		商店（小卖部）	●	★	★	★	●
		娱乐设施	★	★	★	○	★
		其他服务设施	★	★	★	○	★
生活福利设施			★	★	★	★	★

3.4.1.2　客运站主要设备的配置

客运站主要设备的配置应符合表3－8规定。

表3－8　汽车客运站设备配置

设施名称	一级车站	二级车站	三级车站	四级车站	旅游、口岸车站
旅客购票、候车休息设备	●	●	●	●	●
安全、消防设备	●	●	●	●	●
广播、通讯设备	●	●	●	●	●
清洁卫生设备	●	●	●	●	●
行包搬运、提升设备	●	●	★	○	★
采暖或空调设备	★	★	○	○	★
行政办公设备	●	●	●	○	●
电子显示设备	●	●	○	○	★
行业、服务、宣传设备	●	●	●	●	●
监控设备	●	★	○	○	★
微机管理设备	●	★	★	○	★
车辆安全检验设备	●	●	●	○	●
车辆维修设备	★	★	○	○	★
其他设备	★	★	○	○	★

3.4.2 城镇客运站场设计

3.4.2.1 客运汽车站场设计

1）站前广场的组成与设计要求

站前广场一般由道路、旅客活动地带及绿化场地等所组成，各组成部分的设计要求如下。

a. 道路。

站前广场的道路包括车行道与人行通道，其设计要求如下：

①人行通道的平面布置，应尽量避免人流车流的交叉干扰，保证旅客行走安全、方便。

②人行道应略高于车行道，并坡向车行道，坡度不小于5‰，以利排水。

③人行道的宽度应不小于2条步行带的宽度，即不小于1.5 m；站房前沿的人行道兼作旅客活动地带时，其宽度一般不小于6 m。

④车行道应能可靠地承受各种车辆的最大轮压力，且要求表面平整耐磨。

⑤广场上的车辆一般应单向行驶，单股车道的宽度为3.0～3.5 m、各种车辆的回转半径，可依据车辆的型号、规格确定。

⑥对于人流、车流量很大且交通组织复杂的站前广场，可考虑设置地下人行通道。

b. 旅客活动地带。

旅客活动地带包括人行通道、公共汽车站台、旅客活动平台，其设计要求如下：

①公共汽车站台的设置，应能使旅客安全、迅速地穿越城镇干道和上下公共汽车；对于有条件的客运站，应尽量设置在城镇主干道的同一内侧，避免旅客穿越干道。

②旅客活动平台应设在客运站站前，使旅客在办理各种旅行手续时，有一个安全活动地带；有条件的客运站应加设防雨、防晒设施。

③旅客活动平台的地基应坚实，表面应平整，顶面高程应略高于人行道；旅客活动平台的宽度一般为4.0～6.0 m。

④大型客运站站前广场可考虑设置安全岛，作为旅客安全活动地带，以防车流干扰。

c. 绿化场地。

在道路、停车场、旅客活动地带的两旁，都应设置绿化场地。现就其功能与设计要求分述如下：

①站前广场上的绿化场地的主要功能是：减少热辐射影响，改善广场小气候，减少大气污染及噪声干扰，防风、遮阳和美化环境。

②绿化场地的布置，应能体现整洁、宁静、朴素、优美的环境要求。

③绿化场地的设置是衬托建筑、组织空间的有效手段。因此绿化场地的平面布局、面积大小及树种的选择应能起到丰富建筑造型的作用。

④绿化场地可用来分隔广场为若干区域，以利组织交通，分隔人流。应当指出，绿化场地布置与树种的选择不应影响行车安全、不遮挡司机的视线。

⑤站前广场的绿化用地面积与站前广场面积的比例系数，称为绿化系数，一般要求绿化系数不小于15%，当用地紧张时，该系数应不小于10%。

d. 其他。

对于大型客运站的站前广场，还应考虑交通管理设施，如设置护栏、岗楼、信号灯及安全岛等。

2）汽车站房布置原则

①站房各部分面积应与计算面积相符。既要满足设计年度旅客最高聚集人数活动的需要，又要满足厅内服务处所和设备合理布置的要求。

②站房平面形状与尺寸，应满足旅客活动的特点与通风、采光及音响的要求。房间进深与面宽之比以1:1～1:1.5为宜。平面形状可采用矩形、阶梯形、半圆弧形，平面布置力求紧凑合理、流线简捷、明快、活泼、分区明确，节约用地。平面尺寸应考虑结构造型的结构布置的要求。

③门窗尺寸与位置，应满足旅客出入方便及采光、通风要求。必要时也要设置天井、花圃、内庭园等，以改善通风采光条件。

④站房应具有良好的朝向和风向。主要厅室宜朝南按主导方向布置。辅助房间如厕所、厨房等一般应设在下风向。

3.4.2.2 客运港口站场布置原则

进行港口站场总平面设计时，必须服从工艺流程的要求，总平面布置要力求合理、紧凑、通畅、短捷，方便旅客，便于管理，处理好人流、车流、行包流三者的关系和总平面布局中的各方面问题。一般应遵守以下原则和要求：

①港口站场的总平面设计，应符合城镇规划的要求，与旅客运输业及港口的发展相适应，严格按照基本建设程序办事。

②根据客运站的功能要求与工艺要求，合理划分区域，使各区域流线简捷、通畅、联系方便，人、车、行包流线互不交叉干扰。

③车辆进出站口与旅客主要的出入口要有一定的安全距离，确保旅客人身安全和行车安全。

④要留有足够的站前广场，便于旅客集散。

⑤充分考虑站址的地形特点，合理布置站房、站前广场、停车场、维护车间等主要功能部位，力求节约用地，减少拆迁，节省投资。

⑥切实重视绿化设计，尤其对位于风景名胜区的港口客运站，总体布局时应与当地环境相协调，浑然一体。

3.4.3 城镇货运站场设计

3.4.3.1 货运汽车站场设计

1）汽车零担货运站布置原则

①托运处、提货处及其工作间，应设置在站房底层，并与所在地主干道有较方便的道路衔接，以利于货主送、取货。

②托运处与仓库间的距离应短捷，便于承托后的货物搬运和保管存放。

③仓库作业是零担站站务工作的关键，仓库位置和布局不但应便于货物的入库和提取，而且必须有利于仓储生产的有序进行，有利于提高零担车辆的装卸效率，有利于采用先进的装卸工艺和设备，有利于仓库作业的安全生产和文明生产。

④进出仓门的设置，既要考虑车辆在比较集中到达时有可能同时进行装卸作业，又要考虑减少由于增设货门造成仓库有效堆放面积的损失。

⑤装卸站台应设置在靠近装卸作业场的仓库一侧，其长度应满足同时有较多车辆进行作业的方便性，并有利于采用装卸机械作业。

⑥装卸作业场和停车场应与站内的车辆通道合理衔接，尽可能地避免车流在站内发生交叉。

2）公路集装箱货运站布置原则

a. 公路集装箱货运站布置应遵守以下原则：

①充分考虑站址的地形、地貌和集装箱运输的功能要求，合理划分营业区、生产区、辅助生产区、库区、停车区和生活区，力求做到区域划分明了，联系方便。

②各区域的布置，既要做到节约面积，提高面积利用率，又要满足面积要求和生产工艺流程的要求。

③在工艺联系的区域应使运输距离最短，并尽量避免交叉往返。

④场区内车流、货流的移动线路要通畅，且互不交叉，力求做到笨重货物和重箱在场内的移动线路最短。

⑤建筑物的位置、形式要符合城镇建设规划要求，并能突出反映集装箱运输的特征。

⑥充分考虑防火、卫生、环保及“三废”处理等方面的要求，留有必要的绿化区带和发展余地。

b. 集装箱堆场布置原则。

集装箱堆场应按中转箱、掏装箱和维修等几个部分划分布置，并尽量缩短运输距离，防止与避免交叉作业，做到能够及时、准确、便捷地找出所需集装箱，方便管理。进行堆场平面设计时，一般应遵守以下原则：

①中转箱区应布置在便于“箱不落地”，并能顺利地由装卸机械换装到运输车辆上的交通方便处。

②拼装箱区和掏装箱区尽量设置在仓库附近，以减少各环节的作业干扰和中间运输量。

③周转和维修箱区应布置在作业区外围，靠近维修车间的一侧，以便于取送和维修，减少对正常作业的干扰。

④合理布置箱位。既要考虑充分利用堆场面积，又要留足运输通道及箱与箱之间的距离，做到安全方便。

⑤合理利用装卸机械和起重运输设备。除保证机械进出场区畅通和足够的作业半径外，应尽量减少机械设备的行驶距离，提高设备的利用率。

⑥堆场应有一定的高度，并须有良好的排水系统，以免积水，但要力求平坦，以利堆码稳妥。

c. 仓库布置原则。

进行仓库平面设计时，应遵循以下原则和要求：

①仓库的位置尽量靠近营业区和公路主干线，以便于货物进出库，并减少不必要的运输环节。

②库内要留有足够的叉车行驶通道，满足装卸机械作业工作面的要求。

③要留有适当的理货空间。

④留有足够的拼、装箱场地（一般设置拼、装箱平台）。

⑤设置适量的货架，以充分利用仓库空间，提高面积与空间利用率。

3.4.3.2 货运港口站场设计

港口库场的布置原则：港口库场是港口的重要组成部分，它保证货物的储存、防护其不受到损失和为进一步作业做准备。港口库场应满足以下要求：

①有足够的容积，以便储存给定形式的货物量，保证不断地供给码头作业。

②有符合防火安全、技术安全和生产卫生规定的设施和设备，以便保证货物的完整无缺。

③保证库场装卸设施、运输和其他设备高效作业。

④本身布置保证在码头、驶入路线和货物储放地之间的距离最短。

⑤有足够强度的地面层和各层间的楼板，以便能承受给定的和远景的堆存货物的荷载，以及运输和装卸设备的荷重。

⑥具有计量部门和适应于堆放货物特征和完成作业所需的专门器械。

⑦有器械储存房间、生活卫生和办公房间。

⑧装备有防火设施，而对特殊危险货物有自动灭火系统。

⑨有电话通讯设施。

3.5 中心城镇客货运站场建设

3.5.1 城镇客运站场建设

3.5.1.1 售票厅

售票厅的位置应根据客运站总平面布置及进站旅客流线确定，一般设置在站房的前面，目标明显，便于寻找。

售票厅的使用面积由设计旅客聚集量或最高旅客聚集量确定，亦可按售票窗口数确定。厅内的旅客购票队列长度，对于大站按不大于15m考虑，对中型客运站可按不大于10m采用。

售票厅应单独设置出入口售票窗应面对出入口，便于购票队列延伸，并方便旅客进出。但售票窗口不宜直对西北方向，以免西北风可能产生的不利影响。

售票窗口前可设置导向栏杆，其高度为1.20～1.40 m。售票窗口中距可采用1.50～2.00 m，窗台高度可采用0.90～1.10 m，窗台宽度可采用0.45～0.60 m。

售票厅应选择良好的朝向，应充分利用自然通风和采光。采光面积比可采用1/6－1/7。厅内应留有一定的墙面，以布置时刻表、票价表、线路图、交通图及有关显示牌。

3.5.1.2 停车场

停车场是供各类车辆（包括机动车与非机动车）临时停放的场地，是站前广场的主要组成部分，其建设要求是：

①停车场的总车位数应根据客运站的规模、城镇性质、市内交通情况、经济发展水平及该地区的辐射能力确定。

②停车场的位置应尽量设置在城镇干道的同一侧，避免人流、车流、货流穿越干道，以保障交通安全，便于疏散和管理。

③在布置各类车辆位置时，应尽量使公共汽车、出租车、接送客车、自行车的停车场地接近旅客出入口。

④停车场的平面布置应结合站场地形、车辆的种类和数量、停车方式等合理布局；既要注意节约用地，又要考虑停车方便，便于疏散和进出。

⑤为了保证场内雨水及污水的及时排除，停车场纵向坡度不得小于3‰。

⑥停车场地面做法应根据客运站的等级、该地区原材料供应情况，选用混凝土地面、沥青混凝土地面或碎石地面。

⑦对于客运量特大的客运站，如果受到地形条件的限制，可考虑设置地下停车场或多层车库。

3.5.1.3 配套服务系统

配套宽敞明亮的候车厅，安装中央空调，配置有线电视、阅报栏、吸烟室、饮水机等服务设施，为旅客提供舒适的候车环境。同时为旅客和司乘人员住宿、餐饮、车辆维修、清洗、加油等提供多功能服务平台。配套建设便利店、快餐店、小件行李寄存处、司乘人员休息室、车辆回场检测站、行包托运中心等服务设施。站场美化绿化，布置公交港湾站台、的士及社会车辆有序停放。

3.5.2 城镇货运站场建设

3.5.2.1 仓储系统

仓库管理系统是通过采用条形码作为标识，以条形码为数据源，运用条形码自动识别技术，使用数据采集终端扫描或手工输入条码标识，进行数据采集，记录货物在仓储物流中的各个环节，帮助仓库管理人员对库存货物的入库、出库、移动、盘点、补充订货和生产补料等操作进行全面的控制和管理，以便随时了解货物在仓库中的分布状况，有效的利用仓库存储空间，提高仓库的仓储能力，最终提高货运站仓库存储空间的利用率及货物管理的质量和效率。

仓库管理过程包括：

①入库管理：订货单管理，进货数量核对管理，仓位预分配管理。

②库存管理：库存盘点（分仓库，分区，分货位）。

③出库管理：出货单管理，出货目的地核对，出货品种效验，出货批次管理。

④移库管理：库区间货物移动管理。

⑤退货管理：仓库退供应商，车间退仓库。

⑥查询管理：商品信息查询，库存查询，库位使用量查询。

⑦作业管理：作业人员权限管理，作业人员任务管理，作业人员调度管理。

3.5.2.2 停车场

停车场布置以停放方便、节约用地、尽量缩短通道长度为原则，可采用纵向或横向排列方式。车辆横向净距（最小安全距离）不应小于0.8 m，疏散通道宽度不宜小于4 m。车辆分组停放时，每组停车数量不宜超过50辆，组与组之间得通道宽度不应小于6 m，以满足车辆进出与安全防火需要。

停车场的纵向坡度不宜大于2%，以免产生车辆自动滑溜现象，同时该坡度亦不宜小于3‰，以利场面排水、排污。

停车场的疏散出入口宜分开设置，出入口处应有不小于120°的视角，以便能看清楚干道上的行人与车辆。

车辆的停放方式有3种：垂直式布置，这种方式紧凑，停车带宽度大，是经常采用的停放方式；平行式布置，这种方式停车带宽度小，但前后之间间净距大；倾斜式布置，倾角为30°，45°或60°，这种方式用地不经济，排列不易整齐，但停车带宽度较小。

停车场内的行车路线必须明确，尽量采用单向行驶。出站车辆应取消左转弯，以减少车辆交叉。为了使车辆在场内活动按指定路线进行，应设置各种明显的标志，色彩反差要大，使司机在任何情况下都能分辨清楚。

3.5.2.3 配套服务系统

为司乘人员住宿、餐饮、车辆维修、清洗、加油等提供多功能服务平台。配套建设便利店、快餐店、小件行李寄存处、司乘人员休息室、车辆回场检测站、行包托运中心等服务设施。

3.6 中心城镇客货运站场管理和维护

3.6.1 站场布局方案评价

3.6.1.1 考虑因素

在拟定场站评价体系时，应考虑到影响目标函数的下列因素：

①站场与国民经济发展和客货流运输需求的适应程度。

②站场功能的完备性，如运输组织、运输管理、运输代理和联运、装卸储存、中转换乘、综合服务。

③费用情况，包括单位容量基建投资与管理费用两个方面。

④服务水平，服务设施完备与服务项目、服务质量。

⑤管理难易程度，指人员管理、货物管理两项。

⑥地理环境条件，如道路交通是否方便，水源、电源供应情况，防治污染条件和是否有发展余地。

在筛选评价指标时，应优先选用相对独立、通用、可量化的指标，在满足评价要求的前提下，尽量少用指标。

3.6.1.2 评价方法

1）方案优劣的度量模型

方案优劣的度量模型包括评价目标、评价准则、度量方法3个层次。

评价目标应涉及与国民经济发展和客货流运输需求的适应程度、基本功能的完备性、各种费用的高低、服务水平、管理的难易程度、地理环境条件以及能完成的工作量等诸多因素。

评价准则是根据需求关系，正确描述各因素而制定的标准原则。对这些准则的数量化的衡量就是度量方法。模型的框架如表3-9所示。

表3－9　评价准则模型

评价目标	评价准则
需求适应程度	国民经济发展适应性 客货流适应性 与其他运输设施配套程度
功能完备性	运输组织 运输管理 运输代理与多式联运 装卸储存 中转换装 综合服务
费用高低	单位容量基本建设投资 单位容量管理费用
管理难易程度	人员管理 货物管理
服务水平	服务设施 服务质量 服务项目
地理环境条件	道路 水电防污条件 发展条件
运量	运量 周转量

度量方法：好的度量方法应该与所度量的评价准则紧密相关，度量所得的值容易理解。模型中的部分评价准则可用统计方法求得其度量数值，部分可用专家评分的办法求得其度量数值。

2）方案优劣的综合评价模型

一般采用模糊数学的综合评价方法对方案优劣作出综合评价，先以数学模型为基础，再给出决断集（即评语集），等级矩阵，权数分配。

等级矩阵：在数学模型中提出评语等级表。

权数分配：和度量模型中提到的权数一样，需要对各层因素按其重要程度加以确定。

其评价指标可依据建立站场的因素需求适应程度概略提出，大致可以划分为3类：

①有关费用及投资方面的评价指标：单位容量建筑规模、单位容量直接生产设施规模、单位征地拆迁费用、单位容量投资规模等。

②服务水平、组织程度、经营管理等方面的评价指标：直接服务区域半径及对外辐射区、场站规模与个数分散程度、经营难易程度等。

③外围条件及发展方面的评价指标：外围条件影响程度、场站对周围环境的影响、未来发展条件等。

评价指标及体系的确定可根据地区的具体情况和特点进行细划，但指标不宜罗列过多，以免造成交叉重复，给评判造成困难。

3.6.2 客货运输调查

3.6.2.1 客货流向、流量调查

客货流向、流量调查是指规划范围内各运输走廊上的客货流量和方向，以及时间上的分布规律，货流要分货种统计。资料以历年统计量为主，以客货流 OD 调查做补充。

3.6.2.2 客货运力调查

为全面掌握运力的现状，发现问题和摸清规律，运力调查的内容相对较多。

1）规划地区客货运力总量调查

运力总量指公路客、货运输车辆的总数及相对应的座位数和总吨位。

2）客货运力结构组成调查

客运运力结构调查可按车种分别统计出大型、中型、小型、普通型、豪华型、汽油型、柴油型的车辆数与各自所占的比例。

货运运力结构调查可按车种分别统计出（挂）集装箱、大型、中型、小型、汽油、柴油、特种车的车辆数与各自所占的比例。

运力结构组成调查可由交通部门统计资料得出，同时应调查历年的变化情况，若资料不全，可由交通部门组织发表调查。

3）客货运力运营性质调查

运营性质主要分专业运输车辆和非专业运输车辆两大类。此项内容可与结构组成调查同时进行，分车种，要统计历年变化值。

4）客货运力运行状况调查

运行状况的调查，是对运行实际能力的很好的检查，通过这项调查，可掌握运力更新发展的时间和周期，对运输资金的投入有较大的指导意义。

客运运力运行状况调查项目包括：客车总辆数、已运行里程（30 万 km 以上和 30 万 km 以下的辆数）、实载率、完好率、周转率（万人 · km）。

货运运力运行状况调查项目包括：货车总辆数、已运行里程（30 万 km 以上和 30 万 km 以下的辆数）、满载率、完好率、周转率（t · km）。

3.6.2.3 运输线路调查

公路客运运输线路较明确，即有营运客运车辆及通勤车运行的线路。运输线路调查要统计总线路里程、条数、每条线路上的客运量及客运周转量，运输线路在路网上的分布及所在道路等级等。货运线路则不如客运线路明确，我们可通过货场 OD 调查大致掌握其分布规律。

第4章 中心城镇公共交通设施技术指引

4.1 公共交通的基本概念

4.1.1 公共交通方式

可将城市公共交通系统分为常规公共交通系统、快速大运量（MRT）公共交通系统、辅助公共交通系统和特殊公共交通系统4个层次。

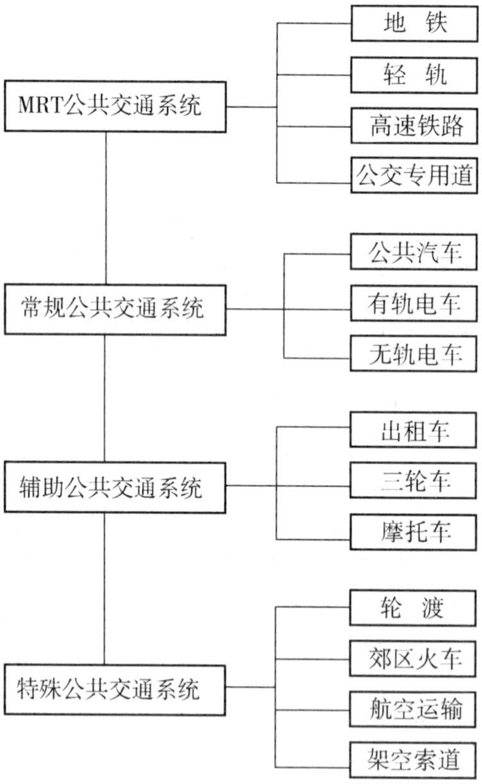

图4－1 公共交通系统的层次与分类

常见的公共交通方式包括：

①公共汽车。

②无轨电车。

③有轨电车。

④地下铁道。

⑤出租汽车。

⑥轮渡等。

4.1.2　公共交通的发展趋势及适合中小城镇特点的公共交通方式

1）公共交通的发展趋势

①公共交通工具在满足不断变换的城镇出行需求过程中得到发展。

②客运交通服务水平在公共交通与私人交通相互竞争中提高。

2）适合中小城镇的公共交通方式

国标《城市道路交通规划设计规范》（GB50220—95）中明确规定，选择公共交通方式时，应使其客运能力与线路上的客流量相适应。公共交通方式单向客运能力如表4－1所示。

表4－1　公共交通方式单向客运能力

公共交通方式	运送速度（km/h）	发车频率（车次/h）	单向客运能力（千人次/h）
公共汽车	16～25	60～90	8～12
无轨电车	15～20	50～60	8～10
有轨电车	14～18	40～60	10～15
中运量快速轨道交通	20～35	40～60	15～30
大运量快速轨道交通	30～40	20～30	30～60

不同规模城市的主要公共交通方式如表4－2所示。

表4－2　不同规模城市的主要公共交通方式

城市规模		主要公共交通方式
大	>200万	大、中运量快速轨道交通，公共汽车，电车
	100万～200万	中运量快速轨道交通，公共汽车，电车
	50万～100万	公共汽车，电车
中	20万～50万	公共汽车
小	<20万	公共汽车

综上所述，对于人口总数在5万左右的中小城镇，宜采用公共汽车作为城镇公共交通的主要方式。

4.2　中心城镇公共交通规划与设计

4.2.1　中心城镇公共交通规划的内容

中心城镇公共交通客运规划是指根据城镇发展规模、用地布局和道路网规划，在客流预测的基础上，确定公共交通车辆数、线路网络、换乘枢纽和站场设施用的等，使公共交通客运能力满足客流高峰的需求。

4.2.2　公共交通系统调查与需求预测

1）公共交通系统调查

中心城镇公共交通系统调查的内容包括：

①城镇社会经济及土地利用基础资料调查。需要调查的城镇社会经济基础资料包括：人口资料；国民经济指标；运输量；交通工具等。需要调查的城镇土地利用基础资料包括：土地利用的性质；就业岗位数；就学岗位数；商品销售额等。

②城镇居民出行 OD 调查。

③城镇流动人口出行调查。

④城镇公共交通现状调查。

⑤机动车出行调查。

⑥道路流量调查。

⑦道路交通设施调查等。

2）公共交通系统需求预测

公共交通系统需求预测的内容可包括：

①公共交通需求预测。

②社会经济发展预测。

③居民出行生成预测。

④居民出行分布预测。

⑤居民出行方式分担预测等。

4.2.3 中心城镇公共交通规划的框架设计

4.2.3.1 规划目标分析

规划目标按规划期可分为近期目标、远期目标和战略目标。城镇公共交通规划的目标分析包括以下内容：

①中心城镇公共交通规划的项目背景。

②中心城镇公共交通规划的项目依据，包括国家政策和地方发展战略。

③中心城镇公共交通规划的宗旨和原则。

4.2.3.2 规划主体流程设计

中心城镇公共交通规划流程设计包括依据规划目标确定规划内容和规划策略。

4.2.3.3 中心城镇公共交通规划主体内容设计

中心城镇公共交通规划的主体一般包括交通调查、综合分析、方案设计和方案评价 4 个步骤。不同规划期对应的侧重内容不同，见表 4－3。

表 4－3 中心城镇公共交通规划不同规划期的侧重内容

阶段	战略规划	远期规划	近期规划
交通调查	社会环境系统广泛的、重点性调查	土地利用－交通系统较为全面的调查	公共交通系统内较细致的调查
综合分析	预测分析，考虑系统外部平衡	预测分析和现状分析结合，系统内、外部平衡兼顾	现状分析考虑系统内部平衡
方案设计	城镇交通模式选择，重大交通项目规划	交通结构选择，主要项目与方案设计	局部调整，详细的方案与实施几何
方案评价	以社会、经济、环境综合影响评价为主	系统评价和社会经济评价	系统内部，技术经济评价

4.2.3.4　中心城镇公共交通规划的检验

规划检验可分为规划实施前的事前检验和实施后的事后检验，常采用循环规划策略、适应性规划策略和逆向规划策略。

4.2.3.5　中心城镇公共交通规划的实施

中心城镇公共交通规划的实施方案设计主要包括以下内容：

①实施的内容，如线路实施、站场建设、设备配置、材料购置、技术经济政策、企业机制和技术改革与培训及援助等。

②实施的资金政策保障情况。

③实施的时间计划表。

4.2.4　公共交通线路网规划与设计

4.2.4.1　公共交通线路规划的目标

中心城镇公共交通线路规划的目标如下：

①尽量满足乘客的需要。

②尽量适应城镇的发展。

③尽可能选择最佳方案。

4.2.4.2　公共交通线路网优化原则

中心城镇公共交通线路网优化的原则包括：

①以满足城市居民日常上班、上学出行活动的需求为主，兼顾文化、生活出行活动的需求。

②线路走向尽量满足与主要客流方向一致，方便城市居民的乘车出行。

③在主要客流集散点之间，尽可能开辟直达公交线路，使乘客总换乘次数最少。

④在主要客流集散点之间，尽可能按最短距离布设线路，使乘客总出行时间最小。

⑤使规划区的线路分布均匀，尽量消除公交空白区。

⑥使线路上的客流分布均匀，以充分发挥车辆的运能。

⑦使公交线网密度、线路非直线系数达到合理的范围，并符合国家标准的规定。

⑧尽量保持现有公交线路的走向，尊重居民历年来形成的乘车出行习惯。

4.2.4.3　公共交通线路规划的约束条件

单条线网约束主要考虑以下几个因素：

1）线长约束

$$l_{\min} \leqslant l_I \leqslant l_{\max}, \quad I \in \mathbf{R}$$

式中：l_{I}——路线 I 的长度；$l_{\min}$，$l_{\max}$——路线长度的上、下限值。

2）路线非直线系数

公交线路的实际长度与空间直线距离之比，为线路的非直线性系数。线路的非直线性系数以小为佳，理想值为1。为保证路线的效率，非直线性系数应低于其限值，即：

$\left[\dfrac{l_{\mathrm{I}}}{d_{\mathrm{I}}}\right] \leqslant \left[\dfrac{l}{d}\right]_{\max}$，《城市道路交通规划设计规范》规定：$\left[\dfrac{l}{d}\right]_{\max}=1.4$

式中：l_{I}——路线 I 的长度；d_{I}——路线起、终点站间空间直线距离。

3）起终点条件

公交首末站（枢纽站）每标准车用地 90～100 m^2，另加回车道（行车道）和候车廊用地（20～30 m^2/标准车）。首末站（枢纽站）还应另外考虑生产和生活性建筑用地（10～15 m^2/标准车）和绿化用地（占总面积15%）。

借助建筑物四周道路或邻近街坊作回车道以及站点设施用房与非公交建筑一体化，可节约35%～40%的用地，则每标准车用地为 90～100 m^2。由于公交线路的起终点设置受用地条件的限制，因此，起终点应设置在满足用地条件的点即起终点可行集中，即：

$$S_l \in S$$

式中，S_l——路线的起终点；S——起终点可行集。

4）单向线路载客容量约束

公交线路的单向客运能力与车辆的载客能力，发车频率、站点的型式和通过能力、道路的几何、交通条件以及客流分布等诸多因素有关。

5）线路站距约束

公交线路的站距的大小受到道路网类型、交叉口类型及间距、交通管制措施等的影响。

4.2.5 公共交通站场规划与设计

4.2.5.1 公共汽车起、终点和中途站点规划

1）公共汽车起、终点规划原则

①公交起、终点站的设置应与城镇道路网的建设及发展相协调，宜选择在紧靠客流集散点和道路客流主要方向的同侧。

②公交起、终点站的选址宜靠近人口比较集中、客流集散量较大而且周围留有一定空地的位置，如居住区、火车站、码头、公园、文化体育中心等等，使大部分乘客处在以该站点为中心的服务半径范围内（通常为350 m），最大距离为700～800 m。

③起、终点站的规模应按所服务的公交线路所配运营车辆的总数来确定。一般，配车总数（折算为标准车）大于50辆的为大型站点；26～50辆的为中型站点；小于26辆的为小型站点。

④与公交起、终点站相连的出入口道应设置在道路使用面积较为富余、服务水平良好的道路上，尽量避免接近平面交叉口，必要时出入口可设置信号控制，以减少对周边道路的干扰。

2）公共汽车中途站点规划

a. 公共汽车中途站点规划原则。

公交车辆的中途站点规划在公交车辆的起、终点及线路走向确定以后进行，规划的原则为：

①站点应设置在公共交通线路沿途所经过的各主要客流集散点上。

②中途站点应沿街布置，站址宜选择在能按要求完成车辆的停和行的两项任务的地方。

③交叉口附近设置中途站时，一般设在过交叉口50 m以外处。

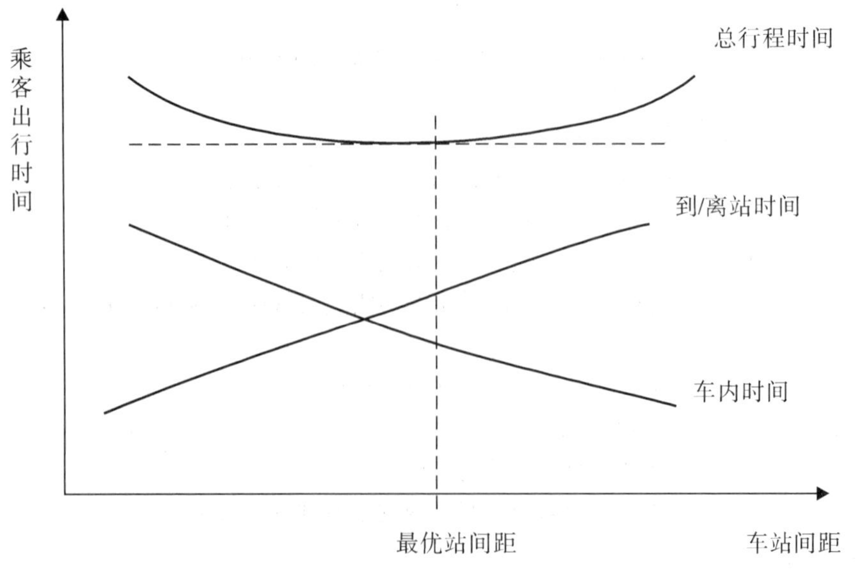

图4－2 乘客出行时间与站间距的关系基本图式

④中途站点的站距受到乘客出行需求、公交车辆的运营管理、道路系统、交叉口间距和安全等多种因素的影响，应合理选择，平均站距为500～600 m。

b. 公共汽车中途站点布局规划方法

对公共交通中途站点的规划主要是对中途站点间距的研究。一般而言，较长的车站间距可提高公共汽车的平均运营速率，并减少乘客因停车造成的不适，但乘客从出行起点（终点）到上（下）车站的步行距离增大，并给乘客换乘出行带来不便；站间距离短则反之。最优站距规划的目标是使所有乘客的“门到门”出行时间最小。

4.2.5.2 公共交通枢纽选址规划

1）公共交通枢纽选址程序

①分析城市总体布局，调查基本资料。分析城市土地使用情况、道路网现状、公共交通体系，包括各种交通方式的结构、公共交通线路网、场站设置情况等。

②根据城市交通规划，对城市交通现状予以补充，修改。

③查明确定枢纽，即查明由城市规划规定的客运交通枢纽。

④选择枢纽位置，明确枢纽分级。

⑤预测、评价、优选规划方案。

⑥提出城镇客运枢纽规划图与规划说明。

2）城市公共交通枢纽选址方法

城市公共交通枢纽选址方法归纳起来有3大类：

①用连续模型选址。

②用离散模型选址。

③用Delphi专家咨询法选址。

4.2.6 公交优先策略规划

4.2.6.1 公交专用车道

1）实施公交优先专用道的依据

①路段客流量的大小。公交优先不是单纯“公交车的优先”，而是使用公交车出行的人的优先。所以，在选择实施公交优先道时，应优先考虑客流量大的地段。

②公交车辆的行程速度。当公交车的平均行程车速低于该城市机动车的平均行程车速，可考虑实施公交优先措施。

③公交车流量。一般来说，高峰小时单向公交车数达到150辆以上的道路，可考虑实施公交优先措施。

2）实施公交优先专用道的约束条件

①该路段的车流量已接近或超过通行能力，而且只有一条交通通道，无其他转移交通的道路。

②公交车行经的路段平面交叉口的间距较小，而且双向不足6车道。这种情形专用道受转弯车流的影响较大，无法发挥效用。一般来说，实施专用道应具备双向6车道（或以上）的条件。

③当道路上有大量的商业活动，有大量的社会车辆需进出该路段的建筑物时，公交专用道不能发挥有效的作用。

④交叉口不足4个进口道的情形不宜实施公交专用进口道。

3）构筑公交优先专用道网络的原则

构筑一个公交优先网络系统时应遵循以下主要原则：

①建立整体的公交优先网络时以远期的道路交通网络条件和公交高峰小时OD期望线为约束，贯彻“规划为先，整体成网”的思想。

②应逐步构筑与道路等级和公交线网分级体系相一致的不同级别的公交优先网络体系。

③实施时以近期的道路交通网络条件和需求为约束，实行“分期建设，逐步成网”的方针。

④考虑路网供给条件改善的前提下，诱增的交通需求影响。

4.2.6.2 公交优先信号控制策略

常用的公交优先信号控制策略包括以下几种：

①设置公共汽车感应信号。

②根据公共汽车流量大小调整信号周期。

③增加公共汽车通行次数。

④公共汽车放行专用信号灯。

4.2.7 中心城镇停车场规划

4.2.7.1 公共停车场规划原则

中心城镇公共停车场规划原则一般包括：

①据城镇总体规划和综合交通规划等相关规划。

②布局合理、规模适当、易于实施，结合道路交通、用地功能分区、人防工程等合理布局，符合有关规范、规定等技术要求。

③节约用地、因地制宜。应尽量少占繁华的商业用地，充分利用闲置边角地或原有场地改造，多布置多层或地下停车场（库），规模以中小型为主。在城镇出入口附近或城市边缘地区，则多布置大中型地面停车场。

④外来车辆停车场应布置在城镇外围、出入口道路附近，主要停放大型车辆。城镇内部公共停车场应靠近服务对象设置，其场址选择应符合城镇环境及车辆出入不妨碍城市交通。

⑤停车场规划要与交通综合治理、交通组织相结合，相互促进以利于城镇交通环境的改善。

⑥社会停车场规划主要解决城镇公共停车问题，机关团体和大型公共建筑应严格按照有关规定配建相应的停车场（库）不得将停车场移作他用。

⑦充分考虑停车场的建设步骤，做到近、远期结合。

4.2.7.2 公共停车场规划指标

小城镇公共停车场的规划指标国家目前尚无统一规定。城市道路交通规划设计规范中指出：城市公共停车场的用地面积可按规划城市人口每人0.8～1.0 m^2 计算，其中机动车停车场的用地宜为80%～90%，自行车停车场的用地宜为10%～20%。

参考城市道路交通规划设计规范，小城镇公共停车场的用地面积可按规划人口每人0.5～0.8 m^2 计算；根据小城镇摩托车、非机动车出行比例较大的特点，机动车停车场内应设置一定数量的摩托车停车位，自行车停车场的用地面积可增加至20%～30%。

4.2.7.3 机动车停车场的布置

机动车停车场的车辆停放方式按其与通道的关系可分为3种类型，即平行式、垂直式和斜放式。机动车停车场布置的基本要求如下：

①停车场内交通路线必须明确，宜采用单向行驶路线，避免相互交叉。出场车辆要尽量减少对干道上交通的影响。

②机动车公共停车场的出入口要符合行车视距的要求，并应右转出入车道；出入口应距离交叉口、桥隧坡道起止线50 m以上；少于50个停车位的停车场，可设一个出入口；50个以上停车位的停车场，应设两个出入口，两个出入口之间的距离应大于20 m。

③当量小汽车停车位的用地面积为25～30 m^2；摩托车停车位的用地面积为2.5～2.7 m^2。

④各建设项目配置的停车泊位数，可参考表4-4。

表 4-4 停车泊位配置参考指标

建筑类型	单位	机动车	非机动车
居住建筑	车位/户	0.2～0.3	1～2
街区服务设施	车位/100 m^2 建筑面积	0.1	3
行政办公	车位/100 m^2 建筑面积	0.2～0.3	2
商业服务中心	车位/100 m^2 建筑面积	0.2～0.3	10
文化中心	车位/100 m^2 建筑面积	0.2～0.5	20
医院	车位/100 m^2 建筑面积	0.2	5
工业	车位/100 m^2 建筑面积	0.1～0.2	5
公园	车位/km^2	0.2～0.5	20

4.2.7.4 非机动车停车场的布置

自行车的停放方式一般有垂直式和斜放式两种。非机动车停车场布置的基本要求如下：

①非机动车停车场的位置应依据道路、广场及公共建筑布置，一般以中、小型为主，分散就近设置。对于农贸市场、专业市场和大量人流集中的文化娱乐、商业贸易等场所，应在其四周设置固定的专用自行车停车场，并根据项目规模、性质和容纳人数估算其存放率。

②停车场内的交通路线应明确，行走方向一致，线路尽量不交叉。场内停车带的走道宽度应为推车行走所需宽度的倍数。

③各建设项目配置的停车泊位数，可参考表4-4。

4.3 中心城镇公共交通建设

4.3.1 智能公交调度系统建设

4.3.1.1 智能公交调度系统硬件

1）车载终端

公交车辆GPS车载系统的结构如图4-3所示。

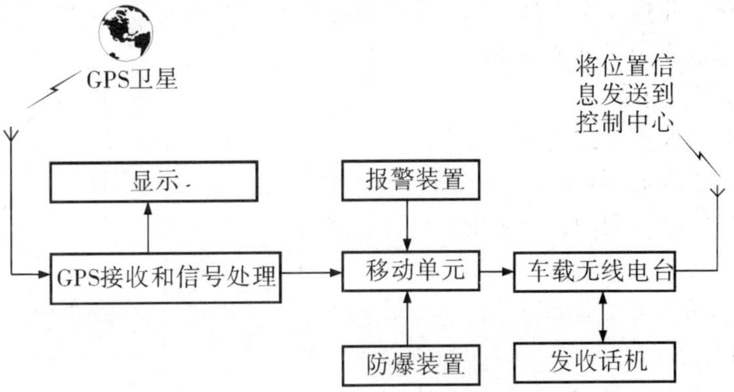

图 4-3 GPS 车载系统

车载移动单元是指安装在车辆内的硬件部分。它包括GPS接收机、有源天线、通信模块、报警、控制电路等，所有的模块集成在一个金属屏蔽盒中。

车载部分主要功能有：

①定位信息接收处理功能。G 咫接收机产生的实时定位信息通过无线通信模块发回监控中心。

②在车载 LCD 上显示出电子地图及车辆的实时位置。

③报警功能。一旦出现紧急情况，司机启动报警装置，监控中心立即显示车辆的情况实时位置等信息。

④命令熄火、开关门功能。当出现紧急情况时，监控中心发送熄火、开关门等命令，车辆能立即响应。

2）基站

目前 GPS 数据信息是以通过 GSM 系统的短消息（SMS）方式来传输，但所用的短信息中心有两种不同的方式：

①建立 GPS 专用短信息中心，由该中心通过路由器及 DDN 线路连接到移动公司的短消息中心，各监控中心也用专网与其相连，系统中的上行和下行数据都通过这个专用中心转发，这种方式的系统响应速度快，数据处理及时，是一个大容量的监控中心，但是它的投资较大。

②使用公用的短信息中心，该中心与监控中心的连接不是通过 DDN 线路，而是再经过移动通信交换机、基站，另找一条传输 SMS 的控制信道，用无线方式传到监控中心，此时该监控中心必须配备 GSM 电台，犹如在两车（或手机）之间传输 SMS，所以也称点对点方式，显然后一种方式传输的延时较长，占用信道时间长，影响容量，但是这种方式很适合一个单位的小容量监控之用。

4.3.1.2 智能公交调度软件技术

1）GPS 定位技术

GPS 地面观测点定位的方法较多，有伪距定位法、多普勒定位法、载波相位定位法、伪距测量加多普勒定位法、干涉定位法等。常用的是前 3 种，多普勒定位法和载波相位定位法定位精度比伪距测量定位法高。同时，其成本造价也要高出许多。现在导航型 GPS 接收机主要采用伪距测量定位法。

伪距定位原理是基于到达时间（TOA）的测距原理：从已知位置上的发射机卫星发射信号到达接收机所需时间间隔乘以信号传播速度，可得到发射机到接收机的距离。接收机从多个已知位置的发射机接收多个信号，用于确定接收机的位置。

伪距测量是利用相关技术获取的。在相关接收中，卫星上发射的 C/A 码伪随机信号是由卫星钟控制的，用户接收机的 C/A 码伪随机信号是由本地时钟控制的。出于经济上的考虑，接收机采用价格便宜的晶体振荡器，这些时钟在接收机和 GPS 时钟间引入时间偏差（时钟偏差）。接收机的时间偏差对每颗卫星都是相同的。在相关接收时，将这两组伪随机信号码位对齐，即完成跟踪和延时锁定，这一时刻相对于初始时刻的时延量，即表征了地面点到卫星间距离的函数，称为伪距观测量（简称伪距）。

GPS 伪距定位的基本定位原理是：卫星不间断地发送自身的星历参数和时间信息，GPS 接收机通过接收观测范围内的几个卫星（通常为 4 颗）可以得到几个伪距的方程，将这几个方程结合所接收到的卫星星历数据，经过处理以及计算，可以求出接收机的三维位置，三维方向以及运动速度和时间信息。

2）公交调度优化技术

公交线路车辆调度优化技术研究可包括以下具体内容：

①适合运营的公交线路客流预测模型研究。

②基于公交线路流量的线路配车数计算模型研究。

③站点候车时间与公交发车频率关系模型研究。

④基于站点上客流量及发车频率的站点候车耗时模型研究。

⑤以站点候车耗时、公交运行成本最小为组合目标函数的发车频率优化模型研究。

⑥各类公共交通线路相互协调的公交车辆调度优化模型及模型求解方法研究等。

4.3.2 公共交通站场设施建设

4.3.2.1 公共汽车起点站、终点站、中途站

1）公共汽车起点站、终点站

①公共汽车起点站、终点站必须建停车坪。停车坪在不用作夜间停车的情况下，首站用地面积应不小于该线路营运车辆全部车位面积的60%。停车坪内要有明显的车位标志、行驶方向标志及其他营运标志。停车坪与回车道一起构成站内停车、行车、回车的整体。

②起点站、终点站必须设有标志明显、严格分隔开的入口和出口，其使用宽度应不小于标准车宽的3～4倍。若站外道路的车行道宽度小于14 m时，进出口宽度应增加20%～25%。在出入口后退2 m的通道中心线两侧各60°范围内能清楚地看到站内或站外的车辆和行人。

③起点站、终点站的规划用地面积宜按每辆标准车用地90～100 m^2 计算。若该线路所配营运车辆少于10辆或者所划用地属于不够方正或地貌高低错落等利用率不高的情况之一时，宜乘以1.5以上的用地系数。起点站、终点站周围宜安排绿化用地（包括死角及发展预留用地），其面积宜不小于该站总用地的15%。为了确保起点站、终点站的建设规模，回车道（行车道）和候车廊的用地不包含在90～100 m^2 的计算指标内。

④车队办公用地应按所辖线路配备的营运车辆总数单独进行计算（不含在起点站、终点站用地指标内），计算指标宜每辆标准车1 m^2。

2）公共汽车中途站

①在路段上设置停靠站时，上、下行对称的站点宜在道路平面上错开，即叉位设站。其错开距离宜不小于50 m。在主干道上，快车道宽度大于或等于22 m时也可不错开。如果路旁绿带较宽，宜采用港湾式中途站。

②一般中途站仅设候车廊，廊长宜不大于1.5～2倍标准车长，全宽宜不小于1.2 m。在客流较少的街道上设置中途站时，候车廊可适当缩小，廊长最小宜不小于5 m。

③中途站候车廊前必须划定停车区。在中小城镇，停车区的长度视所停主要车辆类型而定。通过该站的车型在两种以上时，均按最大一种车型的车长计算停车区的长度。

④车行道宽度为10 m以下的道路上设置中途站时，宜建避车道，即沿路缘处向人行道内成等腰梯形状凹进应不小于2.5 m，开凹长度应不小于22 m（即17m＋5 m）。在车辆较多、车速较高的干道上，凹进尺寸应不小于3 m。

⑤若隔离带较宽（3 m以上）可减窄一段绿带宽度，作为港湾式停靠站。减窄的一段，长度应不小于两辆营运车同时停靠的长度，宽度应不小于2.5 m。

4.3.2.2 车辆保养场

1）车辆保养场的功能和选址

①保养场的功能主要是承担营运车辆的高级保养任务及相应的配件加工、修制和修车材料、燃料的储存、发放等。

②保养场应建在城镇每一个分区线网的重心处（中、小城镇宜建在城镇边缘），使之距所属各条线路和该分区的各停车场均较近。应避免建在交通复杂的闹市区、居住小区和主干道内，宜选择在交通情况比较清静而又有两条以上比较宽敞、进出方便的次干道附近，并有比较齐备的城市电源、水源和污水排放管线系统。

③保养场应避免建在工程地质和水文地质不良的滑坡、溶洞、活断层、流砂、淤泥、永冻土和具有腐蚀性特征的地段，尤其应避免高填方或开凿艰巨的石方地段。其地下水位必须低于地下室和建筑物基础的底面。

④保养场的纵轴朝向，一般宜与主导风向一致。如有困难，也只能成一个影响不大的较小交角。其主要建筑物宜尽量不处于西晒、正迎北风的不利方向。保养场还必须处在城镇居住区的下风方向。

2）车辆保养场的布置

①保养场平面布置应有明显的功能分区，把功能相近、生产（工作）性质相同、动力需要和防火、卫生等要求类似的车间、办公室、设备、设施布置在同一功能分区内。尤其是保养车间及其附属的辅助车间必须按照工艺路线要求布置在相邻近的建筑物里，建筑物之间既有防火等合理的间隔，又要有顺畅而方便的联系。

②保养场的办公及生活性建筑宜布置在场前区，其建筑式样、风格、色彩等与所在街景的美学特点要相谐和。场区的道路应不小于 7 m，人行道不小于 1 m；场区还必须按《城市公共汽车技术条件》要求设置符合标准的试车跑道，还应有一定数量（不小于 50 辆营运车）的机动停车坪。

③保养场的配电房、锅炉房、空压机房、乙炔发生站等动力设施应设在全场的负荷中心处。锅炉房，应位于全场的下风处。近旁应有便于堆放、装卸煤炭的场地。保养场进出应有供机动车用的宽度不小于 12 m 的铁栅主大门，主大门两边应有宽度不少于 3 m 的人员出入门，同时还应在适当处设置紧急出入门。

4.3.2.3 修理厂

①应按工艺路线、工作顺序和便于生产上互相联系的要求安排各车间、工作间的位置。

②各主要通道的布局应整齐，应充分照顾到各种运输方式的衔接，尽力避免生产运输线路迂回往复以及跨越生产线的现象。

③各工作间应有门直接与主通道相连通。经常开启的大门应避免朝北。有重型设备（如压制的）车间应有通向室外的紧急备用大门。

④热加工、锻压、铸工、电镀等会散发有害气体、烟尘及噪声的车间应置于主导风下风向和厂区的边缘，噪声过大的车间应设在隔开的房间内。

⑤车间办公室和生活间应就近布置在各车间内。

⑥必须为今后生产的发展，给车间和全厂留有足够的扩建余地。

4.3.2.4 停车场

1）停车场的功能和选址

①停车场宜按辖区就近使用单位布置，选在所辖线网的重心处，使其与线网内各线路的距离最短。其距离宜在 1～2 km。

②停车场距所在分区保养场的距离宜在 5 km 以内，最大应不大于 10 km。

③停车场的用地应安排在水、电供应和市政设施条件齐备的地区。

2）停车场的布置

①确定停车场用地面积的前提是要保证公交车辆在停放饱和的情况下，每辆车仍可自由出入（无轨电车应保证顺序出车）而不受前后左右所停车辆的影响。

②公共交通车辆的停放方式，公共汽车宜主要采用垂直式或斜排式，无轨电车应采用平行式。

③停车场的规划用地宜按每辆标准车用地 150m^2 计算。停车场的洗车间（台）、油库和锅炉房的规划用地按有关标准和规范要求单独计算后再加进停车场的规划用地中。

④停车场的总平面布置为场前区、停车坪、生产区和生活区 4 部分，共同构成一个有机整体。各部分平面设计的主要要求。

场前区由调度室、车辆进出口、门卫等机构和设施构成，要求有安全、宽敞、视野开阔的进出口和通道；停车坪的设计应采用混凝土刚性结构，有良好的雨水、污水排放系统，排水明沟与污水管线不得连通，坪的排水坡度（纵、横坡）不大于 0.5%；停车坪应有宽度适宜的停车带、停车通道，并在路面采用画线标志指示停车位置和通道宽度；生产区的平面布局必须包括保修工间及其辅助工间和动力及能源供给工间两个组成部分，两部分的设计应符合工业厂房设计标准和规范要求；生活区的平面布局包括办公楼、教育用房、文化娱乐和会议用房、食堂、保健站、婴幼室、浴室、集体宿舍、厕所等，其设计需结合本身的特点，参照执行有关标准，全场必须搞好绿化。

4.4 中心城镇公共交通运营管理

4.4.1 公共交通运营管理系统

城市公共交通车辆自动监控系统系统（Automatic Vehiclemonitoring Monitoring System for Urban Public Transport，国际上统称为AVM系统）的功能主要包括以下8项：

①监测车辆的动态位置。

②监测车辆的载客量。

③监测车辆的运行时刻偏离量。

④根据车辆运营数据和运行计划，辅助选择最佳调度方案。

⑤编制并显示各线路的运营图像、运营报表和统计曲线。

⑥调度室向运营车辆下达调度指令。

⑦建立数据库。

⑧与城市道路交通控制系统交换信息。

4.4.2 公共交通企业经营机制

城市公共交通是特殊的行业，承担经济、社会双重责任，必须参与市场竞争，但不可能完全放开市场。在城镇交通发展政策导向上，应重视综合交通规划、强调各种客运交通方式协调发展，使公交逐步确立作为全局性、先导性基础行业在社会生活和经济建设中的重要地位。

4.4.3 公共交通系统的评价

4.4.3.1 评价的内容

城镇公共交通系统评价的内容包括：

①面向系统使用者（乘客）的公共交通网络技术评价。

②面向系统经营者和管理者（公共交通企业与行业主管部门）的经济效益评价。

③面向政府（代表城镇或全体公众利益）的社会环境效益评价。

4.4.3.2 公共交通国际通用指标

1）基本指标

国际公共交通会议确定了以下10项基本指标：服务人口、服务面积、线路数、车站数、车辆数、运行车千米、客流量、乘客千米、平均运距和定期车票平均人次。其中，后两项指标是计算客流的基础，通过上述指标，可以比较清楚地了解城市的交通结构及交通系统运行状况。

2）单位指标

为进一步了解各公交企业服务情况，进行各城市间横向比较，国际公共交通会议还确定了一组单位数值指标，包括人口密度指标（千人/km^2）、服务指标（车站数/km^2）、供给指标［km/（人·年）］、使用指标［人次/（人·年）］和平均运距（km）等5项指标。尽管城市大小、人口规模各不相同，但采用了单位数值指标后，就可以把一些不可比的指标，变成了可比指标，易于实行。

4.4.3.3 常用公共交通评价指标（见表4-5）及其计量方法

表 4－5　城镇公共交通评价指标体系

目标层	城镇公共交通综合评价			
准则层	网络技术性能	服务水平	效益水平	持续发展
指标层	公交站点覆盖率	行车准点率、换车率	完好车率	线网发展适应性
	公交运营线网密度	乘客平均候车时间、高峰满载率	100 车千米成本	沿线土地开发价值
	公交线网的密度	运行速度、复线系数	全员劳动生产率	土地利用吻合程度

1）城市公共交通网络技术性能评价指标

①公共交通线网密度。

②公交车辆拥有率：城镇一定空间内每万人拥有的公交车辆标台数。

③公交站点覆盖率：公交站点服务面积占城市用地面积的百分比。通常按 300 m 半径和 500 m 半径计算，《城市道路交通规划设计规范》规定的公交站点覆盖率，按 300 m 半径计算，不小于 50%，按 500 m 半径计算，不小于 90%。

2）公共交通系统服务水平评价指标

①行车责任事故间隔里程：平均行驶多少万千米发生一次责任事故。

②行车准点率。

③乘客平均换乘系数或换乘率。乘客平均换乘系数的计算方法为乘车出行人次与换乘人次之和除以乘车出行人次。换乘率是指统计期内乘客一次出行，必须通过换乘才能到达目的地的人数与乘客总人数之比。

④乘客平均候车时间：乘客到达公交车站起至乘上车为止的时间消耗。乘客平均候车时间计算公式为：

$$乘客平均候车时间 = \frac{行车间隔}{2} \times (1 + 每次出行平均换乘次数)$$

⑤高峰满载率：客运高峰期间车辆在主要线路的高单向、高断面上载运乘客的平均满载程度。

⑥全天线路满载率：运营车辆全天载运乘客的平均满载程度。

3）城市公共交通效益水平评价指标

①居民年乘公交车次数：公交企业服务区域内，平均每一居民一年内乘坐公交车次数。

②完好车率：完好车日数与运营车日数的比例。

③100 车千米成本：车辆平均每行驶 100 km 所耗用的运营成本。

④全员劳动生产率：公交企业每一职工年内平均运营收入。

第5章　中心城镇隧道设施技术指引

5.1　隧道的基本概念

5.1.1　隧道在中心城镇基础设施建设中的功能及重要作用

隧道通常指用作地下通道的工程建筑物。隧道在山岭地区可做克服地形或高程障碍，改善线形；可提高车速，缩短里程，节约燃料和时间；可减少对植被的破坏，保护生态环境；还可以用做避免落石、塌方、雪崩、雪堆等危害。在中心城镇地区可减少用地，构成立体交叉，解决交叉路口的拥挤阻塞，疏导交通。在水源丰富的中心城镇地区还可以穿过江河，连通两岸交通。修建隧道能保证路线平顺、行车安全、提高舒适性和节省运费，又能增加隐蔽性、提高防护能力和不受气候影响。以地铁为例，由于其速度可达到30～60 km/h，且不会产生交通堵塞，因此可以很快疏散旅客，运载能力达到4万～6万人/h，同时，它还有安全、舒适和准时的优点。

5.1.2　中心城镇隧道分类及结构构造

在广州市的中心城镇，结合广州市地形地貌，按照功能和用途的不同，可以分为以下几种类型：

①山岭隧道，如北环高速的白云山隧道、开发区永和隧道等。

②城市道路下穿隧道，如黄埔大道隧道、镇安路隧道、滨江路隧道、广州大道隧道等。

③地下铁道，如广州市地铁1号～5号线等。

④水底隧道，如珠江隧道，正在设计的仓头海隧道、大学城-洛溪岛隧道、洲头咀隧道等。

⑤人行隧道，如黄埔大道上的暨大隧道、体育西隧道、石牌西隧道、中轴线隧道、明月二路隧道等。

按照受力特点的不同，隧道结构又可以分为：岩石隧道（山岭隧道）、软土隧道。对于城市中的隧道一般都属于软土隧道。同时按照长度（两端墙墙面与路面的交线同路线中线交点间的距离）不同，分类如表5－1所示：

表5－1　隧道按长度分类

隧道分类	特长隧道	长隧道	中隧道	短隧道
隧道长度 L（m）	$L>3\,000$	$3\,000\geqslant L\geqslant 1\,000$	$1\,000>L>250$	$L\leqslant 250$

隧道结构构造由主体构造物和附属构造物两大类组成。主体构造物是为了保持岩体的稳定和行车安全而修建的人工永久建筑物，通常指洞身衬砌和洞门构造物。洞身衬砌的平、纵、横断面的形状由道路隧道的几何设计确定，衬砌断面的轴线形状和厚度由衬砌计算决定。在山体坡面有发生崩塌和落石可能时，往往需要接长洞身或修筑明洞。洞门的构造型式由多方面的因素决定，如岩体的稳定性、通风方式、照明状况、地形形貌以及环境条件等。附属构造物是主体构造物以外的其他建筑物，是为了运营管理、维修养护、给水排水、供蓄发电、通风、照明、通讯安全等而修建的构造物。

5.1.3 中心城镇隧道与其他结构物的相互影响

隧道接近其他结构物或两条平行隧道相距很近时，需要根据隧道的断面形式、交叉角、施工方法及工期等决定相互间的距离。隧道在已有结构下面设置时，应考虑由于开挖隧道而引起的基础下沉，以及爆破、地下水的变化等影响。在修筑上海地铁 2 号线时，地铁与沿线建筑物保持 2 m 的距离，同时，无论采用放坡明挖法还是采用盾构法施工，都采取了一定的防护措施，从而最终未对两侧的建筑物造成破坏。地铁地下线的平面位置和埋深应根据地面建筑物、地下管线和其他地下构筑物的现状与规划、工程地质与水文地质条件、采用的结构类型与施工方法以及运营要求，经经济技术综合比较确定。为减少地铁运营时振动和噪声对周围环境的影响，地铁设计中应采取减振和降噪的措施。

平行隧道的中心距，如果把地层看作完全弹性体时，约为开挖宽度的两倍；而在黏土等软土层中，则为开挖宽度的 5 倍，就可以看作几乎不受影响。不过实际地层并非完全弹性体，相互影响的机制不明确的地方很多，所以准确的中心距并不清楚。另外，决定中心距还应对爆破等施工方法分影响加以考虑。

5.2 中心城镇隧道建设的必要性和可行性

5.2.1 中心城镇隧道建设的必要性

5.2.1.1 隧道建设是现代城镇规划的重要组成部分

由于快速的工业化和人口的高度城市集中化，为缓解或从根本上解决人口增长对城市环境的压力和威胁，修建各种城市隧道和地下构筑物在世界各国呈现急剧增长的趋势。尤其是地铁，由于其速度可达到 30 ～ 60 km/h，且不会产生交通堵塞，因此可以很快疏散旅客，运载能力达到 4 万～ 6 万人/h；地铁对周围环境和景观的影响较小，同时，它还有安全、舒适、准时的优点。据全世界的统计，在过去的 30 ～ 40 年，人口超过 50 万的 100 多个城市修建或正要修建在地下运行的地铁、城市轨道或快速运输系统。截至目前，世界上约有 30 多个国家和地区的 70 多个城市建有地铁运输系统。目前日本有运营地铁的城市达 11 个，共 37 条线长度约 601 km，其中 282 km 在东京。东京的地铁发展异常迅速，这与人口的增长和城市交通的拥挤是直接有关的。例如东京乘坐地铁的人数从 1955 年的 3.7% 到今天的 25%。1955 年每天平均乘坐人数大约在 30 万人，而 1995 年增长到每天约 760 万人。在德国，自 1990 年来，平均每年修建的运输隧道大约有 25 km，其中 10 ～ 12 km 为地铁、城市和快速运输系统隧道，约 5 km 为长距离铁路隧道，10 km 为公路隧道，城市隧道占到 40% 左右。从这两个国家的城市修建隧道来看，一是在大城市，隧道的修建日益增长，二是在整个国家运输系统中城市输送的作用愈来愈起到重要的地位作用。

在广州，近年来的发展使人民感觉到城市隧道与地下工程在总的城市建设中的重要作用，而且随着经济发展，这一份量将越来越大。

已经通过论证的长洲-鱼珠过江隧道方案就是广州市城镇规划在隧道建设中的一例。长洲岛是著名的黄埔军校所在地，也是大学城的“后花园”。其西南侧与小谷围岛——大学城相连，其他方向则隔珠江与琶洲、新造、黄埔相望。长期以来，该岛屿周边地区仅仅依靠轮渡方式往来，交通落后极大地阻碍了长洲的发展，对岛上的旅游资源造成巨大的浪费。虽然目前其周边已经陆续规划了一些进出小谷围岛的桥隧，但长洲与其所辖属地——黄埔区之间始终联系艰难。为此，黄埔区政府决定修建连接南北两岸的过江隧道。规划中的过江隧道北接茅岗路，南接金州大道，总长度为 2 168 m，位于东二环高速公路和环城高速公路东线之间。依靠南北两端与规划路网的良好衔接，隧道工程建成后将形成黄埔区往珠江两岸（长洲岛、大学城、番禺区）的一条快速便捷通道。根据珠江三角洲和广州市路网条件的分析，可能使用这条快速通道的包括来往长洲岛与珠江北岸，黄埔及其珠江三角洲东部与广州南部地区之间的交通等。

5.2.1.2 隧道是中心城镇道路系统的重要组成部分

隧道是分离冲突交通的重要方式，在城市中心城镇，许多隧道起着分离冲突交通的作用，它和城市立交桥一样，把相交主干道的车流在空间上分隔开。

在城市道路下穿隧道方面，为缓解广州城市行车拥挤的现状，疏导交通，广州大道将建两条地下行车隧道，一条建在天河北路交叉口，一条建在寺右新马路、花城大道交叉口，近日即将开工；对于过江隧道，广州市已建成和规划要建的已达7条，位于全国首位，其中规划中的洲头咀隧道东起海珠区洲头咀洪德路内环路出口，穿珠江后西接芳村区花蕾路，跨江处约400 m，按双向六车道考虑，建成后将是广州规模最大的过江隧道。隧道西端的花蕾路是南海方向接入广州的联络道，可以疏散南海方向进入广州的交通，并能充分发挥内环路的作用。地铁方面，广州市轨道交通近期实施目标是：到2010年，建成200千米左右的轨道交通线网。目前，轨道交通一、二号线已有36千米线路建成营运，三号线及四号线大学城专线已经全面动工建设。2005年广州市有5条地铁线同时在建，分别是三号线、四号线大学城专线、五号线、为了与大学城专线相接的二号线延长段以及广佛线。

同时，中心城镇隧道的修建是唯一能够从环境和经济上解决城市日益增长的社会经济问题的途径。在这里的隧道与城市环境问题主要指对环境的改善，如修建地下轨道交通来改善交通流量，减小由于交通拥挤引起对环境的压力。可以将地面的行驶车辆改建在地下，在地表建立广阔的行人区域。这一方面的实例很多，如在多伦多的地下商场，华盛顿和旧金山的地铁系统，以及在汉城、北京、上海的地下购物街，在柏林、伦敦、巴黎和东京的铁路网络的延伸等。

5.2.1.3 隧道是城市国防建设的重要组成部分

在发生战争的时候，城市隧道和地铁是城市中心城镇重要设施、人员、财产的最好的庇护所，因此，城市隧道也是城市国防建设的重要组成部分。空袭和反空袭已成为现代战争的主要样式，并对战争的过程和战争的结局产生重大的影响，不管是抗日战争的地道战还是现代的科索沃战争都有力证实了这一点。一般而言，战争中城市普通居民和战斗人员及物资的转移和输送决定了相当部分的成败，首先普通市民可以从人口密集的市中心通过隧道向市郊区安全的转移，其次通过地下结构物对重要战略设施进行掩护，减小空袭的损失，同时地下结构物还能有效避开雷达等探测设备的搜索。所以在城市中构筑一定规模的地下结构物显得尤为重要。

5.2.2 中心城镇隧道建设的可行性

5.2.2.1 社会经济发展的推动及政策支持

改革开放以来，城市的经济飞速发展，人们的生活水平不断提高，人们对于交通设施的需求也不断增加，从越修越长的地铁线和林林总总的高架桥我们就可以看出。交通设施的完善同时也是为了更好地服务于经济的快速发展。因此有关部门都非常重视，从财力物力各个方面支持交通事业的发展，为中心城镇的隧道建设打下了良好的物质基础。

5.2.2.2 隧道设计及施工技术的发展

城市隧道由于处于特殊的位置，其结构设计和施工方法的考虑与一般山区或一般软土隧道有着一定的区别，城市隧道的最大挑战在于地层稳定性的控制及作为控制设计准则的变形。变形必须处于可容许的地表沉降极限范围内，因此其结构的设计和选择施工方法必须以地表变形和地层的稳定性为原则来考虑。

根据广东省国土资源厅编制的《广东省2003年度地质灾害防灾预案》（简称《防灾预案》），广州市地处沿海平原台地，地质灾害以风暴潮、地震、水土流失为主。因此隧道建设需采取相应的技术和施工方法，并有针对性的做好地质勘探工作。

一般隧道设计采用运营极限状态，但近年来越来越多的强调裂缝的极限状态设计，避免任何可视的裂缝，例如《上海市地基基础设计规范》规定：隧道结构应按施工和使用阶段进行结构强度变形计算，同时须对混凝土结构裂缝宽度进行验算。因此在进行隧道的设计时，不仅考虑其运营时期的性能，而且要考虑在运营载荷下的结构裂缝情况。

在过去修建的一些城市地下工程中，大多数是采用传统的明挖法，然而目前对具有百万以上人口的大城市或特大城市来讲，在交通繁忙和寸土寸金的市区修建地下工程采用明挖法无论从经济还是对环境的影响上都不再是一种很实用的施工方法。因此，一般在城市隧道施工中，对于山岭隧道，主要采用矿山法、掘进机法；对于浅埋及软土隧道采用的施工方法主要有：地下连续墙法、盖挖法、浅埋暗挖法、盾构法；对于水底隧道则主要采用沉埋法和盾构法。关于近年广泛采用的盾构法，又可分为土压平衡盾构、泥水平衡盾构、气压平衡盾构、开口盾构、闭口盾构、NATM法等，后面将分别论述之。

5.2.3 中心城镇隧道建设的经济分析

经济分析是交通建设可行性研究的组成部分，可行性研究根据工作深度和要求不同，大体可分为3个阶段，即项目的机会可行性研究、初步可行性研究和工程可行性研究。机会可行性研究是可行性研究的最初阶段，主要用于研究项目的选择，某道路建设的合理性，全国公路网布局的合理性。初步可行性研究是公路编制建设规划的基础，是为研究建设规模，编制五年、十年长远发展规划服务的。工程可行性研究是确定工程项目是否可行的最后阶段，对技术、经济数据的精确程度要求较高，是确定近期建设方案、编制设计任务书的基础。可行性研究通过全国的调查和必要的钻探、测量等工作进行技术、经济论证，分析判断建设项目的技术可行性和经济合理性。

工程可行性研究的内容，一般包括现状评价、发展预测、建设条件、建设方案、协作条件、施工工艺、投资与效益和经济效果评价等。城市隧道是路线组成中的特殊区段，分析判断其技术可行性和经济合理性时，有一定的特殊性。

隧道外面的明线路段往往有桥梁和交叉路口，对隧道路段进行经济分析的前提是隧道路段以外不产生交通延误，如在隧道外附近的桥梁不产生瓶颈，交叉口容量足够大，不致因为交通阻滞而使隧道增加负担等。隧道经济分析以路线的经济分析为基础，即路线本身应当是技术上可行、经济上合理的。波及修建隧道有多种选择时，应取所有选择中范围最大的路段作为比选的起止点。

5.3 中心城镇隧道勘测与设计

5.3.1 隧道工程的勘测、调查

进行隧道的规划、设计、施工和维护管理，应预先获得各种有关资料，因此需要进行勘测、调查。包括已有的文献资料、地形地质的初步调查、地质详查、气象调查、环境调查、施工环境调查以及相关政策法规调查等。由于在规划、设计、施工等阶段，调查目的、内容及精度不同，所以通常按收集已有文献资料，初步调查和详细调查的顺序进行，并最终将其整理成册、归档妥善管理。

文献资料的收集：指对已有资料的收集，包括地形、地质、工程、气象、用地、灾害及环境等。用于规划路线和制定以后的调查计划。收集资料以所设隧道为中轴，并取较大范围。地形资料通常指地图和航空照片。地址资料指地质图和说明书。工程资料指道路边坡的岩石露头和其他土木工程所记录的工程地质与水文地质资料。气象资料包括气温、气压、降水、风、雾、水温、地温等。工程用地和施工用地的环境资料包括自然环境、文物古迹、自然保护区、居民环境。收集到这些资料以后应汇总分析研究其对隧道规划设计、施工与维护管理的影响。

地形地质调查：包括初步调查和详细调查。初步调查的目的是查明地形、地质条件对路线、隧道位置、引道以及对施工道路、其他附属工程的影响。调查由有经验的地质工程师以现场踏勘的方式进行，主要查明崖锥、滑坡、崩塌、断层、破碎带、地下水以及其他地质特征，做好调查记录。调查的范围根据隧道的规模、已有资料的精度、露头的多少等决定，调查的实际情况应随时标记在地形图上和记入野

外记录本上。调查完毕后进行归纳整理分析研究，写出调查报告书，并附上调查路线图、地质平面图和地质剖面图。

初步调查以后，根据实际需要，可以进一步用踏勘、弹性波探测、钻探等作地质详查。根据隧道的规模和地质情况，在完成地形地质的初步调查之后，对于大部分隧道来说，可以决定出大致的路线走向，在此基础上进一步作地质详查，获得最终的隧道定位、设计与施工等所需资料。调查项目有岩性、地质构造、地下水及地表水、地下资源等。

气象调查：在隧道选线、设计、洞外设施计划、工程管理及附属设备的设计等方面气象资料非常重要。调查内容包括降雨、降雪、气温、风向、雾、洪水等。

环境调查：在工程开工前、工程中及工程完工之后，对路线及其附近的环境进行调查，对于复杂多变的环境还要征求各方面专家的意见。自然环境的调查有动、植物的生态调查和地表水地下水的调查。地物调查即调查土地利用状况，如已有构筑物、文物古迹、天然纪念物等。由于在工程中和完工后会出现废气、噪音、振动、地基下陷等问题，所以最后应对附近的生活环境作以调查。

施工条件调查：主要包括符合布局条件、环境条件、给排水条件、动力输入条件等。施工场地主要包括房屋、设备安装、库房、材料场、混凝土拌和场、施工道路、弃渣场等。

最后，隧道规划、设计及施工中，应遵循国家颁布的各种法令、查阅与工程相关条文的内容，制定相应措施及了解如何办理手续等。

5.3.2 隧道定位

确定路线时，通常在多个路线方案中，根据地形图和各种调查资料，进行技术、经济比较之后，最后确定一条路线。比选应根据隧道的规模选择在不同比例的地形图上进行。比较的要点包括：线形适当顺应地形、路线延长、对附近地区的影响、安全性、用地、建设投资、养护费、行驶性能、施工的难易、与当地环境和景观协调等。

由于越岭隧道和傍山隧道在广州中心城镇不多见，这里主要讲述城市水底隧道的定位方法。城市水底隧道多为城市港湾和河川有航运要求时，为沟通水域两岸而修建，如芳村到黄沙之间的隧道。其设置位置及进出路通常与城市的整体规划、工业布局、交通量、名胜古迹、旅游设施及郊区旅游点分布等有直接关系。引道短，洞外展线容易，视距有保障，接近路上无平交路口，用地少，远离大居民区公共场所等，是选择位置时应该主要的问题。水底隧道一般由水下部分和引道部分组成，水底部分的埋深与水深、河床的地质情况、通航要求、引道长度及坡度等有关。

隧道的平面线形以采用直线或大半径曲线为好，并应考虑行驶安全，隧道全长较短，施工容易等。《公路隧道设计规范》中规定：“隧道内应尽量避免设置平曲线，如必须设置时，其半径不宜小于不设超高的平曲线半径，并应符合视距要求”。隧道纵坡通常不应小于0.3%，并不大于3%。引线应采用通视好的线形，纵坡应当与隧道纵坡一致，进出隧道时不需要换挡加油。

5.3.3 设计荷载标准

《公路隧道设计规范》中规定：设计隧道结构时，应根据表5-2所列荷载，按其可能出现的最不利情况组合。

围岩压力与结构自重力是隧道结构计算的基本荷载。明洞及明挖法施工的隧道，填土压力与结构自重力是结构的主要荷载。其他各种荷载除公路车辆荷载之外，在结构计算时考虑的几率很小。力求其全，是为了体现荷载体系的完整，也是为了在结果计算时荷载组合的安全系数取值。因灌浆压力只存在于施工过程，灌浆除了防水亦有结构补强的作用，如把灌浆压力再列为永久荷载或可变荷载均有不妥，只能包含在施工荷载之中，故而不再单列。表5-2所列的荷载及分类不适用于新奥法设计与施工的隧道。

在一般情况下，明洞回填土压力按洞顶设计填土高度的全部重力计算确定，计算时按静载考虑，不计塌方体冲击影响。

由于隧道设计中贯彻了“早进晚出”的原则，洞口接长明洞的边坡都不很高，加之落石很多为滚落、跳越落下，直接砸落在明洞上者极少。而当遇有大量落石和坠落高度较大的石块，可设法避开或者采取清除危石加固坡面等措施，故一般情况下落石冲击力可不考虑。

施工方法不同以及衬砌修筑的时机都对围岩的稳定产生影响，但在设计中又无法准确的预料，只能在施工中通过施工量测的信息反馈，修正荷载调整衬砌结构参数，这是新奥法施工的重要环节。这时，所列出的荷载种类虽然力图详尽，但却并未列出所有可能出现的全部荷载，对一切出现几率很小的荷载全部列出既有困难，也没有必要。

表 5－2　隧道荷载

编号	荷载分类		荷载名称
1	永久荷载（恒载）		围岩压力
2			结构自重力
3			填土压力
4			混凝土收缩和徐变的影响力
5	可变荷载	基本可变荷载	公路车辆荷载，人群荷载
6			立交公路车辆荷载及其所产生的冲击力、土压力
7			立交铁路列车荷载及其所产生的冲击力、土压力
8		其他可变荷载	立交渡槽流水压力
9			温度变化的影响力
10			冻胀力
11	偶然荷载		落石冲击力
12			地震力
13			施工荷载

5.3.4　隧道的几何尺寸设计

隧道与其他结构物的设计一样，基本要求是安全、经济、适用。由于是地下结构物，设计时要考虑其特殊性，并尽可能使施工容易、可靠。另外还应考虑通风、照明、安全设施与隧道的相互关系。

隧道的主要特点是比地面结构物受地质条件的影响大，从计划阶段开始，直到竣工后运营中的养护管理都有影响，所以精确的地质资料就成为设计的前提。从目前的地质调查技术水平上看，做到这一点还是很困难的。为了弥补预先提供资料不充分、不准确的缺点，就需要在施工中根据实际地质情况作某些局部的变更，必要时甚至可作很大改变。设计中，线形、纵坡及净空断面之间有密切的关系，净空断面还直接受地质条件及施工方法的影响。此外，施工方法对隧道也有影响。钻爆法开挖能造成围岩的松动，先墙后拱法与先拱后墙法施工衬砌的结构就不同。隧道的几何设计包括平面线形、纵坡、断面等方面。

平面线形：隧道的平面线形原则上采用直线，避免曲线。如必须设置曲线时，其半径不宜小于不设超高的平面曲线半径，并应符合视距的要求。因为如果隧道位于曲线上，通常须设置超高和加宽，这就使施工变得复杂，断面不统一以及它们的相互过渡都给施工增加难度。另外，曲线隧道即使不加宽，在测量、衬砌、内装、吊顶等工作上也会变得复杂，并增加通风阻抗，对自然通风不利。而在单向隧道出口附近设置合适的平曲线，可收到减小驾驶员晃眼的效果，这应根据隧道洞口部分的地形地质条件及引道线形的需要等来考虑。

纵断面：隧道的纵坡以不妨碍排水的缓坡为宜，在变坡点应放入足够的竖曲线。隧道纵坡过大，无论是在汽车的行驶还是在施工及养护管理上都不利。控制隧道纵坡主要因素之一是通风问题，一般把纵坡控制在3.0%以下为好。超过3.0%时，汽车排出的有害物质迅速增多，也就是说，汽车排出的有害物质随着纵坡的增大而急剧增多。同时，规范又规定“隧道内纵坡不应小于0.3%”，这是考虑到隧道在施工时和建成后洞内排水的需要，为了使隧道涌水和施工用水能在坑道内排水沟中流出，需要0.3%的坡度。在隧道内采用平坡是不可取的，应尽量避免。当隧道采用单坡时，纵坡不宜大于3%。单坡隧道对通风有利，但处于高位的洞口，在隧道出渣及排水上有困难。当涌水量较大时应考虑减缓纵坡。采用“人”字坡，从两个洞口开挖隧道时，施工涌水容易排出，但通风条件稍差，所以一般把纵坡控制在1%以下为宜，便于控制和排出有害气体。

净空断面：隧道净空是指隧道衬砌的内轮廓线所包围的空间，包括公路建筑限界、通风及其他所需的断面积。断面形状和尺寸应根据围岩压力求得最经济值。“建筑限界”指建筑物不得侵入的一种限界。道路隧道的建筑限界包括车道、路肩、路缘带、人行道等的宽度，以及车道、人行道的净高。道路隧道的净空除包括公路建筑限界以外，还包括通风管道、照明设备、监控设备、运营管理设备等附属设备所需要的足够的空间，以及富裕量和施工允许误差等。“隧道行车限界”是为了保证道路隧道中行车安全，在一定宽度、高度的空间范围内任何物件不得侵入的限界。隧道中的照明灯具、通风、交通信号灯、运行管理专用设备都应安装在限界以外。

5.3.5 隧道内装饰、顶棚及路面

内装：为了确保行车安全，在隧道中必须采取措施使墙面亮度在长期的运营中保持在必要的水平以上，墙面必须用适当的材料加以内装处理。内装可以改善隧道内的环境，主要是提高能见度，其次是吸收噪音。提高墙面的反射率可以增加照明效果。因此内装材料表面应当是光洁的，颜色应当是明亮的。由于人眼对波长555 nm的黄绿光最为敏感，所以内装材料应当是淡黄和浅绿色。作为背景的墙面，能衬托出障碍物的轮廓，这就需要使墙面具有良好的反射率，为了减少眩光，这种反射最好是漫反射。经过内装的墙面，污染是不可避免的，但要求它具有不易污染、容易清洗、耐冲刷、耐酸碱、耐腐蚀、耐高温等特点，表面应该光滑、平整、明亮。内装可以起到美观作用，使隧道漏水不露出墙面，各种管线都能隐藏在内装材料的后面，但是管线的维修应该方便，受到损坏的内装部分，也应当便于更换或维修。

顶棚：顶棚的反射率对提高照明效果有利，经过顶棚的反射光使路面产生二次反射，能明显的增加路面亮度。顶棚用漫反射材料可以避免产生眩光，其颜色的明亮程度直接影响到路面亮度，所以应该是浅色的，但是又应有别墙面，在色调和饱和度上可以有所不同。顶棚是背景的一部分，在有坡度处和变坡点附近对识别障碍物和察觉隧道内异常现象颇有帮助。顶棚可以美化隧道，特别是与整齐排列的灯具相互衬托，更可以起到美化的效果，并有诱导的作用。根据实际需要可以顶棚做成平顶或者拱顶，在自然通风或诱导通风时可以用拱顶，在半横向或横向通风时可以用平顶。顶棚上可以作为通风道和供管理人员使用的通道，因此设计荷载可取10 MPa。

路面：对隧道内路面的讨论是在其具有足够强度和耐久性的前提下进行的。作为特殊要求，有以下各点：

①路面材料应该具有抵御水的冲刷和含有化学物质的水的侵蚀能力，地下水为承压水时，更为突出。路面的坡度应能迅速排除清洗用水。

②因为车辆在隧道内的减速及制动次数较高，对横向抗滑要求更高，以确保车体横向稳定。

③容易修补。

④路面漫反射率高，颜色明亮，才能获得良好的照明效果，路面作为发现障碍物的背景，比墙面和顶棚有更大的作用。

路面的材料主要为混凝土和沥青混凝土。由于混凝土的反射率较沥青混凝土路面高，横向抗滑性好，过去是广泛使用的材料，但是它产生裂缝不容易修补，更换时要停止交通。路面与车道分离线等交通标志之间应保证有明显的亮度对比和鲜明的颜色对比。隧道内的路基应具有足够的承载力，尤其要求在有丰富地下水的条件下也能满足要求，这就要求有良好的排水设施。衬砌背后应设置盲沟和导水管，在车道板下面铺设透水性好的路基材料，必要时设置仰拱，在确定隧道纵坡时保证排水沟排水顺畅，保证路面有1%～1.5%的横坡等。

5.3.6 隧道的附属设施

隧道的附属设施是指为了确保交通安全和顺适而设置的通风设施、照明设施、安全设施、应急设施以及公用设施。通风及照明将在最后单独介绍，这里主要介绍以下几种：

紧急停车带与方向转换场：紧急停车带是为故障车辆离开干道进行避让，以免发生交通事故、引起混乱、影响通行能力的专供紧急停车使用的停车位置。尤其在长大隧道中，故障车必须尽快离开干道，否则必然引起阻塞，甚至导致交通事故。为使车辆能在火灾时避难和退避还应设置方向转换场。

公用隧管：公用隧管是在城市道路隧道和水底隧道中为敷设各种管线而设置的专业隧道。其中有隧道本身所需要的各种设备，也有公用事业要求通过的各种管线。其断面应根据所需通过管线的数量和种类、维修通道和操作空间确定。沿纵向在适当间隔处设置检修口，供检修人员进出、搬运材料、通风等使用。

防排水设施：在道路隧道中，防排水是保持正常运营的极为重要因素之一。隧道漏水将损坏顶棚、内装、通风、安全以及其他各种附属设施，使之霉烂、锈蚀、变质、失效。路面积水后将改变路面反光条件，引起眩光，使车辆打滑，影响正常行驶。隧道的永久性排水是用防排水工程措施实现的，可以概括为用“截、堵、排”综合治理的方法，一般采用排水沟，主要为中心排水沟和路侧排水沟。

5.4 中心城镇隧道建设

中心城镇隧道建设主要采用以下几种施工方法以及几种方法的结合应用。

5.4.1 矿山法

凡采用一般开挖地下坑道方法修筑隧道的都称为矿山法，山岭道路隧道一般采用矿山法，根据不同的围岩地质条件、建筑要求、机具设备、技术条件、施工经验等实际情况，有很多施工方法，在选择施工方法时，主要影响因素是围岩的地质情况。围岩较稳定且围岩为硬岩时，施工往往采用先把隧道断面挖好，然后修筑支护结构。围岩稳定性差，则需要随开挖随支撑，防止围岩下塌，开挖后，围岩不宜久露，需要及时修筑永久支护结构。考虑地质条件的变化，可选择的施工方法有以下几种：漏斗棚架法、反台阶法、正台阶法、全断面开挖法、上下导坑先拱后墙法、下导坑先拱后墙法、品字形导坑先拱后墙法、侧壁导坑法、复合衬砌施工法（新奥法）。

5.4.2 新奥法

当开挖面稳定时，新奥法的施工顺序是开挖→第一次柔性衬砌→施工量测→防水层→第二次衬砌；当开挖面不稳定时，施工顺序是开挖弧形导坑→第一次柔性衬砌（拱）→开挖核心及侧壁→第一次柔性衬砌（边墙）→开挖仰拱部分并修筑仰拱→施工量测→防水层→第二次衬砌。

坑道开挖后，在岩体松散破坏之前，及时修筑一层柔性薄壁衬砌，通过施工中的量测监视，确定围岩变形稳定之后，修筑防水层及第二次衬砌，此即为新奥法。该法并不单纯是一种施工方法或支护方法，该法是对围岩动态性质通过施工中的量测的认识和理解，通过周密的量测工作，系统地控制坑道变形与应力，从而确定所建立的支护体系受力情况，并不断加以修改、完善。

新奥法不同于传统隧道工程中应用厚壁混凝土结构支护松动围岩的理论，而是把岩体视为连续介质，在黏弹性理论和塑性理论指导下，根据在岩体中开挖隧道后，从围岩产生变形到岩体破坏要有一个时间效应，适时的构筑柔性、薄壁且能与围岩紧贴的喷射混凝土和锚杆的支护结构来保护围岩的天然承载力，使围岩本身成为支护结构的重要组成部分，使围岩与支护结构共同形成坚固的支撑环，共同形成长期稳定的支护结构。

与其他方法相比，新奥法施工的特点是：

①支护为联合型复合衬砌，支护作业分两步：坑道开挖后迅速修筑早期柔性支护，用以控制岩体初期变形，这种变形在初期发展较快，经测量确定围岩充分稳定后，修筑防水层及第二次衬砌。

②第一次柔性支护与围岩共同工作，并允许有限制的变形，防止产生强大的松散土压，第二次衬砌基本上是不承载的。

③如设锚杆则可提高原岩体的岩体强度。

④以施工量测信息控制施工程序，并根据量测信息检验、修改和完善支护体系的设计。

5.4.3 掘进机法

掘进机是一种由电动机驱动主轴旋转、对刀盘施加一定压力、使其贴近岩壁、通过刀盘上装设的盘形滚刀破碎岩石、使巷道断面一次成型的大型工程机械，也是目前掘进岩石巷道最有潜力的机械之一。采用掘进机施工的方法称为掘进机法。

近年来全断面掘进机在隧道工程中的应用比例不断增加。特别是中小型全断面掘进机，与其他施工方法相比，充分显示了它在技术经济方面的优越性。中小断面巷道使用掘进机施工和钻爆法施工比较，一次性设备投资相近，而掘进机施工的平均月进尺是钻爆法的一到两倍，作业人员人数相当，但掘进机法洞内作业人员仅为钻爆法的1/2。

掘进机法的技术特点有：

①快速。巷道施工中，若采用钻爆法施工，钻孔装药、放炮、排风、排水、除渣等工序都是间歇进行的，加上分块开挖，不能一次成洞，掘进速度慢，施工效果低。而掘进机则可同时完成破岩、出渣、支护连续作业，一次成洞，故掘进速度快、效率高。

②经济。采用钻爆法施工，一般超挖量大于20%，且洞壁表面凹凸不平，衬砌厚，成本高。而掘进机施工则减少了对围岩的破坏，使洞壁完整光滑，超挖量一般不超过5%，从而减少了支护量，节约了大量衬砌费用；而且掘进速度快，工期短，工程质量高，故其经济效益及社会效益均较好。

③安全性好。用掘进机施工，不但减少了爆破工序，同时在许多环节上避免了工人直接操作，改善了工人的劳动条件，极大地降低了伤亡事故率，使生产安全有了进一步保证。

④岩层适应性好。我国使用的大多数岩石掘进机均遇到过较复杂的地层条件，从漂石砾岩、砂砾岩、泥岩、粉砂岩、砂岩到花岗岩，岩石抗压强度从2.8～300MPa。掘进机在长大隧洞施工中，特别在岩石破碎、高山缺氧、严寒等恶劣条件下有无与伦比的优越性。

5.4.4 盾构法

盾构法施工是以盾构这种施工机械在地面以下暗挖隧道的一种施工方法。盾构机（Shield）是在软土、软岩和破碎含水地层中修建隧道时，集开挖、支护、推进、衬砌等多种作业于一体的大型机械设备。

隧道盾构的主体部分是一可移动的钢套管。该套管插入土中，于永久衬砌之前，用以支撑隧道四周的地层，以保证永久衬砌的施工而免去临时支撑。此套壳称为盾壳，由高强度钢制成。盾构外壳断面一般为圆筒形，也有的按隧道使用要求而做成矩形、马蹄形或半圆形等。圆形是最好的承载形状，制造成本相对较低，且可使不同位置的衬砌管片标准化与互换，并可方便地用螺栓联结。

5.4.4.1 盾构法的分类及适用条件

随着隧道于地下工程的发展，盾构机械的种类越来越多，适用性也越加广泛，为进一步指导盾构法施工，大体可归纳各种不同盾构法特点于表5－3。

泥水加压盾构由盾壳、开挖机构、推进机构、送排泥浆机构、拼装机构等组成。泥水加压盾构施工时的工作过程为：开启刀盘驱动液压马达，驱动转鼓并带动切削刀盘转动。开启送泥泵，将一定浓度的泥浆泵入泥水室中。再开启盾构千斤顶，使盾构向前推进。此时切削刀便切入土层，切下的土渣与地下水顺着刀槽流入泥水室中，土渣经刀盘与搅拌器的搅拌而成为浓度更大的泥浆。随着盾构不断的推进，土渣量不断的增加，泥水不断的注入，泥水室内的压力逐渐增大，当泥水室的泥浆压力足以抵抗开挖面的土压力与地下水压力时，开挖面就能保持相对的稳定而不至坍塌。泥水加压盾构适用范围较大，多用于含水率高的砂质、砂砾石层、江河、海底等特殊的超软弱地层中。同时由于切削刀盘和泥水室泥浆的阻隔，不能直接观察到开挖断面的工作情况，对开挖面的处理和故障的排除都十分困难；庞大的泥水处理设备占地面积亦较大，难以用于市内建筑物稠密区。土压平衡盾构是在总结泥水加压盾构和其他类型盾构优缺点的基础上发展起来的一种新型盾构，在结构和原理上与泥水加压盾构有很多相似之处。它能用于黏结性、非黏结性，甚至含有石块、砂砾石层、有水与无水等多种复杂土层中，土压平衡盾构无泥水处理设备，施工速度较快，比泥水加压盾构价格低廉，能获得较小的沉降量，也可实现自动控制与远距离遥控操作。当然，切削刀头、刀盘盘面磨损较大，刀头寿命比泥水加压盾构短，要求刀头的耐磨性高。

表5－3　盾构法的适用条件和特点

挖掘方式	构造类型	盾构名称	开挖面稳定措施	适用地层	附注
手工挖掘式	开口	普通盾构	临时挡板支撑千斤顶	地质稳定或松软均可	辅以气压、人工井点降水及其他地层加固措施
		棚式盾构	将开挖面分成几层，利用砂的安息角和棚的摩擦	砂性土	
		网格式盾构	利用土和钢制网状格棚的摩擦	黏土淤泥	
	闭口	半挤压盾构	胸板局部开孔，依靠盾构千斤顶推力土砂自然流入	软可塑黏土	
		全挤压盾构	胸板无孔，不进土	淤泥	
半机械挖掘式	开口	反铲式盾构	手掘式盾构装上反铲式挖土机	土质紧硬，稳定面能自立	辅助措施
		旋转式盾构	手掘式盾构装上软岩掘进机	软岩	
		旋转刀盘式盾构	单刀盘加面板多刀盘加面板软岩		
		插刀式盾构	千斤顶支撑挡土墙	硬土层	
	闭口	局部气压盾构	面板与隔板间加气压	含水地层冲积层、洪积层	不再另设辅助措施
		泥水加压盾构	面板与隔板间加有压泥水	含水地层冲积层、洪积层	辅助措施
		土压平衡盾构	面板隔板间充满土砂产生的压力和开挖处的地层压力保持平衡	淤泥、淤泥夹砂	
		网格式挤压盾构	胸板为网格，土体通过网格孔挤入盾构	淤泥	

网格挤压式盾构是上海隧道工程设计院研制的，它在我国目前用的较为成功，也是用得最多的一种

盾构。上海穿越黄浦江的打浦路隧道和延安东路隧道及宝钢的排水隧道等均采用这种网格式盾构。盾构最大直径达11.32 m。

插刀式盾构是结构较为特殊的一种盾构型式，它的盾壳是由许多能够活动的插刀组成，这些插刀可以组成不同的断面形状和尺寸。

5.4.4.2 盾构法的特点

盾构法施工是一种适合城市隧道施工的施工方法，它具有以下特点：

①对城市的正常功能及周围环境的影响很小。除盾构竖井处需要一定的施工场地以外，隧道沿线不需要施工场地，无需进行拆迁因而对城市的商业、交通、居住影响很小。可以在地层深部穿越建筑物、河流；在地下穿过各种埋设物和已有隧道而不对其产生不良影响。施工一般不需要采取地下水降水措施，也无噪声、振动等施工污染。

②盾构机是根据施工隧道的特点和地基情况进行设计、制造或改进的。盾钩机必须根据施工隧道的断面大小、埋深条件、地基围岩的基本条件进行设计、制造和改造，所以是适合于某一区间的专用设备。当将盾构机转用于其他区段或其他隧道时，必须考虑断面大小、开挖面稳定情况、围岩粒径大小等基本条件是否相同，有差异时要进行改造。

③对施工精度要求高。区别于一般的土木工程，盾构施工对精度的要求非常之高，管片的制作精度几乎近似于机械制造的程度。由于断面不能随意调整，对隧道轴线的偏离、管片拼装精度也有很高的要求。

④盾构施工是不可后退的。盾构施工一旦开始就无法后退。由于管片外径小于盾构外径，如要后退必须拆除已拼装的管片，这是非常危险的；另外，盾构施工的前期工作是非常重要的，一旦遇到障碍物或刀头磨损等问题，只能通过实施辅助施工措施后，打开隔板上设置的出入孔进入压力舱进行处理。

盾构法施工无需拆除或移动地面及地下建筑物，施工期间无噪声、无振动、不影响地面交通、掘进力大，在地下水深处也能施工，并特别适宜于软土地层中的隧道构筑，工作条件比较可靠，国外地下工程多用此方法。

在广州市，1996年开始的地铁1号线的建设中就使用了从日本引进的泥水加压式盾构两台和土压平衡盾构1台，一共修建了8 km的地铁隧道。广州地区基岩埋深起伏较大，残积土层和风化岩是盾构的主要通过层位，这是我国首次在地质条件较为复杂的地层中进行盾构施工。广州地铁2号线继续使用多台土压平衡式盾构进行施工。

5.4.5 沉埋法

沉埋法又称沉管法，是修筑水底隧道的主要方法。采用沉管法施工的水底隧道又叫沉管隧道。沉管法施工时，要首先在隧道附近修建的临时干坞内预制钢筋混凝土管段，预制的管段用临时隔墙封闭起来，然后浮运到隧址的规定位置，此时已于隧址处预先挖好一个水底基槽。待管段定位后，向管段内灌水压载，使其下沉到设计位置，将此管段与相邻管段连接起来，并处理基础，最后回填覆土，铺装隧道内部，从而形成一个完整的水底隧道。这种方法成隧质量好，但技术要求高。沉管法隧道对地基要求较低，特别适用于软基、河床或海床等较浅、易于用水上疏浚设施进行基槽开挖的工程地点。由于其埋深小，包括连接段在内的隧道线路总长较盾构法隧道显著缩短。沉管断面形状为圆形或方形均可，选择灵活。基槽开挖、管段预制、浮运沉放和内部安装等各工序可平行作业，彼此干扰较少，管段预制质量易于控制。

一般来说，选用矩形隧道管段比圆形管段经济，且适合于多车道隧道，故为最常用的断面形式。沉管隧道一般由敞开段、暗埋段、岸边竖井及沉埋段等部分组成。其主要施工流程如图5－1：

沉管法水底隧道的施工试验最早于1810年在伦敦进行，到1894年采用沉管法在美国波士顿建成一条城市下水道工程和1904年建成底特律水底铁路隧道才正式宣告沉管法的成功诞生。广州市于1974年正式开始了用沉管法修建城市道路水下隧道的研究。1993年年底建成通车的广州黄沙至芳村珠江水下隧道是我国大陆首次用沉管法建成的第一座大型公路与地下铁道共管设置的水下隧道，标志我国在这一技术领域进入一个新的发展阶段。

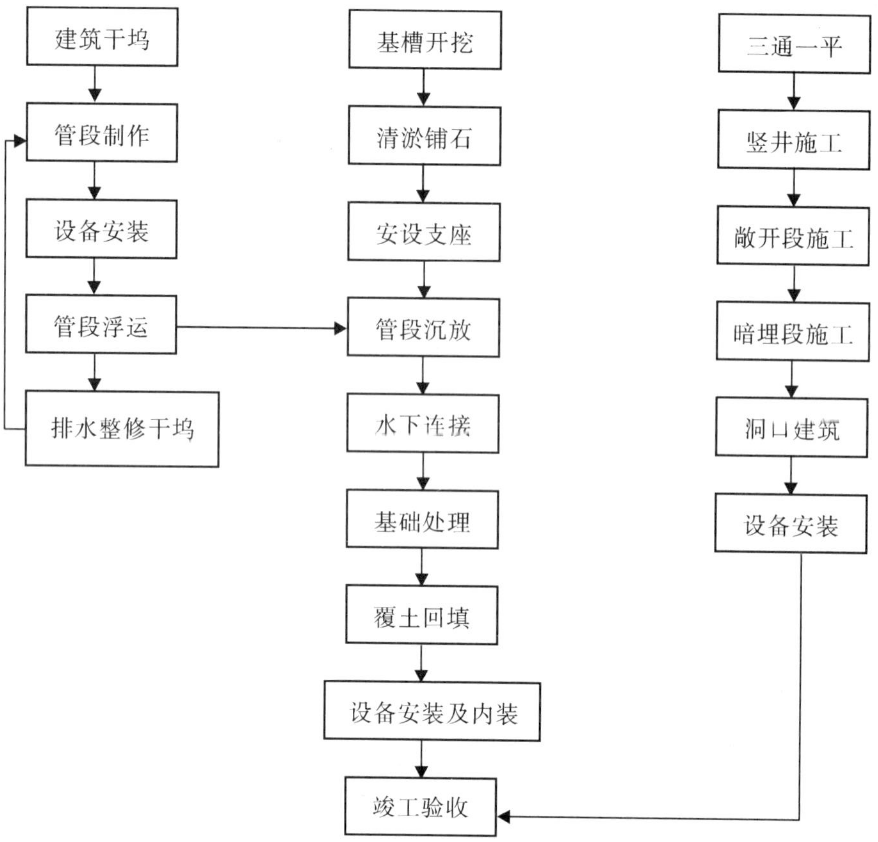

图5－1　沉管隧道施工流程

5.4.6　明挖法及其他

明挖法是指挖开地面，由上向下开挖土石方至设计标高后，自基底由下向上顺作施工，完成隧道主体结构，最后回填基坑或恢复地面的施工方法。明挖法施工的隧道，主体结构施工与地面上的工程相似。明挖法具有隧道埋深浅、线路断、照明和通风代价小、工程造价和营运费用低、使用效益好等优点。尽管明挖法对环境扰动大，但它比较符合地质原则、效益原则和整体原则。明挖法的关键工序是：降低地下水位；边坡支护；土方开挖；结构施工；防水施工等。

除此之外，其他的隧道施工方法还有盖挖法、浅埋暗挖法、地下连续墙法等。盖挖法施工技术是先用连续墙、钻孔桩等形式做围护结构和中间桩，然后做钢筋混凝土盖板，在盖板、围护墙、中间桩保护下进行土方开挖和结构施工。浅埋暗挖法是参考新奥法的基本原理，开挖中采用多种辅助施工措施加固围岩，充分调动围岩的自承受能力，开挖后即时支护，封闭成环，使其与围岩共同作用形成联合支护体系，有效地抑制围岩过大变形的一种综合施工技术。地下连续墙法施工即指从地面上沿着拟建的地下结构或高层建筑基坑的周边，用特制的挖槽机械，在泥浆护壁状态下开挖一定长度的沟槽；然后将钢筋笼吊放入沟槽，用导管法在充满泥浆的沟槽内浇筑混凝土，混凝土从沟槽底部逐渐向上浇注，同时将泥浆置换出来，在地下形成钢筋混凝土墙段；把各单元墙段用特制接头逐一连接起来，形成一个整体的地下连续墙。

5.4.7　不良地质条件下隧道施工

5.4.7.1　洞口段施工

洞口如咽喉，洞口段安全可靠，使施工得以顺利进行，故在施工中要充分重视。洞口段包括进洞前的路堑施工、边仰坡处理、挡墙、洞口周围排水工程、洞口及进洞段衬砌等工程。

洞口段地质条件一般较差，围岩较破碎，地表水及地下水丰富，施工困难、易塌方，故在施工前应作充分调查，认真核实文件。且宜先修洞外工程，这样可使边坡稳定，隧道开挖可得以顺利进行，雨季还可减少雨水冲刷造成的洞口塌方。

进洞方式常采用导坑进洞。当导坑进洞 10～20 m 后，由里往外进行扩大，然后修筑好洞口段衬砌及洞门。施工中洞门临时支护一般有下述几种形式：

①仰坡较不稳定，用木板支挡。

②仰坡较稳定，在明箱上铺袋装土石，用以减少可能发生的落石冲击力。

③拉槽进洞。

此外，当一般洞口支护已不能确保安全时，就需先修明洞，在明洞保护下开挖导坑。因此，在设计有明洞的隧道时，宜先修好明洞及明洞门。

当洞口围岩极不稳定，地质条件很差时，往往用一般方法无法进洞。这时可在洞口附近择一地形合适、地质情况较好处开一横洞进洞，至正洞后，由内向外扩大开挖并修筑好洞口段衬砌。

5.4.7.2 塌方的预防与处理

在地质不良区段修筑隧道，常会遇到洞顶围岩下塌、侧壁滑动等现象，甚至会发生冒顶等严重情况，这些现象在施工中称为塌方。塌方威胁人身安全、使施工延误工期、围岩更不稳定，故在施工中应预防其发生，发生塌方后需要及时准确处理，减少塌方带来的危害。

造成塌方的原因及预防措施：塌方一般是地质不良、设计定位不当、施工方法不准确等原因所引起的。地质条件是造成塌方的基本因素。穿越断裂褶皱带或穿越严重风化破碎带、堆积层等，容易产生塌方。地下水往往也是重要因素，地下水丰富容易造成塌方。地质勘察需仔细周密，掌握资料不够时本应该避绕的不恰当位置会错误的定位通过，给施工留下隐患。施工是引起塌方的直接因素，对地质情况掌握不够，从而选择了不合适的施工技术或选择了不合适围岩情况的施工方法，并且又没有采取其他补救措施，则会造成围岩塌方，甚至由于塌方处理不当会造成再次塌方或引起更大塌方。

对于塌方应以预防为主。首先要认真做好勘察工作，必要的钻探及所需的地质和水文地质资料收集工作，应详尽做好。隧道位置选择应尽量绕避不良地质区段，洞口位置选择要慎重，施工设计，支护设计要合理，要符合实际情况。施工前要仔细核对设计文件，并需要作必要的补测和验证。

塌方的处理：发生塌方，除迅速营救施工人员外，要迅速加固，以防止塌方范围扩大，并可为清理塌方做好准备。同时，摸清塌方情况，调查塌方范围和塌方后围岩现状。分析塌落原因及性质、间歇规律、塌方现场情况。塌方大小是由塌方体规模及补给状态决定的，处理塌方应按“小堵清，大塌穿”及“治塌先治水”的原则进行。小塌方在隧道施工中较常遇到，在坍塌间隙中可抓紧时间处理。一般先支护塌穴和塌方口，此时，临时支撑可架在塌方体上，然后清除塌方，边清边换立柱，各工序紧跟。大塌方则无法支护塌穴，大小无法查清时也不容许清渣，以防随清随塌，使塌方范围迅速扩大，因此采取“大塌穿”的办法，即在塌体中穿过去。

5.4.7.3 岩溶区隧道设计施工要点

隧道穿越岩溶区，溶洞给隧道施工会带来一定困难，因此在设计和施工中要认真对待。

在勘查时，对隧道附近区域需作详尽调查，尽可能在设计中使线路避绕岩溶地区。当隧道必须从岩溶区通过时，要查岩溶分布特征、充填情况及稳定性、洞穴与地质构造的关系、控制发育的最低侵蚀基准面、地表水流与地下水流的关系、地下水特性及活动情况等。在工程地质中，尤应注意洞穴和裂缝的充填性质，因为水的循环条件和岩溶体的发育决定于充填的性质和充填的成分。

穿越溶洞区应按具体情况以“避、引、堵、越、绕”的方法处理。

避是指设计中对于那些穿越困难、工程量过大的溶洞区，应当避开，不能避开时，应以尽量大的角度穿越。

引是指引流溶洞水，地下水给施工造成困难，溶洞水大量涌入坑道，会给施工带来危害。

堵是指对于停止发育、无水的小溶洞，根据其位置及充填情况，用浆砌片石、干砌片石等堵塞封闭，必要时需压浆或用混凝土填实。

越是指对于不宜做堵塞处理的大溶洞，或者因溶洞充填物松软，不宜在充填物上作道路路基，或线路穿越溶洞中暗河时，则需修建桥梁等工程跨越。

绕是指处理费工费时的情况下，用迂回导坑绕过溶洞，可使处理溶洞工程与前方隧道工程平行作业，不致贻误工期。

5.4.7.4 遇流砂时的一般施工方法

流砂是某些围岩在饱和水条件下产生的一种现象，习惯上对流砂现象简称为流砂。砂、黏土质砂、亚砂土能形成流砂，此外，亚黏土和淤泥也能呈流动状态。

砂土在饱和水条件下，当地下水流动，而砂粒很细而饱和水条件下，地下水不是简单地充填粒间，而是粘在颗粒表面，此时，土体成为类似胶体而具有触变性质，在爆破、震动等某些动力作用下，土体也会暂时处于流动状态。可见，由于动水压力或动力作用，上述围岩在一定条件下，会产生流动现象。

开挖坑道遇到流砂，会造成危害，给施工带来困难，流砂涌入坑道后，围岩中产生空穴、坍塌，严重时会迫使线路改线，因此，对流砂要认真对待，及时处理。

首先应制止水夹泥砂涌入坑道，施工需用“先护后挖”、“密闭支撑，边挖边封”的方法，必要时可采取双层插板支撑，两层板间作滤水层，避免流水过多带起泥砂而造成塌方。

隧道结构应采用有仰拱的封闭式衬砌，地下水不允许经隧道排走，以免流水带走泥砂导致坍塌。

施工中除用小断面，工序紧跟、封闭支撑外，还应该注意留有足够的预留沉落量，并随时注意观察、测量实际沉落情况。

此外，还可用降低地下水位法、硅化法、冻结法、压气法等特殊施工方法。这些方法在遇到特大流砂时常被采用。

5.4.7.5 瓦斯隧道施工

瓦斯是从矿山引用的名词，它泛指坑道中的有害气体，其成分以沼气为主，含量可达99.9%，其他还有二氧化碳、氮气、二氧化硫、微量氢气、乙烷、硫化氢、一氧化碳等。

坑道穿越含瓦斯煤层或穿越其附近的破碎、节理发育的围岩时，有可能遇到瓦斯。瓦斯含量在5%～16%时，遇火能引起瓦斯爆炸，因此在施工中必须十分重视。施工必须切实执行通风、瓦斯检查、防火防爆等措施。严格遵守有关安全规程。设专人检查瓦斯含量，定时测量。照明、开关、线路、机电设备等都必须有防爆装置。严禁一切火种、引燃物品、手电筒等携入坑道内施工现场，防止爆破火焰，只允许采用瞬发电雷管、安全炸药及密闭炮眼，瓦斯浓度超过1%时不准装药放炮。要切实采取防止瓦斯突出的措施，如打超前钻孔降低瓦斯压力等，施工要制定周密的施工计划，瓦斯突出前有一定征兆，施工中应注意观察。

为保证隧道建成后瓦斯不渗入隧道内，处理时应按封闭与排放结合的原则。衬砌宜用带仰拱的有防瓦斯层的封闭式衬砌，衬砌背后修筑排放瓦斯通道。

5.4.8 隧道施工辅助作业

5.4.8.1 施工通风

隧道施工通风是一项很重要的工作，施工使坑道内空气变坏，氧气减少。爆破、人的呼吸、机具运转、装渣、钻眼等又会产生有害气体或岩尘。岩层本身有时也会有有害气体，它对施工人员有极大危害，如一氧化碳中毒、人呼吸困难、工作效率降低等，有的气体含量达到一定浓度时，还会引起爆炸。坑道内的气温增加使工作环境更为恶劣。因此，为施工顺利进行，保证施工人员安全，提高生产率，改善工作条件以及劳动卫生的需要，隧道应进行施工通风，尤其是长隧道施工的施工通风，更为重要。

隧道施工作业区应符合一定的卫生标准，如粉尘浓度，含有10%以上的游离二氧化碳的粉尘应在2 mg/m^3以下；一氧化碳在施工人员进入开挖面时，浓度可为100 mg/m^3，但进入开挖面后30 min内，应降至30 mg/m^{3}以下；氮氧化物应为8 mg/m^{3}以下；瓦斯在总回风道风流中小于0.75%，从其他工作面进来的风流中应小于0.5%，开挖面装药爆破前应小于1.0%，开挖面超过2%时，施工人员必须全部撤走；氧气含量不低于20%；隧道内气温不宜超过25℃。

隧道施工通风方式应根据坑道掘进长度、施工方法、是否设有辅助坑道、有害气体浓度、机具设备条件等因素确定。按供风来源，分自然通风和机械通风两类，按风流循环系统又可分为自然通风、风管式通风、巷道式通风及风管式通风4类。

施工所产生的粉尘对人体也有危害，故需控制在国家规定的标准之内。粉尘主要来源是钻爆作业。隧道施工中的防尘措施应是综合性的，主要是“湿式凿岩标准化、机械通风经常化、喷雾洒水正规化、人人防护普遍化”。湿式凿岩也就是应严格打“水风钻”，使岩粉湿润不致飞扬，湿式凿岩可降低80%的岩粉，我国的风钻都有给水装置，应用方便。爆破通风完毕后，仍需经常通风，以便将一些散在空气中的粉尘排出，这对清除装渣运输等作业中所产生的粉尘是很有作用的。为避免岩粉飞扬，应在爆破后及装渣前喷雾洒水，并应清洗岩壁，使贴附在上面的岩粉不致飞扬到空气中。

5.4.8.2 压缩空气供应

风动机具由于结构简单、使用方便、安全可靠，故常被隧道施工所采用，如常用的风动机具有凿岩机、风钻台机、装渣机、喷混凝土机具、锻钎机、压浆机等。要保证这些机具的正常工作，需有足够的压缩空气供应，即要有足够的风量和风压供应给各个风动机具。压缩空气由空气压缩机供给。空压机有内燃及电动等类型，通常设在洞口。一般按需风量大小、使用要求、工地能源情况等选用空压机。由于风动机具均要求有一定的风量与风压，风量或风压不够，就不能正常工作，因此除考虑足够的风量供应外，还必须保证工作面高压风供应有足够的风压。

5.4.8.3 施工给排水及供电照明

坑道施工和日常生活都需要用水，围岩若有地下水则会软化围岩造成塌方，使施工不能正常进行，且坑道有水对施工人员健康不利，影响工效。此外，施工如凿岩、喷雾洒水等作业，有大量施工废水。这些水都需要及时排出洞外。洞内施工的电动机械和照明都要用电。施工中给水，排水，供电，照明都是非常重要的。

给水：用水量应根据工程情况、机械用水量、施工进度、施工人员人数、气候等确定。选择水源应考虑水质及使用方便。凡不含有害物质，没有污染、没有臭味的天然水均可作为水源。水质要求不能影响人的健康，不影响混凝土工程质量，水源能保证不间断供水。经常选用的水源有山间溪流、泉水、河水、地下水、溶洞水等。供水除了水池方式外，在地形条件限制，无法修建高水池时，可用水泵直接供水。当水源高差大，亦可直接在水源修筑水池。隧道工程量小或高寒缺水地区，开挖面也可采用风水罐供水方式，即在特制贮水罐中，接高压风供水压力，供凿岩机使用。

排水：地下水、施工废水需要及时排出洞外，排水方式按水量多少、线路坡度等因素确定。线路为上坡方向时，可采取顺坡自然排水方式，排水沟坡度与线路纵坡一致。有平行导坑时，因平行导坑较正洞顶标高，可将正洞之水引入平行导坑排出洞外。隧道向下坡方向开挖称为反坡施工，当隧道较短、坡度又不大时，则在反坡施工时可筑一与路线相反的水沟排水，但一般情况任需机械排水。施工时需修筑好洞外排水工程及防止洞外洪水倒灌的防护，尤其在反坡施工时，洪水倒灌会导致重大事故，因此对于地下水含量，地下暗河、溶洞水等都应勘查清楚，防止突然涌入发生事故，并事先做好应急准备。

供电与照明：电源应尽量利用当地电源，对于中小隧道可用400/230V三相四线系统两端送电，选用的导线断面应使末端电压降不超过10%，对于长隧道如洞内用点设备不多，在选用经济合理的导线断面后，末端电压降未超过允许范围时，仍可按上述规定办，否则应采用6～10kV高压送电。在洞内或平行导坑适当位置设高压变电站，将高压电变为低压电后送至工作面。高压电进洞必需做好安全管理工作，一般应采用铠装或高强度电力电缆，电缆与架空线连接处应有避雷装置，电缆终端应有密封的接线盒。电动机械的电压标准是380V，成洞段照明用220V，工作段照明用不大于36V的安全电压。施工照明通常采用电灯照明，照明灯光要充足均匀且不发生闪耀现象。

5.4.8.4 施工用辅助坑道

隧道施工仅有两个工作面，隧道较长时，每个工作面担负的任务较重，并且坑道长，施工条件恶化，进度不能加快。因此，在具备一定条件的情况下，可设置一些辅助坑道，如横洞、斜井、竖井、平行导坑等，用以增加施工工作面、加快施工速度、改善施工条件。设置辅助坑道将使隧道过程造价提高，辅助坑道选择得恰当与否，会影响其作用的发挥，因此，在选择辅助坑道时应根据隧道长度、是否利用作为永久通风通道、工期要求、地形条件、地质及水文地质情况、弃渣场地、具备的施工机具、经济等各个方面综合考虑。其断面尺寸由地质及施工需要、机具情况而定，一般不宜过大。

5.5 中心城镇隧道管理与运营

5.5.1 隧道管理与维护的重要性

隧道在运营过程中，不安全因素主要指两个方面，即火灾和交通事故，以及由此产生的再生性灾害。例如先行车辆发生火灾，后续车辆因来不及绕行、避让及急停而发生冲撞；先行车发生冲撞，可能形成更多后续车接连冲撞甚至引起火灾等。隧道是一个狭小的交通孔道，进出口都只有一个，加上现代道路交通流量越来越大，所以，只要任何车辆进入稳定交通流内，就失去了自主能力，不得不“随波逐流”。隧道内一旦发生火灾，后续车想脱离现场几乎是不可能的，如果有爆炸事故发生那就更危险了。

隧道的运营管理包括两个方面：一是通过交通法规和管理手段减少在隧道内发生火灾的机会和程度；二是保证一旦发生灾害性事故时，当事人能够立即报警，有条件进行自救以减轻灾害程度或等待救援。前者是交通管理部门的责任，在总的交通管理条例指导下，还可以制定地方管理条例甚至隧道管理条例。后者是隧道安全设计部门的责任，通过一系列管理设施和救助设施以及相应的措施加以实现。

5.5.2 隧道的运营通风

汽车所排出的废气，含有多种有害成分，如一氧化碳、煤烟、铝、磷化物、硫等，是气态和浮游固态微粒的混合物。汽车还能携带灰尘和卷起尘埃。这些物质构成了对隧道内空气的污染。而隧道是个闭塞空间，一般只有进出与大气相通，污染物不能很快扩散，所以隧道内污染空气的浓度会逐渐积累。当浓度很小时，通常影响不大。但是剧毒性的一氧化碳浓度增加时，会使人体产生不同程度的中毒症状，直至危及生命。空气中的烟雾可以影响能见度，含烟量达到一定程度后，即可使能见度下降到妨碍行车安全的程度。总之，隧道内的空气污染，即会造成对人体的危害，又会影响行车安全。

改善隧道内空气污染的途径大体上有 3 种，即生产无公害汽车，使用过滤装置还原被污染的空气，把污染空气的有害物质稀释到容许值以下。无公害汽车现在仍为有待解决的重大课题，随着对新能源的开发和对公害问题的深入研究，将来这个问题有可能得到解决。目前用过滤装置已经可以还原像一氧化碳之类的有害气体，但在效率上和经济上还没有达到实用化的程度。现阶段实用的方法是从洞外引进新鲜空气。冲淡隧道内的有害物质浓度，使空气满足卫生和能见度方面的要求。

隧道的通风设计是隧道总体设计的重要环节之一。对于城市道路下穿隧道和地下铁道尤为重要。为进行通风设计，设计者应该做许多补充调查，如交通状况的调查、环境的调查、地形、地质调查等。同时还应该为一些突然灾害，如火灾、毒气等，设置必要的应急设施。这也是国内外一些国家的经验和教训。

总之，通风设计需要考虑的主要问题是：空气中有害物质的容许浓度；新风量的确定方法；判断自然通风的能力；机械通风方式的讨论；通风设备的选择；经济性等。

5.5.3 隧道的运营照明

道路隧道的照明，是为了把必要的视觉信息传递给司机，防止因视觉信息不足而出现的交通事故，从而提高驾驶上的安全性和增加舒适感。隧道照明与道路照明的显著不同是白天也需要照明，而且白天照明问题比夜间更复杂。从理论上讲隧道照明与道路照明同样需要考虑路面应具有一定的亮度水平，同时还应进一步考虑设计速度、交通量、线形等影响因素，并从驾驶上的安全性和舒适性等方面综合确定照明水平。主要的困难问题是在隧道入口及其相邻区段需要考虑人的视觉适应过程。

进行照明设计时，应考虑以下事项：

隧道附近的环境：隧道洞口附近的野外亮度，隧道方位及附近地形，进出引道上及附近的视野状况和线形状况，气象状况。

隧道状况：隧道长度、宽度、线形、建筑限界等与照明的关系；照明器的选择、安装位置、照明率、维修率；路面、墙壁和顶棚的种类及反射率等。

交通状况：单向交通还是双向交通、汽车专用还是混合交通、设计交通量和远期计划交通量等对照明设计的影响。

附属设备状况：电源状况、配电线路、照明器材、道路标志、通风装置等。

维护管理状况：为保持照明水平，需要对路面污染及墙面清洁状态等进行维护管理的程度。

根据上述情况，进行综合分析后才能作具体照明设计。

5.5.4 隧道结构的养护

大多数的隧道附近都没有迂回道路的场所，一旦在隧道内发生事故或关闭隧道进行维修作业时，都会给交通带来很大影响，所以进行隧道维修作业时必须制定出细致的计划，经过充分准备后，在短时间内完成。

对结构物定期检查时，一般应该由有经验的技术人员担任。定期检查应徒步进行，对结构物发生的微小变化，经认真观察后应仔细在现场勾画出变形或裂缝范围，并根据里程桩号在图上标出正确的位置，绘出变形特征图，记录尺寸，纳入技术档案，以备查考。这就要求使用单位在接受施工单位移交的各种技术档案之外，在起用初期自己应对隧道进行仔细检查和记载，以便将来在使用过程中，对隧道结构物的微小变化也能及早发现。由于隧道净空的限制，维修时往往需要进行交通管制，甚至关闭隧道。所以在短时间内完成大量的有时是多工序的维修作业，就必须预先编好维修维修作业计划和交通管理计划。

维修管理的基础资料有设计图、地质资料、工程记录、竣工图以及历次观测记录、维修记录等。这些记录都必须妥善保存，以备查用。

近年来，隧道内设施标准逐渐提高，在管理方面，也从人工管理向自动化管理转变，对管理者技术水平的要求越来越高。有的已明显区分出不同的专门技术，如机械方面需要专门的机械管理技术，电器方面需要专业的强电管理技术和弱电管理技术。如果是隧道群，可以统一编制，委派专门技术人员担任。对于中心城镇隧道，则可委托专门的业务单位参与维修作业。

对运营隧道的维护检查工作，不仅要由有经验的专业技术人员定期进行检查，而且还要做不定期检查，如暴雨或地震过后，应酌情做仔细检查。凡留有长期观测点的地方，均应做定期和不定期的量测。大范围的定期巡检一般可用肉眼观察，不过如前所述，为了能仔细观察结构物变形与裂缝，乘车巡视是不行的，所以主要技术人必须徒步检查。此外，还可以从一些变形特征上宏观判断是否已经发生变形，如混凝土表面剥落掉块，内装材料松动或剥落，拱部或边墙出现渗水现象或渗漏现象加剧等。有的还可以采用各种方法进行量测，例如新奥法施工时一般会根据具体围岩情况，在某些地方留下一些长期观测点；施工中或竣工后在衬砌出现裂缝处，粘贴观测变形贴标或用一些简易方法进行观测等。

检查内容是全面的，除拱、墙之外，还要对排水设施、路面等做定期检查和不定期检查。排水设施出现的损坏、渗漏、堵塞、溢流等直接影响到排水能力，如果发生堵塞等病害时，夹带泥沙的污水在路面上漫流，可使泥浆在路面上飞溅，危及行车安全，还会使尘土飞扬，导致能见度下降。

第二编

城镇保障设施

第6章 中心城镇供水设施技术指引

6.1 概述

6.1.1 基本概念和原理

6.1.1.1 供水设施的定义

城市供水工程包括城市公共供水工程及用户供水设施。城市公共供水工程是指水厂及其取水设施、城市公共供水管道及其附属设施。用户供水设施是指与城市公共供水管道连接的供水管道及其附属设施。

6.1.1.2 供水设施的功能与组成

供水设施的任务是从水源取水，根据进水水质条件及出水的水质目标进行相应的水质处理，再通过输配水管系统送至用水区。供水的用途分为工业供水、第三产业供水、民用供水和农业供水4部分。为完成此任务，供水设施应具有3项主要功能：水量保障、水质保障以及水压保障。供水设施各组成部分工作时在水量、水质和水压（能量）上有着紧密的联系。

供水设施由以下组成：取水构筑物、净水厂构筑物、泵站及输配水管网等。

6.1.2 供水设施的现状

6.1.2.1 旧城区供水设施存在问题

①城市目前水源，存在水质性缺水的隐患。在每年的枯水季节，流溪河断流，流溪河下游水质达到Ⅲ级以上，主要污染物是氨氮。东江担负向深圳香港地区供水（80 m^3/s），流量本来就不够（压咸流量250 m^3/s），加上东部发展较快，需水量又快速增加，而且东莞准备在东江建坝改取东江水源，因此，东部及增城供水水源受到一定程度的威胁。沙湾水道由于受咸潮影响，在枯水时期咸潮严重时水厂只能停产。因此，需要统筹解决好水源布局的问题。

②目前，城市供水水厂存在有以下几个方面的问题：水厂规模大小不一，大的达100万 m^3/d，小的500 m^3/d；技术管理水平高低不一，如广州自来水公司、番禺自来水公司等检测水平较高，而有些自来水公司则没有自己的化验室；广州自来水公司、番禺自来水公司等自动控制水平较高，而一些小水厂手工投药，应急体制不健全，保障性差；执行的水质标准也不相同，农村水厂水质多有超标，主要是细菌。总的来说，水厂建设缺乏统一规划，重建设轻管理，水质保证程度差。

6.1.2.2 新城区供水设施发展情况

城市供水事业发展迅速，比如广州市到2004年底自来水供水能力达到614.2万 m^3/d，供水能力充裕。供水面积1616.66km^2，供水管道总长为1 1169.39km，用水普及率达到97.09%（统计至2003年底止）。特别是2004年9月建成投产的南洲水厂，采用了臭氧活性炭深度处理工艺，出水水质达到了欧洲发达国家先进水平，是全国第一家规模最大、工艺最先进、日供水能力达100万t的饮用净水厂。广州新城区的供水设施发展情况概括为以下几点：

①广州市新城市和新城区的供水管网建设要从水源、制水、供水3个方面一步到位。

②广州市供水布局渐趋合理，东江、北江、珠江及流溪河分原水都得到利用，形成南有南洲水厂，东有新塘、西洲水厂，西有石门、西村水厂的供水局面。

③南洲水厂建成后投产后，广州大学城、珠江新城等部分地区已率先迈入净水时代。将进一步完善南洲水厂的配套工程建设，按照“两套管网，分质优质供水”的原则，抓好二次供水设施改造，在全市全面推开饮用净水工程。

④广州市将进一步完善南洲水厂的配套工程建设，再建一套供水管网，在推动二次供水改造的同时，在全市范围内实行分质供水。南洲水厂已经打开了广州实现供水现代化的大门。供水现代化主要包括4个层面的内容：水质标准的现代化、服务管理机制的现代化、水质监控的现代化和供水设施维护管理的现代化等，其中水质标准的现代化是一切供水现代化的基础。

⑤大学城供水工程管网设计和施工也引入了中国最先进的高新技术，安装了广州供水史上第一段使用法兰连接的大型管道，出现了首次应用到广州市政供水系统中的PE管以及其热熔连接技术。

⑥针对广州市用水量大、浪费严重的问题，广州市有关部门推行阶梯式水价制度，厉行节约用水。针对二次供水水质污染问题，有关部门制定了一系列的安全保障制定。

6.1.3 供水设施的发展趋势

6.1.3.1 分质供水

所谓分质供水是在全球水质环境日益令人担忧的环境下，人们将部分自来水进行深度净化处理，去除有毒、有害物质，使其达到优质饮用水标准，再用专门管道直接输送给居民，做到低质低用，优质优用，这种科学合理、最卫生的供水方式就是管道直饮分质供水。分质供水的核心技术在于采用膜技术（包括纳滤膜和反渗透膜）对水质进行深度处理。由于膜的孔径极小，可以有效去除有机物和异味，降低水质硬度和色度，而反渗透则可以将对人体有毒有害的无机物、有机物、重金属离子、放射性粒子及各种病毒进行有效去除，从而达到深度净化。可供管道分质供水采用的水质标准有：

①《饮用天然矿泉水》（GB8537—1995），该标准规定饮用天然矿泉水以含有一定的矿物盐、微量元素或二氧化碳气体为特征，具有较高的营养价值和保健作用。

②《饮用净水水质标准》（CJ94—1999），该标准给出了饮用净水的概念，规定了某些水质指标（如COD、总有机碳、重金属、硬度、TDS等）的上限含量值，但未规定硬度、TDS等反映矿物质含量的水质指标的下限值。

③《瓶装饮用纯净水卫生标准》（GB17324—1998），该标准给出了纯净水的定义，要求纯净水的电导率$\leq 10\mu S/cm$。

由于天然矿泉水开采量有限，同时考虑到人体健康的需要，一般实施管道分质供水最好采用《饮用净水水质标准》（CJ94—1999）。

分质供水工程是从根本上解决水污染及二次污染问题，改善水质的可行方案之一。按照“两套管网，分质优质供水”的原则，广州市将全面推广饮用净水工程。分质供水工程从整体上来说可解决市民的饮用水问题，但实施上有难点：

①工程投资费用巨大，仅广州市就达66.5亿元，还不包括珠三角其他几个城市的投入。

②供水网建设的施工存在较大的难度。广州市现有的4 000 km城区的自来水管网已有近百年历史，此外广州市目前地下已埋设了5套管网（通讯、煤气、供水、供电等），若再加建一套独立的可直接饮用水管网，施工难度较大。

③在新的住宅小区、写字楼比较可行，但短时间难以普及千家万户。

④直饮水亦是经历管道输送，如何避免二次污染，有待提出科学的解决方案。

6.1.3.2 供水设施的自动化管理

供水自控系统是硬件设备和软件系统的有机结合，从系统模式和整体设计上都应符合净水、供水、售水的需要。控制软件的可靠性、实时性、完善性、可操作性、容错技术和自诊断功能是自控系统的关键。各个子系统之间应合理配合和联系，在系统功能、性能指标、可靠度等综合数据考核上应符合工艺的要求，并力求最佳的性能价格比。

6.1.3.3 供水管网区域化管理

为了控制城市供水管网内以及各区域水量，均衡管网压力，有利于管网经济合理运行，降低管网水头损失，有效地提高供水安全性和管理水平，城镇可以建立供水管网分区计量管理工程，并以城市供水区域化供水理论为基础，依据市区输配水管网现状、规划方案及管网管理实际，打破行政区域限制，合适的划分为多个供水管理区域。分区计量后，即能较为准确地掌握各区域实际供水量，从而核算出供水量和用水量的差值，对有针对性地加强管理、堵塞漏洞、提高管理水平有着重要的意义。

6.1.4 给水处理技术

面对当前我国水源日益受到污染，人民群众对改善供水水质的呼声日益高涨的现实，在现行和新建的水处理厂中增加预处理和深度处理工艺的趋势已经不可逆转。预处理和深度处理工艺都是为了去除那些用常规水处理工艺无法去除的以有机物为主的污染物质而采用的水处理工艺。前者置于常规水处理之前，即：预处理 + 常规水处理；后者置于常规水处理之后，即：常规水处理 + 深度处理；也有三者同时兼具的，即：预处理 + 常规水处理 + 深度处理。

6.1.4.1 微污染原水预处理技术

一般把附加在传统净化工艺之前的处理工序叫预处理技术。按对污染物的去除途径，预处理技术可分为氧化法和吸附，氧化法又可分为化学氧化法和生物氧化法。

1）化学氧化预处理技术

化学氧化预处理常用3 种方法：

①预氯化氧化。预氯化可以控制因水源污染生成的微生物和藻类在管道或构筑物中的生长，同时也可以氧化一些有机物和提高混凝效果并减少混凝剂使用量。但是，由于预氯化导致大量卤化有机污染物的生成，且不易被后续的常规处理工艺去除，因此可能造成处理后水的安全性下降，所以预氯化氧化处理应慎重采用。

②臭氧氧化。臭氧氧化法不会像氯这样产生有害卤代化合物，也不会残留在水中，臭氧预氧化可以提高有机物的可生物降解性，又可除嗅、脱色，去除铁、锰，但往往结合后续深度处理臭氧 - 活性炭时才采用。

③高锰酸钾及高锰酸盐复合剂氧化。利用高锰酸钾的强氧化性可氧化去除水中的有机污染物和致突变物质。高锰酸钾预氧化还有很好的助凝作用，可取代预氯化，有效控制卤代物生成量。此外，该法还有投资少、使用方便等优点。

2）生物氧化预处理技术

采用化学氧化剂对去除水中的污染物有很好的效果，但运行费用昂贵却始终成了其全面推广的局限性因素。生物处理作为预处理，可以充分发挥微生物对有机物去除作用，又可以增加生物处理带来的饮用水可靠性，如生物处理后的微生物、颗粒物和微生物的代谢产生等都可以通过后续处理加以控制。目前饮用水的净化采用的生物反应器大多数是生物膜类型的。生物氧化预处理污染有6 种方法：

①生物接触氧化法。在池内设置人工合成的填料，经过充氧的水，以一定的速度循环流经填料，通过填料上形成的生物膜的絮凝吸附、氧化作用使水中的可生化利用的污染物基质得到降解去除。生物接触氧化预处理技术适用于受到污染的地表水源水的处理。在传统的水处理工艺中增加生物接触氧化预处理工艺，要增加一部分基建投资和运行管理费用，但可节约加氯量和加矾量。

②生物陶粒滤池。由于颗粒填料粒径小，比表面积大，生物膜量大，除具有生物絮凝、吸附、降解作用外，又有过滤作用，因此较其他填料去除氨氮效率较高，除生物降解有机物，还能有效去除悬浮、胶体态的有机物，由于反冲洗，滤料上生物膜易更新，CODMn 去除约10%～20% kg/m^3。

生物滤池的问题在于有水头损失，需定期（1 星期左右）反冲，消耗水。普通陶粒（粉末状）约

500 元/t，圆形颗粒约 800 元/t，堆积容重约 0.8 kg/m^3。

③塔式生物滤池。塔式滤池负荷高，产水量大，占地面积小，对冲击负荷水量和水质的突变适应性较强，但动力消耗较大。

④生物转盘。表现为生物膜能够周期性地运行于气液两相之间，微生物能直接从大气中吸收需要的氧气，减少了液体氧传质的困难，使生物过程更为有利的进行。

⑤淹没式生物滤池。滤池中装有比表面积较大的颗粒填料，填料表面形成固定生物膜，水流经生物膜，在与生物膜的不断接触过程中，使水中有机物、氨氮等营养物质被生物膜吸收利用而去除，同时颗粒填料滤层还有物理筛滤截留作用。常用的生物填料有卵石、砂、无烟煤、活性炭、陶粒等。

⑥生物流化床。具有比表面积大，载体与基质（污染物）的碰撞几率大，传质速率快，水力负荷和处理效率高，抗冲击负荷能力强等优点。

3）吸附法

利用物质强大的吸附性能、交换作用或改善混凝沉淀效果来去除水中污染物，主要有粉末活性炭吸附和沸石吸附等。将沸石和活性炭吸附工艺联合使用，可使饮用水源中的各种有机物得到更彻底的去除。粉末活性炭吸附法存在的缺点是：活性炭的吸附能力不能得到充分发挥，故一般原水季节性水质恶化或突发性水质变坏的情况；从经济角度来看，根据有关估算，采用活性炭吸附技术每处理 1 m^3/d 水的投资将在 80～100 元，运转费将增加 0.15 元/ m^3 左右。另外，已有研究表明沸石对水中的氨氮有选择吸附作用，而天然沸石具有成本价格低廉、耐酸性、热稳定性好等优点。

6.1.4.2 常规给水处理工艺

给水处理的对象基本是天然水源水。处理方法应根据水源水质和用户对水质的要求确定。其主要去除对象是水源水中的悬浮物、胶体杂质和细菌。常用的给水处理方法有：絮凝沉淀（澄清）、过滤、消毒、软化、淡化和除盐、除臭、除味、除铁等。

1）絮凝沉淀（澄清）

原水投入药剂后，经过混凝混合反应，使水中的悬浮物及胶体杂质形成易于沉淀的大颗粒絮凝体，通过沉淀池进行分离。

澄清池是将絮凝和沉淀融为一体的构筑物。

2）过滤

在水处理过程中，过滤一般是利用石英砂等粒状滤料层的机械过滤作用截留水中悬浮杂质，从而使水获得澄清的工艺过程。滤池通常置于沉淀池或澄清池之后。进水浊度一般在 10°以下，出水浊度必须达到生活饮用水水质标准。过滤的功效，不仅在于进一步降低水的浊度，而且水中有机物、细菌乃至病毒等将随着浊度的降低而被去除。

3）消毒

消毒是在混凝、沉淀和过滤之后的水中投加消毒剂，以杀灭水中致病微生物，保证达到饮用水细菌学指标。消毒方法包括物理法（如加热、紫外线和超声波杀菌）和化学法（如加氯、臭氧和二氧化氯等）两种。给水处理中最常用的是氯消毒法。

4）软化

水的硬度即钙、镁离子含量较高需处理时，即为“软化”处理。水的软化处理方法主要有：离子交换法和药剂软化法。

5）除盐和淡化

主要方法有：蒸馏法、离子交换法、电渗析法、反渗透法等。用于除铁、除锰的方法有：氧化法和接触氧化法。

6）除臭、除味

去除臭和味的方法取决于水中臭和味的来源。例如水中有机物所产生的臭和味，可用活性炭吸附、投加氧化剂或采用曝气法去除；因藻类繁殖而产生的臭和味，可在水中投加硫酸铜进行除藻；因溶解盐所产生的臭和味，应采取除盐措施等。

7）除铁

主要是去除水中的溶解的Fe^{2+}。除铁方法有接触氧化法和自然氧化法。二价铁与氧接触后转变成三价铁沉淀物而被滤池所截留。

8）水的冷却

水的冷却一般采用冷却塔，也可采用喷水冷却池和水面冷却池。

9）控制水的腐蚀和结垢

金属管道和容器容易产生腐蚀和结垢现象，当水质有腐蚀倾向时，应投加缓蚀剂；水质有结垢倾向时，投加阻垢剂；此外，还应处理污垢和微生物的大量繁殖，如投加杀菌剂等。

6.1.4.3 深度处理技术

深度处理通常用在常规处理工艺以后，采取适当的处理方法，将常规处理工艺不能有效去除的污染物和消毒副产物的前体物加以去除，提高和保证饮用水质。应用较广泛的深度处理技术有：活性炭吸附、臭氧氧化、生物活性炭、膜技术以及其组合工艺。

1）活性炭吸附技术

由于活性炭具有良好的吸附和过滤性能，所以被广泛用于水的深度处理。它能有效地吸附水中的有机物，对水中色、臭味、农药、有机氯化物等有良好的去除率，也是去除水中致突变物的有效手段。

2）臭氧氧化

臭氧既是消毒剂，又是氧化能力很强的氧化剂。在水中投入臭氧进行消毒或氧化通称臭氧化。臭氧作为唯一消毒剂使用很少。目前，臭氧作为氧化剂去除水中有机物更为广泛。臭氧化可迅速杀灭细菌、病毒等，还能诱发水中胶体微粒脱稳。

3）生物活性炭技术

是利用生长在活性炭上的微生物的生物氧化作用而达到去除污染物的一种技术。该技术利用微生物的氧化作用来增加水中溶解性有机物的去除效率，延长活性炭的再生周期，减少运行费用，同时水中的氨氮可以被生物转化为硝酸盐，从而减少了氯化的投氯量，降低了三卤甲烷的生成量。

4）臭氧-生物活性炭联用深度处理技术

深度处理技术常用的是臭氧-生物活性炭（O_3-BAC）。该技术改善和提高了活性炭的吸附性能，延长了活性炭的再生周期，增强了水中溶解性有机物的去除。但是这种技术在臭氧破坏某些有机物结构的同时也可能产生一些带污染性质的中间产物。

5）膜分离技术

在膜处理技术中，反渗透（RO）、超滤（UF）、微滤（MF）、纳滤（NF）都能有效地去除水中的臭味、色度、消毒副产物前体及其他有机物和微生物，去除污染物范围广，且不需要投加药剂，设备紧凑和容易自动控制。各技术对照具体见表6-1。

表6-1 膜处理技术参数对照

项目	微滤（MF）	超滤（UF）	纳滤（NF）	反渗透（RO）
膜孔径	0.1～2μm	0.001～0.1μm	1nm～0.05μm	<1nm
操作压力	0.05～0.3MPa	0.04～0.4MPa	0.5～1.0MPa	1～2MPa
适用范围	被作为作为超滤、反渗透或纳滤的预处理或活性炭过滤的后处理设施	大分子有机物、悬浮物、细菌、病毒和其他微生物等	适用于硬度和有机物高且浊度低的原水	制备纯水

续表

项目	微滤（MF）	超滤（UF）	纳滤（NF）	反渗透（RO）
技术特点	设备简单，操作方便，通水量大，工作压力低，制水率高	与微滤技术相似	可对原水部分脱盐和软化，去除色度、细菌、溶解性有机物和一些金属离子等。出水口感好，是一种适合于在优质饮用水生产中采用的膜过滤技术	几乎可去除水中一切杂质，包括各种悬浮物、胶体、溶解性有机物、无机盐、细菌、微生物等
不足	有机污染物的分离效果较差	与微滤技术相似	常以微滤或超滤作预处理工作压力较高，有一定的制水率	工作压力高；制水率低；能耗大
备注	微滤冲洗一般可用水反冲洗，必要时可采用化学清洗	与微滤技术相似	孔径介于超滤膜和反渗透膜之间	生活饮用水宜进行矿化处理

6）臭氧-生物活性炭-膜法联合处理技术

此类方法将几种相关的处理技术有机结合，在发挥各自作用的同时，还起到相互协同和促进作用，提高各自的处理效率。该系统能有效去除水中有害污染物，水质优良。

6.1.4.4 净水工艺经济指标分析

综合给水厂的净水工艺状况，我们把不同工艺的机理、功能、净水效果和费用比较列为一个表格，便于分析和比较，具体详见表6－2。该表的依据是1993年12月中国建筑工业出版社出版的《给水排水工程概预算与经济评价手册》中给水工程构筑物技术经济指标，这里选取气水反冲V型滤池作为生物陶粒池，选取双阀滤池作为活性炭滤池，并计算其直接费用，间接费以直接费的50%计，再乘以价差调整系数2进行投资估算。估算中生物陶粒池滤速采用6 m/h，活性炭滤池采用10 m/h，臭氧发生装置以产1kg/h O_3 投资37.5万元计算，生产1kgO_3 耗电35kW·h，每千瓦时以0.8元计，折旧以15年回收计算。运转管理人工费以每月1 000元计。

表6－2　净水工艺经济指标

工艺	作用机理	功能	去除效果（%）						增加费用	
			有机物 COD_{Mn}	氨氮	亚硝酸盐	色嗅味	AOC	Ames致突活性	基建费［元/（m^3·d）］	运转费［元/（m^3·d）］
常规工艺	混凝、接触凝聚	除浊、消毒	20	10～20	负增长	一定	少量	负增长		
活性炭吸附	物理吸附、部分生物降解	去除有机物	20～50	少量	少量	很有效	部分	很有效	80～100	0.12～0.15
臭氧活性炭	化学氧化、物理吸附、生物降解	去除有机物	20～50	80～90	80～90	很有效	很有效	很有效	35～40	0.05
生物预处理	生物降解、吸附、絮凝	去除氨氮、亚硝酸氮、有机物	10～25	85～90	90	部分	有效	不明显	100～120	0.10
强化混凝	创造良好水力条件、吸附架桥	充分发挥混凝作用	增加8～10	基本无	基本无	少量	少量	不明显	5	0.02～0.03
强化过滤	生物降解、絮凝吸附	去除氨氮、亚硝酸氮、部分有机物	10～15	80～90	80～90	少量	部分	少量	15～20	0.01～0.02

6.1.4.5 直饮水处理技术

直饮水系统属于分质供水的范畴。即市政自来水经过深度处理后，水质达到国家饮用水标准，然后利用独立管道直接供到各家各户，让住户放心使用的水处理输供水系统。

直饮水处理技术就是对水质尚好，但不能直接饮用的水进一步处理，去除水中对人体有害的物质，使之达到可直接饮用。目前，国内外直饮水处理工艺很多，但普遍使用的处理方法有如下几种形式：

①砂滤——去除大颗粒的水中悬浮物，降低水的浊度。

②精密过滤——过滤壳体为不锈钢，内装 10 mm 蜂房式线饶滤芯，可去除微小颗粒。

③保安过滤——过滤壳体为不锈钢，内装 5 mm 以上蜂房式滤芯，可去除 5 mm 以上的颗粒。

④活性炭吸附——其作用是除臭，除色，除有机物、游离氯以及重金属等。在以往的工程中，也可用活性炭与臭氧连用方法，处理效果明显。

⑤离子交换软化——常用的钠离子交换系统有电渗析、钠离子交换系统和弱酸氢、钠离子串联系统 3 种。它通过阴、阳离子交换去除水中的钙、镁离子，降低水中硬度。

⑥电渗析——在外加直流电场的作用下，利用离子交换膜的选择透过性（即阳膜只许阳离子通过，阴膜只许阴离子通过），使水中阴阳离子作定向迁移，从而达到离子从水中分离的过程。其主要作用是脱出水中的盐。体积较大，管理、维护要求较高。

⑦超滤——截流水中的胶体，去除水中的细菌、病毒、大分子颗粒，但此方法不能脱盐。

⑧反渗透——处理机理与超滤相似，但它可以有效地脱出水中的无机离子、小分子，与超滤不同的是它具有脱盐的性能，已在国外广泛应用，也是深度处理饮用水最好的方法。

上述处理方法都是针对某一特性物质进行处理，但为了能得到达标的饮用水，就需要将上述各种不同的水处理方法按照制水工艺要求的不同进行有选择的串联连接，使之成为一套完整的水处理工艺流程。

经过上述多级净化的水质，完全达到优质直饮水的卫生要求。为了进一步保证整个系统水的质量，需要增设杀菌、消毒装置，从而确保了管网中优质直饮水的卫生要求。

6.1.4.6 消毒技术

由于传统氯消毒存在消毒副产物问题、贾第虫和隐孢子虫的问题以及饮用水生物稳定性问题，有必要对消毒技术进行改造。目前新型消毒技术主要有紫外线消毒技术、二氧化氯消毒技术以及臭氧消毒技术。以下主要介绍紫外线消毒技术和二氧化氯消毒技术。

紫外线消毒的优点有：对致病微生物有广谱消毒效果，消毒效率高；对隐孢子虫卵囊有特效消毒作用；不产生有毒、有害副产物；不增加 AOC，BDOC 等损害管网水质生物稳定性的副产物；能降低臭、味和降解微量有机污染物；占地面积小，消毒效果受水温、pH 影响小。紫外线消毒的缺点主要有：没有持续消毒效果，需与氯配合使用；石英管壁易结垢，降低消毒效果；消毒效果受水中 SS 和浊度影响较大；被杀灭的细菌有可能复活；国内使用经验较少。

二氧化氯有以下几点优点：杀菌效果好，用量少，作用快，消毒作用持续时间长，可以保持剩余消毒剂量；氧化性强，能分解细胞结构，并能杀死孢子；能同时控制水中铁、锰、色、味、臭；受温度和 pH 影响小；不产生三卤甲烷和卤醋酸等副产物。缺点是：二氧化氯消毒产生无机消毒副产物亚氯酸根离子（ClO_2^-）和氯酸根离子（ClO_3^-），二氧化氯本身也有害，特别是在高浓度时，因此美国 EPA 消毒剂和消毒副产物法和我国建设部的《城市供水水质标准》（CJ/T206—2005）的水质标准对此都有规定。另外二氧化氯的制备、使用也还存在一些技术问题，二氧化氯发生过程操作复杂，试剂价格高或纯度低，二氧化氯的运输、储藏的安全性较差。

6.2 中心城镇供水设施的规划

6.2.1 必要的基础资料和现场勘探

进行供水设施的规划时，须调整收集必要的基础资料，进行现查勘探。并且参照《城市给水工程规划规范》（GB 50282—98），严格进行规划。

①城市和工业区规划及其地形资料：包括远近期规划、城市人口分布、建筑层数和卫生设备标准，区域附近的区域总地形图资料等。

②自然资料：包括气象、水文以及水文地质、工程地质等资料。

③现有给水设备概况资料：包括用水人数、用水量、现有设备、供水成本以及药剂和能源的来源等。

④城市和工业企业对水质、水量、水压的要求资料等。

通过现场勘探了解和核对实地地形，增加地区概念和感性认识，核对用水要求，选择水源、取水方式及取水地点，选择水厂厂址，定出输水管和给水管网走向和布置，对原有水厂的参观调查及当地城建、电力、水利等有关部门的调查访问等。在搜集资料和现场勘探基础上，着手考虑给水工程规划设计方案。

广州市近年来调整城镇布局，着力建设15个约20 km^2、可容纳20万人口的现代化中心镇，其供水设施的规划需采用用水普及率和人均日供水量两个指标来反映供水条件。

6.2.2 中心镇供水设施的规划原则

①中心镇优先采用供水规模较大、管理较好、供水水质较高、水源较好的水厂，逐步淘汰供水规模10 000 m^3 以下、水源水质差的水厂，不主张自建水厂。

②中心镇住户供水设计，采用较好的管材、实施一户一表，装表出户。

③供水建设，适度超前。

6.2.3 中心城镇供水规划参考指标

6.2.3.1 中心城镇用水量预测

集中式供水的用水量应包括：生活、生产、消防、浇洒道路和绿化、管网漏水量和未预见水量。

1）中心城镇生活用水量

中心城镇的综合生活用水量应根据中心城镇地理位置、水资源状况、气候条件、中心城镇经济社会发展与公共设施水平、居民经济收入、居住生活水平、生活习惯，经综合分析与比较后选定相应指标。也可参照表6－3指标进行预测。

表6－3 中心城镇人均综合生活用水量指标

期　限	近　期	远　期
用水量指标	190～370（L/人·d）	220～450（L/人·d）

2）中心城镇生产用水量

中心城镇工业用水量一般按中心城镇总用水量的50%～70%计算，或按规划经济增长率和规划年限估算，或按单位产品用水量计算和采用万元产值用水量估算，如表6－4。

表6－4 中心城镇万元产值参考用水量

工业类别	用水量（m^3/万元）	工业类别	用水量（m^3/万元）	备　注
冶金	120～180	食品	150～180	
电力	160～180	纺织	100～130	
石油	500～600	缝纫	15～30	
化学、医药	200～400	皮革	60～90	
机械	80～100	造纸	600～1 000	
建材	180～300	文化用品、印刷	60～120	
木材加工	90～120	其他	100～150	

3）中心城镇浇洒道路和绿化用水量

可根据当地路面、绿化、气候和土壤条件确定。浇洒道路用水量一般为2～3次/d，1～1.5L/（m^2·次）；浇洒绿地用水量采用1.5～2.0 L/（m^3·d）。

4）中心城镇管网漏失水量及未预见用水量

可按最高日用水量的15%～25%计算，或按总用水量的10%～20%计算。

6.2.4 确定设施的组成与体系结构

城镇给水系统一般由水源地、输配水管网、净（配）水厂及增压泵站等几部分组成。

为满足城市供水的要求，给水系统应在水质、水量、水压3个方面满足城市的需求。给水系统应结合城市具体情况合理布局。城镇给水系统因城镇地形、城镇大小、水源状况、用户对水质的要求以及发展规划等因素，可采取不同的给水系统形式，常见形式如下：

①统一给水系统。即用同一给水系统供应生活、生产和消防等各种用水，水质应符合国家生活饮用水卫生标准。

②分质给水系统。在城镇给水中，工业用水所占比例较大，各种工业用水对水质的要求往往不同，此时可采用分质给水系统。其可采用同一水源，经过不同的水处理过程后，送入不同的给水管网。

③分压给水系统。当城市地形高差较大或用户对水压要求有很大差异时，可采用分压给水系统，由同一泵站内的不同水泵分别供水到低压管网和高压管网。

④分区给水系统。当城市面积比较大，分期进行建设时，可根据城市规划状况，将给水管网分成若干个区，分批建成通水，各分区之间应有管道连通。

无论采用何种给水系统，在有条件的地方应尽量采用多水源供水，以确保供水安全。

6.2.5 确定供水主要构筑物的位置

a. 水源选择是给水工程规划的关键。水源的选用应通过技术经济比较后综合考虑确定，并应符合下列要求：

①所选水源应水质良好、水量充足、便于防护。

②符合卫生要求的地下水，宜优先作为生活饮用水的水源。

③合理开采和利用水源至关重要。选择水源时必须正确处理与给水工程有关部门，如农业、水力发电、航运、水产、旅游及排水等方面的关系。水库水源的综合利用也是水源选择中的重要课题。

④取水、输水、净化设施安全经济和维护方便。

⑤具有施工条件。

b. 城市配水管网中的加压泵占靠近用水集中地区设置，可以节省能源，保证供水水压。但泵站的调节水池一般占地面积较大，且泵站在运行中可能对周围造成噪声干扰，因此宜和绿地结合。若无绿地可利用时，应在泵站周围设绿化带，既用利于泵站的卫生防护，又可降低泵站的噪声对周围环境的影响。

c. 输水管渠线路的选择，应根据下列要求确定：

①尽量缩短线路长度。

②减少拆迁，少占农田。

③管渠的施工、运行和维护方便。

d. 水厂厂址的选择，应与水源类型、取水点位置、洪涝、供水范围、供水规模、净水工艺、输配水管线布置、周边环境、地形、工程地质和水文地质、交通、电源、中心镇建设规划等条件有关，影响因素很多，应进行方案比较后确定：

①给水系统布局合理。

②不受洪水威胁。

③有较好的废水排除条件。

④有良好的工程地质条件。

⑤有良好的卫生环境，并便于设立防护地带。

⑥少拆迁，不占或少占良田。

⑦施工、运行和维护方便。

e. 水厂生产构筑物和净水器的布置应根据地形、构筑物和净水器的类型、净水工艺和管理要求等进行布置，并符合下列要求：

①高程布置应充分利用原有地形坡度。

②构筑物间距宜紧凑，但应满足各构筑物和管线的施工要求。

③生产构筑物间连接管道的布置，应水流顺直和防止迂回。

④与水厂生产附属建筑物（修理间、车库、仓库等）应分开布置。

目前，华南地区多数城市供水水源受到严重污染，城市水质性缺水日趋严重，用水量日益增多，城市对供水可靠性的要求也越来越高，因此从水源、制水、供水 3 个方面完善发展供水设施势在必行，在符合城市的总体规划下完善供水设施的基础建设。

6.2.6 确定净水处理的工艺流程与水质保证措施

应根据原水水质选择净水工艺，再根据净水工艺、设计规模、管理条件等选择净水构筑物或净水器。净水工艺应适合当地管理条件，当净水工艺的选择难以适合当地条件时，宜采取重新选择水质较好水源等措施。

1）生活饮用水的常规处理流程

把未受污染的地表水处理成生活用水，其去除对象主要为悬浮物、胶体和致病微生物，一般采用以下的常规处理流程：原水→混凝→沉淀→过滤→消毒→管网。以未受污染的地下水为水源时，生活饮用水常规处理流程如下：地下水→消毒→管网。

若水的硬度、溶解性总固体、铁、锰等含量超标时，应在消毒前进行相应的软化、淡化、除铁、除锰等处理。

2）污染饮用水源的水处理流程

尽管微污染水源中污染物浓度较低，但常含有毒、有害物质，靠常规处理流程很难去除掉这些有机污染物，因此在常规处理的基础上，须增加预处理或深度处理，即：预处理 + 常规处理，或常规处理 + 深度处理。预处理和深度处理的去除对象主要是有机污染物。

预处理技术包括生物氧化法（生物接触氧化池、生物流化床、塔式生物滤池、淹没式生物滤料滤池等）、化学氧化剂法（臭氧、高锰酸钾等）、吸附剂吸附法（粉末活性炭、活化黏土等）等。

深度处理技术包括粒状活性炭吸附法、臭氧-活性炭法（即生物活性炭法）、光化学氧化法（包括光激发氧化法和光催化氧化法）、膜过滤法、活性炭-硅藻土过滤法等。

对污染较严重的水，也可采用预处理-常规处理-深度处理工艺。

3）管道直饮水处理流程

管道直饮水是以自来水或符合生活饮用水水质标准的水为原水，经深度处理后，通过直饮水管道系统供给用户直接饮用的纯净水。

另外，水厂运行过程中排放的废水和污泥，应符合水厂卫生防护要求，不应造成环境污染。因此，运用现代化技术进行自来水污泥处理，进行污泥无害化处置或者综合运用已经势在必行。

4）工业用水处理流程

由于工业用水种类较多，处理流程也不尽相同。如锅炉用水可在自来水的基础上进行软化处理，电子工业用水则应进行除盐处理。

6.2.7 供水管网规划和干管的布置与定线

给水管网系统的布置，干管的方向应与给水的主要流向一致，并应以最短距离向用水大户供水。给水干管最不利点的最小服务水头，单层建筑物可按5～10 m计算，建筑物每增加一层应增压3 m。分散式给水应符合现行的有关国家标准的规定。具体有以下要求：

①按照城市总体规划，结合当地实际情况布置给水管网，要进行多方案技术经济比较。

②主次明确，先搞好输水管渠与主干管布置，然后布置一般管线与设施。

③尽量缩短管线长度，节约工程投资与运行管理费用。

④协调好与其他管道、电缆和道路工程的关系。

⑤必须保证供水安全可靠，当局部管网发生事故时，断水范围应减到最少。

⑥尽量减少拆迁，少占农田。

⑦管渠的施工、运行和维护方便。

⑧远近期结合，留有充分发展的余地，考虑分期建设的可能性。

给水管网布置的基本形式有树状网和环状网。干管的定线（布置）通常应遵循下列原则：

①干管布置的主要方向应按供水主要流向延伸，而供水的流向则取决于最大用水户或水塔等调节构筑物的位置。

②通常为了保证供水可靠，按照主要流向布置几条平行的干管，其间用连通管连接，这些管线以最短距离到达用水量大的主要用户。干管间距因供水区的大小、供水情况而不同，一般为500～800 m。

③干管一般按规划道路布置，尽量避免在高级路面或重要道路下敷设。管线在道路下的平面位置和高程应符合城市地下管线综合设计的要求。

④干管应尽可能布置在高处，这样可以保证用户附近配水管中有足够的压力和减少干管内压力，以增加管道的安全。

⑤干管的布置应考虑发展和分期建设的要求，并留有余地。

考虑以上原则，干管通常由一系列邻接的环组成，并且比较均匀的分布在城市整个供水区域。

6.3 中心城镇供水设施工程设计

6.3.1 中心城镇用水量确定

中心镇规划应严格执行《村镇规划标准》（GB50188—93），参照广东省《村镇规划指引》（GD-PG—002）合理进行规划。集中式给水的用水量应包括确定生活、生产、消防、浇洒道路和绿化、管网漏水量和未预见水量，并应符合下列要求：

①居住建筑的生活用水量应按现行的有关国家标准进行计算。公共建筑的生活用水量，应符合现行的国家标准《建筑给水排水设计规范》的有关规定，也可按居住建筑生活用水量的8%～25%进行估算。

②生产用水量应包括乡镇工业用水量、畜禽饲养用水量和农业机械用水量，可按所在省、自治区、直辖市政府的有关规定进行计算。

③消防用水量应符合现行的国家标准《村镇建筑设计防火规范》的有关规定。

④浇洒道路和绿地的用水量，可根据当地条件确定。

⑤管网漏失水量及未预见水量，可按最高日用水量的15%～25%计算。

就广州中心城镇而言，各中心镇人口大约为20万～30万，按照广州市日常用水量每人每天350L计算，中心城镇预计每天用水量在7万～10.5万m^3。设计人员应对供水范围内的现状用水量、用水条件、已有供水能力、相关规范、当地用水定额标准和类似的供水情况进行调查，根据相关规划、近年来的用水量变化和用水条件改善情况分析设计年限内用水量的发展变化，并综合考虑水源条件和制水成本进行确定。

6.3.2 水源取水点的选定

地面水取水构筑物的位置选择必须根据河流水文、水力、地形、地质卫生等条件综合研究，进行多方案技术经济比较，从中选择最合理的取水构筑物位置。在选择地点时，应考虑下列基本情况：

①应与城镇总体规划相适应。在保证供水安全情况下，尽可能考量均能用水区，以节省输水投资。

②取水位置应能保证取得足够水量和较好水质，且不易被泥砂淤积和堵塞。因此，宜选在水深岸陡，泥砂量少的凹岸，并在顶冲点下游15～20 m处。在顺直河段，宜选在主流靠近岸边、河床稳定、断面窄流速大的河段。

③在有沙洲的河段，应离开沙洲有足够的距离（500 m以外）；在有分叉河段，取水位置应设在稳定的主汊道中，在有支流的河段上取水，取水口应设在主河道上，且离开支流入口处上下游有足够的距离。

④宜设在水质良好地段，城市生活饮用水源，一般应选在城市或工业区上游，以防止污染；在沿海潮汐影响的河流上，取水位置应在潮汐影响以外，以免吸入咸水。

⑤从湖泊和水库取水时，宜选在有足够水深并远离支流汇入口处，以免泥砂淤积。取湖水宜靠近湖水出口；取水库水宜靠近堤坝附近，并在常见最多风向上方，以免聚集水草和浮游生物。

⑥取水位置应设在洪水季节不受冲刷和淹没的地方。

⑦选择取水位置时，应考虑人工构筑物，如桥梁、码头、拦河坝等对河流特性的改变，以防对取水构筑物造成不良后果。

⑧取水位置的选择与给水处理厂、输配水管网布置等有密切联系，因此，取水位置还应通过整个给水系统的方案比较来确定。

6.3.3 泵站扬程与水塔高度设计

水泵扬程是指单位质量液体通过水泵后所获得的能量增值。泵站扬程由两部分组成，一部分用于提升水头，另一部分用于克服管道水头损失。

水塔是依靠重力作用将所需的流量压送到各用户的。因此，必须使盛水的水柜放在一定的高度处，以满足设计使用年限内用户对水压的要求。

水塔高度是指水塔的水柜底面或最低水位离地面的高度。在考虑水塔转输（进水）时，水塔高度还应加上水柜设计有效水深。

6.3.4 净水处理的工艺流程参数的确定

净水处理的工艺流程中有许多运行参数，如混合时间、絮凝时间、流速、GT值、沉淀时间、上升流速、滤池滤速及反冲洗强度、膨胀率、滤料的含污量等。随着被处理的水质及水量变化，这些运行参数也将发生变化。因此，需找出不同原水水质及水量时的运行技术参数以便来控制水质。

一般而言，在混合阶段，混合过程通常在10～30 s^{-1}至多不超过2 min即告完成。搅拌强度按速度梯度计，一般G值在700～1 000 s^{-1}。

在絮凝阶段，通常以G值和GT值作为控制指标。根据经验，平均G = 20～70 s^{-1}，平均GT = $(1\times10^4)\sim(1\times10^5)$。

沉淀阶段，对平流沉淀池而言，判别水流稳定性的弗劳德数Fr宜大于10^{-5}，沉淀池的水平流速宜为10～25 mm/s。平流沉淀池的停留时间一般采用1～3 h，低温低浊水源停留时间往往超过2h。

气浮池的水深一般可用1.2～2.0 m，液面负荷达5～12 $m^3/(m^2\cdot h)$，停留时间一般低于20～30 min，在中试的条件下甚至只需5.5～6.5 min。

过滤阶段，按设计规范，单层砂滤池的滤速约8～10 m/h，双层滤料滤速约10～14 m/h，多层滤料滤速一般可用18～20 m/s。生产上，滤池冲洗强度、滤层膨胀度和冲洗时间根据滤料层不同按表6-5确定。

表6-5 冲洗强度、膨胀度和冲洗时间

序号	滤层	冲洗强度 [$L/(s\cdot m^2)$]	膨胀度（%）	冲洗时间（min）
1	石英砂滤料	12～15	45	7～5
2	双层滤料	13～16	50	8～6
3	三层滤料	16～17	55	7～5

6.3.5 管网设计校核

给水管网校核的目的是核算按最高日最高时用水流量确定的管段管径、水泵扬程和水塔高度是否能满足特殊用水时的用水要求。

管网校核指标包括供水流量和压力要求两个方面。为了校核进行水力分析有两种方法：即水头校核法和流量校核法。由于流量与压力的关系，只要一者不能满足要求，实际上两者就都不能满足要求。

1）消防工况校核

为了安全起见，消防校核要按最不利的情况，即最高时用水流量加上消防用水流量的工况进行。但节点服务水头只要求满足火灾处节点的灭火服务水头，而不必满足正常用水的服务水头。消防工况校核一般采用水头校核法。

2）水塔转输工况校核

设置对置水塔时，须核算最大转输时的流量要求。按最大转输流量加上此时的管网用水量进行流量核算。各节点流量按最大转输时管网各节点的实际用水量求出。

转输工况校核一般采用流量校核法。转输工况校核不满足要求时，应适当加大从泵站到水塔最短供水路线上管段的管径。

3）事故工况校核

在管网最不利管段损坏而断水检修时，运行减少供水量，但水压不能减小。国家有关规范规定，城市给水管网在事故工况下，必须保证70%以上用水量，工业企业给水管网也应按有关规定确定事故时的供水比例。

一般按最不利事故工况进行校核，即考虑靠近供水泵站的主干管在最高时损坏的情况。

6.3.6 设计流量分配与管径设计

设计流量分配时，应同时考虑经济性和可靠性。经济性是指在一定年限内管网的工程总造价和管理费用最小。可靠性是指能够不间断的向用户供水，并保证应有的水量、水压和水质。在综合考虑经济性和可靠性后，可按如下步骤进行流量分配：

①选定整个管网的控制点，按照管网的主要供水方向，初步拟定各管段的水流方向。

②从二级泵站到控制点之间选定几条主要的平行干管，在它们中尽量均匀的分配流量，并满足节点流量平衡关系。

③连接管的主要作用是将各干管连通，管径不可选得过小。

管网进行流量分配后即可得出各管段的计算流量。

管径与管段设计流量以及设计流速的大小有关。为了防止管网因水锤现象出现事故，最大设计流速不应超过2.5～3 m/s；在输送浑浊的原水时，最低设计流速通常不得小于0.6 m/s。因此，需在上述流速范围，考虑管网的造价和经营管理等费用，来选定合适的设计流速。

一般采用优化方法求得设计流速或管径的最优解，在数学上表现为求一定年限T年（称为投资偿还期）内管网造价和管理费用（主要是电费）之和为最小时的流速，称为经济流速，以此来确定的管径称为经济管径。

城市供水管道的设计流速应控制在经济合理的范围内，一般大管径的经济流速为0.9～1.4 m/s，中小管径的流速为0.6～1.0 m/s。出厂管应处于经济流速范围，与之相连的干管与支管的经济流速逐步降低。要防止管道设计流速过低。

6.3.7 消防供水

室外消防给水管道、室外消火栓和消防水池：

①消防给水管道应采用环状给水管道；环状管内输水管不应少于两条；管网上应设消防阀门；设置消火栓的消防给水管道的直径，应由计算决定。

②室外消火栓的布置要求：消火栓可沿道路布置，在十字路口应设有消火栓；道路宽度超过60 m时，应在道路两边设置消火栓。消火栓距路边不应超过2 m，距房屋外墙不宜小于5 m；保证沿街建筑能有2个消火栓的保护；室外消火栓是供消防车使用的，因此，消防车的保护半径即为消火栓的保护半径，消防车的最大供水距离（即保护半径）为150 m，故消火栓的保护半径为150 m。

③在下列情况之一应设消防水池：市政给水管道直径太小，不能满足消防用水量要求（即在生产、生活用水量达到最大时，不能保证消防用水量），或进水管直径太小，不能保证消防用水量要求，均应设消防水池储存消防用水。虽有天然水源，其水位太低、水量太少或枯水季节不能保证用水的，仍应设消防水池；市政给水管道为枝状或只有1条进水管，则在检修时可能停水，影响消防用水的安全，因此，室内外消防用水量超过20L/s，而由枝状管道供水或仅有1条进水管供水，虽能满足流量要求，为安全计，仍应设置消防水池。

6.3.8 景观水的设计

景观水是指池水、流水、跌水、喷水和涌水等，景观水规定为流动水循环使用，有循环水净化装置，使改造的地表水、雨水、污水的水质标准符合有关要求。

水景水处理的方法通常有：物理法、化学法、生物法3种。

①物理法：定期换水、曝气法。

②化学法：格栅－过滤－加药；格栅－生物处理－气浮－过滤。

③生物法。

6.3.9 居民生活小区饮用净水建设

在常住人口不小于1 000人的高档住宅小区，设置专门的小区饮用净水供水系统，是目前较快地满足居民直饮心理需要的比较快的一个途径。居民生活小区饮用净水建设必须精心设计、精心施工、精心管理，确保供水安全。

直饮水的配套是一项系统工程，包括原水供给及水质净化设施、区域供水管网、楼宇供水管路、清洗回流系统、局部升降压设备、远程计量和自动控制系统等，设计应从全系统的优化组合考虑，使工艺能各自发挥其最佳效应，避免盲目、重叠。

管道直饮水系统主要由制水设备、供水设备、管网、抄表计费系统组成。

1）制水设备

即为深度处理设备。常用制水设备主要有活性炭过滤装置、微滤净水装置、超滤净水装置、纳滤净水装置。

2）供水设备

管道直饮水系统为密闭循环系统，采用不锈钢变频调速水泵供水。

3）输配水管网及回水管网

为避免水流滞留影响水质，管道直饮水系统设有回水管，并对回水进行处理。

4）计量设备

采用手工抄表方式，可采用不带传感器的饮用水记量仪。高层及服务范围广的社区，管道直饮水系统应选用带传感器的远程饮用水计量仪。随着智能化住宅小区的快速发展，应推广使用远程自动抄表系统。

根据直饮水的特点，要达到水质标准要求，给水系统必须设计成循环式，这是直饮水设计的最大特点，也是与自来水给水系统设计最根本的区别。

另外，设计时，要对直饮水供水企业的技术能力、管理能力以及必要的水质检测分析仪器的配置提出明确具体的要求，对供水企业的资质进行有效的监督管理，以保证直饮水水质。

直饮水水质应满足国家《饮用水净水水质标准》（表6－6）。

此部分工程设计的内容应严格参照有关设计规划：《建筑给水排水设计规范》［GBJ15—88（97年版）］；《室外给水设计规范》［GBJ13—86（97年版）］。

表6－6 饮用净水水质标准 （CJ 94—1999）

项目		标准
感官性状	色	5°
	浑浊度（度）	1NTU
	嗅和味	无
	肉眼可见物	无
一般化学指标	pH	6.0～8.5
	硬度（以碳酸钙计）	300 mg/L
	铁	0.2 mg/L
	锰	0.05 mg/L
	铜	1.0 mg/L
	锌	1.0 mg/L
	铝	0.2 mg/L
	挥发性酚类	0.002 mg/L
	阴离子合成洗涤剂	0.20 mg/L
	硫酸盐	100 mg/L
	氯化物	250 mg/L
	溶解性总固体	500 mg/L
	高锰酸钾消耗量（$CODMn_5$ 以氧计）	2 mg/L
	*总有机碳（TOC）	4 mg/L

续表

项目		标准
毒理学指标	氟化物	1.0 mg/L
	氰化物（mg/L）	0.05 mg/L
	硝酸盐（以氮计）	10 mg/L
	砷（As）	0.01 mg/L
	硒（Se）	0.01 mg/L
	汞（Hg）	0.001 mg/L
	镉（Cd）	0.01 mg/L
	铬（Cr）	0.05 mg/L
	铅（Pb）	0.01 mg/L
	银	0.05 mg/L
	氯仿	30 μg/L
	四氯化碳	2 μg/L
	滴滴涕（DDT）	0.5 μg/L
	六六六	2.5 μg/L
	苯并（a）芘	0.01 μg/L
细菌学指标	细菌总数	50 cfu/mL
	总大肠菌群	0 cfu/100mL
	粪大肠菌群	0 cfu/100mL
	游离余氯（管网末梢水）（如用其他消毒法则可不列入）	≥0.05 mg/L
放射性指标	总 σ 放射性	0.1 Bq/L
	总 β 放射性	1.0 Bq/L

6.4 中心城镇供水管道建设

6.4.1 管材的选择

给水工程中，现代化的水处理厂，从水源地取水后，经沉淀、过滤进入清水池，再用泵送至城区管网，直达用户。干线管道的压力较高（1.6～2.4MPa），城区管网的压力一般为0.5～1.0MPa，才能保证居民正常用水。随着人们生活质量的提高，居住区域内的给水管道，可分为饮用水管道、普通用水管道、热水管道等。给水管材应根据管内工作压力、外部荷载、土壤性质、施工维护和供水安全等诸多要素确定。管材的选择应满足以下要求：

①管道强度能满足供水水压的要求。

②管材自身不产生二次污染，并符合生活饮用水输配水设备卫生安全评价规范。

③安全可靠性高，维修量少。

④管道使用寿命长。

⑤内壁阻力系数低，水头损失小。

⑥造价相对较低。

目前我国市场上的给水管材主要包括金属类管材（不锈钢管、镀锌钢管、铜管、铜塑管、涂塑钢管等）、衬塑管（衬塑不锈钢管、衬塑钢管等）、塑料类管材（聚丙烯管、硬聚氯乙烯管等）。DN600 以上，基本上采用球墨铸铁管、钢管，DN600 以下的管材的价格以金属类最贵，其次是衬塑管，最经济的是塑料管。从安全可靠性讲和它们的价格成正比。

1）灰口铸铁管

灰口铸铁管质脆加之连续浇铸的原因，造成管材质量不稳定，铺设后爆管事故时有发生，且该种管材属钢性接口，应变能力差且需用石棉水泥打口，施工强度大、工期长，并易受气候干扰，影响施工进度。目前基本不使用。

2）球墨铸铁管

延性铸铁管又称球墨铸铁管，是经过球化和孕育处理铁水后，采用离心浇注成型的。这种管材抗拉强度高，延伸率大，耐冲击、韧性好，应变能力高，比钢管的耐腐蚀性强 2～4 倍。球墨铸铁管的接口全部采用柔性接口，而且管壁薄，重量轻，施工时不受气候干扰，省时省力。DN2000 以上时，造价比钢管贵。

3）钢管

钢管管材强度、工作压力都较高，铺设方便，尤其适应穿越各种障碍物，施工工期短，但造价较高，且耐腐蚀性差，为保持钢管的长久使用，管道内外均需作防腐处理。

4）预应力和自应力钢筋混凝土管

优点在于具有良好的抗渗性和抗裂性，不需内外防腐，施工安装方便，输水能力好，价格便宜，节约钢材。缺点是重量大，质地脆，装卸和搬运时严禁抛掷和碰撞。施工时注意管沟底必须整平，覆土必须夯实。后期会膨胀，使管材疏松。不适用与地下情况复杂、土壤敷设条件差、施工期紧促的交通要道处。长期使用易爆漏，不建议使用。

接口形式为承插式接口，橡胶圈为接口材料，转弯和管径变化处采用特制的铸铁配件。

5）预应力钢筒混凝土管 PCCP

由钢板、钢丝和混凝土构成的复合管材。优点是兼有钢管和混凝土管的抗爆、抗渗及抗腐蚀性，节约钢材，管道综合造价低。

6）塑料管

分为硬聚氯乙烯（UPVC 管）、聚乙烯管、聚丙烯管等。

优点是强度高、表面光滑、耐腐蚀、重量轻、加工及接口方便。缺点是质脆、易老化。连接形式有法兰、焊接、黏接、螺纹连接等。

7）玻璃纤维复合管（GRP）

按制管工艺分有离心浇铸玻璃纤维增强树脂砂浆复合管（HOBAS 管）和玻璃纤维缠绕夹砂复合管。

特点是重量轻，施工运输方便，耐腐蚀性好，不需做外防腐和内衬，使用寿命长，维护费用低，内壁光滑且不结垢，可降低能耗，管材、接口不渗漏，不会破裂，增加供水安全可靠性，管径相同时综合造价介于钢管和球墨铸铁管之间。接口形式有承插式和外套式。

随着人们生活水平、环保意识的提高以及对健康的关注，供水领域掀起了一场建材行业的绿色革命，限制、淘汰传统的镀锌钢管用于生活供水系统，取而代之的是环保的、健康的、新型供水管的推广和使用。新型给水管除了包括多种塑料给水管（PVC－U，CPVC，PEX，PB，PE，ABS 等），还有铝塑复合给水管（简称 MP）、无缝铝合金衬塑给水管、塑钢符合给水管等给水管材。新型管材的产品标准参见相关的规范。其他类型的管材可按照当地的情况酌情选用。

在现阶段，管径 DN≤50 mm，宜从 PE、钢塑复合管、薄壁不锈钢管等中选择，禁止使用镀锌钢管；DN75～250 mm 宜从 UPVC，PE 及球墨铸铁管中选择；DN300～1 200 mm 宜首选球墨铸铁管，也可选择 PE，PCCP 及钢管；大于 1 400 mm 宜从 PCCP、球墨铸铁管、钢管及质量可靠的玻璃纤维加强管中选择。

管道接口应采用橡胶圈密封的柔性接口，尽量避免刚性接口。

对于管道直饮水系统，管材的要求可初步概括为：安全可靠，便于施工，不易结垢，水力特性优良，使用寿命长，具有较好的性价比等。一般采用绿色环保管材，如无规共聚聚丙烯（PP－R）管、交联聚乙烯（PEX）管等，阀门、水箱等采用不锈钢制品，杜绝了二次污染的产生。在输水方式上，通过采用微机变频恒压供水设备循环给水，管道直饮水系统实现连续调节，从而进一步保障了出水水质的安全可靠。

6.4.2 管道基础处理

敷设管道前，应充分了解沿线地段的土壤性质、地下水位等情况，特殊地段应采用钻探法提取土样，根据分析报告采用相应的管道基础。

给水管道通常采用地下敷设方式，按主要构筑材料的不同，管道基础可分为：土基、砂基、混凝土或钢筋混凝土基及其他特殊处理的管道基础，如桩基、筏基等。在干燥结实土壤中，沟底不需处理，管子可直接铺设在天然基础上，但管底必须紧密地安放在土壤中。岩石地段或需用爆破开挖的坚硬的其他土壤，管底应换填不小于10 mm厚的砂层或砾石层。在松软的土壤中或填方的基础上，管底一般采用夯实的方法处理。在饱和水分的黏土、砂质黏土、多石土壤等中，管底设置混凝土基础。

6.4.3 管道的试压与防腐

①给水压力管道全部回填土前应进行强度及严密性试验，管道强度及严密性试验应采用水压试验法试验。

管道水压试验的试验压力应符合表6－7的规定：

表6－7 管道水压试验的试验压力 （单位：MPa）

管材种类	工作压力P	试验压力
钢管	P	P＋0.5且不应小于0.9
铸铁及球墨铸铁管	≤0.5	2P
	＞0.5	P＋0.5
预应力、自应力混凝土管	≤0.6	1.5P
	＞0.6	P＋0.3
现浇钢筋混凝土管渠	≥0.1	1.5P

管道强度试验：水压升至试验压力后，保持恒压10 min，检查接口、管身无破损及漏水现象时，管道强度试验为合格。

管道严密性试验：测定渗水量，$q=V/(T_1-T_2)$（l/min），当渗水量符合有关规范规定的数值时即为合格。

②腐蚀是金属管道的变质现象，其表现方式有生锈、坑饰、结瘤、开裂、脆化等。管道腐蚀不但造成了管道漏水、管道阻力增大、输水能力降低、能耗增加等问题，还会引起水质污染。由于给水管网的投资占给水工程总投资的比例很大，因此，防止管道腐蚀，延长管道的使用寿命，是降低管网运行费用的重要措施。

防止给水管道腐蚀的方法有以下几种：

①采用非金属管材，如预应力钢筋混凝土管、塑料管、玻璃钢管等。

②在金属管的内外表面上涂盖防护层，以避免金属与水或潮湿土壤直接接触。

③阴极保护。根据腐蚀电池的原理，两个电池中只有阳极金属发生腐蚀。所以阴极保护的原理是使金属管成为阴极，以防止腐蚀。阴极保护有两种方法：一种是使用消耗性的阳极材料，另一种是通入直流电的阴极保护法。

要注意的是，管道表面涂盖防护层往往与阴极保护法同时采用，这样才能取得较好的防腐效果，而且经济上比较合理。

进行管道及其他构筑物建设时，应参照有关规范严格执行：《给水排水管道工程施工及验收规范》（GB 50268—97）；《给水排水构筑物施工及验收规范》（GBJ 141—90）。

6.5 供水设施运行、管理与维护

6.5.1 供水管理技术的现代化

6.5.1.1 城镇供水无线调度设施

我国国内使用的城市供水遥测监控系统的模式一般是由调度主站（调度室）、现场终端（水厂和管网测控站）、信道（有线/无线）、现场仪表及执行单元、电源设备等组成。多数采用星形辐射组网方式，也有采用树型共线式二级管网调度方式，个别需要中继，其中调度室为整套系统的核心。

通常，系统由一个中心调度端和若干个多参数执行端（多用于水厂），及若干个两参数或四参数执行端（多用于管网试压）组成。

6.5.1.2 供水调度微机远动设施

整个供水调度微机远动系统主要由调度中心、测控终端机、通信设备与网络和现场仪表4个部分组成。

6.5.1.3 供水泵站最优水泵控制

从系统整体优化的角度出发，以各泵站各种泵的数量及泵流量为变量建立供水调度优化数学模型，将水源、水泵及管网有机结合起来，从系统安全供水、经济运行的角度出发，合理调配各种水泵，以达到系统整体最优的目的，进而直接确定投入运行的水泵最佳组合方案。

水泵运行和调节的方法有变径、变速、变角等。供水泵站通过计算机技术优化调节运行。

6.5.2 中心城镇供水设施的管理维护

6.5.2.1 建立健全供水管网基础资料及档案管理

管网竣工投产后，为维持管网的正常运行，保证安全供水，必须做好管网的技术管理工作，主要包括：建立管网的技术资料档案；检漏；监测管网的压力和流量；水管清垢和防腐蚀；维护管网水质；管网事故抢修和管网附件的检修；管网的调度管理等。

管理方法应尽量采用计算机存储管理供水管网图形与相关信息。城市给水地理信息系统（Geographic Information System，简称 GIS）的主要功能是给水管网的地理信息管理，包括泵站、管道、管道阀门井、水表井、减压阀、排气阀、用户资料等。建立管网系统中央数据库，全面实现管网系统档案的数字化管理，形成科学、高效、丰富、翔实、安全可靠的给水管网档案管理体系。

6.5.2.2 供水管道的测定和记录

测定管网的水压和流量可以校核现状管网运行的经济合理性。

1）水压测定

测定管网的水压，应在有代表性的测压点进行。水压线的密集程度可作为今后放大管径或增敷管线的依据。由等水压线标高减去地面标高，得出各点的自由水压，即可绘出等自由水压线图，据此可了解管网内是否存在低水压区。

2）流量测定

测定流量可采用毕托管或便携式超声波流量计。测点尽可能选在主要干管节点附近的直管段上。通过实际测定得到的管网流量数据，对管网的规划、改造具有重要参考价值。

6.5.2.3 管道、管身和附属设备以及过桥管的检验和配备

一条给水管线设计是否成功，除管位合理、埋深合适外，其附属设施的设置也很关键，下面是常用的几种管道基础设施。

1）管网附件

阀门井、排气阀井、泄水阀井、消火栓井。

2）水龙头的选用标准以及水表计量要求

水龙头的选用主要依据水源及使用的要求。从使用形式上划分为旋转式、抬启式及感应式等。从构成材质上划分有铸铁、钢、不锈钢等。目前水龙头国家标准（GB/T18145—2000）—《陶瓷片密封水嘴》标准。

我国水表工业与西方发达国家的差距仍然较大，主要表现在：产品设计方面；工艺过程、工艺装备、检验仪器与手段方面；将水表产品与高新科技相结合方面，尤其是传感技术方面和电子元件可靠性方面；在水表材料的卫生要求方面等。

针对这些不足，水表产品朝5个方向发展：计量等级高、抄读方便、材质更卫生的水表；预付费类水表；灵敏度高的水表；防倒流水表与双向计量水表。

3）管道穿越障碍的构筑物

①给水管道穿越临时铁路、一般公路或非主要路线且管道埋设较深时，可不设套管，但须将铸铁管接口放到轨道中间，并青铅接口，钢轨应有防腐措施。

②穿越较重要的铁路或交通频繁的公路时，须在路基下设钢管或钢筋混凝土套管。

③管线跨越河谷及山谷时，可利用现有桥梁架设水管，或建造水管桥，或敷设倒虹吸管。选择跨越形式时，应考虑河道特性、通航情况、河岸地质条件、过河管道的水压及直径等，并进行经济技术比较后确定。

6.5.2.4 供水管道其他状况的处理

1）供水管道检漏

检漏的方法有直接观察、听漏、区域装表法和区域检漏法、地表雷达检漏法等，可根据具体条件选用。降漏的具体措施有：

①采取有效的激励机制，组织检漏队伍。

②制定管网更新改造计划，评定需要技改的管道，调整现阶段管网的布局，废除待改造的管道，按照近期管道建设计划，敷设新管道；爆破率高、影响严重的管道先改造；严重影响输水水质的管道优先改造；通过技术经济比较，大量推广不开挖更新改造措施。

③选用优质管材及阀门。

④加强对阀门的管理。

2）管道清垢和管壁涂层

①松软积垢的清除。

可采用的方法有：高速水流冲洗法，气—水同时冲洗法，气压脉冲射流法。

②坚硬积垢的清除。

可采用刮管法、弹性清管器法、化学清洗法等。

③管壁衬涂保护层。

管壁积垢被清除后，应在管壁衬涂保护层，以防止管道再次腐蚀和积垢。保护层的种类有水泥砂浆、环氧树脂等。前者涂层厚度为3～5 mm，后者涂层厚度为1.5～2 mm。调查结果表明，这两者涂层的防腐效果稳定可靠，长期使用后，管道摩阻系数基本不变。

3）管网的水质维持

保证管网良好的水质状况是管网管理的重要任务之一。水在给水管网的输送和二次加压系统的贮存过程中，受到不同程度的污染，水质有所下降。导致水质下降的原因有：管道内壁腐蚀、结垢微生物滋

生；加氯产生有害的氯化有机物；管道破裂或接口不严等原因引起水质受到外界污染等。为减少污染，保证管网水质，应采取以下措施：

①应提高出厂水水质，消除输配水系统二次污染的隐患，如对水质进行稳定处理，调节出厂水 pH 值等。

②尽量采用非金属管道。定期对金属管道清垢、刮管和衬涂水管内壁，以防止管道腐蚀和结垢。

③新管线竣工后、旧管线检修后或长期未用的管线在恢复使用之前，均应冲洗消毒。

④定期清洗水塔、水池和屋顶高位水箱。

⑤通过给水栓、消火栓和放水管，定期放去管网中的部分“死水”，并对水管进行冲洗。

⑥建筑生活水池与消防水池分开设置。

⑦管线过长时，应在管网中途加氯，以提高管网末梢的余氯量，防止细菌繁殖。

6.5.3 防止二次供水的污染问题

6.5.3.1 二次供水设施污染的可能性

二次供水污染的主要原因是由于外界污染物进入二次供水设施和设施内部污染物的产生所致。污染产生部位主要是储水装置，其中大部分是低位水箱（蓄水池），少数是高位水箱和管网。二次供水污染产生的可能原因还有：

①二次供水设施设计不合理。

②二次供水设施使用材料导致的污染。

③二次供水卫生管理对水质的影响。

6.5.3.2 防止二次供水污染的措施

1）二次供水设施的工艺设计要防止污染

①蓄水池（箱）形状合理，有利于水的流动，防止产生死水区，减少沉积物形成。

②蓄水池容积大小合理。既要满足用水量，又要避免水停留时间过长，消耗余氯。

③蓄水池（箱）进水管要设水位控制阀尽量不设溢流管。如果要设，则应设存水弯，用水封防止外界污物进入。高位水箱出水管应设在最低处，保证箱底无沉积物产生。蓄水装置底部要有一定坡度，或局部呈漏斗状，并安装泄水管。泄水管不宜直接连通排水井，应与排水井间设隔离井。水池应设两个以上通井，应与排水井间设隔离井。水池应设两个以上通气管，并在管口处设置防虫、鼠、尘埃进入又能使空气流通的装置。

④蓄水池应安装稳定可靠的消毒设施。

2）水池（箱）材料严格采用防污染卫生材质

①供水管道宜采用不增塑硬质聚氯乙烯（UPVC）管或钢塑管、铝塑管等，以保证输送过程中不产生污染。

②储水装置优先选用食品卫生级不锈钢或食品卫生级玻璃钢材料，或 UPVC 材料。钢质水箱严禁采用红丹防锈漆。使用混凝土蓄水池应对内壁采取一定的处理措施。防止混凝土与水直接接触。实践表明加薄不锈钢板衬里是一种经济实用的方法。

3）加强二次供水卫生管理

加强新建二次供水设施的预防性卫生监督。二次供水设施在设计、施工和验收等过程中，要由卫生管理部门进行审查。卫生部门要严格按国家标准对设施的工艺、材料进行科学、严谨的审查和评价，对不合格因素提出合理、科学的改进意见。督促改进，全部合格后方可投入使用。二次供水日常管理应严格按国家法规及卫生标准要求进行。供管水单位要严格卫生执行制度。人员按时体检，水池定期清洗消毒。清洗消毒工作要由经过资质认可的专业单位进行。

总之，二次供水污染防治工作一定要纳入法制化、科学化、有序化的管理渠道，为广大居民饮用到合格的生活饮用水提供可靠的保证。

6.5.3.3 二次供水的消毒处理

二次供水设施工程竣工后，必须对设施进行全面的清洗、消毒，水质由卫生部门检测符合国家规定的卫生标准，方可交付管理单位或产权单位使用。产权单位或管理单位在使用二次供水设施前应先取得县级以上卫生行政部门颁发的《卫生许可证》方可正式使用，并且每年要对设施进行一次全面清洗消毒，卫生部门对水质进行抽样检测，以便及时发现和消除污染隐患，保证饮用水的卫生安全。

在二次加压系统中设置消毒装置，并加强对消毒器的使用管理：

①定期对消毒器进行检查和维护保养。

②紫外线灯在接近寿命期时，会渐渐失去消毒作用，因而必须定期更换灯管。

③加强对易受污染的流程长的供水点的水质监测力度，以便真正掌握消毒设施的消毒效果。

6.5.4 地下管线的探查方法

地下管网的精确探测是计算机动态管理的基础，是计算机动态管理能否成功的关键。常见的探测方法有直流电法、电磁法、高精度磁测法、地质雷达法、超声波法、红外线法等多种。

地下管线探测应查明地下管线的平面位置、走向、埋深（或高程）、规格、性质、材质等，并编制地下管线图。

地下管线探测工作宜遵循下列基本程序：接受任务、搜集资料、现场踏勘、方法试验、编制技术设计、实地调查、仪器探查、建立测量控制、管线点连测、地下管线图编汇、报告书编写和成果验收。

6.5.5 环境保护的力度（加强对水源的保护）

水源水质一般参照以下标准：《生活饮用水水源水质标准》（CJ 3020—93）；《地表水环境质量标准》（GB 3838—2002）；《地表水资源质量标准》（SL 63—93）。

关于合理利用水源，防止水源污染，有以下几方面措施。

①配合经济计划部门制定水源开发利用规划。在制订规划时，应考虑：正确评价地表水和地下水资源；地表水和地下水综合利用问题；各种节水措施；各类可能的补充水源等。

②加强水源的管理工作。对于地表水源要进行水文观测和预报；对于地下水源则要进行区域地下水动态观测，应注意开采漏斗区的观测，以便及时采取制止过量开采的措施。

③进行流域范围内的水土保持工作。如加强流域面积上的沟堑整治、植树造林，在河流上游和河源地区要防止滥伐森林、破坏植被。

④采取有效措施，对给水水源进行卫生防护，具体参照《生活饮用水卫生标准》（GB 5749—85）。

广州市地处三角洲网河区，其缺水主要是水质型缺水。为此保护水资源，加大污水的治理显得尤为重要。

① 划定水源保护区，严格执法，加强监督、管理，确保水源受到保护。

②加大水质污染治理力度，加快“碧水”工程的实施。老城区加快截污工程建设，新建区实行雨污分流；工业污水达标排放，有计划调整工业布局和产业结构，控制工业废水排放；加快污水处理厂的建设，逐步提高污水处理率。

③以“水畅、面洁、堤固、岸绿、景美”为目标，加大市内河涌综合治理，美化河涌两岸环境。

④转变水利工程功能，水资源统一调度，引水冲污，动水冲污，改善市区水体生态环境。

根据广州市城市规划管理办法实施细则，西村、石门、江村、新塘水厂的水源，分为三级保护区。

西村水厂的卫生河吸水点和石门、江村、新塘水厂的吸水点周围，半径200 m以内的水域，及其靠水厂一侧沿岸纵深100 m以内的陆域，为第一级水源保护。

从泥紫沿东江、增江上溯至荔城镇的水域，从荔湾涌口沿白泥河、赤泥河上溯至赤泥圩和沿流溪河上溯至人和圩的水域，及其两岩纵深一般不少于3 km的广州境内陆域，除第一级水源保护区外，为第二级水源保护区。

从南岗沿东江、增江上溯至荔城镇的水域，从荔湾涌口沿白泥河、赤泥河上溯至国泰圩和沿流溪河上溯至流溪河水库以上的 1 km 的水域，及其两岸纵深一般不少于 5 km 的广州境内陆域，除第一、二级水源保护区外，为第三级水源保护区。

各水源保护区具体界线，由市环境保护部门规定。

第三级水源保护区内，不得新建、扩建生产或储存放射性物质、排放一类有害物质或其他严重污染水源的单位及排污口，不得设立有污染的水上活动场所。

第二级水源保护区内，除执行第三级水源保护区的规定外，还禁止新建、扩建排放污染物可能导致水源污染危害的设施；禁止设置有毒、有害物品的仓库或堆栈；禁止在岸边堆放各种废弃物。

第一级水源保护区内，除执行第二、三级水源保护区的规定外，还禁止新建除水厂设施以外的建筑物；禁止设立码头、厕所、渗水坑、污水渠道和排污口。

目前，广州市水源面临严峻的问题，作为二级水源保护区的流溪河水源的保护尤为紧迫。流溪河河段内除了市属的江村、石门、西村 3 大水厂的吸水点外，白云区的钟落潭水厂、九佛水厂、人和水厂等镇级水厂的吸水点也位于该河段，而以上水厂供应了广州市民 70% 以上的用水。近几年，有关方面投入了大量的资金和力量保护流溪河，使河水体环境质量基本保持稳定，但个别项目仍超过了有关评价标准。据白云区环境监测站 2003 年、2004 年对流溪河太平桥、人和桥、江村桥 3 个断面共 31 个项目的水质监测结果表明：按《地表水环境质量标准》二类水质标准评价，流溪河白云区段共有粪大肠菌群、总汞、总氮、总磷、总铅等 13 个指数超标，其中大部分都是化学成分指数。而且，从超标项目看，水源保护不容乐观。此外，流溪河水资源的分配和利用也欠科学、合理，其中大坳坝坝下主体河道已断流。流溪河环境污染面临严峻的局面，大力保护该水源迫在眉睫。

第7章　中心城镇排水设施技术指引

7.1　概述

7.1.1　概念

排水设施是指由城市建设主管部门兴建或管理的接纳、输送污水、废水和雨水的管网、沟（河）渠、泵站，起调蓄功能的湖、塘，以及污水处理厂、污水和污泥处置的相关设施。

排水设施的主要组成部分包括城市污水排水设施、工业废水排水设施、雨水排水设施。其中城市污水排水设施包括室内污水管道系统及设备、室外污水管道系统、管道系统上的附属构筑物、污水处理厂、出水口及事故排除口。工业废水排水设施由车间内部管道系统和设备、厂区管道系统、污水泵站及压力管道、废水处理站。雨水排水设施由建筑物的雨水管道系统和设备、居住小区或工厂雨水管渠系统、街道雨水管渠系统、排洪沟、出水口。

7.1.2　城镇污水的种类特征

城镇污水来源可分3类，即生活污水、工业废水和部分地表径流。一般工业废水经处理达标后才可接入市政污水管网进入城市二级污水处理厂进行处理。由于许多城镇的市政污水管网不完善，雨水、污水没有分流，从而使进入污水处理厂的是上述3大来源的混合污水。

由于污水的来源不同，造成城镇污水的水质状况差异很大，表7－1列出典型城镇污水的水质指标。表7－2为广州市城市污水水质。

表7－1　典型城镇污水水质

水质指标	浓度（mg/L）		
	高	中	低
总固体（TS）	1 200	720	350
溶解性总固体	850	500	250
非挥发性	525	300	145
挥发性	325	200	105
悬浮物（SS）	350	220	100
非挥发性	75	55	20
挥发性	275	165	80
可沉降物	20	10	5
生化需氧量（BOD_5）	400	200	100

续表

水质指标	浓度（mg/L）		
	高	中	低
溶解性	200	100	50
悬浮性	200	100	50
总有机碳（TOC）	290	160	80
化学需氧量（COD）	1 000	400	250
溶解性	400	150	100
悬浮性	600	250	150
可生物降解部分	750	300	200
溶解性	375	150	100
悬浮性	375	150	100
总氮（T～N）	85	40	20
有机氮	35	15	8
游离氨	50	25	12
总磷（T～P）	15	8	4
有机磷	5	3	1
无机磷	10	5	3
氯化物（Cl^-）	200	100	60
碱度（$CaCO_3$）	200	100	50
油脂	150	100	50

表7－2 广州市城市污水水质

pH值	色度	COD（mg/L）	BOD_5（mg/L）	总磷（mg/L）	SS（mg/L）	总氮（mg/L）
7.6	100	84～140	3.2～60	2～3	31～318	15～27

7.1.3 城镇污水处理的相关政策、法规

7.1.3.1 《中华人民共和国水污染防治法》（1996年修订）简介

该法明确规定防治水污染、保护水环境是各级政府的责任，各级环境保护部门是对污染防治实施统一监督和管理的机关。国务院和省级人民政府环境保护部门负责制定流域水污染防治规划。

国务院有关部门和地方各级人民政府必须把保护城市水源和防治城市水污染纳入城市建设规划，建设和完善城市排水管网，有计划地建设城市污水集中处理设施。城市污水集中设施按照国家规定向排污者提供污水处理的有偿服务，收取污水处理费用。

城市污水集中处理设施按照国家规定向排污者提供污水处理的有偿服务，收取污水处理费用，以保证污水集中处理设施的正常运行；向城市污水集中处理设施排放污水、缴纳污水处理费用的，不再缴纳排污费。收取的污水处理费用必须用于城市污水集中处理设施建设和运行，不得挪作他用。

7.1.3.2 《国务院关于环境保护若干问题的决定》（1996年）简介

为进一步落实环境保护基本国策，实施可持续发展战略，实现到2000年力争使环境污染和生态破

坏加剧的趋势得到基本控制，部分城市和地区的环境质量有所改善的环境保护目标，1996 年由国务院颁布实施《国务院关于环境保护若干问题的决定》。

强调要加强流域水污染防治工作，对实现水污染物达标排放仍不能达到国家规定的水环境质量标准的水体，应依法实施重点污染物排放的总量控制制度。

由于全省水污染态势仍然严峻，水环境负荷沉重，饮用水源受到威胁，水质性缺水问题突出，地区间水污染纠纷增多，影响了我省可持续发展战略的实施，影响了社会经济持续，健康，快速发展。为此，必须采取切实有效的措施，防治水污染，改善水环境，广东省政府于 2002 年发布《广东省关于加强水污染防治工作的通知》。其主要的内容为各级政府要认真贯彻实施《广东省珠江三角洲水质保护条例》和《广东省碧水工程计划》，采取切实措施，加快城市污水处理厂建设。

7.1.3.3 《广东省珠江三角洲水质保护条例》

该条例的主要内容有：

①区域内的城市应当建设城市污水集中处理设施。1 万人以上的乡、村也应当根据水质保护规划的要求，建设污水集中处理设施。

②城市污水处理率到 2005 年时不得低于 40%，到 2010 年不得低于 70%。

③城市污水集中处理设施实行污水处理有偿服务，收取的污水处理费用必须用于城市污水处理设施的运行和补助污水处理设施的建设。

④城市污水集中处理单位应保持污水处理设施的正常运行，保证对出水水质和水量进行检测，定期向当地环境保护行政主管部门报告，并对其产生的污泥进行无害化处理。

⑤城市污水集中处理单位排放的污水超过排放标准时，应由同级人民政府责令其限期治理，并缴纳超标排污费。

7.1.3.4 《城市污水处理工程项目建设标准》（建城［2001］77 号）简介

该标准是受国家计委委托，由建设部组织修订，于 2001 年发布实施。该建设标准为项目决策和控制项目建设水平的全国统一标准。是编制、评估和审批城市污水处理工程项目可行性研究报告的重要依据。也是有关部门审查城市污水处理工程项目初步设计和监督检查整个建设过程建设标准的尺度。标准提出城市污水处理工程的建设应统一规划，以近期为主，适当考虑远期发展，按系统分期配套建设，并与城市建设协调发展。城市污水处理厂建设前应根据城市排水规划先建配套的管渠和泵站或同步建设。建设表的内容共分 8 个部分：

①总则；

②建设规模与项目构成；

③工艺与装备；

④配套工程；

⑤建筑与建设用地；

⑥环境保护与安全卫生；

⑦劳动组织与定员；

⑧主要技术经济指标。

该标准的国家环境保护总局、国家质量监督检验检疫总局于 2002 年 12 月 24 日联合发布，于 2003 年 7 月 1 日实施。

该标准分年限规定了城镇污水处理厂出水、废气和污泥中污染物的控制项目和标准值。自该标准实施之日起，城镇污水处理厂出水污染物、大气污染物的排放和污泥的控制一律执行该标准。

7.1.3.5 《城市污水处理及污染防治技术政策》（建城［2000］）简介

为控制城市水污染，促进城市污水处理设施建设及相关产业的发展，2000 年建设部、国家环保总局和科技部联合制定发布了该法规，明确提出了全国城市污水处理的目标与原则和相关技术政策。主要内容包括：

①目标与原则；
②城市污水收集系统；
③污水处理；
④污泥处理；
⑤污水再生利用；
⑥二次污染防治。

该技术政策适用于城市污水处理设施工程建设，指导污水处理工艺及相关技术的选择和发展，并可作为水环境管理的技术依据，作为近期污水处理建设要求。

7.1.3.6 《城市排水工程规划规范》（GB50318—2000）

为在城市排水工程规划中贯彻执行国家的有关法规和技术经济政策，提高城市排水工程规划的编制质量，制定了该规范。

该规范的主要内容：
①总则；
②排水范围和排水体制；
③排水量和规模；
④排水系统；
⑤排水管渠；
⑥排水泵站；
⑦污水处理与利用。

该规范适用于城市总体规划的排水工程规划。

7.1.4 城镇污水处理的相关标准

7.1.4.1 《城镇污水处理厂污染物排放标准》（GB18918—2002）

该标准是由国家环境保护局、国家质量监督检验检疫总局于2002年12月24日联合发布，并于2003年7月1日实施。

该标准规定了城镇污水处理厂出水、废气和污泥处理的污染物限值，适合于城镇污水处理厂出水、大气污染和污泥处置的管理以及居民小区和工厂独立的生活污水处理设施污染物排放的管理。

城镇污水处理厂出水作为水资源，用于农业、工业、市政、地下水回灌等方面不同用途时，还应达到相应的用水水质要求，不得对人体健康和生态环境造成不利影响。

1）水污染物排放标准

根据污染物的来源及性质，将污染物控制项目分为基本控制项目（见表7－3）和选择控制项目两类。基本控制项目主要包括影响水环境和城镇污水处理厂，一般处理工艺可以去除的常规污染物，以及部分一类污染物（见表7－4），共19项。选择控制项目包括对环境有较长期影响或毒性较大的污染物共计43项。

根据城镇污水处理厂排入地表水域环境功能和保护目标，以及污水处理厂的处理工艺，将基本控制项目的常规污染物标准分为一级标准、二级标准、三级标准；一级标准分为A标准和B标准。一类重金属污染物和选择控制项目不分级。

一级标准的A标准是城镇污水处理厂出水作为回用水的基本要求。当污水处理厂出水引入稀释能力较小的河湖作为城镇景观用水和一般回用水等用途时，执行一级标准的A标准。

城镇污水处理厂出水排入GB3838地表水Ⅲ类功能水域（划定的饮用水水源保护区和游泳区除外）、GB3097海水二类功能水域和湖、库等封闭或半封闭水域时，执行一级标准的B标准。

城镇污水处理厂出水排入GB3838地表水Ⅳ，Ⅴ类功能水域或GB3097海水三、四类功能海域，执行二级标准。

非重点控制流域和非水源保护区的建制镇的污水处理厂，根据当地经济条件和水污染控制要求，采用一级强化处理工艺时，执行三级标准。但必须预留二级处理设施的位置，分期达到二级标准。

表7－3　基本控制项目最高允许排放浓度（日均值）　　（单位：mg/L）

序号	基本控制项目		一级标准		二级标准	三级标准
			A标准	B标准		
1	化学需氧量（COD）		50	60	100	120
2	生化需氧量（BOD）		10	20	30	60
3	悬浮物（SS）		10	20	30	50
4	动植物油		1	3	5	20
5	石油类		1	3	5	15
6	阴离子表面活性剂		0.5	1	2	5
7	总氮（以N计）		15	20		
8	氨氮（以N计）		5（8）	8（15）	25（30）	
9	总磷	2005年12月31日前建设的	1	1.5	3	5
		2005年12月31日前建设的	0.5	1	3	5
10	色度（稀释倍数）		30	30	40	50
11	pH		6～9			
12	粪大肠菌群数（个/L）		10^3	10^4	10^4	

注：①下列情况下按去除率指标执行：当进水COD大于350mg／L时，去除率应大于60%，BOD大于160mg／L时，去除率应大于50%。

②括号外数值为水温＞12℃时的控制指标，括号内数值为水温＜12℃时的控制指标。

表7－4　部分一类污染物最高允许排放浓度（日均值）　　（单位：mg/L）

序号项目标准值	项目	标准值
1	总汞	0.01
2	烷基汞	不得检出
3	总镉	0.01
4	总铬	0.1
5	六价铬	0.05
6	总砷	0.1
7	总铅	0.1

2）大气污染排放标准

根据城镇污水处理厂所在地区的大气环境质量要求、大气污染物治理技术和设施条件，将标准分为三级，如表7－5和表7－6所示。

表7－5　大气环境质量功能与执行标准关系

序号	大气环境质量功能	执行标准
1	一类区	一级标准
2	二类区	二级标准
3	三类区	三级标准

表7－6 厂界（防护带边缘）废气排放最高允许浓度 （单位：mg/m^3）

序号	控制项目	一级标准	二级标准	三级标准
1	氨（mg / L）	1.0	1.5	4.0
2	硫化氢	0.03	0.06	0.32
3	臭气浓度（无量纲）	10	20	60
4	甲烷（厂区最高体积浓度%）	0.5	1	1

3）污泥控制标准

城镇污水处理厂的污泥应进行稳定化处理，稳定化处理后应达到表7－7的规定。

表7－7 污泥控制标准

稳定化方法	控制项目	控制指标
厌氧消化	有机物降解率（%）	>40
好氧消化	有机物降解率（%）	>40
	含水率（%）	>65
好氧堆肥	有机物降解率（%）	>50
	蠕虫卵死亡率（%）	>95
	粪大肠菌群菌值	>0.01

城镇污水处理厂的污泥应进行污泥脱水处理，脱水后的污泥含水率应小于80%。

处理后的污泥进行填埋处理时，应达到安全填埋的相关环境保护的要求。

处理后的污泥农用时，其污染物含量应满足表7－8的要求；其施用条件须符合GB4284的有关规定。

表7－8 污泥农用时污染物控制标准限值

序号	控制项目	最高允许含量（mg / kg）	
		在酸性土壤上（pH<6.5）	在中性和碱性土壤上（pH≥6.5）
1	总镉	5	20
2	总汞	5	15
3	总铅	300	1 000
4	总铬	600	1 000
5	总砷	75	75
6	总镍	100	200
7	总锌	2 000	3 000
8	总铜	800	1 500
9	硼	150	150
10	石油类	3 000	3 000
11	苯并（a）芘	3	3
12	多氯代二苯二噁英/多氯代二：苯并呋喃（PCDO/PCDF单位：mg毒性单位 / kg干污泥）	100	100
13	可吸附有机卤代物（AOX）（以Cl计）	500	500
14	多氯联苯（PCB）	0.2	0.2

4）城镇污水处理厂噪声控制 GB12348 执行。

7.1.4.2 广东省水污染排放限值（DB44/26—2001）

①为控制水污染，保护水体水质，保障人体健康，维护生态平衡，促进经济和社会的发展，根据《中华人民共和国环境保护法》、《中华人民共和国水污染防治法》、《中华人民共和国海洋环境保护法》和有关规定结合广东省实际情况特制定本标准。

②特殊控制区（I，II 类的水域和一类的海域）内禁止新建排污口；排入一类控制区（III 类的水域和二类的海域）的污水执行一级标准；排入二类控制区（IV，V 类的水域和三四类的海域）的执行二级标准。

③各控制区内执行级别标准，受纳水体不符合功能水质要求时应对排污实行水污染物排放总量控制以满足功能水质标准。城镇污水处理厂水污染物百放标准表 7－9 所示。

表 7－9 城镇污水处理厂水污染物排放标准摘录

序号	污染物	一级标准	二级标准	三级标准
1	化学需氧量（COD）	40	60	——
2	生化需氧量（BOD）	20	30	——
3	悬浮物（SS）	20	30	——
4	动植物油	10	15	100
5	石油类	5	8	20
6	阴离子表面活性剂		2	5
7	氨氮（以 N 计）	10	15	——
8	磷酸盐（以 P 计）	0.5	1.0	——
9	元素磷	0.1	0.1	0.3
10	色度（稀释倍数）	40	60	
11	pH	6～9		

7.2 排水设施的规划与设计

7.2.1 排水系统规划的主要内容

中心城镇排水设施规划的主要内容应包括：划定城镇排水范围，预测小城镇排水水量，确定排水体制、排水标准和排水城镇污水收集管网的布置（包括管道主干管、支管的走向、管径、坡度、埋深控制）；污水处理方式的技术经济比较；确定处理后的污水污泥的出路和处理程度、综合利用途径；确定污水处理厂、泵站等重要枢纽工程的位置、规模；系统总造价等。

7.2.2 规划的相关问题

7.2.2.1 水体环境保护问题

加强水源地的保护，从保护水资源的角度来安排中心城镇用地布局，特别是污染工业的用地布局。在确定中心城镇的产业结构时应充分考虑水资源条件。

中心城镇的污水管网的普及率和污水处理率，应根据中心城镇的不同经济发展地区、不同规模和不同发展阶段来划定。对于排水体制，应结合中心城镇的总体规划、环境保护要求、基建投资、污水处理及出路、原有排水设施、水环境容量、地形气候等条件综合考虑确定，不应照搬大中型城市的做法。

在规划建设中心城镇污水管网和处理设施时，应突出工程设施的共享，避免重复建设，在城镇化程度比较高、经济条件和城镇建设同步性较强的地区，可在区域内统一进行污水工程规划。

7.2.2.2　取消化粪池的问题

化粪池的主要功能是在城市未建成污水处理厂的情况下，起到削减污染物，包括固体和悬浮物对纳污水体的污染，当城市建设了污水处理厂，可以在合适的条件下取消化粪池：

①已经建成污水处理厂的分流制排水地区。

②已经建成污水处理厂且排水系统坡度较大的合流制排水地区。

③已经建成污水处理厂的成熟小区。

取消化粪池必须由城镇规划部门，经调查分析，从全局出发确定取消范围。取消化粪池可将室内粪管、废水管合流，节省投资，但同时必须制定加强市政管网和污水处理厂格栅的维护、管理的相关措施。

7.2.2.3　工业废水排入城市污水管道的水质要求

工业废水中含有大量有毒有害的污染物，因此不能简单地直接排入城市污水管道中。对于水质标准达到《污水排入城市下水道水质标准》（CJ3082—1999）可直接排入城市污水管道，对于达不到标准的必须经过一定的处理后达到标准方可。

7.2.2.4　雨水系统规划

雨水系统应根据城市规划布局、地形，结合竖向规划和城市废水受纳体位置，按照就近分散、自然排放的原则布置。

截流式河流制排水系统应综合雨水、污水系统布局的要求进行流域划分和系统布局，并且应该采用合理的截流倍数。这对于污水处理工程投资有重大影响。

7.2.2.5　排水系统的安全性

排水工程中的厂、站不宜设置在不良地质地段和洪水淹没、内涝低洼地区。当必须在上述地段设置厂、站时，应采取可靠的防护措施，其设防标准不应地域所在城市设防的相应的等级。

污水处理厂和排水泵站供电应采用二级负荷。

雨水管道、合流管道出水口当受水体水位定托时，应根据地区重要性和积水所造成的后果，设置潮门、闸门或排水泵站等设施。

污水管渠系统应设置事故出口。

排水系统的抗震要求应按《室外给排水和煤气热力工程抗震设计规范》（TJ32）及《室外给水排水工程设施抗震鉴定标准》（GBJ43）执行。

7.2.2.6　污水处理厂的规模和项目组成

城市污水处理工程建设规模应根据城市污水处理量和污水处理级别划分等级，具体化表7－10。

1）建设规模（以污水处理量计，单位：万 m^3/d）划分

表7－10　污水处理厂规模划分　（单位：万 m^3/d）

类　别	Ⅰ类	Ⅱ类	Ⅲ类	Ⅳ类	Ⅴ类
污水处理量	20～50	10～20	5～10	2～5	0.5～2

注：规模的下限含该值，上限不含该值。

2）污水处理级别划分为一级、二级处理，必要时可作三级处理或深度处理

城市污水处理工程建设规模的确定，应综合城市规模、城市性质、城市总体规划、城市排水规划等因素，在研究排放污水量现状的基础上，通过对近年排水资料的分析论证，并结合技术进步，合理确定近期规模，预测远期规模。污水量一般由城市生活污水量、工业废水量及其他水量构成。

城市污水处理工程项目由污水管渠系统、泵站、污水处理厂构成，宜包括下列设施：

①污水管渠系统：主要包括管渠及其附属设施等。

②泵站：主要包括泵房、变配电、通信及生产行政管理与生活便利设施。

③污水处理厂：包括污水处理和污泥处理的生产设施、辅助生产配套设施、生产行政管理与生活福利设施等。

7.2.3 污水收集系统规划

污水的收集系统是污水处理设施的重要组成部分，污水收集系统的合理、完善与否在很大程度上影响污水处理系统的运行效果，而且污水收集系统的投资占污水处理设施的很大一部分。做好污水收集系统的规划在一定程度上可以节约成本，体现经济性。因此中心城镇在建设污水处理设施必须对污水收集系统给予足够的重视。

7.2.3.1 污水收集系统规划的主要原则

①污水收集系统的规划应符合区域规划以及城市和工业企业的总体规划，并应与城市和工业企业中其他单项工程建设密切配合、相互协调。

②污水收集系统的规划和设计，要与邻近区域内的污水和污泥的处理和处置协调。

③污水收集系统的规划和设计，应遵循系统高效可靠的原则。

④城市污水是可贵的淡水资源，在规划中要考虑污水经再生后回用的方案。城市污水回用于工业用水是缺水城市解决水资源短缺和水环境污染的可行之路。

⑤污水收集系统的设计应全面规划，按近期设计，考虑远期发展有扩建的可能。应根据使用要求和技术经济的合理性等因素，对近期工程作分期建设的安排。

⑥对于城市和工业企业原有的污水收集系统在进行改建和扩建时，应从实际出发，在满足环境保护的要求下，充分利用和发挥其效能，有计划、有步骤地加以改造，使其逐步达到完善和合理化。

⑦在规划与设计污水收集系统时，必须认真贯彻执行国家和地方有关部门制定的现行有关标准、规范或规定。

⑧结合城市竖向规划，城市竖向规划的主要任务之一，就是研究在规划城市部分高度时，如何合理地利用自然地形，使城市污、废水以最短的距离排放。

7.2.3.2 污水收集系统规划的主要内容

污水收集系统规划的主要内容包括：污水收集分区及范围；预测排水定额、污水量；污水收集体制的选择；截留倍数的合理选择；主干管走向的确定；中途泵站位置的确定；污水收集管道的布置、走向、管径、坡度、埋深控制；方案技术经济比较；近期实施方案；估算系统总造价。

7.2.3.3 污水收集系统规划的主要预测指标

1）中心城镇污水量预测指标

中心城镇污水量应包括生活污水量和生产污水量。

生活污水量：可按生活用水量的75%～90%进行估算，或按表7－11、表7－12确定。

生产污水量及其时变化系数：应按产品种类、生产工艺特点和用水量确定，也可按生产用水量的70%～90%进行估算。

表7－11 中心城镇生活污水量标准

供水情况	污水量标准［L/d·人］	供水情况	污水量标准［L/d·人］
集中龙头供水	10～25	室内设冲水厕所	45～85
几户合龙头供水	20～35	室内设冲水厕所及淋浴设备	75～125
龙头供水到户	25～55		

表7－12　中心城镇生产污水量时变化系数

污水平均流量（L/S）	5	15	40	70	100	200	500	1 000	≥1 000
时变化系数（K）	2.3	2.0	1.8	1.7	1.6	1.5	1.4	1.3	1.2

2）中心城镇雨水量预测指标

根据《室外给水排水设计规范》，雨水量（Q）可用降雨强度（q）、径流系数（Ψ）和汇水面积（F）等3个因素的乘积估算。其中，暴雨强度亦可按邻近城市的暴雨强度公式计算，各类面积径流系数可参照表7－13、表7－14。

表7－13　中心城镇综合径流系数

不透水覆盖面积情况	综合径流系数（Ψ）
建筑稠密的中心区（不透水覆盖面积>70%）	0.6～0.8
建筑较密的居住区（不透水覆盖面积为50%～70%）	0.5～0.7
建筑较稀的居住区（不透水覆盖面积30%～50%）	0.4～0.6
建筑很稀的居住区（不透水覆盖面积<30%）	0.3～0.5

表7－14　各类地面径流系数

地　面　种　类	径流系数（Ψ）
各种屋面、混凝土和沥青路面	0.9
块石铺砌路面	0.6
级配碎石路面	0.45
干砌砖石、碎石路面	0.4
非砌石土路面	0.3
公园和绿化	0.15

7.2.4　污水处理厂布局

7.2.4.1　污水处理厂厂址

污水处理厂的厂址选择受到污水的处置、排放的方式与排放点位置的影响。应在整个排水系统设计方案中综合考虑，全面规划。必须进行现场踏勘，经过多方案的技术经济比较而确定。在选择厂址时，一般应考虑以下一些问题：

①厂址应选择在地质条件较好的地方。地基较好，承载力较大，地下水位低，便于施工。

②处理厂应尽量少占土地和不占良田。同时，要考虑今后有适当发展余地。

③要考虑周围环境卫生条件。污水处理厂应设置在城镇集中给水水源的下游并尽可能在夏季主风向的下方，距离城镇或是生活区在300 m以上，并便于处理后的污水用于农田灌溉等。在工厂企业内的废水处理设备、处理站，对环境若没有明显影响，最好设置在紧靠废水发生处；如对环境有较大影响且规模较大，则应在厂区或是厂外单独划区设置，并应设在居住区和生产区的下风向，与居住区保持一定的距离并用绿化带隔离。

④处理厂应设在靠近电源的地方，并考虑排水、排泥的方便。

⑤处理厂应选择在不受洪水威胁的地方，否则应考虑防洪措施。

7.2.4.2 污水处理厂用地

污水处理工程的建设用地必须根据科学合理、节约用地的原则，执行国家土地管理的有关规定，提高土地利用率。土地征用以近期为主，结合远期发展，合理征用，不得任意扩大建设用地。小城镇污水处理工程地可按表7－15估算。

表7－15 小城镇污水处理工程用地估算面积 [单位：$m^2/(m^3 \cdot d)$]

处理水量	一级处理	二级处理（一）	二级处理（二）
1～2	0.6～1.4	1.0～2.0	4.0～6.0
2～5	0.6～1.0	1.0～1.5	2.5～4.0
5～10	0.5～0.8	0.8～1.2	1.0～2.5

注：①一级处理工艺流程大体为泵房、沉砂、沉淀及污泥浓缩、干化处理等。

②二级处理（一）工艺流程大体为泵房、沉砂、初次沉淀池、曝气、二次沉淀池及泥浓缩、干化处理。

③二级处理（二）艺流程大体为泵房、沉砂、初次沉淀池、曝气、二次沉淀池、消毒及污泥提升、浓缩、消化、脱水及沼气利用等。

7.2.4.3 污水处理厂的布局

污水处理厂布局，应根据中心城镇的地理条件、自然资源和社会经济发展情况，以经济合理，有利于污染的控制、有利于污水管网的布置和污水系统效率提高为原则。整个中心城镇的污水处理厂的设置进行统一规划。在进行污水处理布置时应对污水收集范围、污水处理厂规模、近远期规模、厂址及用地控制、尾水排放要求等内容进行确定。

7.2.5 污水、污泥处置与再生利用规划

7.2.5.1 污水的处置和再生利用规划

在水资源日益感到短缺和水环境普遍受到污染的今天，进行污水的处理再利用已成为衡量一个地区水资源合理利用程度的重要技术指标，污水处置就是指污水的最终去向，在建设中心城镇污水处理设施应本着经济、卫生为前提，来实现污水的再生利用，目前污水的再生利用主要是运用于工业冷却水、锅炉用水、工艺用水、农业灌溉、城镇居民生活及市政杂用、地下灌溉。

1）污水回用于工业

在城市供水中，工业用水所占比例很大，面对日益短缺的水资源和迅速发展的工业，除了节约用水、提高水的循环利用率外，城市污水回用于工业日益受到重视，这样既可以减少污水直接排放到自然环境中，减少污水对环境的污染，也可以节省大量的新鲜水，是缓解城市水资源紧张的一个有效途径，可谓是一举两得。

在城市污水回用于工业中，按照回用途径来分，主要有工业冷却水、锅炉用水、工艺用水等。

工业冷却回用水的标准可以参照《污水再生利用工程设计规范》（GB50335—2002）中再生水用作冷却用水的水质控制指标和《循环冷却水水质标准》（GB50050—95）中的再生水用作冷却用水的水质控制指标。

2）污水回用于农业灌溉

用于农业灌溉的灌溉用水对重金属和有毒物质要严格控制，要求满足《农田灌溉水质标准》（GB5018—92）的要求。其基本要求为：

①应不传染疾病，确保使用者及公众的卫生健康。

②不使土壤退化或是盐碱化。

③不使土壤中的重金属和有害物质的积累超过有害水平，或是通过“食物链”积累于食用作物中。

④不得危害作物的生长。

⑤不得污染地下水。

回用于农作物灌溉的重要水质项目包括：含盐量、钠吸附比（SAR）、硼、重金属、有机污染物、悬浮物、营养素及致病微生物等。

3）污水回用于城镇居民生活及市政杂用

污水回用于城镇居民生活用水时易于与人接触，对细菌指标和感官性能指标的要求较高。为防止供水管道堵塞，要求回用水除磷脱氮。

市政杂用包括城市绿化用水、冲厕用水、街道清扫用水、车辆冲洗用水、建筑施工用水和消防用水。

园林绿化是城市污水回用的重要途径。随着城市建设向生态化发展，城市绿化面积大幅度增加，相应的城市绿化用水量将显著提高。在选用耐旱草种和使用喷灌、滴灌等节水型灌溉技术来控制用水量的同时，利用经过适当处理后的城市污水灌溉城市园林和绿地，是节约和保护城市水资源的重要途径，不仅可以缓解城市供水矛盾，还可以减少周边河流、湖泊及地下水的污染。

冲厕用水具有用水量大、水质要求低、用水量稳定的特点，是利用城市杂用水的重要途径。

街道清扫是为了保持街道广场的清洁，便利交通，在夏季道路洒水也可以起到一定的降温和保护路面的作用。街道清扫用水量较大，水质要求较低，适合于城市污水回用。

城市消防水源是城市抵御火灾的重要设施，关系到国家、集体、个人的生命财产安全。消防用水的范围包括消火栓、喷淋、喷雾、泡沫、消火炮用水等，从消防的实际意义上讲，凡是可用于扑救火灾的水体均可以作为消防水源。经过适当处理的城市污水是作为消防用水的主要水源之一，可以减少自来水的用量，节约水资源。

车辆冲洗：利用城市杂用水冲洗车辆时，其水质要求主要是不对车辆部件产生腐蚀损害，不在冲洗后车辆表面留有细小的残留物。因此，其重要的水质控制标准是pH值、SS值及表面活性剂等。

建筑施工：在城市的建设与发展过程中，建筑施工中的各种用水具有用水量大、水质要求低的特点，适合于利用城市杂用水，达到杂用水标准的再生水完全能用于建筑施工的各个环节。同车辆冲洗一样，在建筑施工用水的回用途径中，pH值宜尽量控制在近中性。避免对混凝土构件，特别是钢构件的产生损害。

4）污水回用于地下灌溉

城市污水回用于地下灌溉补充地下水作为污水回用的一种途径可有效地开发利用水资源，通过水的大循环形成清洁水链，对保护生态环境及实现经济社会的可持续发展具有重要的战略意义。补充地下水的作用：地下水源补给、防止海水入侵、防止地面沉降、处理污水并回用、冷源（或热源）储备。

污水回用于地下灌溉补充地下水的水质是长期以来关注的焦点，由于水的地层渗透不能有效地去除水中的有机污染物质，不能视作一种水处理手段，不恰当的再生水地下回灌可能造成含水层和地下水难以消除的近期和长期污染。因此各国对再生水地下回灌十分慎重。

地下水人工回灌水的水质要求，应根据当地地下水的用途、自然和卫生条件、回灌过程和含水层对水质的影响，技术经济条件及相关标准合理确定，严格要求。其水质要求主要包括一下几个方面：

①其水质应优于原地下水水质，或是达到生活饮用水水质标准。

②回灌后不会引起区域地下水的水质变化和污染。

③不会引起井管或是滤水管的腐蚀和堵塞。

根据水质控制的要求，保证水链清洁，地下回灌水的主要水质控制参数为微生物学指标、总无机物、重金属、难降解有机物等。

7.2.5.2 污泥的处置和再生利用规划

污泥的最终处置方法有堆存、焚烧、湿式氧化和弃置。污泥的再生利用应根据中心城镇的情况来确定污泥的回用与否以及回用的途径和方法。对于达到《城镇污水处理厂污染物排放标准》要求的污泥，可用作肥料和改良土壤；对于达到《城市生活垃圾卫生填埋技术规范》要求的污泥可与城市生活垃圾合并处置和单独处置；还可以从工业废水泥渣中回收工业原料，例如，轧钢废水中的氧化铁皮，高炉煤气洗涤水和转炉烟气洗涤水的沉渣，均可作烧结矿的原料；许多有机污泥还可作为铺路、制砖、制纤维板和水泥原料。

7.3 污水收集系统

7.3.1 污水收集系统

城镇污水收集系统主要功能是将城镇各污水单元的污水集中收集至污水处理厂，系统主要由污水收集及输送管道和必要的提升泵站组成。由于各城镇的发展阶段不同，市政建设的管理、发展次序以及经济实力不同的原因，在建设中心城镇的时候污水收集系统的构成各有不同，根据城镇不同排水体制有如下 3 种污水收集系统。

1）分流制集污系统

分流制集污系统是由污水收集管道，泵站和污水收集输送管道组成，与雨水系统完全分开，管道的设计及使用只考虑污水水量及水质。

2）合流制集污系统

合流制集污系统是由截污管道，必要的提升泵站和输送管道组成。截污管道在旱季收集城市污水，在雨季收集雨污混合污水并对雨水 1 ～ 5 倍的截留。

3）混合制集污系统

混合制集污系统中有部分地区是分流制排水，部分地区是合流制排水，由于合流和分流部分所占的比例不同或存在的位置不同，都将影响着污水的收集。该集污系统介于合流和分流集污系统之间，系统的建立相对复杂得多。

合理的选择集污系统体制是排水系统的重要问题，它不仅关系到排水系统是否适用和建设投资的多少，而且更重要的是能否满足环境保护的要求。

7.3.2 污水收集系统优先考虑的问题

1）编制城镇污水专项规划

目前大部分城镇缺污水治理专项规划，造成盲目建设，排水系统混乱，污水收集困难，为了提高中心城镇污水处理系统的效率。必须先行制定城镇污水专项规划，并制定近期完善集污系统的实施计划。确定主、支干管的走向，确定局部的衔接和建设次序，确保与城镇规划发展相协调，并随着城镇不断发展，使污水能有序的进入集污系统。

2）重视管网配套建设

而且大多数城镇污水处理系统的建设普遍存在重视污水处理厂规模和工艺的确定及资金的筹措，而对集污系统的建立和完善缺乏足够的论证，只是将现有合流制排水口简单地用截污管道收集起来，对如何通过管网改造，真正实行污、雨分流，将污水全部收集起来未加以重视，从而导致厂网不配套，收集到的污水的浓度严重偏低。收集水量不足。同时未考虑广州地区多雨的自然特点，造成污水处理系统效率低，存在巨大的浪费。因此在中心城镇的排水系统的建设过程中必须重视厂网技术同步论证、同步建设、同步完成，可有效地提高污水处理系统的总体效率，达到节约的目的。

3）优先完善集污主干管的建设

集污系统的建设次序一般要求优先建设主干管，支管不断地接入，形成完善独立的树枝状的集污系统，但由于城镇建设存在统一协调的原因，在污水处理厂能建成之前。存在部分集污主干管滞后于支管建设，部分支管滞后于用户排污建设，造成污水管道建成后无出路，混接到雨水管渠中，形成分流制排水区中混接情况严重，污水走向不明，收集困难，为了在短时间内将污水收集起来，只能将混接严重的分流区当作合流区。采用截污的方式进行污水收集，降低了分流制管道功能及效率。

优先实施集污主干管是避免污水管混接的前提，是完善集污系统的保障，优先实施集污系统的主干管，可理顺原有的污水管道，使以后接入的污水有明确的走向，同时为旧系统的改造提供有利条件。

4）污染物总量控制指标

目前，存在污水处理率达到要求，但水环境质量仍达不到要求的现象，这仍然是一个重要的环境问题。因此中心城镇的应制定污染物总量控制指标。使水污染的状况整体改善。

5）截留雨水的处理

由于原大部分城镇存在污水管道混接到雨水排水系统的情况普遍存在，进入污水处理厂，存在部分雨、污水未经实质性处理直接排入水体，明显降低污水处理系统的减污能力。特别是中小城镇，由于排水体制多为合流制，集污采用截污的方式，截污倍数的选取直接影响到污水处理厂的规模以及污水处理的稳定性。也就直接影响到污水处理厂运行费用等。我国采用截流倍数一般取1～3倍，雨旱季水质水量变化较大，污水处理厂的最大处理量远不能满足截流污水量的处理。大量的污染物仍直接排入水体。因此在有条件的城镇建设中心城镇，应对截留雨水进行初沉或过滤处理后排放。现在通常设计的可处理污水水量偏高的问题是普遍存在的，留余地过大，既增加投资亦会使设备闲置或低效运行。

6）恰当采用新管材和施工方法

目前集污管道普遍采用传统的混凝土管，施工技术较单一（大开挖或顶管），接口漏水、渗水现象十分普遍，随着污水管材迅速发展，新型污水管主要以柔性管材（如HDPE和PVC双壁波纹管、PE缠绕管、大口径PE加肋缠绕管、玻璃钢管）为主，其具有密闭性能好，基础处理简单和施工周期短等优点。因此，在采用管材上应因地制宜，恰当地选择合适的管材和管基处理，并通过采用灵活多样的施工方法（如托管施工、顶管施工、套管施工、小顶管施工等非开挖技术）降低造价，减少拆迁量（截污系统实施带来的拆迁费用相当巨大），减少管道的渗漏，提高系统的效率。

7.4 城市污水处理与回用

7.4.1 城市污水处理工艺及技术

7.4.1.1 城市污水的水质特征

1）有机污染物的生物可降解性

以可生物降解有机污染物为主的生活污水是城市污水的主要组成部分，功能综合的城市，城市排水系统接纳的生活污水约占总污水量的45%～65%，因此，相应的城市污水具有生活污水的特点。

2）水质成分复杂性

城市污水的水质，在主要方面具有生活污水水质特征的同时，在不同城市或是城市的不同区域因工业的规模和性质不同，其水质指标和成分往往有明显变化。工业污水中污染物的种类要比生活污水多得多，变化又大，所以工业污水是造成城市污水成分复杂、水质水量变化大的主要原因。

3）地区及季节的差异

城市污水的水质情况，不仅南北方有差异，城市之间有差异，而且在同一城市的不同区域，由于地区功能不同，其水质也有很大差异；对于同一区域的污水处理厂，不同的季节水质也有很大的差异。因此，对出水水量要求稳定的回用水，在技术上要充分考虑城市污水的这些特点，这也是回用工程取得成功的关键之一。

7.4.1.2 城市污水处理的程度及相应处理方法

目前由于水资源匮乏，水污染不断加剧，深度处理也正日益引起人民的重视。现代污水处理技术，按处理程度划分，可分为一级、二级和三级处理和深度处理。污水处理级别应根据污水水质、水体对排入水的水质要求等因素，通过技术经济比较后确定。当要求悬浮物和五日生化需氧量处理效率分别为

40%～55%和20%～30%时，可选用污水一级处理；当要求悬浮物和五日生化需氧量处理效率不低于80%时，可选用污水二级处理。对接纳水体为封闭水域，现已富营养化或存在富营养化威胁的水域以及污水处理后进行回用的，可选用除磷脱氮工艺或深度处理工艺。

一级处理：采用物理处理方法，如筛滤、沉淀等。主要是去除污水中呈悬浮状态的固体污染物质。一级处理出水由于BOD去除率只有30%左右，所以不能直接排放。

二级处理：采用生物处理方法，如活性污泥法、生物膜法等，主要是去除污水中呈胶体和溶解状态的有机污染物质。二级处理出水的BOD去除率达90%以上，从有机物的角度来说，可以达到排放标准。但传统活性污泥法和生物膜对氮、磷的去除尚不能满足相应的要求。

三级处理：是在一、二级处理的基础上，进一步处理难降解的有机物、氮、磷等无机营养物等，主要方法有：生物脱氮脱磷法、混凝沉淀、活性炭吸附、离子交换、电渗析。

深度处理，是指以污水回用为目的，在一级或是二级处理的基础上增加的处理工艺。

广东省城镇污水处理级别要求：经处理达到回用要求或排海要求的污水处理厂，可采用一级处理或一级强化处理；一般情况下，采用二级处理或二级强化处理。对受纳水体需进一步减污，或有再利用要求的污水处理厂需做深度处理。

7.4.1.3 广东省城镇污水处理适用工艺流程的推荐

根据我省城镇现有污水处理厂使用情况及国内外技术使用的现状基础上，并考虑了我省各地区排水现状自然条件、社会经济发展程度、生活习惯、产业结构等如下特点：

①广州人均生活用水定额较大，污水浓度偏低。

②生活污水量大，工业废水量小。

③建制镇排水系统多为合流制。

④分流制排水系统大多数实施为混流制排水系统。

⑤河网地区地下水较高，地下水渗入量大。

⑥旱季和雨季的污水水质、水量变化较大。

分析筛选适用我省城镇污水处理技术，广州市中心城镇人口大概为20万～30万人口，大约日产污水量约6万～9万m^3。可以选用氧化沟、SBR法、水解好氧法、AB法和生物滤池（BAF）等技术，也可选用A/O，A/A/O工艺。

针对处理后尾水排入水体的功能分区和环境容量可以选择不同处理工艺。

①排入III类水环境质量功能区的城镇的城市污水处理厂，执行一级排放标准，须采用二级强化处理工艺。

②排入IV类、V类水环境质量功能区的城市和城镇的城市污水执行二级排放标准，须采用二级处理。

③排入一类控制区（III类的水域和二类的海域）的污水执行一级标准；排入二类控制区的污水执行二级标准。

④在现状水环境已超过水功能规划时，须提高城市污水处理级别，满足水环境污染总量控制的要求。

对于最终选择什么工艺来处理应该综合以上的要求，处理级别确定应同时满足。经济相对滞后的地区宜采用造价及运行费用较低，占地相对较大的强化自然生物处理方法，并考虑回用。

7.4.2 污水的处置和回用

7.4.2.1 城市污水处理厂出水水质

由于我国大部分城市对于中小型的工业企业的污水大多倾向于与城市污水共同处理的方式。由市政部门统一的城市污水处理厂。城市污水处理厂出水水质标准如表7-16。

表7-16 城市污水处理厂出水水质

序号	项目 / 标值	一级处理		二级处理
		最高允许排放浓度（mg/L）	处理效率	最高允许排放浓度（mg/L）
1	pH值	0.5～8.5		6.5～8.5
2	悬浮物	<120	不低于40	<30
3	生化需氧量（5d，20℃）	<150	不低于30	<30
4	COD_{cr}	<250	不低于20	<120
5	色度（稀释倍数）	—	—	<80
6	油类	—	—	<60
7	挥发酚	—	—	<1
8	氰化物	—	—	<0.5
9	硫化物	—	—	<1
10	氟化物	—	—	<15
11	苯胺	—	—	<3
12	铜	—	—	<1
13	锌	—	—	<5
14	总汞	—	—	<0.05
15	总铅	—	—	<1
16	总铬	—	—	<1.5
17	六价铬	—	—	<0.5
18	总镍	—	—	<1
19	总镉	—	—	<0.1
20	总砷	—	—	<0.5

7.4.2.2 经二级处理出水中的主要污染物

二级处理出水中主要的污染物有难降解有机物、氮、磷、致病微生物、细小的固体颗粒以及无机盐、重金属以及影响回用的溶解性矿物质等。

7.4.2.3 回用水处理方法

多数情况下，回用处理是指将二级处理后的污水在进行深度处理，以去除二级处理剩余的污染物，为使净化后的污水达到各种回用目的的水质要求。回用处理技术的选择主要取决于再生水水源的水质和回用水水质要求。

7.4.2.4 深度处理单元技术

为了向多种回用用途提供高质量的再生水，需对二级或二级强化处理后的城市污水进行深度处理，去除城市污水处理厂出水水中剩余的污染成分，达到回用水水质要求。这些污染物质主要是氮、磷、胶体、细菌、病菌、微量有机物、重金属以及影响回用的溶解性矿物质等。城市污水回用深度处理基本单元技术有混凝沉淀（气浮）、化学除磷、过滤、消毒等。对回用水水质要求更高时采用的深度处理单元技术有活性炭吸附、臭氧-活性炭、生物炭、脱氨、离子交换、微滤、超滤、纳滤、反渗透、臭氧氧化等。

7.4.2.5 污水回用工艺处理工艺

根据城市污水回用设计规范（CECS61:94）中的要求。回用水厂工艺宜采用下列基本工艺：一级处理——→二级处理——→混凝、沉淀（澄清）——→过滤——→消毒。当有试验依据或回用水水质有特殊要求时，也可选用其他再生工艺。对于水质要求更高的回用水用户，还可在深度处理中增加活性炭吸附、氨吹脱、离子交换、折点加氯、反渗透、臭氧氧化等单元技术中一种或几种组合。一级处理初沉池可按常规污水处理厂设计，沉淀时间宜稍长，可采用1.5～2.5h。二级处理的设计应安全、稳妥。应考虑低温和冲击负荷的影响。当采用活性污泥法时，为防止污泥膨胀，宜设有厌氧段。有条件的可采用改进型二级处理技术，其设计参数可通过试验或参考相似条件的运行资料确定。图7－1给出了各种污染物的去除处理技术。

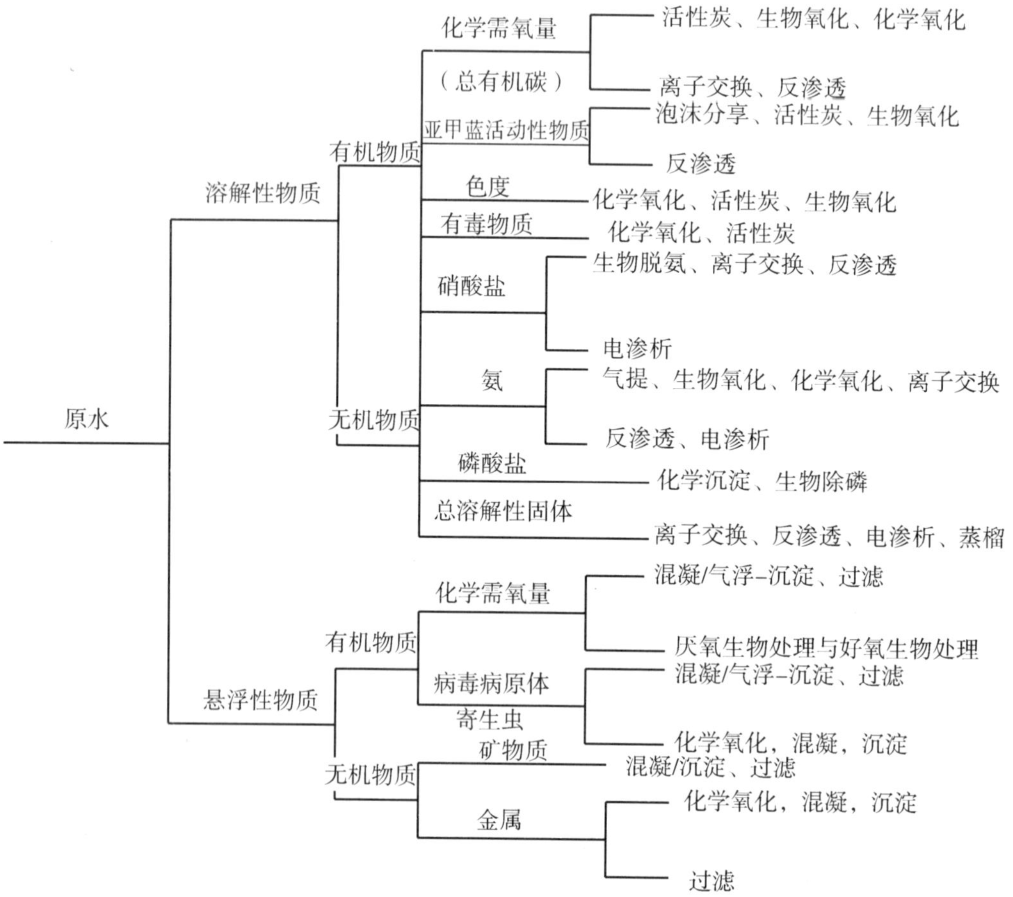

图7－1 再生水源水中各种污染物的去除的处理技术一览

7.4.3 污泥处理、处置及综合利用

污水处理的常规工艺主要是通过生物降解作用和固液分离，使污水得到净化，同时将污染物富集到污泥中，污泥含有大量的有机物和病原体，而且极易腐败发臭，很容易造成二次污染，目前在城市污水处理厂的建设和运行中往往只考虑污水处理厂内污水的处理成本，并未全面考虑污泥的无害化处理和处置。

污泥处理指城市污水处理厂对污水处理过程中产生的污泥进行减量化、稳定化、资源化和无害化处理，使之对环境的负面影响降至可接收的程度，并便于贮存、运输和应用；而污泥处置是指处理后的污泥的消纳。

有条件的中心镇可以进行单独处理处置，但是为减少处理成本尽量考虑几个中心镇集中处理、处置。形成区域污泥处理、处置系统，这种系统是一个大型区域污泥处理、处置场代替许多分散的小型的污泥处理、处置场。这样可以降低污泥处理厂的基建和运行管理费用，而且能可靠地防止工业污染，改善和保护了环境。

7.4.3.1 污泥的处理

城镇污水处理产生的污泥，应采用厌氧消化、好氧（或厌氧）、堆肥等方法进行稳定化和无害化处理，或采用干化、焚烧等方法进行减量化处理。中心城镇的日产污水量大概6万～9万 m^3 的污水。可进行堆肥处理和综合利用。采用物化一级强化处理的污水处理设施，产生的污泥须进行妥善的处理和处置。

7.4.3.2 污泥的处置

污泥处置解决的是污泥最终出路的问题，污泥处置应遵循无害化、稳定化、减量化和资源化的原则；污泥的最终处置的方法有：

①卫生填埋。

②园林用土。

③农用土。

④林用土。

⑤建材（如制砖）。

中心城镇污水处理厂的污泥必须进行处置，应综合利用、化害为利或采取其他措施减少对城市环境的污染。对于达到《农用污泥中污泥物控制标准》（GB4282）要求的污泥，可用作农业肥料，但不宜用于蔬菜地和当年放牧的草地。对于符合《城市生活垃圾卫生填埋技术标准》（CJJ17）规定的污水处理厂污泥可与城市生活垃圾合并处置，也可另设填埋场单独处置，应经综合评价后确定。

污泥的处置方法必须根据污泥处理情况进行选择，两者之间相互制约，具体选择时，中心城镇最终采用什么处置方法可根据可处置的条件，确定一种或多种污泥最终处置方法。并合理分配各方法的处置量。最终实现“四化”处置原则。污泥处理和处置之间的关系见表7－17。

表7－17 污泥处理和处置之间的关系

序号	污泥最终处置	消纳污泥
1	卫生填埋	含水量低于70%污泥 脱水污泥 焚烧灰渣 干化污泥 消化污泥 堆肥后污泥
2	园林用土 农用土 林用土	稳定的消化污泥 堆肥污泥 湿污泥直接用于林用土 干化污泥 脱水污泥
3	制砖	脱水污泥 焚烧灰渣

7.4.3.3 污泥处理、污泥处置的技术经济比较

污水污泥的处理和处置应在减量化、稳定化、无害化和资源化四大原则的前提下，因地制宜，有前瞻性地采取合适的污泥处理、处置工艺，参见表7－18、表7－19。

表 7－18　污水污泥处理、处置技术比较

方法	热处理技术		生物处理技术	卫生填埋
	干燥	焚烧		
适用对象	各类污泥	高热值污泥	高 C，N，P，K 含量污泥	低于 70% 含水率的污泥焚烧灰
条件要求	安全要求；废气与臭气排放达标要求	热值不得小于一定值；烟气治理达标；焚烧灰妥善处理	混合菌群；污泥成分与性质调整；臭气与废气治理	需要微生物作用；需集水、防渗漏措施；覆土防污法；集气、防爆炸
主要优点	减容 75%～80% 产品便于包装、运输和贮存；产品性能稳定，用途较多；设备占地少、处理时间短；杀灭病原体	减容 80%～95%；焚烧灰量少且性能稳定；热能可回收；焚烧发电的政策导向明确；设备占地少、处理时间短；杀灭病原体	产品进入生态系统良性循环；杀灭病原体；土壤增肥改良；操作容量弹性较大	操作简单；可处理各类垃圾；施工时间短；经营成本小
主要缺点	设备技术要求高；消纳量弹性小	烟气治理投资较大；设备技术要求高；消纳量小	市场不成熟且受季节影响大；技术要求高，需要熟练人员；预处理复杂	填埋地大且受限；运输费高；操作受气候影响大；沉陷时间长达 10～20 年
主要设备	干燥器、废气净化装置等	焚烧炉、余热锅炉、烟气治理装置等	发酵仓、腐热设备、废气净化装置等	推土机、压实机、填土机、集气装置、渗滤水处理装置等

表 7－19　污泥处理典型流程的单位投资和运行费用

处理单元	项目	国产设备		进口设备		技术指标
		投资（万元/t 干污泥 d）	运行费用（万元/t 干污泥）	投资（万元/t 干污泥 d）	运行费用（万元/t 干污泥）	
污泥调蓄池	污泥调蓄池	2～3				单位投资额
低温热处理（蒸煮）	厂房、设备	40～50		65～80		135℃～165℃
	电力		0.012		0.012	
	燃料（煤）		0.048		0.048	
	净化设施运行费用		0.025		0.025	
污泥消化单元	厂房、设备	55				
	电力		0.015			
	净化设施运行费用		0.025		0.025	
浓缩脱水机房	厂房、设备	30～40	50～60			
	絮凝剂		0.027 5		0.027 5	含水率降至 65%
			0.013 8		0.013 8	含水率降至 80%；如用热处理工艺，含水率可降至 45%～55%
	电力		0.010 0		0.010 0	
	净化设施运行费用		0.02～0.06		0.02～0.06	
污泥干燥	厂房、设备	30～40		40～50		含水率降至 100%
	电力		0.005 0		0.005 0	
	蒸汽		0.008		0.008	初始含水率 80%
			0.004 0		0.004 0	初始含水率 65%
	净化设施运行费用					

续表

处理单元	项目	国产设备		进口设备		技术指标
		投资（万元/t 干污泥 d）	运行费用（万元/t 干污泥）	投资（万元/t 干污泥 d）	运行费用（万元/t 干污泥）	
焚烧	厂房、设备	70～80		90～110		
	电力		0.015		0.015	
	净化设施运行费用		0.005～0.008		0.005～0.008	
卫生填埋	设施		18		24	以湿污泥重量为基准
	运行费用		0.001 5		0.001 5	

注：①絮凝剂单价5.5万元/t，电费1元/kW·h；对卫生填埋则基于实际污泥状况而未折算到干污泥。

②卫生填埋基于实际污泥状况而未折算到干污泥；工艺流程中百分数指污泥含水。

7.4.4 除臭

7.4.4.1 除臭的必要性

污水处理厂在处理污水过程中不可比避免的会产生臭气，产生臭气的场所有污水泵房、格栅、沉砂池、生物反应池、污泥脱水机房等，臭气对工作人员及周围居民的健康带来危害，能使人食欲不振、头昏等，降低污水处理厂周边土地的投资价值。因此污水处理厂需对气体指数不符合《城镇污水处理厂污染物排放标准》中大气污染物排放指数的气体进行收集并处理。

7.4.4.2 污水处理厂除臭方法

① 水清洗和药清洗法。

②臭氧氧化法。

③生物脱臭法。

④土壤脱臭法。

⑤活性炭吸附法。

⑥燃烧法。

7.4.5 污水的消毒处理

污水经相应的二级处理过程后，水质已经得到改善，污水中细菌含量也大幅度减少，但细菌的绝对值仍很可观，并存在有病原菌的可能。在污水进行回用时就必须达到回用标准，因此在排放水体前、在农田灌溉、园林用水时，应进行消毒处理，避免造成二次污染。污水的消毒过程应连续进行。在经过卫生防疫部门的同意后，也可考虑采用间歇消毒或酌情减少消毒剂的用量。

目前的消毒方法有紫外线消毒法、液氯消毒法、臭氧消毒法、次氯酸钠消毒法、二氧化氯消毒法。对于中心城镇来说，可先采用液氯消毒法来进行消毒处理。随着规模的发展，再考虑其他的消毒的方法。

7.5 排水设施的建设

7.5.1 城镇排水设施项目建设实施程序

污水处理厂的建设一般分为4个阶段：前期阶段、设计阶段、施工阶段、验收阶段。首先在排水规划的基础上，编制项目建议书和可行性研究报告，同时进行项目环境影响评价；然后进行工程初步设计和施工图阶段，完成设计图纸工作；在此基础上再上报开工报告并进行工程施工、建设和调试运行；最后工程竣工验收后交付使用。

7.5.2 项目前期管理

在项目进入设计阶段之前，必须按规定在排水规划的基础上编制项目建议书和可行性报告，并同步进行项目环境影响评价。这些项目的前期管理必须做好。

7.5.2.1 可行性研究报告

在一个项目进行设计之前应该委托有相应资质的工程咨询单位来编制项目的可行性研究报告，项目法人应派人员配合可行性研究报告的编制单位收集资料、办理相应的申请手续。排水设施是中心城镇的重要基础设施，必须选择最佳的建设方案，所以要对排水设施所涉及中心城镇未来发展、经济条件、社会效益及环境效益等各个方面进行全面的论证，反复对比。据此做出客观的科学论证和评价，以判断该项目是否可行，并作为行政管理部门决策的根据，减少和避免失误，提高对中心城镇排水设施的综合效益。

可行性研究报告的主要内容：

①引言部分：包括编写目的、背景等。

②可行性研究的前提：包括要求、目标、条件及进行可靠性研究的方法。

③对现有系统的分析。

④对所建议的系统的分析以及其他可选择的系统。

⑤投资及收益比。

⑥社会方面的可行性及结论。

7.5.2.2 项目建议书

项目建议书是建设单位向国家提出要求建设某一地区污水处理系统的建议文件，是建议程序中最初阶段的工作，是投资决策前对拟建污水处理项目的轮廓设想。

项目建议书的主要内容：

①建设污水处理厂的必要性和依据。如需引进先进技术和设备，应说明理由。

②建设污水处理厂的地点和规模的初步设想。

③投资估算和资金筹措的计划，如计划利用外资，则需说明利用外资的理由和可能性，以及偿还贷款能力的初步推算。

④项目的建设进度设想和效益估算。

7.5.2.3 环境影响评价

环境影响评价文件中的环境影响报告书或者环境影响报告表，应当由具有相应环境影响评价资质的机构编制。项目环境影响报告书应由建设单位报有审批权的环境保护行政主管部门审批。环境影响评价对规划和建设项目实施后可能产生的环境影响进行分析、预测和评估，提出预防或者减少不良环境影响的对策和措施。

建设项目的环境影响报告书应当包括下列内容：

①建设项目概况。

②建设项目周围环境现状。

③建设项目对环境可能造成影响的分析、预测和评估。

④建设项目环境保护措施及其技术、经济论证。

⑤建设项目对环境影响的经济损益分析。

⑥对建设项目实施环境监测的建议。

⑦环境影响评价的结论。

涉及水土保持的建设项目，还必须有经水行政主管部门审查同意的水土保持方案。环境影响报告表和环境影响登记表的内容和格式，由国务院环境保护行政主管部门制定。

7.5.3 设计、施工阶段

7.5.3.1 初步设计

初步设计应根据之前所作的可行性研究报告和环境影响评价来进行，初步设计的任务包括确定工程规模、建设目的、投资效益、设计原则和标准、各专业个体设计及主要工艺构筑物设计、工程概算、拆迁征地范围和数量、施工图设计中可能涉及的问题和建议。

项目的法人需将初步设计的文件上报审批部门审批，在审批意见与所报文件内容有较大变动时应根据审批意见补编、修正初步设计文件。若变动较小时，经主管部门批准后可不补编、修正。批准后的初步设计文件是进行后续的施工图设计的依据。初步设计文件应包括：设计说明书、设计图纸、主要工程数量、主要材料设备规格与数量和工程概算。

7.5.3.2 施工图设计

施工图设计的主要任务是提供能满足施工、安装、加工和使用要求的设计纸、说明书、材料设备和工程预算。施工图设计是在初步设计为依据来进行的。

7.5.3.3 污水处理工程施工与调试

1）污水处理工程施工

污水处理工程施工是项目建设的实现阶段，包括土建施工、设备加工制造及安装的全过程。本阶段设计人员应向施工单位和设备供应单位进行技术交底，施工单位要按设计图纸施工，施工人员发现问题或提出合理化建议，应经过一定程序才能变动。施工时，为了总结设计经验，应及时解决施工中出现的技术问题，或根据具体情况对设计作必要的修改和调整，设计人员要有计划地配合参加施工。对一般设计项目，指派主要设计人员到施工现场，解释设计图纸，说明工程目的、设计原则、设计标准和依据，提出新技术的特殊要求和施工注意事项；对重大或新技术项目，必要时应派现场设计代表，随时解决施工中存在的问题。

2）污水处理工程调试运行

污水处理工程的调试运行是污水治理项目的一个重要环节。通过试运行可以进一步检验土建工程、设备和安装工程的质量，是保证正常运行过程能够高效节能的基础，进一步达到污水治理项目的环境效益、社会效益和经济效益。

污水处理工程的调试运行，不但要检验工程的质量，更重要的是要检验工程运行是否能达到设计的处理效果。污水处理工程调试运行的内容和要求有以下几点：

①通过调试运行检验土建、设备和安装工程的质量，建立相关设施的档案材料，对相关机械、设备及仪表的设计合理性、运行操作注意事项等提出建议。

②对某些通用或专用设备进行带负荷运转，并测试其能力。如曝气设备的充氧能力或氧利用率。

③单项处理构筑物的试运行，要求达到设计的处理效果，尤其是采用生物处理法的工程，要培养出微生物污泥，并在达到处理效果的基础上，找出最佳运行工艺参数。

④在单项设施试运行的基础上，进行整个工程的联合运行和验收。确保污水处理能够达标排放。

7.5.4 项目实施指责分工

7.5.4.1 对于由政府投资的污水处理项目的管理分工

政府部门负责城市污水处理项目的规划、设计、筹集资金、组织、招标、监理、监督；一般由政府部门委托具有相关资质的设计单位、咨询机构、招标代理机构、工程监理单位来承担。

企业投标，中标单位承担项目的施工安装任务，并接受政府部门及其委托的监理单位的监督管理。

工程建成后，由政府组织运行管理机构。

7.5.4.2 对于由非政府投资的污水处理项目的分工

私人投资污水处理工程，政府部门负责污水处理项目的规划、组织、招标、监理、监督；一般由政府部门委托具有相关资质的设计单位、咨询机构、招标代理机构、工程监理单位来承担。

企业投标，中标单位承担项目的设计、资金筹集、施工安装任务，并接受政府部门及其委托的监理单位的监督管理。

工程建成后，由企业承担企业化的运行管理机构。并接受政府部门及其委托的监测单位的监督管理。

7.5.5 主要的技术经济指标

主要的技术经济指标用地指标、工程投资估算指标、单位水量材料消耗指标、电耗指标、运行费用指标。

7.5.5.1 用地指标

污水厂、泵站的建筑应符合实用、经济、适当注意美观的建设原则，建筑物造型应简洁美观，并应使建筑物和构筑物群体的效果与周围环境相协调。

污水处理厂的总平面布置应以节约用地为原则，根据不同构筑物的功能和工艺的要求，结合污水处理厂的当地的地形、气候等条件，使整个布置合理、经济。

中心城镇污水处理厂的污水处理工程的建设用地必须根据科学合理、节约用地的原则，执行国家土地管理的有关规定，提高土地利用率。土地征用以近期为主，结合远期发展，合理征用，不得任意扩大建设用地。

泵站建设用地面积应根据规模、泵站性质确定。不应超过表7－20所列指标。

表7－20　泵站建设用地指标　（单位：m^2）

建设规模 / 泵站性质	Ⅰ	Ⅱ	Ⅲ	Ⅳ
污水	2 000～2 700	1 500～2 000	1 000～1 500	600～1 000
合流	1 500～2 200	1 200～1 500	800～1 200	400～800

注：①表中指标为泵站围墙以内，包括整个流程中的构筑物和附属建筑物、附属设施等占地面积。

②小于Ⅳ类规模的泵站，用地面积按Ⅳ类规模的指标控制。大于Ⅰ类规模的泵站；每增加10万m^3/d，用地指标增加300～400m^2。

7.5.5.2 投资估算指标

可按表7－21估算投资。

表7－21　城市污水处理工程投资估算指标　［单位：元/（m^2·d）］

类别	建设规模	投资估算指标
一级污水处理厂	Ⅰ	100～140
	Ⅱ	140～200
	Ⅲ	200～240
	Ⅳ	240～340
	Ⅴ	340～480

续表

类别	建设规模	投资估算指标
二级污水处理厂	Ⅰ	250～350
	Ⅱ	350～500
	Ⅲ	500～600
	Ⅳ	600～850
	Ⅴ	850～1 200
污泥处理	Ⅰ	80～120
	Ⅱ	120～150
	Ⅲ	150～180
	Ⅳ	180～250
	Ⅴ	250～350
污水泵站	Ⅰ	10～15
	Ⅱ	15～20
	Ⅲ	20～25
	Ⅳ	25～40
	Ⅴ	40～60
污水管道	Ⅰ	6～10
	Ⅱ	10～14
	Ⅲ	14～20
	Ⅳ	20～28
	Ⅴ	28～50

注：①污水处理厂工程投资估算指标只包括厂区围墙内的设施，不包括征地、拆迁、青苗与破路赔偿、电力增容等费用。
②污水管道投资为每公里单位水量的估算指标。
③工程投资估算指标的材料价格采用北京市1990年材料预算价格计算，不同时间、地点、人工、材料价格变动，可按工程万元实物指标调整后使用。
④表中指标规模大的取低限、规模小的取高限。

城市污水处理工程建筑安装工程投资各分项工程投资所占比例可参照表7－22选用。

表7－22　城市污水处理工程建筑安装工程投资各分项工程投资所占比例

序号	项目		建筑工程	工艺设备	电气设备	管道配件	合计
1	污水处理厂	一级处理	60	15	10	15	100
2		二级处理	50	28	12	10	100
3	污水泵站		55	25	14	6	100
4	污水管道		10	3	-	87	100

7.5.5.3　单位水量材料消耗指标

单位水量材料水泵指标参见表7－23。

表 7－23　城市污水处理工程各分项工程单位水量材料消耗指标　　（单位：m^3/d）

类别	建设规模	钢材（kg）	水泥（kg）	木材（m^3）	金属管（kg）	非金属管（kg）
一级污水处理厂	Ⅰ	7～10	48～65	0.007～0.009	3～4	4～6
	Ⅱ	10～15	65～95	0.009～0.013	4～6	6～8
	Ⅲ	15～18	95～115	0.013～0.016	6～7	8～10
	Ⅳ	18～24	115～160	0.016～0.022	7～0	10～14
	Ⅴ	24～84	160～220	0.022～0.030	10～14	14～18
二级污水处理厂	Ⅰ	22～30	130～185	0.010～0.015	9～18	6～9
	Ⅱ	30～42	185～260	0.015～0.022	13～18	9～12
	Ⅲ	42～45	260～20	0.022～0.025	18～22	12～15
	Ⅳ	52～70	320～450	0.025～0.036	22～30	15～20
	Ⅴ	70～100	450～600	0.036～0.050	30～44	20～30
污水处理	Ⅰ	8～12	45～65	0.003～0.005	2～3	0.8～1.2
	Ⅱ	12～15	65～80	0.005～0.006	3～4	1.2～1.5
	Ⅲ	15～18	80～100	0.006～0.007	4～5	1.5～1.8
	Ⅳ	18～25	100～140	0.007～0.010	5～6	1.8～2.5
	Ⅴ	25～36	140～200	0.010～0.014	6～8	2.5～3.0
污水泵站	Ⅰ	1.2～1.8	4～6	0.000 4～0.000 6	0.3～0.4	0.16～0.25
	Ⅱ	1.8～2.4	6～8	0.000 6～0.000 8	0.4～0.6	0.25～0.35
	Ⅲ	2.4～3.0	8～10	0.000 8～0.001 0	0.6～0.7	0.35～0.45
	Ⅳ	3.0～4.5	10～16	0.001 0～0.001 5	0.7～1.0	0.45～0.70
	Ⅴ	4.5～7.0	16～24	0.001 5～0.002 4	1.0～1.5	0.70～1.00
污水管道	Ⅰ	0.18～0.30	1.5～2.5	0.000 2～0.000 3	0.3～0.4	10～18
	Ⅱ	0.30～0.42	2.5～3.5	0.000 3～0.000 4	0.4～0.6	18～26
	Ⅲ	0.42～0.60	3.5～5.0	0.000 4～0.000 6	0.6～0.9	26～38
	Ⅳ	0.60～0.78	5.0～6.5	0.000 6～0.000 8	0.9～1.2	38～50
	Ⅴ	0.78～1.5	6.5～12.0	0.000 8～0.001 5	1.2～2.2	50～95

注：①表中污水管道的材料消耗为每千米单位水量指标。

②表中指标，规模大的取低限；规模小的取高限。

7.5.5.4　电耗指标

电耗指标参见7－24。

表 7－24　城市污水处理工程电耗指标

建设规模 / 类别	城市污水处理工程电耗指标［kW·h/（m^3/d）］				
	Ⅰ	Ⅱ	Ⅲ	Ⅳ	Ⅴ
一级污水处理厂	0.05	0.06	0.08	0.10	0.12
二级污水处理厂	0.15	020	0.23	0.25	0.30

注：处理每千克生化需氧量1.5～2.0 kWh。

7.5.5.5　运行费用指标

运行费用指标参见表 7－25。

表7－25　城市污水处理工程运行费用指标

建设规模／类别	城市污水处理工程运行费用［元（m^3·d）］				
	Ⅰ	Ⅱ	Ⅲ	Ⅳ	Ⅴ
一级污水处理厂	0.05	0.06	0.08	0.10	0.12
二级污水处理厂	0.25	0.30	0.35	0.40	0.45

注：①运行费用不包括折旧和设备更换费用。
②电费按0.8元/kWh电计算。

7.5.6　竣工验收

工程的竣工验收，是指工程已按照设计要求完成全部工作任务，准备交付给发包人投入使用时，由发包人或者有关主管部门依照国家关于建设工程竣工验收制度的规定，对该项工程是否合乎设计要求和工程质量标准所进行的检查、考核工作。建设工程的竣工验收是工程建设全过程的最后一道程序，是对工程质量实行控制的最后一个重要环节。

实践中，建设工程竣工后，承包人应当按照国家工程竣工验收有关规定，向发包人提供完整的竣工资料和竣工验收报告，并按照合同约定的日期和份数向发包人提交竣工图。竣工日期为承包人送交竣工验收报告的日期，需要修改后才能达到竣工要求的，应为承包人修理、改建后提请发包人验收的日期。

发包人接到竣工验收报告后，应当根据施工图纸及说明书、国家颁发的施工验收规范和质量检验标准及时组织有关部门对工程进行验收。

验收的主要内容是：

①工程是否符合规定的建设工程质量标准。

②承包人是否提供了完整的工程技术经济资料。这里的工程技术经济资料，一般应包括建设工程合同、建设用地的批准文件、工程的设计图纸及其他有关设计文件、工程所用主要建设材料、建筑构配件和设备的出厂检验合格证明和进场检验报告；申请竣工验收的报告书及有关工程建设的技术档案等。

③承包人是否有建设工程质量检验书。工程竣工交付使用后，承包人应当对其施工的建设工程质量在一定期限内承担保修责任，以维护使用者的合法权益。为此承包人应当按规定提供建设工程质量保修证书，作为其向用户承诺承担质量保修责任的书面凭证。

④工程是否具备国家规定的其他竣工条件。发包人在验收后及时做出批复或提出修改意见。承包人应当按照发包人提出的修改意见进行修理或者改建，并承担由自身原因造成修理、改建的费用。为了防止发包人为了拖延支付工程款而迟延进行验收，在实践中发包人在收到承包人送交的竣工验收报告后无正当理由不组织验收，或者验收后既不表示是否批准又不提出修改意见的，承包人可以要求发包人办理结算手续、支付工程款。发包人不能按照合同约定的日期对工程进行验收，应从合同约定的期限的最后一天的次日起承担工程的保管费用。

竣工验收合格后，发包人应当按照约定支付价款。

建设工程必须经竣工验收合格后，方可交付使用；没有经过竣工验收或者经过竣工验收确定为不合格的建设工程，不得交付使用。如果发包人在竣工验收前，擅自使用工程，发生质量问题的，由发包人自行负责。

7.6　排水设施管理

7.6.1　产业化政策

中心城镇污水处理的建设和运行应逐步实现产业化管理，在镇政府统一规划下，放开污水系统投资，建设，运营市场，引入竞争机制，在政府控制下制定收费标准、污水排放标准和有关服务标准的条件下，允许多种经济成分参与建设和经营，实行企业化管理，降低运营成本，提高服务质量。

产业化有多种模式，有 BOT（建设 - 运营 - 转让）、TOT（转让 - 运营 - 转让），有条件的地区可以是政府投资，企业承包建设和经营。或者供、排水一体化，企业化经营。

对已经建成的污水处理系统，也可以进行企业改制，实施商业化运营；也可以通过 TOT 方式回收资金，投资建设新的污水处理系统。

对政府将投资新建的处理设施，可通过招投标委托企业承包项目的建设和运营。

与供水体制相结合，实行供排水一体化模式，即成立国有或股份制水务公司，由水务公司承担污水处理系统的建设和运营。

在建设中心城镇的处理设施时，应该因地制宜，进行探索和创新，适当提高、扩大城镇污水处理费征收标准和征收范围。

7.6.2 投融资政策

在传统的城市污水处理项目市场投融资体制下，资金短缺无疑是制约污水处理项目产业化、市场化发展的瓶颈。要全面启动城镇污水处理项目的市场。将潜在市场转化为现实市场，关键在于改变现行单一的政府投资和运营管理模式，逐步建立起以政府财政投入为主体，多元化融资相结合的投资体制。

污水处理厂的建设资金巨大，决定了政府在其建设和运作过程中担当极为重要的角色，政府应充分利用市场杠杆，通过多种形式吸纳社会资金、利用专业环保企业的力量从而加快中心城镇的污水处理厂的建设并保证其良好运行。

第一层次是地方政府，要把环保基础设施建设纳入城市基建计划，逐步增加投入，发挥政府对基础设施建设的投入主体作用。同时也要制定污水收费政策，以满足污水处理设施建设和运营的需要。

第二层次是建立多元化、社会化的投融资体制，按照“谁投资、谁受益”的原则，鼓励企业投资建设污染治理项目。鼓励 BOT，TOT 的投资模式，利用社会资金进行环境基础设施的建设。

鼓励企业以 BOT 方式建设城镇污水处理厂，即建设权和运营权结合的方式，由专业化的治理公司自己投资建设污染治理设施，并负责设施的运营，实行社会化的有偿服务。

7.6.3 污水处理设施的管理

7.6.3.1 保证管道疏通

污水处理厂常见的工艺管道有污水管、污泥管、药液管、压缩空气管、雨水管、沼气管。造成管道堵塞的原因除使用者不注意将硬块、破布、棉纱等掉入管道内引起外，主要是因为管道的坡度太小或倒坡引起管内流速很慢，水中杂质在管内沉积而使管道堵塞。若是管道不能保证疏通，则表现为送气压力、风量不足、压降太大。干扰污水处理的正常运行，此时应该清除管内杂质，检修或更换损坏的阀门，及时排出管中的积水。

7.6.3.2 排水设施及污水处理构筑物的检查

污水泵站的检查主要是对污水泵工作状态的检查。污水泵在运行过程中需要检查以下问题：

①检查水泵及电动机各轴承的温度不得超过允许的最高温度。

②定期检查联轴器和机组上各底脚螺栓，如发现偏移或松动，应及时纠正和紧固。

③泵上的压力表、真空表每年应专门检查和校正一次，并检查管路和连接配件。

污泥池日常维护管理检查工作包括以下内容。

①应定期排空彻底检查是否积泥或积砂，并对水下部件进行防腐处理。

②污泥浓缩池是恶臭很严重的一个处理单元，因而应对池壁、浮渣槽、出水堰等部位定期检查清刷，尽量减少恶臭。

③应定期检查上清液溢流堰的平整度，如不平整应于调节，否则导致池内流态不均匀，产生短路现

象，降低浓缩效果。

沼气系统的运行管理中，首要问题是安全，主要应注意以下方面。

定期检查沼气管路系统及设备的严密性，如发现泄漏，应迅速停气修复。检修完毕的管路系统或储存设备，重新使用时必须进行气密性试验，合适后方可使用。沼气主管路上部不应设建设物或堆放障碍物，不能通行重型卡车。预防沼气泄漏是运行安全的根本措施。

排水设施管理单位要按现行行业标准《污水排入城市下水道水质标准》的要求对雨水口、检查井进行定期检查并清掏积泥、冲洗井壁、配齐或更换井盖、井座及踏步。

7.6.4　污水收费

恰当的制定一个收费制度，才能体现“污染者付费”的治理思路，才能保证污水处理系统的有效运行。

7.6.4.1　收费原则

污水处理收费体系须体现以下3项原则：

经济效益原则：按保本微利、逐步到位的原则核定，保证污水处理系统的有效运行。

社会效益原则：良性循环、环境改善、节约用水。

管理效益原则：保证收费制度的顺利实施，具有可操作性。

7.6.4.2　收费方案的制订

根据经济、社会和管理效益原则，结合中心城镇情况制定切实可行的收费方案。

1）确定由用户承担的费用

将费用分摊到不同类型的用户。

用户一般分为两大类：居民用户和非居民用户，根据统计得出两类用户排放的污水量，再将污水处理的总费用分摊到两大类用户，然后摊算出不同类型用户的单位污水量的收费标准。一般非居民用户的收费标准高于居民用户的收费标准。今后逐渐过渡到以污染负荷为计量单位的收费标准。

2）收费方式

目前最可行和方便的收费方式是由政府委托自来水公司按用水量来收费。

由于广东省污水收费较晚，收费价格仍未能完全达到保本微利的情况，各城镇现在的情况不一，制定污水收费价格的规划应逐步提高，达到国家规定的收益率。

7.6.4.3　有关减免政策

符合下列情况之一者，可免征城市污水处理费：

①有自备污水处理设施，经处理的污水达到国家排放标准且直接排入江河、湖泊，不使用市政排水设施的单位和个人。

②家庭人均收入低于地方政府制定的最低生活保障线的特困户。

③法律、法规和条例规定的其他免征污水处理费的单位和个人。

第8章　中心城镇供电设施技术指引

8.1　概述

8.1.1　中心城镇供电设施概况

8.1.1.1　国内外中心城镇供电设施发展情况

英、法、德等国从20世纪80年代便已开始筹划城市及城镇中电压等级简化的工作，譬如法国巴黎的城市电网采用225/20/0.4kV的电压系列，是目前世界上电压等级最简化的系列。此外欧美国家在供电设施建设方面主要朝小型化、无油化、自动化发展。而国内许多大中城市的中心城镇的供电建设，也从20世纪90年代到21世纪初开始起步，苏州的工业园区已经出现110/20/0.38kV的配电电压等级系列；上海等地的中心城镇规划起步较早，其供电设施建设也相对完善。

8.1.1.2　中心城镇供电设施的特点和存在的问题

中心城镇是城市化过程中的过渡产物，其供电系统特点与存在问题如下：

①电源点建设落后于城镇建设的发展，由于城镇规模和商业的建立，电源点容量及电能输出受到限制，尤其是电力线的传输通道。

②瓶颈效应比较突出，出现卡脖子现象严重，电能输不出去，往往因此而引起停电事故。

③出线通道与城镇规划不相适应，对架空导线和地下电缆的选择没有明确的原则，网络复杂。

④早期建设的线路导线细，年久失修，高耗能设备多，线损率高，造成能源大量浪费。

⑤供电不可靠因素增大，由于电网建设投资不足，设备老化和技术性能低劣，供电网络布局不合理，整个网架薄弱，往往是出现一点故障引发全线停电事故。

⑥电网自动化程度偏低，调度自动化的水平急需提高。

8.1.2　供电设施的发展趋势

8.1.2.1　配电自动化

配电自动化系统主要由配电网实时监控、馈线自动化、变电所自动化及电网状态分析系统等方面构成。其主要功能包括对配电系统的正常运行和事故情况实施远方监控、保护控制、故障隔离、网络重构等。

8.1.2.2　中压电能传输与低压供电

从供电网送出的主干系统的送电电压为500kV或220kV，到用户附近地区，降压到110kV；对于大容量的用户，就用这种电压直接供电。在配电系统中，多数采用10kV的中压对电能进行分配，采用380V，220V的低压对一般用户进行直接供电。

8.1.2.3　电网电压等级标准化

我国先后逐步简化电压等级，制定了现行的电压等级标准：低压侧为220V，380V；中压侧为10kV，20kV，35kV；高压侧为110kV，220kV，330kV，500kV。而目前“西电东送”工程中还有超高压的750kV等级。

8.1.2.4 电网结构小型化与安全化

一是配合城镇条块式建设模式，沿各主街道假设合理、完整的10kV中压配电线路，减少繁杂的400V线路长度，提高供电可靠性和安全性，降低线路电能损耗；二是要按照城镇条块负荷分布，根据配电变压器台区最低经济综合运行费用率来选择变压器容量和安装位置，实现配电网的安全化与小型化。

8.2 中心城镇供电设施发展的必要性

8.2.1 解决中心城镇供电紧张压力

中心城镇在城市化的过程中起着相当重要的作用，一方面它是缓解城市城区居住压力的主要途径，国内外都有着许多成功的充当大城市的卫星城角色的中心城镇，当居住、商业和工业渐渐地由城市转移到周边的中心城镇时，也给中心城镇带来了日益增长的生产生活用电压力；另一方面，中心城镇对周边的小城镇甚至农村的发展有辐射效应，它也不断吸引周边的相对落后地区的人员流动到中心城镇来，也带来了很大的用电压力。发展中心城镇的供电设施，是解决这些用电压力的唯一方法。

8.2.2 有利于中心城镇综合可持续发展

发展中心城镇的供电设施，除了解决电力供应不足的问题，也是为了提高中心城镇地区的电能质量，促进中心城镇综合可持续发展。由于发展的时间不长，许多城镇的规划和技术水平都比较落后，造成电网内输送的电能质量偏低，电压的频率、幅值及谐波等因素都将对用户产生不良的影响，而且线损过大造成了资源的浪费，发展供电设施，可以很好地解决这些阻碍中心城镇可持续性发展的因素。

8.2.3 旧城区改造的需要

旧城区里的供电设施，除了是设备老化、落后造成严重的能源浪费，还存在着网架结构不合理、供电可靠性低和自动化程度低等问题。旧城区要发展，供电设施的技术改造和更新工作必须要超前于其他项目的发展，并且必须为今后的城镇规划和发展预留一定的余地。

8.3 中心城镇供电设施的规划

8.3.1 电力负荷的预测与计算

中心城镇镇区用电负荷计算：

1）分项预测法

中心城镇所辖地域范围用电负荷的计算，应包括生活用电、乡镇企业用电和农业用电负荷，可按以下标准计算：

①生活用电负荷为：1kW／户。

②乡镇企业用电量为：重工业每万元产值用电量为3 000～4 000 kW·h；轻工业每万元产值用电量为1 200～1 600 kW·h。

③农业用电负荷为：每亩15 kW。

2）人均指标预测法

当采用人均市政、生活用电指标法预测用电量时，应结合小城镇的地理位置、社会经济发展与城镇建设水平、人口规模、居民经济收入、生活水平、能源消费构成、气候条件、生活习惯、节能措施等因素，对照表8-1的指标幅值选取。

表 8－1　中心城镇规划人均市政、生活用电指标　　（单位：kW·h／人·年）

中心城镇规模分级	一	二	三
近　期	560～630	510～580	430～510
远　期	1 960～2 200	1 790～2 060	1 510～1 790

3）负荷密度法

当采用负荷密度法进行中心城镇用电负荷预测时，其居住建筑、公共建筑、工业建筑三大类建设用地的规划单位建设用地负荷指标的选取，应根据其具体构成分类及负荷特征，结合现状水平和不同的城镇的实际情况，按表 8－2 经分析、比较而选定。

表 8－2　中心城镇规划单位建筑用地负荷指标

建设用地分类	居住用地	公共设施用地	工业用地
单位建设用地负荷指标（kW/hm^2）	80～280	300～550	200～500

4）单位建筑面积用电指标法

当采用单位建筑面积用电负荷指标法进行中心城镇详细规划用电负荷预测时，其居住建筑、公共建筑、工业建筑的规划单位建筑面积负荷指标的选取，应根据三大建筑的具体构成分类及其用电设备配置，结合当地各类建筑单位建筑面积负荷的现状水平，按表 8－3 经比较后选定。

表 8－3　中心城镇规划建筑面积用电负荷指标

建设用地分类	居住用地	公共建筑	工业建筑
单位建设用地负荷指标（W/m^2）	15～40	30～80	20～80

8.3.2　中心城镇电源规划

8.3.2.1　规划原则

1）中心城镇电源规划

中心城镇的供电电源在条件许可的条件下，应优先选择区域电力系统供电。中心城镇不宜设置区域变电站。

2）供电电源和变电站址的选择

供电电源和变电站址的选择应以市域供电规划为依据，并符合建站的建设条件，且线路进出方便和接近负荷中心，不占或少占农田。变压器的位置应设置在负荷中心，尽量靠近负荷量大的地方；配电变压器的供电半径以控制在 500 m 内为宜。

3）变电站的选址要求

变电站的选址应交通方便，但与道路应有一定的间隔，且不受积水浸淹。

4）变电站的容载比

中心城镇 220 kV 电网的变电容载比一般为 1.6～1.9，35 kV～110 kV 电网的变电容比为 1.8～2.1。

8.3.2.2　电力及电量的平衡

分析电力电量的平衡可以指导供电系统的规划。其内容如下：

①收集中心城镇的电力供需历史数据。包括：电量数据，全社会用电量、分行业用电量、各分区用电量预测、电网统调及发购电量、售电量、高耗电行业用电量等；电力负荷数据及负荷特性分析；各类

电源在建项目和预计投产时间；区域内配电网现状。

②按照电力电量平衡的有关原则，进行各年的电力电量平衡计算，并提供计算结果。对逐年电力电量平衡结果进行分析和评价，说明电源和电网存在及可能出现的问题。

8.3.3 中心城镇电压等级与电网规划确定

8.3.3.1 城镇电网的电压等级

中心城镇电压等级宜为国家标称电压 220kV，110kV，66kV，35kV，10kV 和 380/220V 中的 3 ～ 4 级，3 个变压层次，并结合所在地区规定的电压标准选定，限制发展非标称电压。现有非标准电压应限制发展，合理利用，根据设备使用寿命与发展需要分期分批进行改造。各地城镇电网电压等级及最高一级电压的选择应根据现有供电情况及远景发展慎重确定。中心城镇电网网应尽量简化变压层次，一般不宜超过 3 个变压层次。

8.3.3.2 城镇配电网的典型结线方式

城镇配电网有放射式、多回线式、环式、网格式等 4 种典型接线方式。放射式结线供电可靠性低，适用于较小的负荷。多回线式结线的供电可靠性高，适用于较大负荷。环式结线的供电可靠性高，适用于一个地区的几个负荷中心。网格式的结线供电可靠性最高，适用于负荷密度很大且均匀分布的低压配电地区。各地城镇电网应根据具体情况和供电可靠性的要求，分别选用以上典型结线方式及其派生型式。选用结线方式应讲求实效。

8.3.3.3 供电线路输送容量和距离

不同输送电压的输送距离及输送力率见表 8 -4。

表 8 -4 供电线路输送容量和输送距离

额定电压/（kV）	传输方式	输送功率/（kW）	输送距离/（km）
0.22	架空线	<50	0.15
0.22	电缆	<100	0.2
0.38	架空线	100	0.25
0.38	电缆	175	0.35
10	架空线	3 000	15 ～ 5
10	电缆	5 000	<10
110	架空线	10 000 ～ 50 000	150 ～ 50

8.3.3.4 中低压配电网规划

①中压配电网架应于高压配电网架密切配合，可以互通容量。中压配电网架的规划与高压配电网相似，但应有更大的适应性。中压配电网架宜按远期规划一次建成，一般应在 20 年内保持不变。当负荷密度增加到一定程度时，可插入新的变电所，使网架结构基本不变。中压配电网中每一主干线路和配电变压器，都应有比较明显的供电范围，不宜交错重叠。

②中压配电网架的结线方式，可采用放射式。低压配电网一般采用放射式，负荷密集地区及电缆线路宜采用环式，城镇中心个别地区有条件时可采用网格式。

③中低压配电网应不断加强网络结构，尽量提高供电可靠性，以适应扩大用户连续用电的需要，逐步减少重要用户建设双电源和专线供电线路。必须由双电源供电的用户，进线开关之间应有可靠的连锁装置。

④城市路灯照明线路是低压配电网的一个组成部分，低压配电网规划中应包括路灯照明的改进和发展部分。

8.3.4 中心城镇供电设施选择

8.3.4.1 供电设施的设计的原则

结合城市情况，设备的选择应尽量采用小型化、无油化、自动化、免维护或少维护的设备，积极推广应用节能型的输变电设备，逐步淘汰高耗能输变电设备。对城市中心的新建变电所及地下变电所宜优先选用全封闭的组合电器，变电所的监控及保护应采用综合自动化系统，实现变电站无人值班。

8.3.4.2 供电设施设计的依据

①负荷的调查和预测。

②负荷的调整。

③根据负荷特点规划网络主干。

④负荷在各路主干上平衡分配。

⑤主干分段和环网运行断开点。

8.3.4.3 变电站布置及变压器台数选择

变、配电所的选址应符合下列要求：

①符合城市总体规划用地布局要求。

②靠近负荷中心。

③便于进出线。

④交通运输方便。

⑤应考虑对周围环境和邻近工程设施的影响和协调，如军事设施、通讯电台、电信局、飞机场、领（导）航台、国家重点风景旅游区等，必要时应取得有关协议或书面文件。

⑥宜避开易燃、易爆区和大气严重污秽区及严重盐雾区。

⑦应满足防洪标准要求：220～500 kV 变电所的所址标高，宜高于洪水频率为1%的高水位；35～110 kV 变电所的所址标高，宜高于洪水频率为2%的高水位。

⑧应满足抗震要求：35～500 kV 变电所抗震要求，应符合国家现行标准《220～500 kV 变电所设计规程》和《35～110 kV 变电所设计规范》中的有关规定。

⑨应有良好的地质条件，避开断层、滑坡、塌陷区、溶洞地带、山区风口和易发生滚石场所等不良地质构造。

8.3.4.4 变配电线路设计

1）变电所主接线应满足电力系统的安全运行、供电容量、供电可靠性、灵活经济等要求

对变电所及发电厂电气主接线选择的一般要求主要有以下几方面：

①所采用断路器的遮断容量应超过各级电压规划的短路容量，所有一次设备都能经受得住最大短路电流热稳定和动稳定的冲击。

②各级电压的架空出线包括同一级电压的架空出线应尽量避免交叉。

③能够适应分期建设和方便扩建，尽量减小占地面积，并要提高经济性和可行性。

④注意推广标准化设计，使同类型的变电所应采用同样系列的主接线，有利于运行操作、维护检修的标准化和规范化管理。

2）变压器台数选择具体要求

①变压器的台数和容量应能满足规划期间供电负荷以及今后增容改造的需要，并能满足当变压器故障或检修时“N－1”准则的需要，联络变压器的容量应能满足电力系统中交换功率的要求。

②当变电所中出现三级电压且中压或低压侧负荷超过变压器额定容量的15%时，通常应采用三绕组变压器。

③电力系统中无功功率需要分层次、分地区进行平衡，变电所中常需装设无功补偿设备，如并联电容器、电抗器或同步调相机等。当采用三绕组变压器或自耦变压器时，无功补偿设备应通常连接到变压

器的第三绕组上。

④对220 kV及以上的主变压器在电力系统许可的条件下，考虑到经济运行，通常可采用自耦变压器。

3）各级变电所接线选择

a. 220 kV变电所。

①220 kV侧。

中心变电所：最终规模具有10～16回进出线，可选用双母线双分段接线，在地理位置和系统运行条件许可时，也可选用3/2断路器接线。对可靠性要求高的中心变电所，在系统有条件时，可允许两条母线并列运行。新建220 kV变电所原则上不再配置旁路母线。现有220 kV变电所满足：220 kV进出线满足"N－1"准则的要求；主变压器能满足"N－1"准则的要求；断路器等设备质量可靠。

中间变电所：最终规模具有8～12回进出线，通常可采用双母线、双母线单分段或单母线分段接线。

终端变电所：不设220 kV母线，应采用带有断路器的线路（电缆）变压器组接线，只有在变电所面积受限制不可能设断路器时，可只设接地开关并配置可靠的远方跳闸通道。

②110 kV侧。

110 kV侧一般可有9～12回出线，宜采用单母线三分段两台分段断路器的接线。

b. 110 kV变电所主接线选择。

①110 kV侧。最终规模为3台主变压器，可采用线路（电缆）变压器组接线或T型接线方式，电缆线路可以经断路器或负荷开关（GIS）环进环出，T型接主变压器的110 kV侧应设断路器。

②10 kV侧。容量为3×31.5 MVA可有30～36回出线，3×40 MVA可有36～42回出线，3×50 MVA可有42～48回出线，宜采用单母线四分段两台分段断路器接线，或采用单母线六分段3台分段断路器的接线。新建变电所不再采用双母线接线方式。

8.3.5 变配电设施的继电保护装置及二次接线

①继电保护装置选型应相对稳定，一般应选已在国内电网中试用，有成熟运行经验的保护装置，以简化运行管理。

②中心城镇电网建设应紧紧跟踪当今国内外继电保护新技术的发展，在选型中应积极慎重选用新型保护装置，以提高中心城镇电网的继电保护装备技术水平和动作正确率，确保电网安全可靠稳定运行。

③所选用的新型保护装置应符合下列条件：技术先进，性能良好，各项技术指标能满足运行要求；运行可靠，维修简单；有两年以上成功运行经验；经济上合理。

④为便于运行维修，继电保护装置种类不宜过多。一个变电所、一条线路的两侧或一个地区所选用的保护形式尽可能统一。

⑤整流型、晶体管型和集成型保护装置由于各种元器件较多，现场维修校验工作量大，技术性能和可靠性都较差，今后应以选用微机保护为主。

⑥变压器保护应以可靠为前提、积极选用微机保护，以提高差动保护的技术性能和简化运行维护。备用电源自动切换装置应以可靠为前提、积极选用微机保护，以减少工作维护量、提高动作成功率。

⑦继电保护装置首先由设计院提出选型意见，市调度直接管辖的继电保护型号一般由市调度确定。地调度或电厂管辖的继电保护型号一般由地调度或电厂确定，同时也应征询和尊重市调度意见。

8.3.6 供电设计与其他专业设计之间的配合

供电设计必须注意与其他专业设计之间的配合，否则会造成安装施工的困难或者为运行维护带来不便。

1）与建筑设计之间的配合

①建筑设计的基础尺寸与电气设备的基础尺寸需配合。

②电缆管道、井的尺寸设计需满足电缆施工要求。

③建筑设计时需考虑高层建筑的配电室安装和建成后维修时的运输通道问题。

2）与给排水设计之间的配合

供电设计与给排水设计之间的配合主要在于电力管线与给排水管线的协调。一方面要尽量避免管线的交叉问题，另一方面也要做好管网档案的管理工作，以便建设施工及维修。

3）电力线路与其他建筑或管线的安全距离

电力线路与其他建筑物或管线的安全距离见表8－5和表8－6。

表8－5　架空电力线路边导线与建筑物之间安全距离（在最大计算风偏情况下）

线路电压（kV）	<1	1～10	110	220
安全距离（m）	1.0	1.5	4.0	5.0
线路经过地区	线路电压（kV）			
	<1	1～10	110	220
居民区	6.0	6.5	7.5	8.5
非居民区	5.0	5.0	6.0	6.5
交通困难地区	4.0	4.5	5.0	5.5

注：①居民区：指工业企业地区、港口、码头、火车站、城镇、集镇等人口密集地区；

②非居民区：指居民区以外的地区，虽然时常有人、车辆或农业机械到达，但房屋稀少的地区；

③交通困难地区：指车辆、农业机械不能到达的地区。

直埋电力电缆之间及直埋电力电缆与控制电缆、通信电缆、地下管沟、道路、建筑物、构筑物、树木之间安全距离见表8－6。

表8－6　直埋电力电缆在各种情况下的安全距离

项　目	安全距离（m）	
	平行	交叉
建筑物、构筑物基础	0.50	-
电杆基础	0.60	-
乔木树主干	1.50	-
灌木丛	0.50	-
10kV以上电力电缆之间，以及10kV及以下电力电缆与控制电缆之间	0.25（0.10）	0.50（0.25）
通信电缆	0.50（0.10）	0.50（0.25）
热力管沟	2.00	（0.50）
水管、压缩空气管	1.00（0.25）	0.50（0.25）

8.4　中心城镇供电设施的建设

8.4.1　变配电所的建设

8.4.1.1　变配电所的土木建设

变配电站对于建筑的要求：

①变压器室、配电室、电容器室等应设置防止雨、雪，以及防止蛇、鼠类小动物从采光窗、通风窗、门、电缆沟等进入室内的设施。

②变压器室、配电室、电容器室的门应向外开启，相邻配电室之间有门时，此门应能双向开启，配电所各房间经常开启的门、窗，不宜直接与有酸、碱、蒸汽、粉尘和噪声严重的场所相邻。

③配电室、电容器室和各辅助房间的内墙表面应抹灰刷白。配电室、变压器室、电容器室顶棚严禁抹灰，只可刷白。

④配电所、变电所的电缆夹层、电缆沟和电缆室，应采取防水、排水措施。

⑤变电所门、窗应采用非燃烧材料。变电所内宜采用自然通风，当自然通风不能满足排热要求时，可增加机械排风，其通风管道应采用非燃烧材料制作。

⑥高低压配电室、变压器室、控制室内，不应有与其无关的管道和线路通过。

8.4.1.2　变配电所的电气建设

①主接线在可靠的基础上尽可能简化。

②主设备应可靠性高，维修率低，设备小型化，质量轻。

③设备布置应紧凑，充分利用空间。

④尽量选用无油化的设备，提高防火性能。

⑤电缆进出口与外面的隧道或排管的连接应方便，注意减少电缆的长度。

8.4.2　供电设施的主要设备选择

8.4.2.1　主变压器的选择安装

主变压器是变电所中用以接受和分配电能的主要电力变压设备。选择主变压器的台数与参数主要根据电力负荷以及电网中短路电流、电压稳定性、继电保护、调相机配置、设备制造条件和运输等因素进行综合考虑。主要考虑有如下几方面。

1）台数与相数选择

对于220kV以下的变电所，为避免变压器检修或故障时造成变电所全所停电，变电所通常按3台主变压器设计，初期装设2台主变压器。

2）容量选择

主变压器容量按变电所建成后5～10年的电力负荷发展规划来选择。凡装有2台及以上主变压器的变电所，当按照“N－1”准则，当其中一台主变压器停止运行后，其余主变压器的容量能够承担规定的转移负荷。

3）变比与抽头选择

主变压器的变比与抽头主要需根据设计要求、无功补偿能力、电压合格率范围和电网运行条件等来选择。

4）绕组选择

主变压绕组有双绕组和三绕组两种，选择双绕组变压器还是三绕组变压器取决于各绕组中通过功率大小和是否安装无功补偿设备等。在具有两种电压等级的变电所通常采用双绕组变压器，在具有3种电压等级的变电所中，且各侧绕组的功率均达到该变压器容量的15%以上式，需采用三绕组变压器。

5）调压方式选择

变压器调压方式的选择主要是根据电力系统的需要来确定，其调压方式有以下两种：

①在不带电情况下改变固定分接头，调压范围通常在 +5% 以内。

②带负荷电流调压的有载调压，调压范围可达 30%。如电流潮流变化大，使得变电所母线电压波动范围超过电压质量要求时，首先应考虑增加无功补偿设备，同时应考虑采用无功补偿设备的投切与有载调压分接开关配合的协调控制措施。

6）阻抗选择

当变压器阻抗较小时，对电力网运行稳定和电压质量均有利，但短路电流将增大，并使电气设备选择更加困难。此外，阻抗选择还要考虑到变压器并联运行的条件。因此，变压器阻抗的选择是从电网稳定、潮流方向、无功功率分配、继电保护、短路电流、调压方式和并联运行等方面进行综合分析的结果。

7）冷却方式选择

主变压器的冷却方式有以下几种：

①油浸自冷却。

②油浸风冷却。

③强迫油循环风冷却。

④强迫油循环水冷却。

⑤强迫油导向循环风冷却。

⑥强迫油导向循环水冷却。

变压器容量较小时通常采用油浸自冷却方式，大容量变压器则通常采用强迫油循环风冷却方式。

8）中性点接地方式选择

变压器中性点接地方式有以下几种：

①中性点对地绝缘。

②中性点经消弧绕组或高阻抗接地。

③中性点直接接地或经小电阻、小电抗接地。

35kV 和 63kV 变压器中性点为对地绝缘、经消弧线圈、高阻抗或小电阻接地；110kV 及以上的电力网为直接接地系统。

8.4.2.2 高压设备的选择安装

高压设备的选择安装原则：

1）一般条件

①应满足正常运行、检修、短路和过电压情况下的要求，并考虑远景发展。

②应按使用环境条件校验，如广州为亚热带地区，潮湿、高温、日照时间长。

③应力求技术先进和经济合理。

④应与整个工程的建设标准协调一致。

⑤同类设备应尽量减少品种。

⑥选择的新产品均应具有可靠的试验数据，并经正式鉴定合格。

2）使用环境条件

①环境温度。电气设备所在的环境温度是影响其输出容量、使用寿命和性能的一个重要因素。

②日照。户外电气设备在日照下将产生附加温升，在设计时可按电气设备额定电流的 80% 选择。

③风速。在最大风速超过 35m/s 的地方，需在户外配电装置布置中采取措施，如降低安装高度、加强基础固定等。

④相对温度。当相对温度大于 80% 时，电气设备的绝缘性能会下降。选择设备时，通常采用当地相对温度最高月份的平均相对温度，且要求日平均相对温度不大于 95%，月平均相对温度不大于 90%。

⑤日温差。日温差大时，对压缩空气的干燥度有更高的要求，还影响瓷套的绝缘，使密封件的密封性能变差。

⑥外绝缘爬电比距。指电气设备外绝缘表面爬电距离与设备最高电压之比。选择电气设备时，按所在地点具体情况选用相应的爬电比距产品。

3）使用技术条件

①按电压、电流、机械载荷及额定绝缘水平的长期工作条件进行设备选择。

②按短路条件校验来进行设备选择。

8.4.2.3 低压设备的选择安装

1）按正常工作条件选择

①低压设备的额定电压应大于或等于所在网络的额定电压。

②电器的额定电流应不小于所在回路正常运行时的最大稳定负荷电流。

③保护电器应按保护特性选择。

④低压设备的工作制通常分为8h、不间断、短时、反复短时及周期工作制等几种，应根据不同要求进行选型。

⑤某些电器还应按有关的专门要求选择，如互感器应符合准确等级的要求。

2）按短路条件校验

需根据系统最大运行方式，安装地点的最大短路电流校验设备的动、热稳定。

3）按使用环境条件选择

电器产品的选择应满足安装地点、运行环境和使用要求，选用的电器，应符合国家现行的有关标准。

8.4.3 供电管线的铺设

8.4.3.1 户外高压线的铺设

①对于110kV及以上高压线路应规划专用线路走廊、排管或通道，具体见表8－7。

表8－7 市区高压架空电力线路规划走廊宽度（单杆单回水平排列或单杆多回垂直排列）

线路电压等级（kV）	高压线廊宽度（m）
220	30～40
110	15～25

②应采用占地少的混凝土杆、钢管杆及自立式铁塔。

③电力线可合杆架设，对合杆线路应考虑线路检修时对电网的安全性、供电可靠性、带电作业以及电杆本身的安全性和外观的影响。

④10kV及以下的架空线在电网联络分段处及支接点，可加载负荷开关。

⑤架空线路在规划设计时，应考虑满足导线与树木及建筑物之间的安全距离。

⑥中压架空线路应推广使用绝缘架空导线，新建绝缘架空导线应推广使用水密型导线。

⑦架空地线应采用防腐型的铝包钢绞线、铝合金线等。

8.4.3.2 住宅商用线路的铺设

①住宅商用线路通常采用电缆形式铺设，对于无机动车负荷的地段，可采用电缆沟敷设的方式。

②对于有机动车等负载，且电缆条数较多的地段，可用排管敷设的方法。

③在人行道、公园及公共建筑间的边缘地带，可采用直埋敷设的方法。

④电缆通道之间及其与建筑物之间的最小水平净距符合建筑地下净距的要求，电缆通道本身不应在

垂直方向上直接重叠布置。

8.4.4 街道公共照明设施的建设

道路照明方式有灯杆照明、高杆照明、悬索照明。

一般的道路、桥梁、街心花园、停车场可以选择灯杆照明；道路的复杂枢纽点、高速公路的立体交叉处、大型广场可以采用高杆照明。

8.4.5 无功补偿装置

8.4.5.1 线路的无功补偿

1）变电站的集中补偿

针对输电网的无功平衡，在变电站进行集中补偿，补偿装置包括并联电容器、同步调相机、静止补偿器等。这些补偿装置一般连接在变电站的10kV母线上，管理容易、维护方便。

2）杆上补偿方式

由于配电网中大量存在的公用变压器没有进行低压补偿，故大量的无功沿线传输使得网损很高。可以采用10kV户外并联电容器安装在架空线路的杆塔上进行无功补偿，以提高电网功率因数。

8.4.5.2 负荷的无功补偿

1）低压集中补偿

其中一种无功补偿方式是在配电变压器380V侧进行集中补偿，通常采用微机控制的低压并联电容器柜，对象一般是专用变电户。这种无功的就地平衡，对配电网和配电变的降损有一定作用，也有助于保证用户电压水平。

2）用户终端分散补偿

由于低压用户的用电量大幅增长，企业、厂矿、小区等对无功需求都很大，直接对用户末端进行无功补偿将最恰当地降低电网的损耗和维持网络的电压水平。对于企业和厂矿中的电动机，应进行就地无功补偿。

8.5 供电设施运行与维护

8.5.1 变配电所的值班制度

8.5.1.1 三班制

常规变电所的运行管理为驻所值班和有人值班方式。35 kV变电所一般为驻所值班，采用单人值班方式。110 kV变电所一般为有人值班，采用多人值班方式。每班都要对设备进行巡视和表计抄录，并按24 h二班或三班进行轮换。

8.5.1.2 无人值班制

无人值班变电所是以提高变电所设备可靠性和自动化水平为前提，并借助微机远程技术，由远方值班员取代变电所现场值班员实施对变电所设备运行的有效管理。

常规变电所进行无人值班改造工作的重点应集中在设备方面。

8.5.2 电力线路的运行维护和检修试验

8.5.2.1 电力线路的运行维护

对于架空线路，应做好以下几方面的运行维护工作：

按规定的周期对线路进行巡视。

①定期巡视。一般情况下，35 kV及以上架空线路每两个月至少巡视1次，10 kV及以下架空线路，

每季度至少1次。

②遇有恶劣天气时，应根据架空线路、周围环境的不同特点，进行不同性质的特殊巡视，如对于污秽区遇有雨夹雪天气时应增加特巡。

③根据架空线路所带负荷情况，适当进行夜间巡视。

④架空线路发生故障后，应根据变电所出线开关保护动作情况进行故障后的巡视。

对于电缆线路，由于其一般是敷设在地下的，要做好电缆的运行维护，有以下几个重点：

1）电缆线路的巡视周期

①敷设在土中、隧道中、沟道中及沿桥梁架设的电缆每3个月巡视检查1次。

②竖井内敷设的电缆至少每半年巡视检查1次。

③变配电室内的电缆终端头可按高压配电装置的巡视与检查周期进行。

④室外电缆终端头应每月巡视检查1次。

⑤暴雨后，对有可能被雨水冲刷的地段，应进行特殊巡视。

2）洪水及暴雨后对电缆线路的巡视检查

①电缆线路地面上有无严重的冲刷和塌陷。

②室外电缆沟道的泄水是否畅通。

③电缆沟井内有无积水和淤泥。

8.5.2.2 电力线路的检修试验

电缆试验一般可分交接、预防性试验和工厂试验两类。

电缆的交接与预防性试验的项目、周期如下：

①测量绝缘电阻。周期为1～3年1次；

②直流耐压试验并测量泄漏电流。运行中：无压力的电缆1～3年1次，发电厂、变电站的主干线1年1次，保持压力的电缆在失压修复后测试。

重包电缆头时须进行上述测试。

③检查电缆线路的相位。运行中重装接线盒或拆过接线头后。

8.5.3 电气安全接地与防雷

8.5.3.1 电力线路的防雷与接地

1）输电线路的防雷与接地

输电线路的防雷，应根据线路的电压等级、负荷性质和系统运行方式，并结合当地地区雷电活动的强弱、地形地貌特点及土壤电阻率高低等情况，通过技术经济比较，采用合理的防雷方式。

2）配电线路的防雷与接地

与输电线路一样，配电线路的防雷也可采用避雷线或者避雷器，对于不同电压等级和不同线路采取的措施也不一样。

①10kV裸导线线路。对于10kV裸导线线路，原则上可以采用避雷线进行防雷保护，但由于成本高，施工不方便，目前基本上都不采用避雷线，而是在一些雷电活动频繁的线段安装避雷器，同时按照要求做好杆塔的接地。

②10kV绝缘线线路。安装避雷线，此种方法避雷效果最好，但可行性和难度大。提高线路绝缘子耐压水平，将10kV绝缘子换为防雷绝缘子，将大大提高防雷水平。在多雷区或者按照一定档距安装线路避雷器，减少雷击断线事故。延长闪烁路径，导致电弧容易熄灭，局部增加绝缘强度，如在导线与绝缘子相连处加强绝缘，以及采用长闪烁路径避雷器等。局部剥离绝缘导线，使之局部成为裸导线，从而电弧能在玻璃部分滑动，而不是固定在某一点烧蚀，同时也可以为以后施工提供一个挂地线点。

③低压配电线路。低压线路应从变压器出口处安装低压避雷器或击穿保险器，同时做好接地，接地装置的接地电阻不应大于4Ω。中性点直接接地的低压电力网中的中性线应在电源点接地。低压配电线

路，在干线和分支线终端处应重复接地，每年重复接地装置的接地电阻应不大于10Ω，对于较长的线路，重复接地应不小于3处。特别是为防止雷电波沿低压配电线路侵入用户，对于接户线上的绝缘子铁角应接地，接地电阻应小于30Ω。

3）电力电缆的防雷与接地

电力电缆由于其本身结构特点与其他电气设施连接的要求，根据不同电压等级采取不同的防雷方法。

8.5.3.2 电气设备与电子设备的防雷与接地

变电所设备的防雷与接地。

变电所设备的防雷离不开建筑物的防雷，按照最新的国家强制性标准GB50054－95，对建筑物与设备的防雷接地应采用等电位连接，而不是传统上分别做独立的接地网。

8.5.4 电力电缆故障的探测

电缆故障一般无法通过巡视直接发现，必须采用测试电缆故障的仪器进行测量，才能确定故障点的位置。测量结果必须进行计算且需实测电缆长度，很可能会产生几米到几十米的测量误差。因此实际工作中还必须对故障进行具体定点，通常采用的方法有感应法和声测法两种。

8.6 供电设施的科学管理

8.6.1 加强供电设施的科学管理

加强供电设施的科学管理包括科学地进行供电设施的规划设计、供电设施的运行维护以及供电设施的检修试验等工作。加强供电设施的科学管理不仅可以有效地利用电网资源和电力资源，节约能源，实现经济效益，并且可以提高供电的可靠性，保证电网的稳定运行。

引入计算机管理系统也是加强供电设施科学管理的措施之一，配电管理系统是包含了馈线自动化、故障投诉管理、配电网地理信息系统、配电网分析软件、配电工作管理系统、配电网及电量计费、用电营业管理、负荷管理等功能模块的管理系统，是未来配电自动化系统发展的必然趋势。

8.6.2 加强供电设施的技术改造

中心城镇中旧的供电设施可能会与城镇的经济发展和社会发展不相匹配，进行供电设施的技术改造，一方面是为了适应中心城镇的经济发展，提高城镇居民的生活质量，另一方面也是为了与国内外先进的供电技术同步，提高供电的可靠性及电网的稳定性。

8.6.3 节能供电技术及高效用电设备

8.6.3.1 电力变压器电能节约

除了在制造工艺中用增大铁芯的有效截面积，增加线圈的匝数，降低铁芯的重量等方法来促进电力变压器的节能外，合理选择变压器的容量及在运行中选择合适的经济运行方式，也可以达到电力变压器节能的效果。

8.6.3.2 电动机的电能节约

除了在制造工艺中对导电、绝缘、磁性等材料和工艺进行改进来促进电动机的电能节约外，用改变负载系数的方法以及就地无功补偿的方法都可以达到电动机节能的效果。

8.6.3.3 高效照明技术

目前技术较为成熟的照明节电措施主要有两种：一是用紧凑型荧光灯（俗称节能灯）替代白炽灯；二是用电子镇流器替代普通电感镇流器用于日光灯的照明。

8.6.3.4 电热水器蓄热技术

电热水器在电网低谷时通电蓄热，在高峰时使用热水，可以达到削峰填谷的目的。

8.6.3.5 电动热泵技术

借助热泵技术，可以把自然界或者废弃的工业低温余热变为温度较高的有用热能，供生产和生活使用。

8.6.3.6 空调蓄能技术

对于具有往复式机组和螺杆式机组的空调主机，可以进行改造用于蓄冷，利用低谷电力进行蓄冷，在电网高峰期间释放以满足用户需要。对于离心式机组的空调主机则不适用。

8.6.3.7 其他能源发电

加强发展垃圾焚烧发电技术及太阳能、风能等其他能源发电的技术。

第9章　中心城镇燃气设施技术指引

9.1　概述

9.1.1　基本概念

9.1.1.1　燃气设施的定义

中心城镇中燃气设施的建设，主要是指气源、燃气输配系统及用户燃气设备的建设。城市燃气输配系统有两种基本方式，一种是管道输配系统，一种是液化石油气瓶装系统。

9.1.1.2　燃气设施的组成

燃气设施中的管道输配系统，一般由接受站、输配管网、储配站、调压室以及运行管理操作和控制设施等共同组成。而液化石油气供应系统的主要设施有：储存站、灌瓶站、储配站、气化站、混气站和供应站。

9.1.2　中心城镇使用的燃气种类

9.1.2.1　管道气（油制气）

由原油、轻油、重油等为原料经过加工而制成的煤气统称油煤气。

9.1.2.2　瓶装气（液化石油气）

液化石油气是开采和精炼石油过程中作为副产品而获得的一部分碳氢化合物。液化石油气主要由丙烷、丁烷等碳氢化合物组成。在20°C及常压下为气态。如在20°C时将压力升高到8.5个大气压即可变为液体，体积可缩小250倍。

9.1.3　燃气的发展趋势

天然气是以甲烷为主，含量占90%以上的气体，热值约8 000～8 700 kcal/m^3。甲烷在常压下及－162°C时液化，液化后天然气体积为气态的1/600，有利于天然气的运输与储存。

9.1.4　燃气设施必要性

9.1.4.1　燃气的在国民经济中所起的作用

燃气作为能源的一个组成部分，是发展国民经济和改善人民生活的重要物质基础。发展燃气工业对国民经济具有十分重要的意义，可以改善能源结构，提高人民生活质量，提高综合国力。随着燃气工业的发展，其应用领域不断扩大，除用作民用、工业用外，还可用于发电、燃气透平机、内燃机及作为汽车的燃料等。

9.1.4.2　燃气的经济效益和社会效益

气体燃料有利于提高热效率、节约能源。如用于居民炊事与燃煤相比可提高热效率2倍以上，较燃油提高近1倍。燃气用于工业生产还可以提高产品质量和产量，有利于生产自动化，并降低工人的劳动强度，提高劳动生产率。由于燃气可用管道输送，因此在很大程度上可减轻交通运输的压力。此外，在人工燃气的制造过程中，能回收多种化工产品，达到燃料综合利用的目的。

9.1.4.3 使用燃气对环境的影响

采用燃气有利于保护大气环境，煤炭燃烧时排放的大量SO_2、尘粒、NO_x、CO等有害组分严重污染人类赖以生存的环境。有资料表明，大气的主要污染源是煤炭，燃煤造成大气中90%的污染物和80%的烟尘污染。若以气代煤可减少NO_x排放量的80%～90%，减少SO_2排放量95%～98%，能有效地改善环境。

9.1.4.4 可持续性发展的需要

我国是一个产煤大国，虽仍实施以煤为主，油、气为辅的能源政策，但我国天然气和油田伴生气的资源也比较丰富。到目前位置，我国发现的天然气探明储量以超过1万亿m^3，随着燃气工业的发展，长距离输气管道的铺设及扩大能源进口政策，气体燃料在能源结构中的比重将不断提高，特别是对人口密度较高、工业较发达的沿海地区和大、中城市在不久的将来，气体燃料所占比重将会有显著的提高。

9.1.5 中心城镇建设燃气设施建设的可行性

9.1.5.1 充足的气源以广州石化为主

珠三角地区大型的石化企业都能够为中心城镇的燃气设施建设提供气源。除广州石化和茂名石化等公司生产燃气（现约年产30万t）外。省内深圳、珠海、汕头、惠州四地建立的5个大型一级库、靠岸浮仓是我省供应进口燃气的主要源头，广东LNG项目已经启动，在深圳建第一个LNG接收终端，并修建一条从深圳到广州的LNG管道，供气范围包括深圳、东莞、广州和佛山及香港地区部分用户。

9.1.5.2 国内外丰富的经验借鉴

从世界上许多发达国家（如美国、英国、日本、韩国等）的城市燃气发展来看，各国的起步都比我国早，不但其城市燃气发展都比较成熟，而且有力地促进了国家经济的发展。我们经过对美国、日本和韩国等国家城市燃气的发展做了粗浅的了解和简单的对比后，发现韩国城市燃气的发展初期与我国有类似之处，有些经验也许对我们有所帮助。尽管我国的燃气行业起步较晚，但整体的发展速度还是比较快的。目前，我国大多数城市都有燃气公司。截至2000年，我国城市燃气管道长度达到89 458 km，城市燃气普及率达到了80%以上，比“八五”期间提高了近15个百分点，发展非常快。另外，我国政府已经明确了天然气的鼓励使用政策，计划到2005年，我国天然气消费量预计超过600亿m^3，到2010年时把天然气利用的比重提高到9%～10%。这无疑会促进包括城市燃气管网、输气管道主干线与城市之间的接驳管道建设、燃气具等行业在内的城市燃气事业的发展。

9.2 燃气设施的规划设计

9.2.1 燃气设施的规划

中心城镇燃气是中心城镇基础设施的重要方面。为了搞好中心城镇燃气的建设，必须在中心城镇总体规划的原则和要求下，按国家有关方针政策，编制中心城镇燃气发展规划。

9.2.1.1 规划原则

①中心城镇燃气规划应以中心城镇总体规划为基础，并遵循中心城镇总体规划的编制原则。

②中心城镇燃气发展应与国民经济发展和人民生活水平相适应，根据需要和可能，确定供气对象及其用气的比例，预测用气需求。

③气源规划应符合国家燃气发展政策。在目前情况下，应采取因地制宜、多种气源、多种途径的发展方向。近期应合理发展液化石油气（LPG），积极回收工矿余气，长远考虑应优先发展天然气（LNG）。目前广东LNG I期工程（深圳大鹏湾LNG低温库及管线工程）正在建设，预计2006年或2007

年可以向广州市供气，而广东LNG II期工程（珠海LNG低温库及管线工程）也即将上马，建成后珠三角地区将形成LNG半环网供应，给广州市及中心镇有充足的气源保证。近期合理发展LPG，条件成熟时LPG管网很容易就转换为LNG管网。

④中心城镇气源数量应根据用气发展需求配置，须有全面规划，并考虑分期建设。

⑤在制气原料确定以后，对制气炉型、制气工艺和制气厂的布点，要因人力、财力、技术水平和供应规模、供需目的不同而异，应综合考虑原料运输方便、符合环保标准、占地少、单产高、综合利用好、回收年限短、工艺成熟与稳定、配套设施可行，离供气中心近等要求。

⑥气源、储配站和输气干管等应视作一个系统，结合用气分布合理进行全面布置。并根据产、供、销特性，选择经济合理的调峰手段。

⑦管网规划应与中心城镇道路规划及其他地下管线规划相协调，尽量避免近期内重复开挖路面。

⑧输配系统的干管、调压器、街坊庭院管及其他管网设施均应作全面规划，以远期规划的要求来确定输配能力，并考虑远近结合、分期实施的可能。近期规划一般为5年左右，远期规划一般为20年以上。

⑨在规划过程中尽可能做多方案的技术经济比较和论证，从中选择切实可行的最优方案。

9.2.1.2　中心城镇燃气规划的主要任务

①确定供气规模、产气能力、气源种类。

②确定主要供气对象，预测各类用户的用气量，决定输配系统的规模。

③选择调峰方式，确定储配设施容量。

④确定输配管网系统级制，布置输配系统。

⑤提出规划实施期限和分期实施的步骤。

⑥估计各实施阶段的建设投资及主要材料和设备的数量。

⑦确定劳动力定员。

⑧估计征用土地面积。

⑨分析规划实现后的效益。

⑩ 建议和要求。

9.2.1.3　规划基础资料

①中心城镇现状和近、远期总体规划资料。包括中心城镇规划总图，住宅建筑面积和层数、密度及其分布，公共建筑标准和分布，工业规模、类别、数目及分布，中心城镇人口及分布等。

②中心城镇道路的现状和规划。包括道路分布、等级及红线宽度，道路上、下设施情况以及铁路、河流和人防等分布情况。

③中心城镇各类用气对象的发展趋势和耗能情况，用气定额。

④能源供应条件、种类和规模。

⑤中心城镇的气象、水文及地质资料。包括气温、地温、主导风向、地表最大冻土层深度、地下水位。主要河流水位和流量、地耐力、土壤的物理性质和化学性质、地震烈度等。

⑥燃气供应现状。

⑦发展中心城镇燃气的有关方针政策及有关技术规范、规定等。

9.2.1.4　规划文件

中心城镇燃气输配规划文件主要有规划说明书. 规划图纸及规划附件3大部分。

1）规划说明书

主要包括下列内容：

①规划的依据、指导思想和编制原则。

②气源供气规模、种类以及供气范围。

③供气对象及气化率。

④各类用户用气负荷及平衡。

⑤输配系统规划方案及其技术经济比较。

⑥燃气储存方式和调节用气量均衡的手段。

⑦劳动力定员。

⑧供应服务、技术维修与生活设施等配套工程。

⑨规划分期实施年限及相应的投资，主要材料和设备。

⑩主要技术经济指标和效益。

2）规划图纸

根据中心城镇供气范围的大小，输配系统规划图纸的比例一般为1∶5 000，1∶10 000或1∶25 000，图中应标明远、近期燃气气源或天然气接收门站、储配站、主要调压站的位置和各级燃气管网的走向和管径等。

3）规划附件

包括规划的原始资料和依据、用气量计算、储气容积计算、管网水力计算和投资、材料耗量估算及效益分析等计算附件。

9.2.1.5 中心镇燃气规划

1）规划的指导思想

①以中心城镇总体规划为指导，远近结合，以近为主，以远为指导，配合中心城镇建设，有计划分阶段地发展燃气。

②中心城镇燃气主要为中心城镇居民生活服务，适当发展部分工业和公共建筑用气。

③中心城镇燃气的供应系统应在运行安全可靠的前提下，力求技术先进，经济合理。

④气源建设充分利用当地既有条件，以期投资少，收效快。

2）气源规划

①气源的选择。气源选择要因地制宜，近、远期规划相结合，走可持续发展的道路。从近期珠江三角洲中心城镇燃气的发状况来看，天然气利用仍为不现实，从规划角度看，城市气源的选择应使现实与预见性相结合，选择以液化石油气管道供气（纯LPG或LPG混空气）来完成天然气供气的过渡，已是普遍得到专家及业内认可的有效办法：液化石油气管道供应具有投资少，见效快，能适应市场经营，机动灵活，有利于城市发展，提高城市现代化水平，完成向天然气供应过渡，实现中、远期以天然气为主的目标，又不妨碍近期燃气用户的发展，最终走上可持续、健康的发展道路。

②气源的分配。按供气特性划分，气源分为主气源（或称基本气源）和机动气源（或称调峰气源）。在一般情况下，生产规模较大、基建投资多、生产机动性小的制气装置宜做主气源；基建投资少、生产调节灵活的制气装置宜作机动气源。焦炉煤气生产、直立炉煤气生产一般都是作为城市煤气的主气源。重油蓄热裂解煤气生产、水煤气型两段炉煤气生产可作为大、中城市煤气生产供应的机动气源，也可作为中、小城市煤气生产供应的主气源。水煤气一般时作为城市煤气的机动气源。对于广州市的中心城镇而言，除了短期按本地的煤气供应情况来确定具体气源类型外，长期应和国家及广州市的燃气规划政策同步，按天然气为主气源来分配气源。

3）用气发展规划

①耗气定额。家庭用户参照目前煤耗情况以及人民生活水平逐步提高等因素，确定近期及远期规划耗气指标。公共建筑用气指标参照同类用户的用气指标而定。工业用户耗热量由实际耗煤量换算。

②用户发展设想。首先得满足居民生活用气，家庭用户远期应基本实现燃气化，在供气范围内的商业用气和10t/h及以下锅炉的工业企业生产用气应在规划发展范围。在广州市发展CNG汽车的时候，考虑CNG汽车用气并预留建设汽车加气站的场地。作为燃气调峰，可以鼓励发展宾馆中央空调采用燃气空调。

③规划的分年实施设想。

4）管网输配规划

①管网压力级制。LPG 管网压力（包括干管和庭院管）采用中压管网，压力级别为 0.3 MPa 或 0.4 MPa。LNG 管网长输干管可以采用 5.0 MPa 或 1.6 MPa 高压管道输送，可兼顾储气调峰作用，进入中心镇市区采用中压管网，压力级别为 0.3 MPa 或 0.4 MPa。规划时可根据实际情况选择图 9－1 所示的二级制管网或选择图 9－2 所示 的一级制管网。

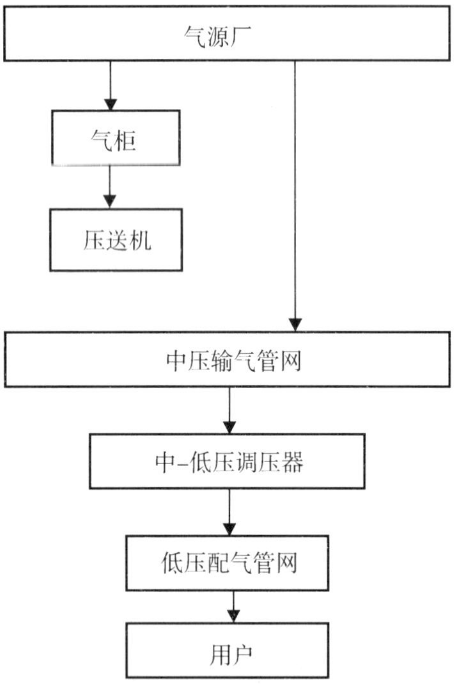

图 9－1　中-低压二级输配方式

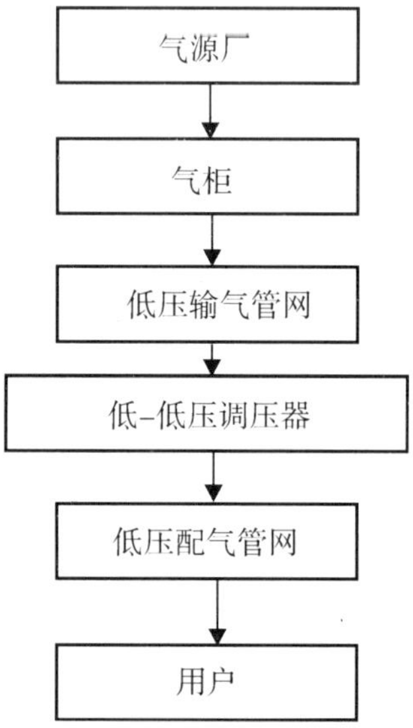

图 9－2　低压一级输配方式

②管网布置。管网尽量靠近负荷中心，根据道路条件逐步形成环状布置。

③储气设施。燃气供应基本上是均匀的，而城镇用气随时变化，为了供气与用气的平衡，需计算确定调度气柜的容量大小，并且根据远期规划确定今后需加装的调度气柜容量大小。确定相应的全镇可调储气系数。

5）燃气需用量及供需平衡

①年用气量。用气量的确定是整个设计部分的基础，它的负荷大小确定了气源厂的建设规模，调峰的措施和手段、输配的方案及管网的设计。城市燃气供气分为居民生活用气、公共建筑用气与工业企业用气 3 个方面。

②燃气需用工况。用气不均匀系数是指月高峰系数、日高峰系数及小时高峰系数。用气不均匀系数应当首先参考当地的用气实际统计资料及结合当地的具体情况，而不应随意从其范围中确定数值，所以要求工程技术人员做大量细致的调查，对资料作详细的分析，以确定所取数值的准确性。

③燃气输配设施的小时计算流量。燃气输配设施的小时计算流量方法有两种：不均匀系数法和同时工作系数法。不均匀系数法是按计算月的小时最大用气量计算的，利用年用气量、月高峰系数、日高峰系数、小时高峰系数等参数计算得出。同时工作系数法。由于居民住宅使用燃气的数量和使用时间变化较大，故室内和庭院燃气管道的计算流量一般按燃气灶具的额定耗气量和同时工作系数来确定。可利用相同燃具数、相同燃具或相同组合燃具的额定流量、相同燃具或相同组合燃具的同时工作系数计算得出。

④燃气生产与使用的平衡。城市燃气用量是在不断变化的，有月不均匀性、日不均匀性和时不均匀

性。气源的供气量一般是均匀的或可适当调节，不可能完全按需用工况变化。为了解决供气的均匀性与需用不均匀性之间的矛盾，保证不间断的向用户供气，必须采取有效的措施解决燃气输配系统的供需平衡。利用储气设施平衡供需矛盾是燃气输配系统中常用的方法。因此，燃气储存在城市燃气输配系统中占有重要的地位。燃气的地下储存可以用来平衡季节用气不均匀性；天然气及液化石油气的液态储存可平衡季节不均匀性及日不均匀性；高压管束储气及长输管线末端储气，以及我国目前采用最多的储气罐储气都是用来平衡日不均匀性及时不均匀性。

9.2.2 燃气设施的设计

9.2.2.1 场站的设计

1）燃气的长距离输送

长距离输气系统通常由集输管网、气体净化设备、起点站、输气干线、输气支线、压送站、配气站、管道维修站、通讯与遥控设备、阴极保护站等组成。

a. 长输管线起点站。

输气管线起点站的主要任务是保持输气压力稳定，对燃气压力进行自动调节，计量燃气流量以及出去燃气中的液滴和机械杂质。当输气管线采用清管工艺时，为便于集中管理，在站内设有清管球发射装置。

b. 长输管线配气站。

配气站是长输干线或支线的终点站，亦称城市接受门站。它是城镇、工业区输配管网的气源站，其任务是接受长输管线输送来的燃气，在站内进行净化、调压、计量后，送入城市输配管网或直接送入工业区管网。

c. 长输管线设施的工艺计算。

长输管线的工艺计算步骤如下：水力计算；考虑影响长输管线通过能力的因素；长输管线的强度计算；长输管线末端储气。

d. 长输管线设施。

长输管线设施包括清管装置、凝水缸与切断阀。

2）燃气的储存与压送

LPG 储气可以于 LPG 库和 LPG 气站形式储气和调峰。LNG 储气调峰有多种形式，高压环管储气、管束储气、球罐储气等等，有待燃气规划时进行可行性比较和技术经济比较后确定。

3）燃气压送

在燃气输配系统中，燃气的压送是靠压缩机完成的。

a. 压缩机的选型。

压缩机排气量及排气压力必须和管网的负荷及压力相适应，同时考虑将来的发展。输配系统内，排气压相近的各储配站宜选用同一形式的压缩机。如果排气量较大宜选用排气量大的机组。若选用多台小排气量的机组，会增加压机房的建筑面积及机组的维修费用。因此相同排气量的形式不超过 5 台。当负荷波动较大的加压机室，可选用排气量大小不同的机组，但不宜超过两种规格。

b. 压缩机台数的确定。

压缩机型号选定后，压缩机台数可根据压缩机室的设计排气量、压缩机工作点的排气量、压缩机排气量的允许误差系数、压缩机并联系数、体积校正系数等参数计算得出。当计算出的工作台数≤5 台时，配置一台排气量最大的备用机组；当 >5 台时，配置 2 台备用机组。

c. 压缩机室布置。

压缩机在室内宜单侧布置，当台数较多，单排布置使压缩机室过长时，可双排布置，但两排之间净距应不小于 2 m。室内主要通道，应根据压缩机最大部件的尺寸确定，一般应不小于 1.5 m。为了便于检修，压缩机室一般都设有起重吊车，其起重量按最大机件重量确定。

4）储配站

储配站的主要任务是储存燃气、加压以及向城市输配管网分配燃气。

低压输配站一般有低压储气罐、加压机房、计量间、变配电间、站区燃气管道、给排水系统、油料库、消防设施以及生产和生活辅助设施等。高压输配站有高压储气罐、调压器、冷却器、油气分离器、计量器等设施，其他部分与低压储配站相同。

a. 储配站站址选择原则。

储配站站址选择应负荷下列原则：储配站与周围建、构筑物的防火间距必须符合现行的 GBJ16－87《建筑设计防火规范》的规定，并应远离居民稠密区、大型公共建筑、重要物资仓库以及通讯和交通枢纽等重要设施；储配站站址应具有适宜的地形、工程地质、供电与给排水等条件；储配站应少占农田，节约用地，并应注意与城市景观等协调；符合城市总体规划和燃气规划的要求。

b. 储配站总图布置。

储配站的总平面布置应分区布置，一般分为储罐区、加压调压设备区、辅助生产设施区和生活区。储罐区应设在最小风频的上风向，储罐区的布置应有增建储气罐的可能性。储气罐与其他建、构筑物的防火间距应符合《建筑设计防火规范》的有关规定。

9.2.2.2 输配管网的设计

1）设计资料搜集

管道工程设计首先应收集管道起、终点之间，在敷设管道的道路外侧 20 m 左右范围内与管道有关的资料，并绘制于地形图上，内容包括：

a. 地面资料。

道路名称、快慢车行道、人行道、绿带和绿岛；

河流、桥梁和铁路；

高压铁塔、电力电杆，电话线杆、路灯杆、雨水进水口及消火栓；

雨、污水井、电话人井、化粪池、地下人防设施及测量标志等；

道路两侧建、构筑物。

b. 路面结构资料。

c. 地下资料。地下管线资料包括污水管、雨水管、电话线、电缆、上水管及原有煤气管等资料。一般从城市测绘部门摘录，然后至各管线管理单位图纸档案部门核豁实。必要时到实地开挖样洞进行核实或了解。各种地下管线的名称、口径深度用相引线于平面图中——注记。

d. 规划资料。

2）管位确定

管位恰当与否将直接关系工程的造价、质量和进度，也将影响日后维护及城市管线综合规划。因此，在确定管位时应考虑：

①地下燃气管道与建筑物、构筑物基础的距离，相邻管道的距离应符合设计规范要求，并应服从城市地下管线综合规划安排。

②便于施工和维修保养，尽量降低基建投资和维修费用。

③尽量少穿其他管线或障碍，在郊区还应尽量少穿农田。

④尽量减少拆迁房屋、损坏绿化等其他损失。

⑤最后确定的管位还须征得市管线综合规划部门的同意。对于道路情况复杂、交通繁忙、各方面影响较大的管线工程，应会同市规划部门、建筑管理部门以及有关施工配合单位至现场共同踏勘，以期确定经济合理的管位。

3）绘制管道施工图

a. 管道埋深。

管道埋设深度应保证管道在地面各类荷载作用下不受损伤，地下燃气管道的最小覆土深度（路面至管顶）按规定为：

埋设在车行道下时，不得小于0.9 m；

埋设在非车行道下时，不得小于0.6 m；

埋设在庭院内时．不得小于0.3 m；

埋设在水田下时，不得小于0.8 m。

局部地区当上述埋深无法达到时，在采取行之有效的防护措施后方可减少埋深。

b. 管道坡度。

坡度不宜小于0.003，坡向顺水流后。

c. 管道基础。

一般管基为原土层。凡可能引起管道不均匀沉降的地段，应考虑地基处理。

d. 管道与地下构筑物及地下管道的最小垂直净距。

考虑燃气管道的特点，为了安全运行和便利维修，燃气管道应位于其他管线或构筑物的上方，其垂直净距规定如表9－1。当受条件限制，无法实现净距规定时，经与有关部门协商，采取行之有效的措施后可适当降低要求。

表9－1 地下燃气管道与构筑物或相邻管道之间的最小垂直净距 （单位：m）

序号	项目	地下燃气管道（当有套管时以套管计）
1	给水管、排水管或其他燃气管道	0.15
2	热力管的管沟底（或顶）	0.15
3	电缆	0.50
4	直埋在导管里	0.15
5	铁路轨底	1.20
6	有轨电车轨底	1.00

4）管材的选用

燃气管道主要使用钢管、铸铁管和塑料管等。各类管道的规格和质量可查询煤气设计手册、机械设计手册、实用五金手册等。高压管道采用高频直缝电阻焊接钢管（ERW），中压管网（含庭院管）可以采用碳钢管或球墨铸铁管或HDPE管，建议DN200及以下管道采用HDPE管，大于DN200的管道采用高频直缝电阻焊接钢管（ERW）。入户管道采用镀锌钢管。

在选择管材时需考虑以下几方面：

a. 耐久性。

有足够的机械强度，具有抵抗管内燃气压力和管外荷载作用的能力；

对于土壤和地下水有优良的抗腐蚀性能；

有良好的气密性和抗震性能。

b. 施工和管理。

管道接口施工简单，并具有良好的气密性；

管道闭断和开孔容易；

运输方便。

c. 经济。

价格便宜，市场供应充足。

维护修理费用低廉。

5）管道强度计算

输气管道强度计算包括壁厚计算和应力计算等。一般根据环向应力决定壁厚，再以轴向应力作校核。

9.3 燃气设施的工程建设

9.3.1 燃气设施的建设

9.3.1.1 场站的建设

1）储配站的建设

a. 站址选择。

选择站址一方面要从城市的总体规划和合理布局出发，另一方面也应从有利生产、方便运输、保护环境着眼。因此应从以下方面考虑：

液化石油气储配站属于甲类火灾危险性企业，站址应选在城市边缘，与服务站之间的平均距离不宜超过 10 km。

站址应选择在所在地区全年最小频率风向的上风侧，地势平坦、开阔、不易积存液化石油气的地带，并避开地震地带、地基沉陷和雷击等地区。不应选在受洪水威胁的地方。

b. 总平面布置。

为了保证生产安全，储配站总平面布置必须分区，即分为生产区和辅助区。生产区宜布置在站区全年最小频率风向的上风侧。

储配站的四周以及生产区与辅助区之间设置高度不低于 2 m 的非燃烧性实体围墙。

液化石油气储罐与站外建、构筑物的防火间距，以及贮罐与明火、散发火花地点和站内建、构筑物的防火间距应负荷有关规范规定的安全防火距离。

2）调压站的选址

一般来讲，区域调压站应力求布置在负荷中心。居民和公共建筑燃具的工作压力在一定的允许范围内波动，燃具前管道的最大压力出现在距离调压站最近的用户，最小压力出现在距离调压站最远的用户。

a. 调压器的选型。

调压器是调压站的主要设备，其类型有雷诺式、T 型、箱式等，调压器的选型主要根据其性能、流量、压力确定。

b. 调压器的配置。

由于某一个调压站所供应的用户逐年增加，调压器单台设置存在两方面的弊端，一方面只考虑到近期用户，而结合远期用户发展燃气能力受到限制；另一方面一旦发生事故不能及时解决，影响居民正常用气。

9.3.1.2 输配管网的建设

1）输配管网建设的原则

城市燃气管网包括区域（街坊）和庭院（单位）管网两部分，区域管网一般用环状，庭院管网常用枝状。燃气管道网一般为埋地敷设，也可以架空敷设。埋地敷设一般不砌筑地沟，但不得与其他管道同沟敷设，也不允许与动力电缆或照明电缆同沟敷设。

燃气管道不得穿过其他管沟，特殊情况必须穿越时，燃气管应加套管。

埋地燃气管穿越城市道路、铁路时，应设套管或管构，套管或管沟内空隙用砂填实。

埋地燃气管道要做加强防腐层或特加强防腐层，以抗土壤或电化学的侵蚀。

大型公共建筑从城市中压管网直接引气时，需设置专用调压室，调压室应为地上独立的建筑物，其净高不小于3 m，屋顶应有泄压措施，与一般房屋水平净距离不小于6 m，与重要的公共建筑物距离不小于25 m。

2）埋地燃气管道安装程序

埋地燃气管道安装的主要程序包括：测量定位放线、开挖构槽、管道排放及对口连接、试压及检漏、除锈防腐和回填土等。这些工序在安排上有些需顺序进行，有些工序则可同时进行，也有些工序要反复或交叉进行。

3）架空燃气管道安装程序

架空管道不需要开挖沟槽和回填土，减少了土方工程量，但加工钢或钢筋混凝土支架的工程量增大，支架安装工程量也相应增大，架空管道要搭、拆脚手架。埋地管道防腐一般用沥青漆涂层，架空管道则刷红丹防锈漆，除了这几点有所不同，其他流程与埋地管道相同。

架空管道支架分为高支架、中支架和低支架，管道架空穿越公路及铁路处采用高度为4～6 m的高支架；通过一般道路处使用2.5～4 m的中支架；在郊外农田不妨碍通行的地段可用高度为0.5～1 m的低支架，低支架可用砖石或钢筋混凌土砌筑。中、高支架采用钢筋混凝土或钢结构塔架。

支架制作及安装必须稳固，尤其是固定支架更要牢靠。每个支架的位置及高度应符合管道的标高及坡度要求。

9.3.2 燃气管网的施工方法

9.3.2.1 埋地管道的施工方法

埋地管道具体采用开挖或者非开挖方式，主要考虑管道埋设位置的地理情况，对于重要交通设施及无法开槽施工的地点、重要城市广场及其道路交叉口、不允许随时挖掘路面的路段或者开挖后难以修复的路面等特殊场所，应采用非开挖方式，此外非开挖方式也已经应用于新旧管道置换的工程中。

1）开挖方式

开挖方式的施工方法一般为顶管法，顶管法又可分为人工顶管、机械及水力顶管法。

燃气管道采用顶管施工法一般是向土体内顶进套管，套管一般采用钢筋混凝土管，也可采用钢管。顶进时由人工在套管前方掘土，然后在套管内安装燃气管道。

a. 工作坑的布置。

顶管工作坑的位置一般选择在顶管地段的下游，最好是穿越燃气管道的闸门井处。工作坑内应有足够的工作井，其尺寸和深度取决于套管直径、每根管长、接口方式和顶进长度等因素。

b. 顶力计算。

千斤顶的顶力主要用于克服管壁在顶进过程中所产生的摩擦阻力，这种阻力主要表现为管周围水平与垂直方向的土压力所产生的阻力、管子前端挤压土壤所产生的阻力，以及管子自重所产生的阻力。

c. 设备安装。

顶管所用的设备主要是作用于油缸的千斤顶和高压油泵。千斤顶的油缸与油泵之间用高压油管连接。

d. 顶管作业。

顶管作业包括顶进、挖运土方、质量控制和管内处理等内容。

e. 燃气管道安装。

2）非开挖方式

随着城市建设不断扩大，城市中道路等级越来越高，新建道路越来越多，加上交通量的不断上升，许多建成区内已无法采用开槽埋管施工工艺，另外，原有的全国铁路网、公路网和新增的高速公路网已建成，许多过路管也不允许采用开槽施工。

非开挖技术是以最小的地表开挖量来完成各种地下管线的铺设、修复和更换的工程施工技术。水平定向穿越是其中最具活力的一种非开挖技术，它能不开挖地面，顺利地穿越地表构筑物或地下设施等障碍铺设管线。该技术具有以下优点：对地面建筑物和设施没有任何干扰或损坏，路面破坏少，是真正意义上的非开挖；不影响交通及居民出行，有良好的社会效益；施工设备安装快，施工效率高；可控制方向、绕避地下障碍，施工精度高。

水平定向钻的施工工艺一般可分为导向孔的钻进、预扩孔、管线回拖三个步骤，其中预扩孔的次数需要根据穿越管线的管径大小和工程实际情况而定。

9.3.2.2　户内管道的施工方法

1）明装方式

a. 管道布置原则。

室内燃气管道一般应明装，不得穿过卧室、浴室、厕所、烟道、配电间、密闭地下室及易燃易爆物品仓库。

引入管一般直接接入厨房或引入管经楼梯间进入厨房。引入管应有0.003的坡度，坡向室外管道。

水平干管如布置在楼道内，其高度应大于2 m，布置在厨房内高度应大于1.8 m，距楼顶板应大于150 mm，应有0.002的坡度，坡向总立管。

立管一般设在厨房内，立管顶端（最高层）应设DN15的放气丝堵。

b. 阀门安装。

进入室内引入管总阀门设在总立管上，距地面1.5～1.7 m。也可安装在水平管段上。

燃气表控制阀，燃气流量<3 m^3/h的燃气表，表前应安装旋塞阀。流量为<25 m^3/h的燃气表. 表前安装闸阀。流量>40 m^3/h的表，若用户不能中断用气时，燃气表前后均应安装闸阀，并设旁通路及阀门。

灶具控制阀，每台灶具前应安装控制阀。

燃具控制阀，一台灶具上往往设多个燃烧器，每个燃烧器均应安装控制阀，控制阀应设在炉门旁的燃烧器支管末端。

点火控制阀，每个燃烧器应安装点火控制阀，采用单头煤气旋塞，装在灶具连接管上。

为便于安装和维修，一般控制阀门后边应设置活袋头，DN<50的立管每隔一层楼设置一个活接头；水平干管较长时，也应在适当位量装活接头。

c. 引入管安装。

引入管的埋深、坡度、防腐层以及压力试验标准等与室外燃气管道相同，并随同室外管道试压。

引入管在距外墙lm的范围内不准有接头，其弯曲段只能用慢弯管，不准用焊制弯头。引入管上应设置DN25的清扫口丝堵，当地下引入管与室内总立管直接连接时，清扫口设在与总立管成45°角距室内地面0.5 m高处；若地下引入管通过水平管段与总立管连接时，清扫口设在立管顶部的三通口上；地上引入管的清扫口设在墙外立管的顶部。

引入管的阻热层可采用缠绕及涂抹法施工，用水泥砂浆砌筑砖台加以保护，砖台上部加盖混凝土盖板，台内空隙填塞岩棉或膨胀珍珠岩，增强绝热效果。

2）暗设方式

室内燃气管道暗设时，可采用铜管及不锈钢管作管材，铜管的柔性好，便于安装，并且制造工艺较不锈钢管简单，使用寿命长，此处主要介绍以铜管作管材的暗设施工方法。

铜管的暗埋敷设：

① 铜管暗装原则上应置于天花吊顶内或地板、墙体内；暗埋于墙体时管道水平高度宜在2.2 m以上或0.2 m以下，立管位置应选择在墙角等不易钉钉的地方，并做到横平竖直。

②铜管应避开电线、开关和插座等其他设施，与其他明线的水平净距不小于50 mm，与其他暗线的水平净距不小于100 mm，严禁直埋管道和明装电线重叠敷设。

③铜管不得与其他金属结构（如钢筋）或中性导电体接触。

④为了保护暗埋管道，埋设管道的沟槽必须有足够的深度在穿出墙处外加套管。具体要求为：

铜管埋设于墙体时，管表面应有不少于20 mm的水泥砂浆覆盖层；埋设于地板下的管道，水泥砂浆覆盖厚度应不少于10 mm，且在沟槽表面采用镀锌扁钢（厚度≥3 mm，宽度≥30 mm）覆盖或加镀锌套管保护。

沟槽的宽度以30～50 mm为宜，为使铜管在覆盖前能固定在沟槽内，用水泥钉和镀锌铁钉在沟槽底固定管道（中间宜有绝缘片），每隔1 m设一个固定钉（地板下敷设时，可每2 m设1个）。

⑤卫生间内的铜管须架设在天花吊顶内或埋设在墙体内，不宜在地板及池底敷设。

⑥表前管段以镀锌钢管明装为主，如需用铜管暗设，则暗埋前外露部分另加控制阀。

⑦一般灶前留管头，应距地面500～600 mm或在灶台面以上100 mm处；热水器前留管头距墙边的距离200 mm以上。管头长度应预留墙面抹灰及瓷砖厚度。

注意事项：

① 管材、管件必须有出厂合格证且管材须经100%涡流探伤检验，并满足合同要求。管道安装前应进行外观检查，管材与管件应有0.02～0.15 mm间隙。

②冷弯时，最小曲率半径不应小于管道直径的3.5倍。

③沟槽填补前先用水淋湿，再用水泥砂浆填补抹平。

④暗埋管线施工完毕后，留头用热缩膜封口。

9.4 燃气设施维护与管理

9.4.1 燃气设施维护要求

9.4.1.1 完善、理顺行业管理机构

国家有关燃气管理法规已明确城市建设主管部门为燃气行业的行政主管机构，并由行政主管部门牵头成立城市燃气行业协会，但由于历史原因，各地燃气公司属国有企业，主管部门各异，管理机构重叠，相互协调不易，行业管理难度大。因此，应进一步明确建设、劳动、公安消防等部门的具体职责，理顺燃气企业与主管部门的属性关系，建立廉洁、高效的管理体系，使行业管理走上科学化、法制化和规范化的轨道，以便管好这一政策性强、技术要求高和社会影响面广的行业。

9.4.1.2 健全行业管理法规

国家已经出台了《城市燃气产业政策》、《城市燃气安全管理规定》等一系列相关法规及文件，为各级政府依法行政打下了坚实基础。各城市结合自己城市的实际，在不违反国家相关产业政策的基础上，建立相应的城市燃气行业管理条例，城市燃气法规既要体现政府职能，又要按市场经济的规律办事。在城市管理条例中进一步明确政府行为、行业管理、优惠政策、技术规范细则，从而做到行业管理科学化、法制化、规范化，依法行政，实现了真正的政企分开。珠江三角洲城市经济发达，居民收入较高，市政建设档次高、速度快，而城市燃气企业普遍存在组建时间短，技术力量薄弱，不能适应城市高速发展的要求。因此，在城市燃气供气管道化的进程中，政府对城市燃气行业的优惠扶持政策、应以法律的形式明确下来，这对城市燃气事业健康、稳定、持续地发展是至关重要的。

9.4.1.3 建立燃气行业监督体系

城市燃气发展中包含一定的政府行为，相关产业政策也明确规定城市管道气的发展在一定区域宜统一经营，这样的市场缺乏竞争，容易形成局部性垄断经营。这就需要建立一套完整的行业监督体系，一方面充分发挥政府职能部门行业协会、消费者协会等部门的积极性，进行合理、有效的监督，另一方面，应积极制定工程质量检验评定标准，建立监理工程师上岗制度及有关评审制度，充分利用各种形式的宣传工具，普及燃气发展的基本常识，提高市民监督意识及能力，加强主管部门及用户的监督。

9.4.1.4 重视燃气工程相关技术资料的管理

燃气工程是城市基础设施的重要组成部分，是城市现代化的重要标志之一。燃气工程的技术资料档

案包括项目管理文件规划、设计文件施工验收记录等各项技术资料、档案。它不仅是燃气工程竣工的最终反映，也是运行管理、扩建、改造的唯一依据。同时，它也是城市地下隐蔽工程的重要组成部分，因此，对其规范化管理是至关重要的。

9.4.1.5　重视电脑信息化管理在燃气行业中的应用

城市燃气管道供应是一个集用户发展、设计、安装、燃气供应、事故抢修和生产调度的复杂过程，其最终目标是安全、优质、高效地供气，这就要求燃气企业的管理必须规范化。而就企业来说，除了日常气站及管线巡查、维护保养、供气作业外，用户发展、来电咨询、工程设计安装以及用户户内设施的维修等工作任务也十分繁杂，各环节分工细致，环环相扣。从用户报装，到工程安装、竣工点火及安全供气，抄表收费等，都要求企业有一套高效、准确的协调管理体系，通过建立一套集信息采集、信息传递、处理、反馈、决策参考及信息整理归档等功能的电脑信息化管理系统来协调指挥公司运作，以提高效益及服务水平，这是燃气企业值得重视的一个环节。

9.4.1.6　重视工程建设的监督和管理，杜绝事故隐患

近年来，各种燃气事故是燃气行业面临的一个严重问题，据有关统计资料显示，近30%的事故是由于设计缺陷、工程安装质量及安全管理等方面的因素造成的。因此，为把事故隐患消灭在萌芽状态，实现安全运营，加强工程建设质量的监督和管理是十分必要。

首先，设计、选材方面，应严格执行《城镇燃气设计规范》。设计要有预见性，能适应长期安全运营的要求以及中、远期规划发展的要求。

加强施工管理。施工管理是确保工程质量的决定因素，要严格执行操作规程，结合城市地理及气候实际情况，制定高于国家标准的施工、验收标准，如提高燃气管线严密性试验标准、强度试验及制定工程质量检验评定标准等。重视现场技术交底，建立监理工程师制度，严格按设计的走向、宽度、深度、坡度进行开挖，严格监管焊接、防腐、下管、回填等关键程序，提高城市管网的安全性及使用寿命。所有一切，都是以建立科学、高效的管 理体系及组建高素质施工队伍为保证的。

9.4.1.7　燃气价格管理

为促使燃用管道气化率的快速发展，燃气价格管理应分如下两步实施：

①中短期内（3～5年，甚至更短时间）继续将管道燃气实行政府指导价，尽快制定统一的、灵活的、操作性强的作价规则，同时制定中远期燃气管理规划向社会公布。这里值得强调的是，制定中短期实施的作价规则应注意如下几点：

对源头价格甚至国际市场的期货和现货离岸价格实行监测，并将监测价格和关税、增值税一起为作价的固定参数A（燃气购销成本）。

对目前管道燃气经营企业的经营费用（除运杂费但包括资产折旧费）作一次评估，计出平均费用率（或稍低）连同参考水、电行业合理利润率作为固定参数B。

将运杂费作为变动参数。

制定一些鼓励外围资金投向燃气行业的优惠措施（如中准价上下浮动的幅度加宽或提高其经营利润率等），逐渐培育市场竞争对手以便逐渐引入市场价格形成机制。

②中远期（5年以内）将所有燃气价格放开，销售价格由市场形成，政府不再加以任何干预。管道气经营在投资和效益方面颇具规模性和规划性，价格偏高只会使其失去市场份额致使效益下降。特别是政府在长期干预燃气销售价格不但违反市场规律，而且不太适应我国市场经济快速发展的步伐。目前燃气经营行业已形成多元化格局，外资、民资不断扩张，燃气价格已呈现市场竞争的雏形。应抓住时机，尽快拟订出一系列有助于市场发展的管理规定，使燃用气化率，特别是管道气的覆盖面快速提高。

9.4.2 燃气设施维护

9.4.2.1 燃气管道的内防腐问题

在进行内防腐施工前，对管道内表面要进行严格的预处理，预处理方法符合SYJ4007的规定：除锈等级应达到GB8923－88规定的Sa2.5级，即钢材表面应无可见的油脂、污垢、氧化皮、铁锈、涂层和附着物，任何残留的痕迹仅是点状或条纹状的轻微色斑，钢材露出本色。

凡有焊缝的钢管，内表面应无飞溅物、焊瘤、毛刺、棱角。

钢管内表面经除锈处理后，应采用压缩空气吹扫，管内应无砂粒、尘埃。

9.4.2.2 燃气管道使用注意事项

①根据国家燃气管道安装设计规范，电源开关、电源插座、电线距离燃气管道的水平或垂直距离应不小于150 mm。

②严禁在燃气气管道上绑挂物品。

③严禁在燃气气管道及器具周围放置易燃易爆和具有腐蚀性的物品。

④严禁私自拆、装、移、改燃气气管道及器具。

⑤发现管道泄漏时的处理：

关闭所有阀门（总阀门在首层住户房内）；

打开门窗通风；

杜绝明火，同时也不要开关电器。

9.4.2.3 室外燃气管道的防雷

室外燃气管的防雷措施：

建筑物的防雷对象主要考虑3种，一是防直击雷，二是防雷电感应，三是防雷电波侵入。进行燃气管道防雷的主要设计思路为：

①将燃气管安装在原有避雷装置的保护范围之内，避免直击雷。

②将燃气管道与防雷装置进行等电位连接，避免感应雷和雷电波侵入。

9.4.3 燃气设施管理

9.4.3.1 燃气政策的调整

建设前期的气源应以液化石油气为主，并用液化石油气管道供气过渡，远期以天然气为主。过渡期以液化石油气管道供气为重点，第一阶段实行生活小区中央管道供气；第二阶段，使小区与小区之间逐步联网，并实现环状管网供气；第三阶段，把所有小区实行并网，做到大面积液化石油气管道供气，等待天然气的到来。

随着液化天然气试点项目其他城市的兴建，各项工作正在积极推进。这一项目的建成，将使珠江三角洲地区使用上安全、优质、价廉且有利于环保的天然气，并对这一地区的经济发展起到积极的推动作用。面临城市燃气气源由液化石油气向天然气的转换，对完善城市基础设施、实现城市燃气化、改善投资环境都有重要意义。

在天然气到来之前，我们有两个问题需要认真解决。一是进一步完善市政管网系统，考虑到未来燃气高中压调压站位置、出口压力的变化，应对现有管网进行普查，重新进行水力计算。二是要有计划、有步骤地对用户现有燃气用具进行普查、归纳分类，研究置换方案，使其适应天然气转换要求。

9.4.3.2 燃气的合理利用

1）不限制工业用气

发展商业用气和工业企业用气对调峰有很大的作用，特别是宾馆中央空调采用燃气空调对调峰的作用。工业用气比例过低，不利于峰谷调度。应区别不同情况，适当降低工业用气的增容费，促进工业用气增长。

2）扩大用气范围

为适应工业布局调整，并维持一定的工业用气比重，煤气管道可向工业小区延伸，在气源允许的情况下，让工业区多使用清洁能源。

3）扩大管道气使用

4）制定和实施城市能源清洁化计划

应结合天然气资源的开发和引进，制定城市能源清洁化计划。从节能、环保和改善交通状况出发，应鼓励发展燃气锅炉。

9.4.4 供气管理技术的现代化

9.4.4.1 液化石油气管理自动化监控设施

随着电子计算机技术的迅速发展和现场仪表的电子化、智能化，液化石油气的储配、运输实现自动化控制和管理已经成为事实。

1）储罐区监控

储罐区是液化石油气站的重点防火保护部位，实施自动化必须对其储罐的温度、压力、液位、密度及泄漏进行24h检测。通过对这些参数的自动测量，一方面可以对液化石油气的安全状态实施自动监控，另一方面可对液化石油气的库存、输转、倒罐进行计量和监控。

2）装车控制及销售管理

装车控制主要是对每个货位实施定量输出控制及安全连锁。通过对每辆液化石油气槽车装货量的控制来达到安全和经营的目的。

3）卸货控制

在卸货过程中，通过对液化石油气流量、密度、温度的测量，并借助计算机自动、准确地计算出进货量。

4）生产控制

液化石油气站的生产流程主要是通过阀门的开启和关闭形成各种“储罐、管线、液化石油气泵机”的组合来实现卸货、装车、倒罐、扫线等操作。生产流程控制有两种方式：

①全自动的控制方式。阀门可以远程控制开闭，按照编好的程序，计算机选择所需要的操作流程，发出命令自动打开或关闭该流程有关的阀门。

②模拟控制方式。阀门的开闭是人工手动完成的。这种模拟的方式是在控制室内加上一个模拟流程控制屏，计算机根据操作员输入的流程编号选择所需要的操作流程。

5）安全监控

安全监控主要是通过对可燃气体、烟火、环境温度、接地电阻以及供电状况的24h监控，由计算机对这些监测数据进行比较判别，超限时则自动报警并作记录，发出指令，自动启动有关安全设施，杜绝事故的发生。

6）营销管理电算化

在前面卸货控制、装车控制、罐区监控的基础上，货物的数量已经有了，再加入货物的单价，便可以计算金额。

7）液化石油气的联网控制

有了上述各个独立的计算机自动控制系统站，便可以借助计算机通讯服务器和邮电线路，建立一个内部的或外部的网络控制中心。

9.4.4.2 电脑信息化管理在燃气行业中的应用

电脑信息化管理在燃气行业中的应用主要体现在电脑调度管理系统。调度管理系统由三大系统及与之相配套的工作平台组成。系统工作原理如下：

1）用户资料管理系统

用户资料管理系统的数据库中包含有用户的姓名、住址、编号、开户时间、联系电话等基本资料，并有对用户点火、维修、安全检查等服务过程中用户使用管道气的情况。

2）地下管网管理系统

该系统在电子地图地理信息的基础上，通过数据输入平台将市内地下燃气管线的规划、设计、施工、竣工、供气等详细资料录入到地下管网数据库中，同时根据地下管线的分布情况、管线等级、可能发生的事故等级等因素编制了突发事故参考抢修方案的程序，供发生意外事故时调用。

3）综合调度系统

该系统在用户管理系统及地下管网管理系统的基础上，对燃气公司的运作进行全面的科学化管理。

此外，调度管理系统通过各数据采集平台将各气化站的重要工艺参数、各仓库的材料库存量及各项工作完成情况的统计数据及时地采集到调度管理系统的数据库中供有关运行、管理人员随时查看。

9.4.4.3 计算机网络在煤气营收设施中的应用

与银行联网收费的煤气营收系统的功能结构如下：

①数据维护。包括制订抄表计划、数据录入、抄表顺序调整、职工卡管理等功能。

②数据处理。包括月底注销处理、月底数据转结、数据备份等功能。

③数据查询。包括抄表计划查询、抄表示度查询、用户信息查询、用气记录查询、营收情况查询等功能。

④打印。包括交费通知单打印、催费清单打印、抄表卡打印、换表清单打印、用气量区间打印等功能。

⑤报表。包括日报表、月报表、年报等功能。

9.4.4.4 城市燃气管网 GIS 系统

有必要建立起一套完善的自动化管理系统，系统包括生产过程监控系统、用户服务系统、调度管理系统、领导决策系统和信息交流等五大系统。

GIS（geography information system）即地理信息系统，其主要特点是准确，有标准的 MAP，空间关系与实物对应明确，管理直观。同时在系统中也将有分析系统，对城市燃气管网的工程设计、输配特性、调峰调度、抢险分析、安全评价做出准确的专家分析。GIS 系统可以通过界面与营销、管理、调度、决策等系统连接。

计算机内建有管网流程图库、管网竣工图库、管网设备和管线属性数据库，能将管网的流程图与管网竣工图、管网设备及管线属性数据库结合起来，多层次相互调用。由于管网流程图上各节点的流量和压力等数据直接来自于各个遥测监控点，总调度计算机通过燃气管网的压力计算，又可将计算结果反馈到各监控点，从而达到调控各个监控点的流量和压力，保持系统动态平衡，完全实现对管网运行状态的动态跟踪管理。

1）基本结构

根据当前软件技术发展趋势，利用地理信息（GIS）技术、DATABASE 数据库技术、数据通讯等技术，建立天然气管网的输配调度系统，为管网运行管理服务。

包含的数据库模块有：竣工图库管理、地形图的显示、地形图查询、地形图编辑、符号库设计。

2）功能模块

a. 抢险调度决策系统

包括：管网动态流程控制，球罐站场、气站阀室工艺流程，阀井、管道控制管理，故障抢险调度决策。

b. 燃气管网编辑系统。

c. 管网仿真模拟系统。

d. 遥测监控系统。

e. 管道风险评价系统。

第10章　中心城镇邮政设施技术指引

10.1　邮政通信概述

10.1.1　邮政通信的概念

10.1.1.1　通信是现代社会的基础设施

大量制造与分配信息，是现代社会的重要特征之一，作为实现信息传递最主要手段的通信业，已成为社会的基础设施。信息成为继人力、物力、财力之后的第四种资源。信息的生产、加工处理、存储要依靠计算机技术。

通信是现代社会信息传递和利用的主要手段，是促进国民经济和保障国家安全的重要基础设施之一。

10.1.1.2　通信的特征

邮政是社会公用性行业，邮政通信生产的特征是生产过程与消费过程同步进行，它的产品就是服务，产品质量就是服务质量，它的效益也主要在于社会效益。一般说来，邮政通信生产有如下3方面的特征：

①邮政通信生产一般为社会提供有益效用，而不生产新的物质产品，一般不具实物形式（商函、账单等部分产品由邮政通信部门制造）。

②邮政通信消费过程与生产过程不可分。

所谓消费过程与生产过程的不可分，是指用户消费邮政产品的过程不能脱离其生产过程而独立进行。这一特性对邮政生产的组织和管理有多方面的影响：

信息的时效性即能否以尽快地速度实现信息传递成为衡量通信使用价值的重要的标志；邮政待传递业务的数量在时间和区域分布上不均匀不稳定；消费与生产过程的不可分性决定了邮政企业具有双重职能，一方面能保证迅速可靠的传递信息，同时又要使局、所点尽量接近消费者，是消费者能较方便的使用邮政。

③邮政通信生产过程实现信息传递过程需要两个或两个以上企业或部门共同参加完成。

10.1.2　邮政通信的基本特点

10.1.2.1　以实物为载体的信息传递

邮政是以实物为信息载体的通信服务业，即信件、包裹、报刊等具有通信性质物品的寄递业。把实物的信息形式加以有秩序地移动，并自始至终充分保持信息本身的完整性，是邮政通信所独有的一个特点。这个特点要求：

①邮政企业必须要有相应的局房和足够的生产场地，保证生产活动的顺利进行。

②邮政通信具有记录性和保密性，存在着法律责任和法律效力问题，从而对邮政通信生产运作过程、生产运作人员及生产运作技术的结构、生产运作的组织与管理，都提出了与其他通信形式不同的要求。

邮政是以实物传递为主要方式的信息服务业，即是以实物为载体的信息服务业，信息传递、物品运送、资金流通是邮政的3项基本职能。

10.1.2.2 利用运输工具传递信息和物品

在我国所有邮政通信传递的对象，一般经各地交通路县（即邮路）和各种运输工具有一个地点转移到另一个地点的，是以交通运输路线和工具为媒体的。

邮政部门在很大程度上要借助外界交通运输部门提供的运输能力来实现实物信息和物品的转移，这决定了邮政通信不仅要有部门内的协作配合，而且必须要与外界交通运输部门实行专业化协作，尽可能取得交通运输部门的配合和支持，确保邮政通信任务的顺利完成。

10.1.2.3 邮政网点的广泛性

邮政服务的对象和区域十分广泛。邮政通信网点遍布全国城乡各地，几乎覆盖全国的每一个角落，凡是有人生活的地方就有通邮的可能。通信网点的广泛性这一特点正是邮政通信的优势所在，是任何形式的通信手段都无法比拟的，点多、面广、线长是邮政通信要充分利用的独特优势。

10.1.2.4 邮政生产的群众性和社会性

邮政生产具有群众性和社会性。邮政服务的对象和区域十分广泛。邮政一方面要经办各种业务，为社会正常活动和发展服务，使整个社会普遍受益；另一方面，由于邮政通信本身就是社会化大生产，有很强的服务性，邮政要为社会服务，就离不开社会有关方面的紧密协作和广大公众的配合支持。

10.1.3 邮政通信的业务种类及性质

邮政业务包括普遍性服务业务和商业性服务业务。普遍性服务业务是邮政企业承担国家为保证公民的通信权利而规定的业务，具有专营性、非盈利性和平等性的特征。商业服务业务是指普遍性服务业务之外的其他邮政服务业务，具有竞争性、盈利性的特征。

10.1.3.1 国内和国际邮件寄递

邮件寄递业务按区域划分为国内邮件和国际邮件寄递。国内邮件是在中国国境内互寄的邮件。国际邮件是指同外国互寄的邮件和经过我国转寄的其他国家的邮件。

10.1.3.2 国内报刊发行

报刊发行业务是经营发行报刊社定期出版的报纸和杂志的业务，报刊发行业务同时承担者党报党刊的发行任务。邮局经办的发行业务，主要采取订阅和零售两种方式。

10.1.3.3 邮政储蓄

邮政储蓄业务是邮政企业经营的基本业务之一，是国家交给邮政部门办理的一种金融业务，它遵循“存款自愿，取款自由，存款有息，为储户保密”的原则，执行国家统一规定的储蓄存款利率，充分利用邮政企业网点遍布城乡、与群众联系密切的特点，为社会提供储蓄方便。

10.1.3.4 邮政汇兑

邮政汇兑业务是汇款人不依靠现金的输送，委托邮政机构对另一地方指定的收款人支付所汇金额的一种现金转移方法。邮政汇兑业务是邮政企业利用点多面广的优势，为沟通人民群众异地经济往来而开办的一项金融业务。邮政局主要办理个人的汇款。

10.1.3.5 其他业务

除了上述的四大业务之外，邮政通信部门还具有以下重要业务类型，包括：

1）机要通信业务

机要通信业务是专门传递党和国家的重要文件和机要刊物的业务。

2）特快专递业务

特快专递业务是邮政部门为适应用户快速传递实物信息的需要而开办的一项高速传递和专递邮件的新业务。特快专递业务包括国内特快专递和国际特快专递。

3）快件业务

快件业务是邮政通信部门根据我国经济建设的发展和广大用户快速传递实物信息的需要而开办的新

业务。这种业务介于特快专递业务和普通邮件业务之间的一种国内快件挂号业务。

4）集邮业务

集邮业务是专门从事出售集邮邮票和集邮用品以及组织指导公众开展集邮活动的业务，具有商业性质。

此外，邮政通信企业还兼办以下业务，包括邮政邮购业务，待发广告业务，出售邮寄用品业务，代办保险，代受电话费业务，待办电信业务、电子邮政业务以及其他便民服务。

10.1.4 中心镇邮政设施存在的问题

中心镇多位处经济发达的地区，邮政设施规划早，邮政设施基础建设较完善，但也存在一些问题如下：

①中心镇区域不断扩大，新建居民住宅区不断出现，而居民邮政服务网点建设跟上速度慢。在新的商业和居民区无论是市政还是开发商都较少考虑邮政服务设施的配套建设，没有将邮政服务设施作为市政基本设施对待，导致邮政无力按商业成本建设和支撑业务发展。

②传统投递不适应物流配送的要求。邮政的商业性业务面临社会力量的激烈竞争同时还要承担普遍服务的业务，企业竞争压力大，服务水平的提高速度慢。

③邮政设施维修保护不够，邮政设施损耗大。邮政现代化建设的资金不足，维持费用高，对邮政设施水平的提高造成了极大的障碍。

10.2 邮政通信的必要性与可行性

10.2.1 邮政通信的作用与功能

邮政通信的重要作用：邮政在社会主义市场经济体制中，处于社会基础设施的重要地位。由于市场经济对信息交流的需求量极大，邮政这一覆盖范围最广、价格最低廉的信息传递手段将会发挥其更大的作用。邮政通信的重要作用主要表现在以下几个方面：

1）传递国家政令、公文和沟通各级党政军机关

邮政通信担负着传递国家政令、公文和沟通各级党政军机关之间联系的重任。邮政是国家的通信部门，邮政管理机构具有行业管理的职责和权限。《邮政法》中明确规定：国务院邮政主管部门管理全国邮政工作，并设立邮政管理机构管理该地区的邮政工作。《邮政实施细则》进一步明确：邮政部是国务院邮政主管部门，各省、自治区、直辖市邮政管理局是地区邮政管理机构，市、县邮政局经管理局授权管理该地区的邮政工作。国家法律赋予了邮政部门行政管理的职能。邮政为国家政治服务的作用，在社会主义市场经济下并没有削弱，而以新的形式体现出来。

2）市场经济信息流的大动脉

邮政是市场经济信息流的大动脉。市场经济对信息交流的需求具有量大、面广、时间急和针对性强的特点。邮政通信的这种优越性表现在传播的信息量巨大，覆盖面极广；经济信息传递的针对性强；在市场竞争中很重要的一个因素，价格低廉。

3）市场商品流通的重要通道

邮政是市场商品流通的重要通道。邮政作为具有实物转移能力的通信部门，在商品流通领域中也是一个重要的通道。邮政通信网联通城乡每个角落，深入千家万户，能达到铁路、交通部门所达不到的偏远地区，对于乡镇企业批量小、客户分散的商品流通需求，邮政部门起到了不可替代的作用。

4）市场货币流通的重要渠道

邮政是市场货币流通的重要渠道。市场经济的发展，必然带来大量货币的流通。商品的采购、劳动力的流通，都需要异地汇款。邮政汇兑业务是为适应这一需求而提供的极方便服务方式，同时，

大量的个人储蓄也有赖于遍布城乡的邮政储蓄网点。邮政在国家货币回笼的金融活动中起到了重要的作用。

10.2.2 邮区中心局的作用

邮区中心局体制的定义就是指以邮区中心局作为邮件分发单元和网络的基本节点，在此基础上组成分层次的网络用以完成传递邮件的一种通信组织制度和方式。

10.2.2.1 邮政通信网的基本封发单元

邮区中心局是全网分拣封发的基本单元。邮区中心局负责邮区内进出邮件的分拣处理工作，从而形成邮区处理中心。邮区内进出邮件的集散与分发是邮区中心局的基本功能。

10.2.2.2 邮件传递过程的集散中心

邮区中心局是所辖邮区范围内邮件处理和封发的中心，也是全国邮政运输的枢纽局。邮区中心局以处理中心为核心，组织区内干支线邮路来传递邮件，使邮区中心局成为邮区的集散中心。

10.3 中心城镇邮政工程的规划与设计

10.3.1 中心城镇邮政网

10.3.1.1 邮区

邮区是邮政部门为了便于邮政通信管理和合理组织邮政通信生产而划定的区域范围。划分邮区是邮政网从自然网体制向中心局体制转化的首要条件，也是彻底改变邮政网的结构层次，加快邮件传递的有效措施，是实现网络组织规范化、作业处理机械化的基础工作。

邮区划分受到诸多因素的影响和制约，这些因素包括国土面积、地理环境、人口密度、交通条件、邮件运动规律和行政区划等。只有对这些因素进行深入、仔细地分析、研究，才能揭示邮区划分的规律，是邮区的划分具有较强的科学性、实用性和稳定性，为邮政网的发展奠定基础。

10.3.1.2 邮区中心局

邮区中心局体制是以中心局为邮件处理封发中心和总包邮件的集散中心，组成分层次不同功能的通信网。它的基本内容是：在全国划分邮区并编码，在邮区内设邮区中心局，以邮区中心局代替县、市局为基本封发单位和网路组织中心，进一步组成全国干线、省和邮区三级邮政网。在三级邮政网中，各中心局通过本邮区支线邮路，直接向本邮区内各收投点进行运邮，使邮区中心局成为本邮区的邮件集散中心。

10.3.1.3 邮区中心局的任务

邮区中心局是在邮区中担负邮件分拣、封发、经转和发运任务的邮政生产单位。它既是邮区内邮件分拣封发中心，也是本邮区的邮件发运中心。担负邮区内各类邮件的处理分发、集散和交换进出转口邮件的任务。邮区中心局分为三级，即一级中心局、二级中心局和三级中心局。

10.3.1.4 邮区中心局的网络结构

根据邮区中心局体制的要求，分3个层次结构调整邮运网络，即全国干线邮路、省内干线邮路和邮区支线邮路。全国干线邮路连接一、二级邮区中心局，负责一、二级邮区中心局之间的运输与交换，其中，一级中心局之间有直达邮路相互沟通，形成网状网；省内干线邮路连接二、三级邮区中心局之间邮件的运输与交换，网络采取以逐级多点辐射为主，并辅以经转接力运输的组织方式；邮区支线邮路连接邮区中心局与接受点或县邮政局，主要负责邮区范围内邮件的运输与交换，一般采取辐射与环形相结合的组织方式，部分地区由县、市局经转。

10.3.2　中心城镇邮政设施的规划

10.3.2.1　中心城镇邮电局所规划原则

中心城镇邮电局所规划应该遵循以下原则：

1）全局性原则

邮政通信设施通常都构成一个有机的通信网络，邮政通信设施建设及其选址决策首先必须考虑网络的全局性。

2）全面性原则

邮政设施选址应该避免制作片面性的考虑。邮区中心局的建设要考虑经济、技术、地理环境、人口和城市规划等许多方面的因素，需要全面地了解有关信息，多方征取意见后才能决定。如果仅从某一方面做出判断，则很有可能做出代价高昂的决策。

3）前瞻性原则

邮政通信业发展很迅速，邮政通信基础设施更新换代的速度不断加快，因此邮政设施的选址要考虑自己的城镇的发展和通信网络的发展。

4）服务性原则

由于邮政通信担负着普遍服务的义务，所以邮政通信设施的选址要考虑服务城镇居民的原则建设邮政设施。

10.3.2.2 中心城镇邮电局所的规划

①中心城镇邮电局的选址在考虑邮件主要依靠铁路运输情况下，应优先在客运火车站附近选址，并符合有关技术要求；在主要靠公路和水路运输时，可在长途汽车站或港口码头附近选址。其预留用地面积应按设计要求或类似比较来确定。

②邮政局所设置应按方便居民用邮和服务人口数、服务半径、业务收入来确定。

③中心城镇邮电支局的预留用地面积应结合当地实际情况，按表10－1经分析、比较选定。

表10－1　中心城镇邮电支局预留用地面积

支局级别 支局名称	一等局（业务收入1 000万元以上）	二等局（业务收入500万～1 000万元）	二等局（业务收入100万～500万元）
邮电支局	3 700～4 500	2 800～3 300	2 170～2 500
邮电营业所	2 800～3 300	2 170～2 500	1 700～2 000

10.3.3　中心城镇邮政设施的布局

10.3.3.1　邮政设施布置的原则

邮政通信设施布置应遵循的原则主要有：

①有利于提高经济效益。企业的设施布置应该要美观、实用，并兼顾经济效益，应用好“最大最小”的原理。这就要求尽量减少人和物的活动量，提高系统的生产和处理能力；要充分利用地面和空间位置；要使布置具有更大的灵活性和适应性，做到“投资最少，受益最大。”

②满足生产运作过程中信息管理和维护的要求，合理进行功能划分。

③适当地考虑发展余地，使近期和远期发展相结合，但应避免过大的浪费。

④有利于保证安全和增进职工健康，建筑物应该能够防火和防震，并且符合卫生标准。

10.3.3.2　邮区中心局分拣封发场地的布局

对于邮件流量不大、规模较小的分拣封发单位，只需按照不同业务种类，分别安置到不同的处理地点即可完成分拣封发任务；而在大型邮区中心局，由于邮件流量大，特别是几类业务合在一个场地进行处理时，分拣封发场地则需要根据建筑面积的实际情况进行具体布置，其要求是：

①几种不同业务种类（如挂号信函、普通信函、包件、印刷品等）同在一个场地进行处理时，首先应该按照邮件的种类合理划分使用场地，以便更好地保证生产运作的需要，合理利用建筑面积，方便管理。

②同一类邮件的各道处理工序之间应该紧密衔接，尽量缩短工序间的传递距离。

③便于与其他部门配合和协作。

为了达到上述要求，分拣封发场地可以按照下列方法布置：

①按照生产运作过程的顺序排列各个工序及设备。

②结合房屋建筑条件，尽量利用已有的传递设备。例如，对于位于楼上并装有升运机和滑槽的分发车间，可将开拆场地设在升运机旁边，并且按照接收、开拆、分拣、封发的顺序依次排列，以便将封好的邮袋用用滑槽迅速运至楼下，装车发运。

③根据发运路向安排各个工序的工作席位，并将粗分与细分排列成线，以利于邮件的传递；而封发席位则要求布置在细分设备的附近，以便封发作业的进行。

10.4 中心城镇邮政通信的建设

10.4.1 建设可行性分析

10.4.1.1 市场需求及拟建规模

国内外市场近期需求情况，潜在需求量的多少，本企业现有生产能力的估计，销售预测与价格分析，产品竞争能力，建设项目的规模，产品的选择方案和发展方向的技术经济比较与论证。

10.4.1.2 原材料及资源分析

对工程项目所需要的原材料都要进行全面调查，以至必要的分析和试验。对于所要利用各种资源，需全部调查清楚。在调查中，需要掌握以下资料：

①各潜在的原材料、燃料及资源的最大供应量。

②原材料的物理、化学性质及质量、规模特点。

③原材料、燃料供应的可靠性以及运输方式。

④运费的估计以及堆放和库存的要求。

10.4.1.3 工程建设方案及进度

在选定的建设地点内进行总体设计：确定项目的构成范围及主要单项工程的组成；项目土建工程总量估算，土建工程布局方案的选择；主要建筑和构筑物与厂外工程的规划；所采用的技术和工艺方案的论证，技术的来源，工艺路线和生产方法；设备选型；引进技术或购买国外设备时所进行的不同国别和不同厂家的比较论证。

根据勘察设计、设计制造、工程施工、安装、试生产所需时间和进度要求，确定一次性建设或分期建设计划，并用线条图和网络图，表述最佳实施计划方案的选择。

10.4.1.4 经济效果的分析与评价

包括：各项基建投资、设备投资、流动资金、经营费用的估算；每年生产能力计划与销售收入的预算；项目资金来源、筹措方式、借款偿还计划与安排；项目单位工程造价、企业生产成本的估算；项目财务评价、国民经济评价和不确定性分析与比较。

10.4.1.5 综合评价结论

方案选择、建设方案的综合分析评价：运用各项数据，从技术、经济、社会、财务等综合论述建设项目的可行性，推荐一两个可行方案，提供决策参考选择，提出结论性意见和改进意见。

10.4.2 邮政网的建设

10.4.2.1 邮区中心局的建设

一级中心局系位于全国铁路交通枢纽部位和干线邮路交叉点上，除完成本邮区邮件集散任务外，主要担负着（区、市）间的邮件分拣封发和邮运转口任务，在网络结构中处全国中心地位。其组成基础是处在交通枢纽地位的大转口局，一般日处理信函量在70万件以上的大型邮件处理中心和发运中心。

二级中心局一般位于全国干线和省内干线邮路的汇接点上。除完成本邮区邮件集散任务外，主要担负着省内和邻省（区）的邮件分拣封发交换和转口任务。在网络结构中处于省中心地位。其组成基础是省会市局或地处省内交通枢纽的省转口局，一般日处理信函量在40万件以上的中型邮件处理中心和发运中心。

三级中心局一般位于二级干线邮路同邮区支线邮路的连接点上，主要担负本邮区内邮件集散和邻区的分拣封发和交换转口邮件任务。在网络结构中属邮区中心，是担负各类邮件进、出、转口任务的小型处理中心和发运中心。

各级中心局的分拣封发关系：

①三级中心局对各级中心局平、挂信函，包裹达到直封标准的建立直封关系，达不到直封标准的封至发寄局或寄达局就近的路向合适的一、二级中心局经转。三级中心局的出口印刷品全部封至发寄局就近的路向合适的一、二级中心局经转。

②特快专递邮件在邮区中心局之间均实行直封，邮区中心局与其经转范围的开办县、市局之间也建立直封关系。非邮区中心局的地（市）局出口特快专递如封给其所在的邮区中心局经转影响时限的，经省局同意，可直封寄达邮区中心局。

10.4.2.2 邮区支线邮路的建设

邮区支线邮路一般都具有综合功能，因此组织邮区支线邮路建设主要以普件在邮区内传递的时限要求，组织中心局到收投点中心局到市县局再转到收投点之间的邮路，并注意与各邮区中心局之间的干线邮路相衔接。为了便于组织邮区支线邮路和分级管理的需要，在保证邮路整体功能良好的条件下，邮区支线邮路采取分层次组织管理的方法，既邮区网一般采用中心局辖网络和县局管理的网络层次组织的方法。

10.5 中心城镇邮政设施的管理与维护

10.5.1 邮政设施的管理

10.5.1.1 管理的内容和管理体制

邮政设施管理实行：“一级管一级”的分级管理原则。邮政总局负责各省、自治区、直辖市邮政通信质量的检查考核；省、自治区、直辖市管理局负责所属市县邮政通信质量的检查考核。

邮政通信质量考核方法分为3种：一是行政方式，定期发通报，进行批评和表扬；二是经济方式，在对经营承包责任制中扣减质量的分；三是奖惩方式，定期奖励通信质量先进单位和个人，对质量有问题的进行惩罚。

10.5.1.2 管理的基本方法

邮政质量管理的方法有以下几个方面：

①严格执行各项业务规章制度，杜绝质量隐患。

②加强作业现场管理，建立规范文明的作业秩序。处理、贮存邮件的场地，要根据条件，尽量做到封闭作业，无关人员不得随便出入。中间休息和下班后要对存放邮件的场所予以封闭或派专人看管。对暂时存放站台、码头的邮件，也要设专人看管。

③建立明确的质量责任制度。横向的各个生产作业环节，要划清责任段落，明确质量要求，规定检查把关措施，做到有问题能及时找到责任者。纵向的生产人员也要明确规定，把通信质量的直接责任同管理责任紧密结合起来。

④加强监督检查。各级业务视察检察人员要尽职尽责搞好监督检查工作，企业要根据通信质量的需要，规定检查数目、检查周期、检查数量和检查方法。要把监督检查作为质量管理的重要手段，形成制度，坚持执行。

⑤建立质量信息反馈系统，加强质量分析研究工作。规定各种信息收集的方法和反馈制度，并指定专人分析研究，以便定期提出改善质量的措施。

⑥做好邮政质量数据的统计工作。邮政质量的监督检查和信息反馈是建立在质量数据的统计基础之上的。邮政质量数据的统计份主观反馈和客观反馈。

10.5.2　邮政设备的维护

10.5.2.1　设备的故障规律

设备的故障率在设备整个使用期间，故障率有3个不同时期，第一阶段称初期故障期，在这一阶段设备刚开始使用由于设计、制造中的缺陷或操作上的不熟悉，往往会出现较多的故障，但这样的故障随着使用的继续而逐渐减少，因此故障率也随着时间的增加而减少。第二阶段称为偶发故障期，在这一阶段故障率保持稳定，故障较少，使设备的正常运转阶段，这一段时间故障率低，其出现故障主要是由于维护不好和操作不当偶然引起的，发生故障的时间不能预测，并且是随机的，这一段偶发故障期一般要延续相当长时间，也是设备的有效寿命。第三阶段称为磨损故障期，它主要是由于某些零部件的磨损已达到了使用寿命，因此与零件急剧磨损而引起设备故障的增多。

10.5.2.2　设备的维修

随着生产的发展，对设备的维修提出了越来越高的要求，即减少修理的工作量和费用，缩短修理周期防止设备的偶然故障的发生，避免或减少由于设备不良而引起的通信故障，延长设备的使用寿命。

设备维修的方式有以下几种：

①事后维修。事后维修就是在设备坏了或发生故障后，再进行修理。事后维修对邮政通信质量不能充分保证。

②预防维修。预防维修是设备在使用过程中经常进行监视和检查，一旦发现可能发生故障隐患时，立即进行维修防止故障发生。预防维修又称事前维修。它有两种形式：周期修理（定期修理）和受控修理（不定期修理）。周期修理是对各种设备的故障规律进行分析，制定出修理周期，在设备使用过程中，按照周期编制计划，对设备进行测试、修理。

第 11 章　中心城镇电信设施技术指引

11.1　中心城镇电信网的组织

11.1.1　固定电话网组织

固定电话网（PSTN）是为用户提供固定电话业务服务的通信网络。在固定电话网中增加少量设备还可以为用户提供传送传真、中速数据传输等非话业务。

目前，比如广州市固定电话普及率已达到56 线/百人，市区普及率超过 65 线/百人，居全国各大城市前列。这一数字已接近发达国家信息化基础设施中该项指标的水平。中心城镇进行电信建设时应根据实际情况，尽量达到该普及率，以适应人民群众对电信服务越来越大的需求量。

固定电话网当前的发展方向为程控数字网，即各级交换中心均使用程控数字交换，传输电路均为数字电路。程控数字网通信质量优良，自动化程度高，故发展很快。我国目前程控数字化程度已达到85% 以上。

固定电话网从设备上讲是由交换机、传输电路（用户线和局间中继电路）和用户终端设备（即电话机）3 部分组成的。按电话使用范围分类，可将固定电话网分为本地固定电话网、长途固定电话网。

11.1.2　移动通信网组织

11.1.2.1　移动通信概述

移动通信涉及的范围很广，凡是固定点与移动体或是移动体之间通过无线电波进行实时地直接的通信联系，都属于移动通信范畴。狭义的移动通信系统特指蜂窝移动通信系统。

移动通信已经成为我国主要的通信手段之一。中心城镇电信建设时应大力发展蜂窝移动通信，提高移动用户普及率。在相当长时间内我国的移动通信将仍以话音业务为主，逐步向提供话音、数据和多媒体等多种业务、多种速率方向发展。移动通信的技术也逐渐由电信型向分组型发展。

目前，移动通信系统的主要业务有：蜂窝式公用移动通信系统（GSM，CDMA）、集群调度移动通信系统、无绳电话系统、无线寻呼系统和卫星移动通信系统。

11.1.2.2　传统的移动通信的体制和结构

传统的移动通信系统在体制上可分为大区制和小区制两种。

大区制移动通信，也称集群移动通信，使用一个基站，天线高度达几十米至百余米，覆盖半径为30～50 km，发射机功率可高达200 W，用户数一般为几十到几百。移动台可以是车载台，也可以是手持台，它们可以与基站通信，也可通过基站与其他移动台及市话用户通信，基站一般与有线网连接。早期的移动通信系统大都采用大区制，这种移动通信体制的特点是：整体覆盖范围小、频道数目少（容量小）、移动台体积大，特别是用户密度高、业务量大时，整个系统难以满足用户要求。

小区制移动通信，也称蜂窝移动通信。它的特点是把整个大范围的服务区划分成许多小区，小区覆盖半径小，一般为 1～20 km，所以可用较小的发射功率实现双向通信。每个小区设置一个基站，负责本小区各个移动台的联络与控制，各个基站通过移动交换中心相互联系，并与市话局连接。

11.1.2.3 我国现有的移动通信网络及移动运营商

我国现有的移动通信网络及对应的移动运营公司分别为：

①中国移动通信有限公司：经营 GSM 蜂窝网。

②中国联合通信有限公司：经营 GSM 和 CDMA 两个蜂窝网。

11.1.2.4 新兴的蜂窝移动通信技术和网络

目前我国正在使用和准备投入使用的新兴蜂窝移动通信技术和网络主要有 CDMA 数字蜂窝移动通信系统、第三代移动通信系统和无线市话系统。

1）CDMA 数字蜂窝移动通信系统（窄带）

CDMA 数字蜂窝移动通信系统是一种以扩频技术为基础的调制和多址接入技术。因其保密性能好、抗干扰能力强而广泛应用于军事通信领域。随着移动通信技术的发展，许多移动通信专业公司注意到 CDMA 技术在移动通信方面具有广阔的应用前景，因此，各国都在着手这种新系统的研究与开发。

2）第三代移动通信系统（3G）

第三代移动通信系统（3G）被国际电信联盟 ITU 定名为 IMT－2000（国际移动通信 2000 年），其目的在于以全球统一的频率和标准、实现全球漫游和提供各种宽带业务。

3）无线市话系统

无线市话系统（Personal Phone System，简称 PHS），在我国称小灵通，是一种个人无线接入系统。按照电信部（2000）604 号文的规定，将 PHS 作为市话系统的补充和延伸，定位于小范围低速移动无线接入。它采用微蜂窝技术，通过微蜂窝基站实现无线覆盖，将用户端（即无线市话手机）以无线的方式接入本地电话网，使传统意义上的固定电话不再固定在某个位置，可在无线网络覆盖范围内移动使用，随时随地接听、拨打本地和国内、国际电话。小灵通手机发射功率仅为 10MW。

2003 年，我国通信市场小灵通无线市话用户数增长近两倍，达到 3 700 万户，小灵通网络拓展到 31 个省的 355 个城市。

11.1.3 数据通信网组织

11.1.3.1 数据通信网概述

数据通信网是以提供传输数据服务为主的通信网。截至 2003 年底，我国公用数据通信网已初具规模，覆盖 90% 以上的县市，通信能力达到 61 万端口，成为世界上规模最大的公用数据通信网之一。

11.1.3.2 数据通信网的分类

目前，我国的数据通信网可划分为分组交换数据网、数字数据网、帧中继网、ATM 网和计算机通信网等几个部分和层次。

分组交换数据网（X.25）是为适应计算机通信而发展起来的一种数据通信网络。分组交换业务特点是：传输质量高、电路利用率高、可在不同速率终端之间通信、传送信息有一定时延。

数字数据网（DDN）是采用数字信道（如光缆、数字微波和卫星信道）来传输信号的数据传输网。为用户提供全数字、全透明、高质量的网络连接、传递各种数据业务。数字数据网的优点是：全数字透明传输、误码率极小、通信速率可在 2.4kbit/s ～ 2.048Mbit/s 任意选择、通信时延小、网络处理速度快。

帧中继网（FR）是一种准宽带数据通信网络。通信的数字化提高了网路的可靠性和终端设备的智能化程度，使数据传输的差错率降低到可以忽略不计的地步。因此，它成为当今实现局域网（LAN）互连、局域网与广域网（WAN）连接及宽带接入等应用的理想解决方案。

异步传输网络（ATM），ATM 技术是在宽带综合业务数据网（B－ISDN）的研究中发展出来的。其运作的特点是可同时传送包括语音、数据、视频等多种话音和非话业务。并可提供各种可能的服务质量选择，包括不变速率传输、可变速率传输。目前，我国以 ATM 为核心的宽带多媒体通信网，覆盖了地市以上城市和经济发达地区的县城、乡镇。

计算机通信网（IP）。近年来在由于基于IP协议的因特网（Internet）呈爆炸式发展以及基于IP协议的万维网（WWW）业务的蓬勃开展，计算机通信网成为数据通信网中最重要的组成部分。

11.1.3.3 数据通信网的发展

中心城镇在规划、建设数据通信网时应注意一下几点原则：

①因特网是“尽力而为”传送的IP网，在国内已成规模。目前国内互联网的业务量和用户数仍在快速增长，应积极发展。

②X.25网具有提供低速数据的传输的能力，但是技术复杂且数据传输能力有限，不再发展。

③DDN能提供低速数据专线并已成网，正大量应用，宜充分发挥已有系统的设备能力，但不宜再行规模发展。

④帧中继（F.R）能提供较高速率数据专线。由于采用统计复用技术，比DDN更为经济、高效。应加大推广力度，逐步取代DDN专线。

⑤ATM网能提供综合数据业务，可以提供基本PVC且保证QOS的VPN，是现阶段多业务运营公司基础数据网可选方案。ATM网在国内有较多应用，近期可以适应发展，但不是下一代电信网的发展方向。

⑥应对原有数据网络进行优化。X.25，DDN，帧中继应与ATM结合，综合利用网络资源，提高运营效率。

11.2 中心城镇电信设施的规划与设计

11.2.1 中心城镇电信设施的规划布局

电信设施规划是依据全国电信发展战略和本地区社会经济现代化的需要，对本地区电信系统的总体战略布局。电信设施规划一般是以话音业务为主要考虑对象，随着互联网业务需求的不断增加，在电信规划时应综合考虑这几种主要业务的需求，尽量做到一步到位，避免交叉规划和重复建设。

11.2.1.1 用户预测（业务预测）

通信业务预测是通信网规划设计的基础。在进行通信网规划设计时，首先要根据规划周期和规模进行调查和预测，以便为规划设计的科学性、实用性提供必要的依据。

业务预测包括用户预测和业务量预测两个方面。用户预测是以当地经济、居民分布等数据为基础，对某种业务在未来一段时间内能达到的用户数量所进行的预测。业务量预测是在用户预测的基础上，根据用户数量、类型及业务发展等数据，对某种业务在未来一段时间内能达到的业务量所进行的预测。

根据电信规划和国民经济协调发展的要求，我国已进入电信发展的起飞阶段，全国规划2030年电话普及率达40%。固定电话用户预测可采用普及率法，普及率宜为50～70线/百人；公用电话用户预测可采用普及率法，普及率宜为1～1.5线/百人；数据用户预测可采用普及率法，普及率宜为20～40线/百人；移动用户预测可采用普及率法，普及率宜为60～90部/百人；有线电视用户应按100线/百户的入户率标准进行预测。

根据不同性质用地的相应指标进行预测。分类用地预测指标宜符合表11-1的规定。

表11-1 分类用地预测标准

用地性质		线密度（线/hm^2）
R	居住用地	150～300
C	商业服务业设施用地	200～400
GIC	政府社团用地	150～250
M	工业用地	50～100

续表

用地性质		线密度（线/hm^2）
W	仓储用地	10 ～ 15
T	对外交通用地	30 ～ 50
S	道路广场用地	20 ～ 30
U	市政公用设施用地	50 ～ 80
G	绿地	5 ～ 10
D	特殊用地	50 ～ 100

11.2.1.2　本地网的组织结构

本地网是本地通信线路网的简称，通常用以特指本地电话网。

本地网是由市话网扩大而形成的，在城市郊区、郊县城镇和农村实现了自动接续条件后，把城市及其周围郊区、郊县城镇和农村统一起来组成本地网。组成本地网的目的是为有利于电信业务的发展、方便用户使用，网络建设综合投资经济、提高效益，便于管理。在组建本地网、确定网路的等级结构、设置交换中心时，必须要按长远发展规划的要求，对市农电话统一组网。

本地网的组织结构主要有网状网和汇接网两种，城市本地电话网采用的是汇接网结构。比如广州市现在有 4 个汇接局，分别在越秀区、海珠区、白云区和黄埔区。

中心城镇本地网的发展与建设要以市场需求为导向，坚持高起点、高质量。有条件的地方应尽量采用新技术，装备先进设备，努力跟上市场需求的增长，千方百计地提高全网运行质量和通信服务质量，最大限度地发挥通信的整体效能。

11.2.1.3　本地网建设原则

根据我国《本地网建设原则》的规定，本地网建设的组织方式应遵循一下几个原则：

①在做好各省、市、区范围内的本地电话网中、远期规划的基础上，对市、县间话务联系密切，且能促进业务量发展的情况下，本地电话网可以扩大。

②一个本地电话网的范围应按 40 年远期的人口，电话普及率等因素进行规划，所规划容量不超过 500 万门（对三位区号城市）.

③为满足本地电话网的传输性能，本地电话网的最大服务范围（用户到用户距离）一般在 300 km 以内。

④本地电话网范围的调整应在本地电话网规划的基础上进行，且应充分考虑行政区划的变动性。调整后的本地电话网要基本稳定，原则上不能随行政区划的变动而变动。在特殊情况下，须经报电信总局同意后才能变动。

⑤本地电话网范围的划分应在《我国长途区号调整方案》的基础上进行。

⑥本地电话网范围的划分不论其大小，在没有新规定之前，目前管理体制上长、市话费分摊的原则不能变。

⑦在上述基本原则条件下，在长远规划的基础上，可对本地电话网范围进行因地制宜的调整。对那些经济发展较快，联系密切的市、县在划分成一个本地电话网时，应充分注意网路中交换装备和传输装备的状况，确保一个本地电话网范围的通信畅通。

⑧大中城市本地电话网由端局和汇接局两级交换中心组成。按照二级网的网络结构组网。但对于在同一个本地网中不同县、市和县、县的农村汇接局之间由于话务量较小，不足以建立直达中继电路时，可暂时采用二级汇接，随着通信的发展，在汇接局之间应逐步建立直达电路，以实现本地网的二级结构。

⑨实现数字化的县本地网，不宜采用单局制方式组网。在建网初期容量比较小时，作为一种过渡方式，可先设一个母局和几个模块局，但要按长远发展规划的要求，安排编号计划。

⑩市内电信中继和主干线传输技术要从模拟向数字化发展。要积极采用光纤通信、数字技术。

⑪ 要充分重视用户线路技术的发展，积极采用复用技术，有条件的地方可逐步发展用户光缆。用户线路建设要适应电话网的发展，市话用户线要大力推广固定交换区的交接配线，楼房管线要预建，并加强电信管道技术的研究。

⑫局间中继要尽量采用数字传输技术。中继线路可视不同情况，分别选用光缆、新型电缆。现有的电缆、市话载波等传输手段可继续使用并逐步改造。

11.2.1.4　局所规划原则

目前局所布局的发展方向为“大容量，少局所”，这样有利于节省全网的建设投资及运行维护费用，同时可以简化电话网路结构，提高服务质量，也有利于减少传输节点数，简化中继传输网的结构。

电信局所及营业网点的设置列为城市公共设施配套建设，城巿规划部门应按下列原则对局所进行规划：

①规划中关于设置交换局的数量，应根据全网工程建设费用相对最省和用户分布密度确定，并考虑远期规划的需要。

②局所规划中交换局界的划分应尽量沿着公路、铁路、河流湖泊、绿化地带、丘陵公园等地形上的阻碍地段或者大片用户密度很低的地带划分；应尽量把关系密切的地区、部门或建筑群划在同一交换区；应充分利用原有管道、线路和局房，即尽量沿用原有局界。

③局所规划中交换局局址应选在用户密度中心和线路中心能尽量重合的地方。

④根据一、二、三条编制计算机辅助规划程序，建立数字模型，进行局所优化。局所规划方案的比较应采用年经费现值法。

⑤本地电话网内交换设备的制式不宜过多，一般城市中尽可能选用一种制式，必要时可选 2～3 种制式的交换机，今后，引进程控交换机应在部电信总局规定的制式中选用。

⑥设备选型要注意技术的先进性、可靠性、功能的适用性、可维护性及经济性。

⑦各地应根据其经济条件和通信发展策略选用不同制式和类型的交换机。在大中城市、经济特区、沿海开放城市应积极采用程控数字交换机设备，经济不发达的县本地电话网也可采用其他制式的交换设备。在选型中应选用已经批准进网的机型。

⑧电信营业网点的布局，按每处服务半径要求设置：市中心区为 0.5～1 km；边远农村为 6～8 km，其他地区为 2～4 km。

⑨市内程控电话局建筑面积为：20 000 门以下不少于 5 000 m^2，20 000～40 000 门不少于 7 000 m^2，40 000～60 000 门不少于 8 000 m^2，8 000 门以上不少于 10 000 m^2。

⑩市话模块局的建筑面积为：2 000 门以下不少于 150 m^2，2 000～6 000 门不少于 500 m^2，6 000 门以上不少于 1500 m^2。

11.2.1.5　用户线路网规划与建设原则

用户线路网的规划与建设应按照以下原则进行：

①按照线路经济规律进行用户线建设，为适应市话持续高速发展和住宅用户在数量上占多数的格局，必须改变市话机、线投资、立项方式，以达到在机、线协调发展的前提下，按照线路的经济规律进行用户线建设。

②用户线路网的建设应以光纤尽量靠近用户为原则，根据业务需求和技术条件，充分利用现有网络资源，因地制宜采用光纤、铜缆、同轴电缆和无线等接入技术和手段，大力发展用户接入网。要加快宽带接入网的建设速度，促进视频、数据、话音等多种业务的综合接入。在本地接入领域引入竞争机制，逐步开放接入网的建设和经营。

③按交换区组织用户线路网，由局所规划所划定的交换局，交换局内的用户线路网应是一个统一整体。

④推行固定交接区的交接配线，实行固定交接区是把按电缆的结构容量划区改变为按固定区域供线

的交接配线原则。这个区域一般应依主干道路和建筑布局进行划分，一经划定就要长期保持不变，以保持配线网的相对稳定。固定交接区是配线网的基本单位，也是营运管理的基本单位。

⑤用户线使用0.4 mm线径电缆，为降低铜耗并提高管孔含线率，同时减少网路线径变化引起的反射，以提高非话业务和长途通话的传输质量。今后，用户线原则上采用0.4 mm线径电缆。只在特殊情况下才使用0.6 mm线径电缆（用于PCM传输）和0.32线径电缆（出局管道拥塞处）。对少数高损耗的远距离分散用户，可采用提高馈电电压或带增益的长距离延伸器、高效话机等措施来满足传输需要。对于较集中的远距离用户，宜采用数字复用传输系统。

⑥用户线模拟复用设备的使用原则。

为保证必要的通信质量，用户线模拟复用设备只应作为在缺线地区装机放号的应急措施使用。不得作为工程建设采用的设备。现有环路载波设备，在质量稳定可靠、满足进网要求的原则下，目前可在网中继续安装使用，但不宜过量发展。

⑦用户线数字复用设备的使用原则。

对用户线光缆，宜采用积极稳妥的态度。主干电缆达到一定容量规模，经济上又比较合理的采用光缆。当前，在远距离的用户集中地区以及通信需求量大、业务种类多、要求高的特殊办公楼，采用用户光缆是比较恰当的。

另外，一点多址无线通信系统，适宜于分散山区和设线困难的旅游风景区使用，可作为用户线的辅助手段。随着技术的进步，各种复用设备势必迅猛出现，对这些设备的进网管理也应予以充分注意。

⑧有线电视网的组建问题。

为避免城市线路的混乱和重复建设，各地应积极争取有线电视（CATV）传输网由电信部门提供。

规划有线电视传输网时要和通信网统筹安排，CATV传输接点间的光缆应和通信中继光缆、用户光缆相结合。如果城市电信部门已有规划或已建好光缆，也应积极提供给CATV使用。

CATV接点至用户的同轴馈线，如何与用户线复用系统相结合，需要根据实际情况着重进行研究和探索。

11.2.1.6 中继线路网布置原则

局间传输网是指由传输局（站）（该局站可设置在交换局内）以不同的传输手段（今后以光缆为主）连接各交换局而形成的实体路由网。它包括：长—市之间、汇接局之间、汇接局与端局及端局之间的中继等部分。多个长途局间的传输应和本地中继传输网在网络结构等方面，要统筹兼顾、协调发展。

①在各局实现交换机程控化的同时，要加快实现局间中继传输网的数字化。

在城市市区内，汇接局间应根据中继电路容量及城市管道网分布选择最短路径逐步组成光缆网状网或环形实体路由网。在一个汇接区内，汇接局与端局间应有光缆连通，并根据中继电路容量逐步建成双路由的传输网，确保网路安全。长途局与市话汇接局之间，可根据中继方式（特别是长途来话中继方式）建立相应的光缆实体路由。城市至郊区（或农村）在近中期仍可采取辐射形式的星形网（本地网为复合网），用数字化手段逐步代替模拟传输设备。

②在大、中城市本地网实现中继传输网数字化过程中，可逐步由准同步数字系列（PHD）向同步数字系列（SDH）过渡。在城市内局间中继传输网数字化的初期，可用数字配线架（DDF）进行传输电路调度。第二步有条件时可采用SDH数字设备及数字交叉连接设备（DXC）来代替PHD的复用设备及DDF，使电路调度具有实时性和灵活性。

③进城后的长途传输电路今后应逐步过渡到经传输局（站）内的DXC设备上加以连接。

④传输设备的选择应根据传输容量的预测并进行技术经济比较而定，城市中局间应用单模长波长多芯光缆，在城市至郊区（含农村）主要传输手段可因地制宜的采用埋式光缆、架空光缆、数字微波等。在PDH向SDH过渡中，要按相关体制的规定进行。

⑤根据网路管理体制要求，设置传输监控调度中心，对本地网传输系统进行监控及电路的集中维护和管理。

⑥本地网为提高局间中继传输网的可靠性，出局中继光缆路由一般应具备两个方向，在逐步形成环状光缆网的同时要增加光缆冗余度，结合不同容量的 DXC 设备，逐步建成有自愈功能的动态网，使全网可靠性极大提高。

我国目前已经就中继线路网的设置和配置原则、中继连接原则、汇接原则、路由选择原则、中继线路群的设置和配置原则等，制定了规范。

11.2.1.7 管道线路网规划

通信线路建设中，为适应不同的应用和环境条件，可采用架空、直埋、管道等敷设方式。架空敷设是指在空中从电线杆到电线杆敷设线路，直埋敷设是指直接地下掩埋敷设线路，地下管道敷设是指在地下管道中敷设线路。其中管道线路网是城市通信线路的骨干。

管道规划应以本地电话网范围内的城市发展规划和通信建设总体规划为依据。城市通信设施及通信管线建设规划必须纳入城市建设规划。管道的总体规划应包括馈线管道、配线管道以及高等公路管道等的规划和方案。

中心城镇进行通信管道网规划时应注意一下几点原则：

①管道规划应以本地电话网范围内的城市发展规划和通信建设总体规划为依据。城市通信设施及通信管线建设规划必须纳入城市建设规划。管道的总体规划应包括馈线管道、配线管道以及高等级公路管道等的规划和方案。

②城市街区内新建、改建的民用建筑，楼外应预埋管道。地下管线应与公用通信管线相连接。城市的桥梁、隧道、高等级公路等建筑应同步建设通信管道或留有通信管道的位置，必要时，应进行管道特殊设计。管道规划应与城市道路和地下管线规划及其现状密切配合，主干道路可在道路两侧修建管道。管道建设应与相关的市政建设（如道路、煤气管、上下水管等）统一规划，同步进行。

③各本地网应本着持续发展的原则，根据一个规划期所确定的发展目标来划分局所、交换机和管线投资。由于机线工程的经济满足年限不同，机、线工程项目无需一一对应。机、线工程的立项必须保证本地网电话发展规划进度的实现，并且要随着规划的滚动进行调整。还要充分考虑到管、线工程周期长的特点，安排管、线先行，以保证机、线协调发展。

④局间中继管道是城市地下管网的组成部分之一，因此建设中继管道应根据城市规划，并结合城市的马路扩建改建方案进行，尽量减少破挖马路次数以节省建设费用。

⑤在城市内管道的敷设，根据长远期发展需要一次性规划好。一般考虑要满足 20 年以上需求。应积极争取城市市政府各有关部门的支持，不失时机地把通信管道建设纳入市政建设统一规划中去与市政工程同步进行。

⑥管道的容量（管孔数）应根据在规划期内中继线容量及采取的传输制式合理确定。对进局管孔的容量应按该局能满足终期中继线容量需求。管道容量应按远期需要和合理的管群组合形式取定，并应留有适当的备用孔。为便于维护和施工，管群组合宜组成矩形体，高度宜大于其宽度，但不宜超过一倍。塑料管、钢管等宜组成形状整齐的群体，形体视具体情况而定。

⑦在一条路由上，为避免多次挖掘马路，管道应按远期容量一次敷设。在远期管孔需要量过大的宽阔马路上，可将管道建在马路的两侧或建通道。

11.2.1.8 电信传输规划

电信传输规划是要指传输方式的选择，目前主要的传输方式包括有线、无线和卫星传输。

有线传输是指通过电缆、光缆实现通信传输工程，由于网络性能、价格、通信环境、设备复杂度等因素的影响，有线传输是目前最主要的传输方式。目前，光缆干线网已经成为有线通信传输的主信道。

无线通信传输主要通过微波站，接力方式传递，可容纳 1 800 ～ 2 700 多门载波电话，为全国自动长途电信网的基础，一般每 100 ～ 150 km 设一个枢纽站，50 ～ 70 km 设一中间站，用于长途干线网。本地网中地形复杂区域也可采用数字微波。

公用移动通信系统是典型的无线通信传输方式，使用范围广，用户数量多。由移动台、基地台、移动控制台及自动交换中心等组成，并由自动交换中心接入市话汇接局进入公用电话网，是一种无线和有线传输方式的结合。

卫星通信传输依托天上通讯卫星和地面卫星收发站传送信息，我国经过10年建设，于1998年建成37座大型卫星地面站，覆盖除港澳台地区以外的全国主要城市，可同时提供65 300多条数字电路的数字卫星通讯网已基本建成，并正在筹建开通亚太地区22个国家近31亿人口、中心设在北京的个人卫星移动通信（APMT）系统。

11.2.2 中心城镇电信传输设备

11.2.2.1 电缆

目前电缆是最为常用的通信介质。常用的电缆包括同轴电缆和双绞线两个类型。

同轴电缆以硬铜线为芯，外包一层绝缘材料。这层绝缘材料用密织的网状导体环绕，网外又覆盖一层保护性材料。

双绞线是综合布线工程中最常用的一种传输介质。双绞线由两根具有绝缘保护层的铜导线组成。把两根绝缘的铜导线按一定密度互相绞在一起，可降低信号干扰的程度，每一根导线在传输中辐射的电波会被另一根线上发出的电波抵消。

11.2.2.2 用户环路载波

随着传输线路和接口的发展变化产生了数字环路载波（DLC）、综合用户环路（IDLC）、无源光网络（PON）等数字用户复用和接入系统。

数字环路载波（DLC）是以信道复用方式为众用户提供多种业务的接入。数字环路载波在局侧采用有限个标准的接口与相应的业务网络建立连接。其内部映射基于G.704、G.709、64kbit/s及N×64bit/s信号，对于低于64kbit/s信号的处理为可选项。数字环路载波由TMN管理。

综合数字环路载波（IDLC）一种具有标准化V5接口并具有综合业务接入能力的数字用户环路系统，由靠近用户的远端机和在交换局的局端机组成。IDLC系统具有普通电话、ISDN、数据等业务接入功能。

11.2.2.3 用户线集中器与远端用户模块

用户线集中器和远端用户模块都是对一定区域内电信用户的线路进行集中，再将业务送往局所的电信设施。它们都属于用户模块，在线路设计时应综合考虑用户的数量、密度等以决定是否采用这些设备。

用户集线设备的选择原则：

①采用数字式用户集线器。

②可根据用户的话务量情况对集线器的容量及集线比进行调节，使用户级对较大的话务量有适应性。

③用户集线器既可装于局内，也可作为用户远端模块使用。

④应能与数字式话机连接。

⑤交换局及远端用户模块至用户，应能采用数字式用户环路。

远端用户模块的选择原则：

①远端用户模块的工作环境条件应低于母局设备的工作环境要求。

②母局的测试设备可以对远端模块的用户和设备进行遥控、遥测，并能向母局回送测试结果。

③远端用户模块应有向母局自动发送告警、故障状态等详细信息的通信性能。

④当远端用户模块与母局的通信中断时，远端用户模块的用户可不经母局拨叫火警（119）、匪警（110）等特种业务。

11.2.2.4 光缆

所谓光纤通信就是利用光导纤维传输光信号来实现通信。与其他通信方式相比，它具有许多显著的特点：

① 光缆尺寸小，重量轻，比较容易敷设，特别是在市话管道拥挤的情况下，光缆线径细的优点更显突出，因而也就更为适用于港口专用通信。

②光缆接头不产生放电，没有电火花，是比较理想的防爆型传输方式，可用于石化码头、油罐区、危险品仓库等易燃易爆的环境中。

③光缆衰耗极低，对于长途干线，特别是海底光缆通信来讲，具有重大意义。

④光缆具有极大的传输带宽，可以提供比任何已有的传输媒介都宽的传输频带，可以适用多种业务要求，例如：7 kHz 宽带电话、可视电视、大容量文件传送、电子邮件等等。

⑤光缆不会锈蚀，因此光缆寿命长，一般为 20 ～ 30 年。

11.2.2.5　音频电子传输设备

电子音频设备传输是将语音以电子方式进行储存和传输的设备。电子音频传输设备包括输入设备（麦克风）、传输设备（编码、调制设备、交换设备传输信道）、接受设备（解码、解调、去噪）。

11.2.3　中心城镇电信线路的工程设计

11.2.3.1　室外线路建筑方式

室外线路建筑方式按其设置的位置及其所采取的建筑设施划分，有架空线路、直埋线路和管道线路三大类。而架设水底线路等特殊建筑方式在用户线路网中遇到得并不多。

在选择室外线路建筑方式时应符合下列要求：

①当用户的位置和数量比较稳定，要求电缆线路安全隐蔽时，可采用直埋电缆敷设方式。或当线路在城市郊区、乡村敷设时，也可采用直埋敷设方式。

②当有可供利用的管道时，应采用管道电缆敷设方式，但不得与电力电缆共管孔敷设。

③在不宜采用直埋或管道电缆敷设方式时，或用户的位置和数量变动较大，并需要扩充和调整时，或有可供利用的架空通信、电力杆路时，应采用架空电缆敷设方式。

④当有建筑物可利用时，入户线宜采用墙壁电缆敷设方式。

⑤当线路跨越河流时，应采用桥上管道或槽道敷设方式，当没有桥梁时，可采用架空敷设方式或水下敷设方式。

⑥同轴电缆宜采取穿管暗敷或线槽的敷设方式。当线路附近有强电磁场干扰时，电缆应在金属管内穿过，并埋入地下。当必须采取架空敷设时，应采取防干扰措施。

⑦传输线路路由设计，应按照路由短捷、安全可靠、施工维护方便的原则；应避开恶劣环境条件或易使管线损伤的地段；与其他管线等障碍物不宜交叉跨越。

11.2.3.2　电缆安装设计

在电缆敷设时还应注意一下几点要求：

①电缆的弯曲半径应大于电缆直径的 15 倍。

②电源线宜与信号线、控制线分开敷设。

③室外设备连接电缆时，宜从设备的下部进线。

④电缆长度逐盘核对，并根据设计图上各段线路的长度来选配电缆，宜避免电缆的接续；当电缆接续时应采用专用接插件。

⑤主干电缆路由的选择应根据主干电缆线路网规划要求，按照交接区分布位置，选择对交接箱送线短捷安全的路由；应合理利用原有线路设施，使线路经济合理；应避开电气和化学腐蚀地段，避免与高压输电线路、电气铁道长距离平行接近；主动考虑施工、维护的方便性；所选路由应该在城市规划。

11.2.3.3　管道设计

管道路由的确定应符合下列要求：

①管道宜建于电缆集中和城市规划不允许建设架空线路的路由上；避免沿铁路、河流等用户不多的地带敷设。

②选择管道路由应在管道规划的基础上充分研究分路敷设的可能（包括在道路两侧敷设的可能），以增加管网的灵活性。

③应远离电蚀和化学腐蚀地带。

④选择地下、地上障碍物较少的街道。

11.2.3.4　直埋线路设计

当用户的位置和数量比较稳定，要求电缆线路安全隐蔽时，可采用直埋电缆敷设方式。或当线路在城市郊区、乡村敷设时，也可采用直埋敷设方式。直埋电缆在引出地面时，应采用钢管保护。钢管伸出地面不宜小于 2.5 m，埋入地下宜为 0.3 ～ 0.5 m。

11.2.3.5　水底线路设计

通信线路穿越江河、湖泊等地区，且无桥梁、隧道可资利用时可敷设水底光缆。

11.3　中心城镇电信设施的建设

11.3.1　主要的建设施工技术

11.3.1.1　杆路施工

中心城镇进行通信线路的杆路施工时应按照以下几个主要原则：

①城市内架空线路的位置应有统一的走向，以减少和电力架空线路的交越。新线路网的建设应按照城市规划统一规定的管线走向位置或与城市建设部门和电业局洽定的走向设置。改建原有线路网时，可结合具体情况合理调整，使走向逐步统一。

②用户线路杆路的杆间距离，应根据用户下线需要、地形情况、线路负荷、气象条件以及发展改建要求等因素确定。一般情况下，市区杆距可为 35 ～ 40 m，郊区杆距可为 45 ～ 50 m。

③计算钢绞线及电杆强度时，采用的安全系数（对应于材料的强度极限值）应符合：当钢绞线用作普通吊线及双吊线中的正吊线时，安全系数不得小于 3.0，当钢绞线用作双吊线中的辅助吊线时，安全系数不得小于 2.0；各种程式的拉线安全系数不得小于 3.0；钢筋混凝土电杆的安全系数不得小于 2.0；经过注油防腐的木杆，当用于普通杆距时，其安全系数不得小于 2.2，在长杆档中使用的安全系数不得小于 2.5。

④架空电缆间距离在轻负荷区超过 60 m、中负荷区超过 55 m、重负荷区超过 50 m 时，应采用长杆档的建筑方式；新设杆路应采用钢筋混凝土电杆，杆路应设在较为定型的道路一侧，以减少立杆后的迁移；杆路上架挂的电缆吊线不宜超过两条。一条吊线上只宜挂设一条电缆。如距离很短，电缆对数下，可允许一条吊线上挂设两条电缆。

普通杆距架空电缆吊线规格，可参照表 11 -2 的数据选用。

表 11 -2　架空电缆线路负荷区划分

负荷区别	杆距 L（m）	电缆重量 W	吊线规格
轻负荷区	$L \leq 45$	$W \leq 2.11$	2.2 × 7
	$L \leq 45$	$2.11 < W \leq 3.02$	2.6 × 7
	$L \leq 45$	$3.02 < W \leq 4.15$	3.0 × 7

续表

负荷区别	杆距 L（m）	电缆重量 W	吊线规格
中负荷区	$L \leqslant 40$	$W \leqslant 1.82$	2.2×7
	$L \leqslant 40$	$1.82 < W \leqslant 3.02$	2.6×7
	$L \leqslant 40$	$3.02 < W \leqslant 4.15$	3.0×7
重负荷区	$L \leqslant 35$	$W \leqslant 1.46$	2.2×7
	$L \leqslant 35$	$1.46 < W \leqslant 2.52$	2.6×7
	$L \leqslant 35$	$2.52 < W \leqslant 3.98$	3.0×7

⑤架空电缆线路不宜与电力线路合杆架设。在不可避免时，允许和10 kV以下的电力线路合杆架设。但必须采取相应的技术防护措施，并与有关方面签订协议。与10 kV电力线合杆时，电力线与电信电缆间净距不应小于2.5 m，且电信电缆应架设在电力线路的下部。

架空线路设备应根据有关的技术规定进行可靠的保护，以免遭受雷击、高电压和强电流的电气危害以及机械损伤。

架空线路与其他设施接近或交越时，其间隔距离应符合表11－3至表11－5的规定。

表11－3　杆路与其他设施的最小水平净距

其他设施名称	最小水平净距（m）	备注
消火栓	1.0	指消火栓与电杆距离
地下管、缆线	0.5～1.0	包括通信管道、缆线与电杆间的距离
火车铁轨	地面杆高的 $1\frac{1}{3}$	
人行道边石	0.5	
地面上已有其他杆路	其他杆高的 $1\frac{1}{3}$	
市区树木	0.5	缆线到树干的水平距离
郊区树木	2.0	缆线到树干的水平距离
房屋建筑	2.0	缆线到房屋建筑的水平距离

表11－4　架空电缆架设高度

名称	与线路方向平行时（m）		与线路方向交越时（m）	
	架设高度（m）	备注	架设高度（m）	备注
市内	4.5	最低缆线到地面	5.5	最低缆线到地面
市内里弄（胡同）	4.0	最低缆线到地面	5.0	最低缆线到地面
铁路	3.0	最低缆线到地面	7.5	最低缆线到轨面
公路	3.0	最低缆线到地面	5.5	最低缆线到路面
十路	3.0	最低缆线到地面	4.5	最低缆线到路面
房屋建筑物			0.6	最低缆线到屋脊
			1.5	最低缆线到房屋平顶
河流			1.0	最低缆线到
市区树木			1.5	最低缆线到树枝的垂直距离
郊区树木			1.5	最低缆线到树枝的垂直距离
其他通信导线			0.6	一方最低缆线
与同杆已有电缆间隔	0.3～0.4	缆线到缆线		

表 11-5 架空电缆交越其他电气设施的最小垂直净距

其他电气设备名称	最小垂直净距（m）		备注
	架空电力线路	架空电力线路	
10kV 以下电力线	2.0	4.0	最高缆线到电力线
35kV ～ 110kV 电力线	3.0	5.0	最高缆线到电力线
110kV ～ 154kV 电力线	4.0	6.0	最高缆线到电力线
154kV ～ 220kV 以下电力线	4.0	6.0	最高缆线到电力线
供电线接户线	0.6		最高缆线到电力线
霓虹灯及其铁架	1.6		最高缆线到电力线
电车滑接线	1.25		最高缆线到电力线

11.3.1.2 管道建设

中心城镇在进行通信管道建设时应注意以下几点原则：

①选定管道位置时，应避免在规划不定、尚未定型或虽已成型但土壤未沉实的道路上，以及流砂、翻浆地带修建管道。宜建筑在人行道下，如在人行道下无法建设，可建筑在慢车道下，不宜建筑在快车道下。高等级公路上的通信管道，宜建筑在隔离带下。为便于电缆引上，管道位置宜与杆路同侧。管道中心线应平行于道路中心线或建筑红线。管道不宜建筑在埋深较大的其他管线附近。管道和其他地下管线及建筑物间的最小净距（指管道外壁之间的距离）应符合表 11-6 的规定。

表 11-6 管道和其他地下管线及建筑物间的最小净距

其他地下管线及建筑物名称		平行净距（m）	交叉净距（m）
给水管	300mm 以下	0.5	0.15
	300 ～ 500mm	1.0	
	50mm 以上	1.5	
排水管		1.0①	0.15②
热力管		1.0	0.25
煤气管	压力≤300kPa（压力≤3kg/cm²）	1.0	0.3③
	300kPa≤压力≤800kPa	2.0	
电力电缆	35kV 以下	0.5	0.5④
	35kV 及以上	2.0	
绿化	乔木	1.5	
	灌木	1.0	
地上杆柱		0.5 ～ 1.0	
马路边石		1.0	
电力路轨外侧		2.0	
房屋建筑红线（或基础）		1.5	

注：①主干排水管后敷设时，其施工沟边与管道间的水平净距不宜小于 1.5 m。
②当管道在排水管下部穿越时，净距不宜小于 0.4 m，通信管道应作包封，包封长度自排水管两端各加长 2 m。
③在交越处 2 m 范围内，煤气管不应做接合装置和附属设备；如上述情况不能避免时，电信管道应作包封 2 m。
④如电力电缆加保护管时，净距可减至 0.15 m。

②通信管道一般宜采用素混凝土基础，混凝土的标号、基础宽度、基础厚度应符合设计规定。凡设计规定管道基础使用预制基础板或钢筋段落，应按设计处理。

③通信管道基础的中心线应符合设计规定，左右偏差应不大于10 mm；高程差应不大于10 mm；基础的宽度和厚度负偏差应不大于10 mm。管道基础宽度应比管道组群宽度加宽100 mm（即每侧各宽50 mm）。

④通信管道所用管材的材质、规格、程式和断面的组合必须符合设计的规定。改、扩建管道工程，不应在原有管道两侧加扩管孔；在特殊情况下非在原有管道的一侧扩孔时，必须对原有的人（手）孔及原有电缆等做妥善的得理。

⑤通信管道的包封规格、段落、混凝土标号，应符合设计规定。通信管道的防水、防蚀、防强电干扰待防护措施，必须按设计要求处理。各种材质构成的通信管道，其最小埋深应符合表11－7的规定。

表11－7　表通信管道最小埋深

管道类别	管顶距地表最小深度（m）			
	人行道	车行道	电车轨道	铁路
水泥、石棉水泥管、玻璃钢等管	0.5	0.7	1.0	1.5
钢管	0.2	0.4	0.7	1.2

11.3.1.3　敷设电缆

通信电缆、光缆在现场敷设时应注意一下几点要求：

1）管道线路敷设时

首先应根据施工图设计和人井布置位置列出配盘表，配盘时要考虑把光缆或电缆盘留及接续点放在人孔内。通信线路在进行管道敷设时可根据实际情况采用人工敷设、机械牵引敷设或气吹法。敷设完毕，一般接头重叠长度预留不少于8～10 m，这些余（预）留长度的光缆或电缆应盘成圈妥善地挂于人孔内盖上，线路端头还应用端头帽作密封处理，防止端头进水。

2）直埋线路敷设时

挖沟及路由准备：为了确保线路安全和敷设质量，沟深的标准应严格按照施工图来执行。对于路由的其他准备工作，如穿越铁道、路的顶管，过河、渠、塘预埋塑料管，穿越河堤及一般公路的预埋钢管等都必须在线路敷设前按施工图完成。

通信线路在进行直埋敷设时可根据实际情况采用机械牵引敷设法或人工抬放法。通信线路布放直至埋沟后进行回土覆盖，回土时禁止用铁铲碰压线路，一般回土要求略高地面，对于要夯实的地段，按要求夯实。

11.3.1.4　电缆芯线接续和护层接续

电缆的接续是通信布线系统工程施工中极为重要的关键环节，它是整个布线工程不可缺少的组成部分。缆线的接续虽然不像缆线安装敷设需要大量人力和材料，但是它的施工特点是工作量大而集中，精密程度且技术要求极高。因为缆线接续的施工质量优劣，对于综合布线系统工程正常运行，将起到关键性的作用，必须严格按照设计和施工的有关技术标准以及生产厂家的要求执行。

①电缆的接续应做到：电缆芯线接续应采用扭绞加焊的接续方式，不得因芯线接续而增加额外电阻，亦不得降低芯线绝缘电阻。直埋电缆接头套管应做绝缘防腐处理并将接头加以保护。人孔内的电缆接头应放在托板架上，相邻接头放置位置应错开。分歧尾巴电缆接入干线的端别应与干线端别相对应。电缆加感线对的线序及加感点的布置应符合设计要求。电缆接续点应以一个区段为单位自上行往下行方向顺序编号。电缆芯线接续排列平直紧密，接头外观整洁、美观。

②光缆的接续应做到：光纤接续时应按光纤排列顺序一一对应接续。光纤接续部位应进行热缩加强

管的保护，加强管收缩应均匀、无气泡。光纤护套、涂层的去除，光纤端面制备，光纤熔接，热可缩加强保护管等作业应连续完成，不得任意中断。光电综合缆金属导线接续时不应损伤光纤。光缆在管孔内不得有接头。

③由于目前布线工程中所采用的缆线接续设备和连接硬件，已有国内外不少生产厂家提供产品，因生产厂商较多，其产品型号、规格品种、产品结构和连接方式都有些区别。因此，在安装施工前必须对生产厂家提供的缆线接续设备和连接硬件以及有关附件等的安装手册，进行熟悉了解，充分掌握其技术特性和安装要求，以便顺利安装施工和能够确保工程质量符合要求。

④在缆线接续设备或连接硬件进行缆线终端连接时，必须严格执行施工安装操作规程，要求缆线必须捆扎妥善、布置有序，不应混乱无章。如采用卡接方式，必须牢固可靠、接触良好，不应有松动等现象，留有发生障碍的隐患。

⑤在缆线终端连接前，应首先整理缆线在设备上敷设状态，要求路径合理、布置整齐、缆线的曲率半径符合规定。所有缆线应用塑料扎带捆扎、松紧适宜，并固定在设备中的走线架上或线槽内，以防缆线不合理的移动或受到外力损伤。

⑥按照缆线终端顺序，剥除每条缆线的外护套，在剥除缆线外护套时，必须符合相关规定，以保证施工质量。剥除缆线外护套必须采用专用工具施工操作，不得采用一般刀剪，以免操作不当损伤缆线的绝缘层，影响缆线的电气特性而使传输质量下降。

⑦直埋缆线在接续处应设置埋设标。

⑧通信系统的各种缆线接续设备如果在缆线接续设备缆线终端连接施工中存在后患，将使通信系统难以发挥应有的作用。因此，在缆线终端连接后，必须对缆线接续设备等进行全程测试，以便准确判定工程的施工质量，如有故障，应正确迅速地排除，以保证通信系统能正常运行。

11.4 中心城镇电信设施的管理与维护

11.4.1 电信设施的线路维护

电信线路维护的目的是保证线路设备完好，运行正常，各项性能指标符合维护技术指标要求。中心城镇电信线路维护应做到迅速准确地预防障碍并尽快地排除障碍，尽量减少障碍引起的损失。做好技术档案资料的管理，保证技术档案资料完整、准确。做好维护质量管理，在保证通信质量的前提下，合理使用维护费用。

11.4.1.1 维护策略的选择

基本维护策略分为：纠正性维护、预防性维护和受控性维护3种。

纠正性维护是被动的。单纯的纠正性维护不足以保持设备处于完好状态，也满足不了服务质量的要求。周期的预防性维护对减少障碍发生是有效的，但其维护周期不可能完全符合各项设备的具体情况，因而对人力、物力的消耗很大。过去我们一般采用纠正性维护为主与预防性维护相结合的方式。

随着通信线路设备质量水平和可靠性的提高，以及各种监控技术的发展和应用，已经有可能根据监测数据和抽样调查信息，通过科学的分析判断，做到按需要安排维修工作——即受控性维护，从而可能减少预防性维护，避免纠正性维护，使线路通信质量和维护工作量之间达到最佳平衡状态。这也是现代维护策略的大方向，应创造条件优先采用。

11.4.1.2 维护体制与作业方式

电信维护体制是关于电信设备和网络进行维护的组织制度，是实施维护操作的相关人员共同遵守的办事规程或行动准则。它主要包括生产作业方式、作业制度和组织管理模式等。

随着电话普及率及用户密度的提高和新型传输系统的采用，各种监控系统的应用，交换条件的改善，集中化线路维护在城市是更为有效的体制，并已成为多数国家的基本维护体制。

20 世纪 90 年代，全国本地网的运行维护及管理方式经过 10 多年的摸索和实践，基本形成了“集中监控、集中维护、集中管理”的运行维护格局，基本适应了网络设备维护的需求。

集中维护是指基本维护单位减少，从而使维护单位装备较为完善的辅助维护系统成为可能，同时也使较为精密的仪器和装备得到更有效的利用。集中维护可以做到昼夜值守，有利于提高服务质量。集中维护可以在较大范围内对劳力、器材统一调配，能充分发挥人力、物力的效用，便于组织较大的网络建设和检修行动。

在我国，市话通信线路网已向集中化受控方式过渡，现代化的操作维护中心和各种监控系统已开始实行。集中化受控维护方式是技术经济发展的结果，是通信事业大发展的必然。

集中维护修理的作业方式主要是分片巡查、集中修理的作业方式。

① 分片巡查，以少量人员划定区域，沿线路进行不分工种的综合巡查。巡查人员一般直属线路维护中心的领导。其主要任务是：巡视沿线环境的变化，防止外界对线路的损坏；巡查线路设备的质量、安全情况，提出修理意见；直接处理需要专人进行的操作或指出须解决的问题（如管理交接箱、布改跳线、远端气压测量等）。

②集中修理，除维护部门值班人员和外线巡查人员以外的维护修理人员，在日常工作中依照派工单进行维修作业，出现紧急障碍时遵照维护部门指派进行作业。

应当明确的是：分片巡查、集中修理的作业方式适用于通信线路集中维护体制，但对于那些通信线路孤立、分散难以实现集中维护的地区，采取包区责任制，对缩短障碍时间、提高工作效率，会有一定作用。

11.4.1.3 市话线路网各部分的维护

市话通信线路网是指市内电话交换局之间的中继线、市话局与长途局之间的中继线和市话交换局到用户的用户线的综合。用户线又包括电缆、杆路、分配线设备、用户引入线及用户话机等，近年来扩展到光缆、PCM 设备、用户线路载波、大容量光纤复用设备和用户铜线上的复用设备。用户通信线路网是市话通信线路的主体，其维护工作量最大。通信线路维护是经常性的、持续不断的工作，这就是要求有关部门采取积极的、有效的措施，将通信线路网维持到用户可以接受的一定质量水平。

第三编

环境、防灾工程

第12章　中心城镇绿化技术指引

12.1　中心城镇绿化系统概述

12.1.1　中心城镇绿化的有关概念

12.1.1.1　绿化

绿化指的是植树造林、种植花卉等各种植物，把一定的地面（空间）覆盖或装饰起来，以减少自然灾害，防止水土流失，净化空气，改善生态环境的活动。

12.1.1.2　城镇绿化

城镇绿化指的是在城镇里进行绿化工程建设，从而发挥绿化在维护城市生态和美化城市中的重要作用，使环境与经济、社会发展相协调。

12.1.1.3　城镇绿化的规划设计

城镇绿化的设计指的是用科学的方法对城镇绿化进行有效周全的计划规划。

12.1.2　中心城镇绿化分析

12.1.2.1　气候和环境状况

华南地区地处南亚热带，属南亚热带典型的季风海洋气候。由于背山面海，海洋性气候特别显著，具有温暖多雨、光热充足、温差较小、夏季长、霜期短等气候特征。由于水热同期，极利于作物的生长，但自然灾害威胁也较大，常给工农业生产带来不利的影响。

比如广州光热资源充足，年平均日照时数为 1 875.1 ～ 1 959.9 h，年太阳总辐射量 105.3 ～ 109.8kcal/cm^2，年平均气温为 21.4℃～21.8℃，日均气温都在 0℃以上。无霜期北部 290 天，南部 346 天。

广州雨量充沛，年降水量为1 689.3～1 876.5 mm，雨季（4－9月）降水量占全年的85%左右；因受地形影响，山区多于平原，北部多于南部。同时，雨季与强光和高热同期，形成了相当高的气候生物潜力（光温水潜力），达77 865～97 950 kg/hm^2。

冬夏季风的交替是广州季风气候突出的特征。冬季的偏北风因极地大陆气团向南伸展而形成的，干燥寒冷。夏季偏南风因热带海洋气团向北扩张所形成的，温暖潮湿。夏季风转换为冬季风一般在 9 月份，而冬季风转换为夏季风在 4 月份。

广州市 2003 年的环境状况详细可见《2003 年度广州市环境质量报告书》。

12.1.2.2　中心城镇绿化现状

广州市目前大力推进中心城镇的建设，正努力以广州的城市化促进珠江三角洲的城镇化进程。其中，市桥、新华、荔城、新塘、街口等卫星城的建设已经列入广州市国民经济和社会发展第十个五年计划纲要予以重点发展，并要求在目前 17 个中心镇中重点选择一批有条件的中心镇，努力提高城镇规划、建设和管理水平，抓好净化、绿化、美化、效能化，切实加强生态环境保护，推进可持续发展。

目前，在广州正式确立中心镇并加以重点建设之后，许多中心城镇已经逐渐走出以往发展的路子和方式，随着各种新的城市城镇建设理念的引入和推行，中心城镇的面貌呈现出焕然一新的局面，在其绿化建设中也各有特色，欣欣向荣。如江高镇，这个流溪河畔的古镇被确定为中心镇后面貌焕然一新，已初现生态优美现代城区的雏形。江高镇坚持“路修到哪里，供水供电就配套到哪里，绿化和路灯就修到哪里的原则”，道路系统已经初步形成城区的主骨架。规划中的江高－新塘生态走廊已成雏形。增城区则在重点拓宽荔城、新塘中心城镇主干道建设的同时，围绕“一江穿城，众山环抱”的城市建设目标，高标准规划和兴建了挂绿广场、增城公园、蕉石岭公园等多个市民活动的公共场所，形成城周有森林公园环抱、城内有广场绿化相呼应的多层次城市绿化体系。白云区人和镇在白云区打造“有机山水城区”的思想指导下，绿化搞得有声有色，在保留原有田园风光的基础上建设“青山半入城”的城市与自然共生景象，初具规模。花都的狮岭镇政府按照广州市中心城区的卫星城市标准大力推进中心镇建设，目前正在规划的狮岭森林文化景观区一旦建成，其生态和文化作用都将为当地带来积极影响。

12.1.2.3 中心城镇绿化需要解决的问题

从各个中心镇当前的绿化质量看，普遍存在规模建设起点较低、布局较乱、风格雷同、环境欠佳、地方特色不够明显的现象。中心城镇的绿化需要注意与市、县域城镇体系规划的协调性，科学制订中心镇的性质、规模和发展方向，突出地方特色，强化中心城镇功能，根据相对集中和资源优化配置的原则，统一规划各不同区域的功能配置，切实在不同功能区推行不同的市政绿化策略，做到从实际出发，与各城镇其不同的自身特点和发展策略相适应。中心城镇的绿化建设应该以生态学的原理为指导，按照建设生态城市的要求科学规划城市路网和绿地系统，重视和支持利用地方优势在良好发展地方经济的基础上建设生态屏障和林业功能。

12.2 中心城镇绿化的必要性与可行性

12.2.1 中心城镇绿化的功能

12.2.1.1 调节气温和净化空气

绿色植物是地球上进行光合作用的主要场所，担负着将 CO_2 转化成 O_2 的重要角色。绿色植物对城市上空大气存在的大量有毒气体有着良好的吸收作用，能起到增湿空气、调节温度、防止光化学烟雾、消灭病菌及滞留粉尘的作用。绿化对粉尘的去除能力以及对细菌的杀灭能力也不可忽视。

12.2.1.2 防噪声和火灾

安静是森林的一大特征。据日本科学家在1979年进行的测定结果表明，各种林木都具有减少噪音的效果。不同绿地减缓噪音的效果存在着一定的差异，但总的来说都有着较为显著的效果。

城市绿化在防火减灾方面也具有重要的作用。城市高楼林立，人口密集，一旦出现大火灾之类的灾害，需要就近可疏散的防灾场所的时候，城市绿化中的大型绿地和公园就成为这样的一个重要庇护所。此外，有些树木叶厚，皮厚，含水量特别丰富，一旦发生火灾时，可以起到隔离、阻挡火势蔓延的作用。

12.2.1.3 提高城市生活舒适度

城市绿化为市民创造了集生态、自然、文化艺术、休息为一体的活动空间，如小游园、广场、公园等，是人们锻炼身体、消除疲劳、恢复精力、休息游览的良好场所。城市绿化尤其是园林绿化的一大特点是师于自然、源于自然、高于自然，它能最大限度的适合人群需要，让人身处其中感到心旷神怡，神清气爽。城市绿化另一方面可以降低人口密度，缓解交通压力，通过建设城市绿地可以有效降低城市建成区的建筑密度和建筑容积率，从而可以切实的提高城市生活的舒适度。

12.2.1.4 观赏特性

城市绿化是美化市容、增加建筑艺术效果、丰富城市景观的主要素材。园林绿化是城市建设不可缺少的组成部分。园林绿地与城市建筑群取得有机联系，绿阴覆盖，郁郁葱葱，使城市变得更加生动，活泼，自然，美丽。

园林绿化在城市的主要干道上能给人到了城市仍置身于大自然的感觉，园林绿化做得有特色的城市，能够使得人进入城市之后马上感受到本地独特的风格、色调及建筑群体的轮廓线。城市街景市容的美化以不同的形式和不同的树种构成各类街道景观，常使街道显得宽广、深远，对街道的色调搭配能起到重要的作用。城市的广场和各种建筑物群体也往往需要用绿化来衬托。利用体形、线条、色彩、质感等方面的对比手法，可以使建筑物显得更加高耸，也可以缓和建筑物轮廓过分强烈的变化，突出建筑物的个性特征，增加建筑艺术效果，使建筑艺术的美更能充分表现，营造各种不同的艺术效果。

12.2.1.5 文化特征

城市园林绿化作为城市生态系统的载体，不仅以无可替代的景观功能、生态功能，绿化、美化和净化着城市，而且能以自己的地域特色和风格塑造城市文化和特色。譬如，人文特色往往可以从城市园林绿化中窥察到，如古树名木的合理利用，它既可见证城市的历史，是活着的文物，又是城市的灵魂，可体现城市的文化素质和文明程度；人文特色还可以通过城市园林绿化来体现，如市树市花。它们一方面具备植物资源特色，另一方面往往与历史文化有着某种联系或在当地具有较好的群众基础，把它们作为城市园林绿化的骨干树种和基调树种，极具特色和人文性。

12.2.1.6 经济性

城市绿化的经济效益表现形式跟传统林业的经济性有着较大的差别。林业常通过直接的方式来取得经济效益，而城市绿化的效益则表现为两个方面：一是绿化的自然资本扩充，即绿地内的植物价值和因其“多样性”配置产生的文化艺术价值；二是绿化的服务功能，通过绿地的生态系统 产生的调节气候、夏季降温、净化空气、美化环境、休闲娱乐等价值。

城市绿化作为唯一有生命的城市基础设施对城市自然资本增值的功能显而易见，随着时间的推移其价值变化会越来越大，同时可以留给后人以丰富的文化遗产，其服务功能通过房地产、商业、旅游、体育、文化等相关产业的体现从而提高城市知名度、促进城市精神文明建设等价值不可低估。城市绿化效益有着全方位性和综合性的特点。以绿化为主体的生态环境的改善，必将同时改善城市经济发展环境，使经济充满活力，通过有效的经营手段和途径，将环境优势转化成经济优势，带动周边地区商贸、房地产、旅游和展览业等第三产业的发展，带动整个城市有形和无形资产增值，有利于吸引外资，形成对周边地区的集聚和辐射能力，促进地区经济的发展。

12.2.2 中心城镇绿化设施建设的必要性

12.2.2.1 维护自然生态系统平衡的需要

城市生态系统是一个脆弱、不完整的生态系统，往往在这样的生态系统中，各要素之间由于简单，薄弱的联系而使得城市生态系统呈现与自然其他生态系统不同的特征。“保护生态环境、实施可持续发展”已经成为全人类紧迫又艰巨的任务的之一。人类需要在不断协调自然界各生态系统的功能结构，充分发挥系统各内外组成要素的最大生产潜力，在各生态系统本身与各生态系统之间引入新的、更高层次上的和谐与繁荣。进行城市绿化，通过人为的引入对城市生态系统的重建与加强，可以从实质上维护城市的自然生态平衡。

12.2.2.2 提高城市居民生活质量的需要

绿地能够有效健全生态和改善人类生存环境的质量，城市中的园林绿地不仅是观赏、旅游、文化、休息的场所，还是维持生态平衡，创造良好环境公益的基地。绿地能够满足人们调节视觉的需要，并能进一步的通过人的各种感官感觉来给人以舒适感。对美的感觉有不同的看法，但对森林的感觉却是基本一致的。绿化的美是全方位的美，譬如森林，身处其中，可以从听觉上听到树梢上鸟儿的叫声、风声或是虫鸣，可以通过嗅觉嗅到花香、树木和草地的芬芳，当人漫步于绿地的时候，还可以真切的看到自然，伸手就可以触及。

12.2.2.3 城市可持续发展的需要

"可持续发展"是世纪之交的一个非常重要课题。联合国于1996年6月3～14日在土耳其伊斯坦布尔召开了第二届人类住区大会，其主题是"人人享有适当的住房"和"城市化进程中人类住区的可持续发展"。它充分说明人类对自身生存最基本条件的关切，而居住环境的舒适是人类进行文明的重要标志之一。城市环境必须保持经济、社会与生态相协调的发展战略。

城市园林绿化是城市的基础设施和国土绿化的组成部分，惠及当代、荫及子孙的事业，是关系到每个市民、渗入各行业、覆盖全社会的产业，是一项庞大的、世代相承的系统工程。广泛开展宣传绿化法规，制定细则、以法治绿。要理论科学规划、合理实施。健全法制、加强管理、促进城市园林绿化新发展，把绿化这项功在当代、利在千秋的活动切实落到实处。

12.2.3 中心城镇绿化实施的可行性

12.2.3.1 城市的经济基础为依托

据2003年广州市政府工作报告的数据显示，2003年广州市国内生产总值达3 466.63亿元，完成固定资产投资1 157.77亿元。其中，工业总产值4 705.91亿元，工业增加值1 336.48亿元，工业增加值对生产总值增长的贡献率达60.2%。随着一批跨国公司落户和增资，产业竞争力和发展后劲明显增强。广州开发区经济实现高增长，在区域经济中发挥了龙头带动作用。

广州都市型农业健康发展，全市农业总产值180.7亿元。农业结构进一步优化，农业产业化、农业现代化示范基地和农田标准化建设扎实推进。农村城市化步伐加快，中心镇建设试点全面启动，开局良好。

全市社会消费品零售总额达1 494.27亿元。现代商贸流通业向规模化、规范化、信息化方向发展。外贸出口和利用外资持续增长，全市海关进出口总值349.44亿元。利用外资质量和水平进一步提高，呈现总量多、制造业多和大项目多的特点。实施"走出去"的战略取得进展，民营企业成为广州境外投资的主要力量。

财政金融形势稳定。全市财政一般预算收入274.75亿元，增长15.5%。广州地区组织的国税、地税及财政收入达到1 115.57亿元，全市金融机构年末人民币存款余额为8 676.72亿元，贷款余额为6 127.27亿元，均比上年同期有15%以上的增幅。

12.2.3.2 环保绿化政策

城市绿化有一系列的环保绿化政策。较为重要的包括：1997年广州市重新颁布的《广州市城市绿化条例》，建设部2000年颁布的《城市古树名木保护管理办法》，国务院1998年颁布的《中华人民共和国森林法》以及2000年颁布的《中华人民共和国森林法实施条例》，《广州市城市园林绿化三级企业资质标准》，《城市园林绿化企业资质标准》，《城市绿化规划建设指标的规定》，2002年建设部颁布的《城市绿线管理办法》等。

12.2.3.3 其他城市绿化的成功经验

其他城市的成功绿化经验有很多。单从广东省而言，中山市、佛山市、珠海市乃至肇庆市都是绿化成功的典范楷模。

作为当时国务院批准的全国十佳城市、建设部考核公布的全国园林绿化先进城市的中山市，在经济发展及绿化达标的基础上积极建设园林式城市，最值得借鉴的地方是公园、道路绿带的成功建设以及园林派出所的成立。珠海市和肇庆市则一直都把建设全国优秀旅游城市作为本市的重要目标，以旅游作为城市经济发展的龙头产业，主要特点均是紧密联系当地既有特色进行城市绿化建设，整个城市在一个大的思想的指导下如同一个广大的园林。

国外也不乏在经济高速发展的同时成为花园式城市的国家，如德国。德国的国民经济水平举世瞩目，而其丰富多彩的国家绿化建设也让世人侧目。德国通过深入人心的环境意识灌输，三位一体，综合开发的建设理念，自然优美的绿化设计以及一丝不苟的依法治林策略，其森林覆盖率达到了整个国土的

30%以上，在实现国土绿化，维护生态平衡，改善生存环境方面取得了令人信服的成就。此外，国外的新加坡通过建设“热带最佳园林城市”的目标来改善城市生态环境，从而吸引高科技产业和金融业落户的成功经验，也成为许多城市所要学习的典范。

12.3 中心城镇绿化植物的规划设计

12.3.1 城镇绿地系统规划

12.3.1.1 绿地系统规划的目的与任务

自然风景区，古迹胜地，大、小公园，居民区、工矿区绿地，机关、医院、剧场、宾馆等专门建筑所属的绿地和林荫道，是组成城市园林绿地总体规划的重要成分。在这些园林绿地中，构成它的物质题材虽然多种多样，有山石、水体、建筑、植物和有关的设备与设施等等，但植物题材则是任何一类园林所不可缺少的。植物题材是园林绿地的主体，也是区别于其他城市规划项目的主要标志。

绿地系统规划的任务如下：

第一，创造不同景观，增添诗情画意，丰富园林景色。

第二，分割空间，从而使园林绿地具有多样化的意境，为人们提供良好游憩的胜境。

第三，适应某些建筑物造型上的需要或弥补其造型、设施方面的不足，达到隐蔽、填充、隔离、防风、防尘和防雪等效果。

第四，影响一定范围内的小气候和环境，如增加湿度、降低温度、阻截尘土和噪声以及某些有害气体，以改善人们活动区域的卫生条件。

第五，在天然环境中保持水土，维护植物种间生态均衡，使它能更好地服务于以上各项功能。

12.3.1.2 绿地系统规划的规划原则

①对绿地系统规划时应该充分考虑植物的耐性和抗性，不同植物对温度、光照、水分的要求都有所不同，在规划时，需要充分考虑植物生长发育的自然规律。在不同的生长发育时期，植物的竞争能力、适应环境的能力和自身的表现如形态、习性等都不尽相同，一般木本植物定植后，要求尽可能地相对稳定。在动植物资源方面应当因地制宜采用乡土树种，开发、保护当地的野生物种，争取创造富有个性、风格迥异的城市绿地系统。种植植物的时候应掌握植物的生态特性，植物生长与水分、温度、光照以及其他环境因素息息相关，要注意适地适树。在配置中要充分考虑植物生长发育过程中各时期种间或株间可能产生的矛盾与优势，加以合理配搭，使其达到理想效果，以便创造良好的景观。

②掌握植物的观赏特性，达到美化效果。植物的形状、颜色和姿态，随着时间的推移、季节的更换、生长环境的特点不同而千变万化，这就为组成优美的构图和植物景观提供丰富多彩的条件，只有充分掌握每种植物的观赏特性，才能更好地运用它。

③尽可能地满足园林绿地功能上的需要. 这是实现园林总体效果的重要因素。为此，需要设计不同的植物配置形式，以适应不同的目的。园林绿化植物的配置形式要根据不同园林绿地功能和规划布局。同一绿地中往往是多种配置形式为主；在整体形式园林绿地中应结合建筑、广场、园路用规划式的植物配置；在草坪中、树林的绿地边缘则可运用自然式的树丛、树群、片林等形式。园林绿地中应用的植物要以其生物学特性为基础，根据规划方案科学地，有机地合理搭配，栽植成各种类型的植物群落，使其达到既绿化又美化的理想效果。

12.3.1.3 绿地类型及用地选择

城市绿化的功能和分区包括如下：

1）公共绿地

公共绿地主要包括公园、广场和游息林荫带。公园设施较为完备，规模大，质量好，它要求有风景优美的自然条件，丰富的植物种类，有开阔的草地和浓郁的林地，四季景观变化多样。由于此类公园对条件的要求较高，在一个中心城镇里要建设成功的公园，数量上就要有一定的限制。

游息林荫带则是城市中具有相当宽度（10 m 以上）的带状绿地，供城市居民休息、游览之用。许多游息林荫带都濒临城市大水域，由于一般滨水绿带较长，其中的休息游览设施常集中布置在一个地段。广州许多中心城镇均沿江、滨湖，有的河流直接穿过镇区，这都是建设带状绿地的有利条件，其对城市环境的改善，市容的美化均起到很大的作用。需要注意的是，林荫带由于常有城市交通道路通过，所以必须有专供游览休息的较宽敞的游步道，与城市交通道路有绿带相隔。

2）居住绿地

居住绿地是居住用地的一部分。居住用地中，除去居住建筑用地、居住区内部道路用地、中小学幼托建筑用地、商业服务公共建筑用地及生活杂务用地等外，就是可供绿化的用地。

居住绿地可分为 4 种：

①居住区公园或小区公共绿地。

②宅旁绿地。

③居住区道路绿地。

④公共建筑及设施专用绿地。

3）附属绿地

附属绿地是指专属某一部门、某一单位使用的绿地，不对城市居民开放。

附属绿地有以下几种：

①工业企业仓库绿地。其主要作用是可以减轻有害物质（如烟尘、粉末及有害气体）对工人和附近居民的危害，能调节内部空气温度和湿度，降低噪声，防风，防火等。

②公用事业绿她。如公共交通车辆停车场、水厂、污水及污物处理厂等内部绿地。

③公共建筑庭园。指居住区级以上的公共建筑附属绿地，如学校、机关、商业服务、医院、影剧院、体育馆等的附属绿地。

4）交通绿地

①道路绿地。指居住区级道路以上的道路绿地，包括行道树绿地，交通岛绿地、立体交叉口及桥头绿地等。

②公路、铁路防护绿地及对外交通站场附属绿地。它是对外交通用地的一部分，特别是穿越市区的铁路线两侧，更应该注意沿线设置一定宽度的林带，对于安全及减低噪声有很大作用。

5）风景区绿地

风景区绿地有两种，一种以旅游为主，称风景游览区，一种以休疗养为主，称休养、疗养区。此类绿地的位置，一是位于城市郊区，一种是独立于城市以外的风景区。广州的中心城镇应该结合其自身的特点进行布置。

6）生产防护绿地

包括苗圃、花圃、果园、林场、科研植物园、卫生防护林、风砂防护林、水土保持林、水源涵养林等。是郊区用地的一部分（也有苗圃、花圃在市区内的情况）。

防护绿地的主要功能是改善城市的自然条件和卫生条件。广州属于夏季比较炎热的城市，其中心城镇的绿化应该考虑设置通风绿带，与夏季盛行风向平行（可结合水系），形成通风走廊，使季风吹到建成区的内部。这些用地中可以布置学校、体育场、公园等。

12.3.1.4 绿地系统布局及手法

1）整形式的配置要求

整形式的绿化配置要求对同一局部地区、同一功能的树木的株行距、大小、树形都要统一，排列有顺序。整形式的绿化配置指的是选枝叶茂密、树形美观、规格一致的树种，配置成整齐对称的几何图形的植物配置形式。它可分为以下几种：

①对植。一般在房屋和建筑物前，在公园、广场的入口处常用此对称的对植形式，常用的树种，乔

木有桧柏、龙柏、油松、银杏、槐、立柳、悬铃木、玉兰、香樟等，灌木则有黄杨、木槿、西府海棠、丁香、太平花等。

②行植。在建筑物前、规则式道路、广场上或围墙边缘，呈单行或多行的、株距和行距相等的种植方法即行植。株距和行距的大小应视树的种类和所需要遮阴的郁闭程度而定。一般大乔木株行距为5～8 m，中、小乔木为3～5 m，大灌木为2～3 m，小灌木为1～2 m。完全种植乔木或将乔木和灌木交替种植均可。实行行植较为常用的树种，乔木有油松、桧柏、银杏、臭椿、白蜡、栾、元宝枫、柿、合欢、七叶杨等；灌木有黄刺玫、玫瑰、小叶黄杨、丁香等。行植成绿篱者可单行也可双行种植，株距一般为30～50 cm，行距为30～50 cm。一般多选用常绿树种，也可选用分蘖性强、耐修剪的落叶灌木树种。

③带状。在需要隔离或防护的地区，用多行树木种植成带状构成防护林带。为使得防护效果良好，一般采用大乔木和中小乔木、灌木做带状配置。如工厂外围防护林带。

2）自然式的配置要求

绿化中充分利用现状及自然地形，有机组织当地地形地貌，做到因地制宜，利用为主，改造为辅，并利用本地的自然条件进行绿化配置，是较为合适的绿化配置形式。自然式的绿化配置要求树木之间的距离应不尽相等，疏密有致，同一树丛或树群中的同一树种，规格大小要参差不等，位置也不宜在同一直线上。自然式的绿化配置方式，多选用树形或树体的其他部分美观或奇特的品种，或有生产、经济价值或有其他一定功能的树种，以不规则的株行距配置成以下各种形式。

①孤植（孤立树）。即单株孤立种植，常用于大片草坪上、花坛中心、小庭园的一角或与山石相互成景处。孤植必须选择具有特点的树种，如常绿的雪松、云杉、冷杉、万峰桧、黄叶桧；落叶乔木如水杉、银杏、垂柳、梧桐、白蜡；观花果的玉兰、紫薇、山楂、杏等。

②丛植（树丛）。即三五数株树木以不等距离种植在一起的整体。这种树丛多布置在庭园绿地中的路边、草坪上，或建筑物前庭的某个中心。有的纯用乔木，有的或用乔木和灌木混合组成多种多样的树丛或用规格大小有差异的树木组成树丛。由于树丛的群体较小，可从每个角度看到，因此要选择树形美观、种间生长和体型相协调的树种。

③双植。即同一树种两株并列平行种植，或者前后种植。适于布置在草坪、路旁。

④群植（树群）。即以一两种乔木为主体，与数种乔木和灌木搭配，组成较大面积的树木群体。树群常用作树丛的衬景，或在草坪和整个绿地的边缘种植。树种的选择和株行距可不拘格局，但立面的色调、层次要求丰富多彩，树冠线要求清晰而富于变换。

⑤片植（纯林或混交林）。即单一树种或两个以上树种大量种植成片，前者为纯林，后者为混交林，多用于自然风景区或大中型公园和绿地中。树种选择和种植密度要根据当地条件和种间生态关系决定。实现群植，树木的株行距一般为2～5 m。

12.3.1.5 绿地系统规划规范程序

1）选地布局

城市园林绿地布局，即在选址（相地）、构思（立意）的基础上，根据园景的性质、规模、地形特点等因素，利用地形（包括水体）、植物、建筑、道路广场、园林小品等设计要素，创造出了表达某一种性质、某一主题思想的舒适、优美的环境。不同性质、不同功能要求的城市园林绿地，有着各不相同的布局特点。不同的布局形式反过来反映不同的造园思想。因此，城市园林绿地的布局，即总体设计是一个园林艺术的构思过程，也是内容与形式统一的创作过程。

城市园林绿地是一种占有时间空间、有声有色、有色有味的立体空间塑造，因此对立意和技巧有着更加高的要求。园林绿地在立意的创作过程中，要善于抓住设计中的主要矛盾，解决功能、艺术思想境界的问题。要立意需着重艺术意境的创造，寓情于景，触景生情，情景交融。在立意的过程中，要根据功能和自然条件，因景而成、得景随形，强调景观的效果，突出艺术境界创造。

园林绿化中“立意”和“选址”是相辅相成的两个方面。造园的关键在于造景，而造景的目的在于抒发作者对造园目的和任务的认识和激发创作的思想情感。在城市绿地创作过程中，选择园址与根据现状情况确定城市绿地主题思想，是不可分割的有机整体。造园的“立意”，其“构思”和“创作激情”，最终要通过具体的园林艺术创造出一定的城市绿地形式，通过精心布局得以实现。

2）设计分类

设计分类指的是城市绿化工程的总体规划设计阶段。其主要任务是进行方案构思，作总的规划图和说明书。

a. 总体规划图上应该包括以下7项内容。

①建设场地的规划和现状分布图。

②近期和远期用地范围现状图。

③总体规划平面图，要在用地范围内标明道路、广场、河湖、建筑、园林植物类型、出入口位置及地形竖向控制标高等。比例尺见表12－1。

表12－1　总体规划平面图的比例尺

公园、绿地面积（hm^2）	比例尺
<10	1:200 ～ 1:500
10 ～ 50	1:500 ～ 1:1 000
50 ～ 100	1:1 000 ～ 1:2 000
>100	1:2 000 ～ 1:5 000

可用适当比例尺的图示功能分区、人流集散、游览流向分析。

④整体鸟瞰图。

⑤重点景区、园林建筑或构筑物、山石、树丛等主要景点或景物的平面图或效果图。

⑥公用设备、管理用设施、管线的位置和走向图。

⑦重点改造地段的现状照片。

b. 总体规划图设计文件文字说明部分应包括以下7项内容。

①批准的任务书或摘录；所在地的气象、地理、地质概况，及其与城市绿地系统中的关系；风景资源及人文资料；地域文化特征及周边环境；能源、公共设施、交通利用情况等。

②规模和范围：规模、面积、游人容量；分期建设情况；设计项目组成；对生态环境、游憩、服务设施的技术分析。

③艺术构思：主题立意，艺术特色和风格；景区、景点布局的艺术效果分析；游览、休息线路布置。

④种植规划概况：立地条件分析；天然植被与人工植被的类型分析；种苗来源情况；园林植物选择的原则。

⑤功能与效益：执行国家政策、法令及有关规定的情况；对城市绿地系统和城市生活影响的预测；各种效益的估价。

⑥技术、经济指标：用地平衡表；土石方概算、主要材料和能源梢耗概算；总概算。

⑦需要在审批时决定的问题：与城市规划的协调；拆迁、交通情况；施工条件、季节；投资。

3）基础资料的收集与整理

做绿化设计必须对建设地区的自然条件及周围环境和城市规划的有关资料，进行搜集调查及深入的研究。在设计之前，对当地的有关情况要作详细深入的了解。

a. 土壤方面。

土壤的种类、营养情况、深度、地基承载力、冻深、自然安息角、滑动系数、不同土壤的分布区域、内摩擦角度及其他有关物理、化学特性。

b. 气候方面。

每月最低、平均和最高的平均气温、水温、湿度、降雨量、无霜期、冰冻期、冰雪厚度、每月阴天日数、风向、风力等。

c. 地形方面。

地形倾斜的方向、坡度、裸露岩层的分布情况。

d. 水系方面。

水的流量、流速、方向、最高洪水位标高、最高水位、最低水位、常水位、水底标高、沼泽地、冲刷地的分布、水质、地下水的状况。

e. 植被方面。

原有植被的种类、数量、高度、生长势、群落构成、古树名木分布情况、观赏价值的高低。

f. 原有建筑方面。

园内和周围现存建筑和构筑物的数量、分布、大小、用途、结构、材料、平立面形状、基地标高。

g. 管线方面。

地上地下管线的种类、埋深、走向、管径、供水的水压、水量、排水的方式结构、电路的功率、杆线高度。

h. 环境方面。

附近的单位性质、交通条件、有无空气、水、噪声等污染、公共建筑停车场地、公用设备的原有情况、居民类型等。如非国家投资还需了解主办者的开发经营方式，近期、远期可保证的资金和施工力量、在城市园林系统中的地位等。

4）现状的调研与分析

进行中心城镇的绿化建设，其现状的调研与分析在项目建议书一经批准之后就应该进行。其基本内容包括：

①项目建设的目的、性质、提出的背景和依据。

②建设项目的规模、市场预测的依据。

③项目建设的地点位置、当地的自然资源与人文资源的状况，即现状分析。

④项目的内容，包括面积、总投资、工程质量标准、单项造价等。

⑤项目建设的进度和工程估算。

⑥投资估算和资金筹措方式，如国家投资、外资合营、自筹资金等。

⑦经济效益和社会效益。

5）空间构思与设计

空间构思与设计对应着城市绿化工程中的在技术和经济上所进行的全面而详尽的安排，它是城市绿地建设的具体化，包括初步设计和施工图设计两部分。

a. 初步设计。

初步设计应在总体规划图设计文件得到批准及待定问题得以解决后进行。初步设计文件包括设计图纸、说明书、工程量总表和概算。设计图表示的高程和距离均以米为单位；数字写到小数点后两位。

①设计图纸部分。用具体尺寸、标高表明道路、广场、河湖、建筑、假山、设备、管线等各专业设计或单独的子项目工程相互关系、周围环境的配合关系，必要时可用断面图加以明确。

总平面图必须有准确的放线依据。

总平面图的比例尺由1:200～1:500，简单的工程设计可用1:1 000。

必要时可分别增加竖向设计图、道路广场设计图、种植设计图、建筑设计图。

竖向设计图要求表示现状和设计高程；在不同比例图纸上，用等高线表示地形时，其等高距则要求不同；图纸比例尺同总平面图。

道路广场设计图。广场外轮廓、道路宽度用具体尺寸标明；用方格网（或轴线、中心线）控制位置或线型；广场标高应标明中心部位和四周标高，道路转弯处应标出标高；标明排水方向用地下管道排水时，要标明雨水口位置：比例尺同总平面图。

种植设计图。要求标明树林、树丛、孤立树和成片花卉位置；定出主要树种；重点树木或树丛要标出与建筑、道路、水体的相对位置；比例尺同总平面图。

建筑设计图。要求注明建筑轮廓及其周围地形标高；与周围构筑物距离尺寸；与周围绿化种植的关系。

综合管网图。要求标明各种管线平面位置和管线中心尺寸。

②初步设计说明书。初步设计说明书包括：对照总体规划图文件中文字说明部分提出全面技术分析和技术处理措施；各专业设计配合关系中关键部位的控制要点；材料、设备、造型、色彩的选择原则。

③工程量总表。工程量总表包括：各园林植物种类、数量；平整地面、堆山、挖填方数量；山石数量；广场、道路、铺装面积；驳岸、水池面积；各类园林小品数量；园灯、园椅等设备数量；园林建筑、服务、管理建筑、桥梁的数量、面积；各种管线长度，并尽可能标注出管径。

④概算。

b. 施工图设计。

在初步设计批准后，进行施工图设计。施工图设计文件包括施工图、文字说明和预算。施工图尺寸和高程均以米为单位，要写到小数点后两位。施工图设计分为种植、道路、广场、山石、水池、驳岸、建筑、土方、各种地下或架空线的施工设计。

①施工总平面图。应以详细尺寸或坐标标明各类园林植物的种植位置。构筑物、地下管线位置、外轮廓。

要注明基点、基线。基点要同时注明标高。

为了减少误差；整形式平面要注明轴线与现状的关系；自然式道路、山丘种植要以方格网为控制依据。

注明道路、广场、建筑物、河湖水面、山丘、绿地和古树根部的标高，它们的衔接部分亦要作相应的标注。

图的比例尺为1:100～1:500。

②种植施工图。种植施工图包括平面图、立面、剖面图、局部放大图、苗木表预算。

平面图要求：在图上应按实际距离尺寸标注出各种园林植物品种、数量；标明与周围固定构筑物的地下管线距高的尺寸；施工放线依据；自然式种植可以用方格网住制距离和位置，方格网用（2 m×2 m）～（10 m×10 m），方格网尽量与测量图的方格线在方向上相一致；现状保留树种，如属于古树名木，则要单独注明。图的比例尺为1:100～1:500。

立面、剖面图要求：在竖向上标明各园林植物之间的关系、园林植物与周围环境及地上、地下管线设施之间的关系；标明施工时准备选用的园林植物的高度、体型；标明与山石的关系；图的比例尺为1:20～1:50。

局部放大图要求：重点树丛、各树种关系、古树名木周围处理和覆层混交林种植详细尺寸；与各市政设施、管线管理单位配合情况的交代；选用苗木的要求（品种、养护措施）；栽植地区客土层的处理，客土或栽植土的土质要求；施肥要求；苗木供应规格发生变动的处理；重点地区大规格苗木采取号苗措施、苗木的编号与现场定位的方法；非植树季节的施工要求。

苗木表要求。包括种类或品种；规格、胸径以厘米为单位，写到小数点后一位；冠径、高度以米为单位，写到小数点后一位；观花类标明花色；数量。

预算要求。根据有关主管部门批准的定额，按实际工程量计算，内容包括：基本费；不可预见费；各种管理、附加费；设计费。

③竖向施工图。竖向施工图包括平面图、剖面图、作法说明、预算。

平面图要求：现状与原地形标高；设计等高线，等高距为0.25～0.5 m；土山山顶标高；水体驳岸、岸顶、岸底标高；池底高程用等高线表示，水面要标出最低、最高及常水位；建筑室内、外标高，建筑出、入口与室外标高；道路、折点处标高、纵坡坡度；绿地高程用等高线表示，画出排水方向、雨水口位置；图的比例尺为1:100～1:500；必要时增加土方调配图，方格为（2 m ×2 m）～（10 m×10 m），注明各方格点原地面标高、设计标高、填挖高度，列出土方平衡表。

剖面图要求：在重点地区、坡度变化复杂地段增加剖面图；在各关键部位标高；图的比例尺为1:20～1:50。

作法说明：夯实程度；土质分析；微地形处理；客土处理。

预算（略）。

12.3.2 城市园林树种规划

12.3.2.1 树种规划原则

绿化树种选择的合理，不仅充分发挥其应有的生态效能，而且真正能够达到绿化美化环境的目的。无论是城市绿化还是庭院绿化，在选择绿化树种时，应遵循以下3个基本原则。

1）适应性强为基础原则

选择的绿化树种适应性要强，能够适应栽植地区的环境条件，确保其能够正常生长。干旱少雨区，绿化树种要选择抗旱性强的；寒冷地带要选择抗寒性强的树种。保证绿化树种在栽植地区正常的生长发育，是选择绿化树种的最基本条件。因此，在选择绿化树种时，适应性是首先考虑的一个原则。

2）观赏价值高为关键原则

真正体现绿化树种价值的是其本身的观赏价值。作为绿化树种要求具有较高的观赏价值。无论是观叶、观花、观果，还是叶、花、果共赏，需具鲜明的特色，以体现本树种的魅力所在。叶是郁郁葱葱，还是金黄一片，花是大而鲜艳，还是浓郁芳香，具体选择要根据栽植区的具体情况而定。因此，在选择绿化树种时，在考虑其观赏性上要多费心思，充分展现出绿化树种的特色与魅力。努力使选择的树种给人以清新、愉悦的享受。

3）管理简单、方便为重要原则

绿化树种选择时，考虑的另一原则是管理力求简单、方便。主要包括两个方面：一方面是修剪量要小或免剪，用工少而树体完美，自然生长的树体良好而毋需过多修剪。第二方面是病虫害少，选择抗病虫害强的树种，既降低成本，又减少污染，净化环境。

12.3.2.2 中心镇现状树种调查

根据目前广州市中心城镇的绿化状况调查发现，如果按照行道树的应用数量和出现频率来排序，前5位的乔木树种分别为：细叶榕、芒果、大叶榕、海南蒲桃、桉树。在广州道路栽培应用的99个乔木树种中，这5个树种占总种植数量的54.7%，其中榕属乔木有10个品种，7万多株，占总种植数量的22.67%。由于细叶榕、芒果、大叶榕、海南蒲桃等都是适应性强、有净化作用和滞尘能力强的常绿阔叶树种，因此被广泛应用于城市主干道的人行道及分车绿化带上，尤其是细叶榕，在广州市属10个区的道路上均占有最大的数量。除了上述提及的一些最为广泛应用的树种外，尖叶杜英、海南红豆、竹柏、桉树、南洋楹等树种采用得也较为广泛。作为广州市市树的木棉，在各中心城镇的街头或是公园，也到处可见。

12.3.2.3 推荐常用树种

树种的选取应该考虑处于我国南方的各中心城镇的具体情况，尤其是气候、温热、水分等特点，做到适时适树。树种的特色包括树种的特征（如用材树种的材质、速生、干形、利用途径等）、特性（如耐高温、耐盐碱、耐瘠薄、耐水湿、抗虫、抗病等）。比如园林树种的特色包括花期、花色、外观、叶形、叶色、茎干色彩及是否可以实现净化、香化、美化、绿化或彩化等，经济林树种则主要是果期、产量、品质、外观、预期的有机成分、药用成分及用材树种特性所要求的指标。对于城市绿化而言，应该选择树种以乡土树种和适合本地生长的外来树种相结合为原则，选用的标准是树干直树冠茂盛、荫蔽度好的树种，还有就是花色艳丽、花期长、花香四溢、姿态优美的乔木等。

业内人士认为，白兰、红花紫荆、大叶紫薇、黄槐、广玉兰、红花楹、蓝花楹、刺桐、鸡冠刺桐、火焰木等树种是首选的优良观花树种。菩提榕、仁面、麻楝、榄仁、印度紫檀、秋枫、桃花心木、扁桃、吊瓜、腊肠树、银桦等树种是优良的观叶、观姿树种，作为广州的传统的树种，有着推广的市场潜力。而有关专家指出，广州市区大气中的含尘量高，需要叶面积指数高、树冠大的乔木来滞尘，而棕榈科植物在这两方面正好是弱势，因此棕榈科植物不适宜作行道树大量推广，但可以当作为配景树种点缀种植。此外，作为广州市花的木棉，生长缓慢而且冬天落叶，可否推广作行道树树种，目前仍有争议性。

广东省农科院副院长李小川建议，目前广州市有上百种具有绿化潜力的优质树种有待推广，如相思树、无忧树、龙脑香科中的一些树种等，如应用于广州市中心城镇的绿化建设，将使得各中心城镇的街头呈现丰富多彩的绿化景观。其次，广州本身有着资源丰富、种类繁多的本地乡土树种，本地乡土树种本身千百年来在本地繁衍生息，在种植中不会产生不适应的问题，更不会在大面积推广中引起可能的知识产权方面的争议。包括木兰科的观光木、乐昌含笑和香仔楠等，它们生长迅速、树冠挺拔、树形漂亮，还有能够在春夏开出粉红花朵的菲寒樱、雄黄豆等，均可成为中心城镇绿化的生力军。

12.3.3　植物造景设计

12.3.3.1　植物造景设计的基本原则

由于绿地种类繁多、功能各异，所配置的植物群落景观也各不相同，相应的对园林植物的配置也有不同要求，即使在同一块绿地的不同分区内，规划设计时也会考虑用不同的植物来丰富林带、树丛、草坪景观，组成风格各异的人工群落。因此，必须掌握植物配置的基本原则，才能合理运用各种植物材料，创造出绿草茵茵、树木葱茏、绚丽多彩、生机盎然的优美环境。

1）深入了解立地条件和植物的特性

立地条件是指种植地的气候特征、土壤理化性状、光照强度以及湿度等情况。植物的特性包括植株高度、绿色期、开花期、花色、适应性等。只有在深入了解种植地的环境后，才能合理地进行配置，否则盲目选择会造成人力、物力和财力上不必要的浪费。

2）根据绿地不同性质和功能进行配置

绿地的种类很多，如公园绿地、风景区绿地、防护绿地、城市街道绿地等。其中，公园绿地是布局最为复杂、造景要求最高的绿地之一。既有开阔的草地，又有郁郁的林带；既有规则的花坛，又有自然的花境。因此，要根据实际需要，恰当地选用不同的地被植物。如在规则式布局中，应选择植株整齐一致、花序顶生或是耐修剪的品种；而在自然式的环境中，则可选择植株高低错落、花色多样的品种，从而呈现出活泼自然的野趣。

3）高度搭配要适当

园林置景中的植物群落一般由乔木、灌木和草本层组成，为使整个群落层次分明，有较强的艺术感染力，除了树种选择应简单、协调外，植株高度也是一个重要的因素。当上层的乔、灌木分枝点比较高，而且种类较少时，下面的地被植物就可以适当高一些。种植区面积较小时，则应选择较为低矮的种类，否则会使人有局促感。在花坛边缘，应选择一些更为低矮或蔓生种类，使其高度保持在 5 cm 以下，更加衬托出花的艳丽。

4）色彩搭配要谐调

地被与乔灌木均有不同颜色的叶片、花朵和果实，搭配合理时，能使之错落有致，并具有更为丰富的季相变化。如在落叶树种中，可选择一些常绿的植物，如麦冬等。在常绿树丛下，则可选用一些耐阴性强、花色明亮、花期较长的植物，如玉簪、紫萼等，达到丰富色彩的目的。此外，整个群落还应注意色彩的变化和对比。当上层乔灌木为开花植物时，就应该考虑到地被的花期和色彩。

12.3.3.2 树木造景设计

1）杜绝任何整齐排列和人工图案

植物种植在选择品种，植株的形态、色彩和平面位置的安排上，要避免单调雷同而要富于变化。无论是丛植、群植还是成片的树林，均应避免临近的3株以上排成一条直线，而尽可能地安排为三角形的形式。由三五株树木组成的小丛则要避免在平面上株距相等或形成等边、等腰多边形。灌木和花草的配置其大小、轮廓、坐落位置和丛围间的交错都应尽量自然和富有变化。

2）绿化沿线上要从整体中求变化，变化中求统一

景区内绿化的配置应该把树木结合成一个有机整体，整体中的每一个部分应该有所差异，差异之间的过渡要十分注意，不能太过突兀，但是也不能千篇一律。自然式城市绿地的道路应能引导人们经过最佳的游赏路线，路上所看到的应该是在整体上统一的景观。不能用道路划分景区或分割不同种类的植物，园路两侧的植物种类也应相互交错、渗透，使两侧景物融为一体。

3）注意透视线与借景的安排

最简单也最有效的办法是利用地块的长轴布置透景线，在终端安排主体植物，而两侧以自然分布的树木掩衬引导。透景线可以纵横交错、长短广狭各不相同。有美丽景色，可以纳入透景线中，不协调者则尽量摒除于视线之外。较深远的透景线不但令人感到境域广阔，而且遇有特殊天气如细雨薄雾时，尤能表现出朦胧飘逸的情趣。

4）注意林冠线、林缘线的曲折回环

用林冠线、林缘线将景区用不很宽厚的植物组群隔成若干互相连通但彼此望不透的空间，让游赏者在其中循续盘旋，是利用时序和游赏者的记忆扩大境域感的一种方法，再辅之地形的起伏，足以创造出一系列风光各异的林间空地。园路的曲折回环。空间透与隔巧妙结合，一方面透景深远，一方面循续盘旋，从直观和游览时序两方面均可扩大游人的境域感。

5）有藏有露，半隐半观，扩大绿地空间

绿地造景切忌一览无余。一方面，美丽的景色要让人一幕一幕地欣赏，要有过程，有变化，让游赏者有较多的想象余地。用树木分层掩映，有藏有露。也是利用人的视觉经验在直觉上产生深远感的技巧之一。

6）注重主体景物的设置

主体景物从一般中突出出来的方法有：居于少数而且比较集中；独特体形、质地或色彩；主题景物是个精心配置的植物群丛。主体景物不一定只有一组，可以两三组并存；但它们的体量和形态不能相同相等，要有主有次。这些主体景物可以安排在透景线的终点或交叉点上、成片树林的边缘、大片草坪的适当地段、林间空地四周或河湖沿岸等地。

12.3.3.3 草本花卉造景设计

由于经济性及观赏性的原因，在草本花卉造景设计中一般采用多年生花卉。多年生花卉的质地、形态、观赏特性等具有一定的独特性，在植物造景的应用中常起着其他类植物无法替代的景观效果。多年生花卉具有适应性强、植株体较矮小、观赏性高等特点，通过艺术配植，可形成观赏价值较高的植物景观。由于多年生花卉是自然植被中的植物类群之一，有其存在的内在规律，在植物造景时不应对这些规律忽视。加强多年生花卉的引种、驯化、推广等工作，可为多年生花卉在植物造景中的应用提供更多更好的植物材料。

多年生花卉在具体造景设计中的应用有如下几个方面：

1）形成专类花园

对观赏性较高的多年生花卉，根据其生长特性与艺术要求，可形成专类花园，如芍药园、水生植物

园、鸢尾园、岩石园、室内花园等。

2）与建筑、道路、水体的搭配

多年生花卉与建筑的协调关系，主要体现在建筑的门、窗、墙、角隅等方面。建筑的线条比较硬，而多年生花卉的线条则比较柔和和活泼。通过多年生花卉的应用，可大大提高建筑与环境之间的协调关系，增添建筑的美感。建筑物旁可种植石韦、鸢尾、书带草（沿阶草）等。

道路的植物造景则可选种类有石蒜、葱兰、红花酢浆草、萱草、沿阶草等，可以营造出视线开阔、装饰效果强等特点。

多年生花卉对水体的造景作用，不仅可以增添水面空间的层次，还可以丰富水面空间的色彩。在具体应用过程中，应充分考虑多年生水生花卉的生态习性要求，选择适宜的水位深度栽植。如荷花、睡莲、黄菖蒲的适宜水深为30～100 cm；萍蓬草、菖蒲适宜水深在10～30 cm；花菖蒲、石菖蒲 适宜水深10 cm以下。

3）与其他植物材料的配植

多年生花卉是植物材料中的一个组成部分，它与其他植物有密切的关系。多年生花卉相对比较矮小，所以与其他植物特别是木本植物相配植时，用作地被较多，但也可在林缘或空旷地、草地上作主景材料使用，通过配植多年生花卉可起到丰富植物景观的层次结构、增加植物物候景观变化等作用，从而有效地提高了植物造景的艺术效果。

12.3.3.4 草坪造景设计

草坪草作为园林中应用最广泛的观赏植物之一，可与乔木、灌木、花卉构成层次丰富、高低错落、绿阴覆盖、繁花似锦的优美景观。草坪又可与水体、建筑、山石、道路等配置成有机统一的整体的园林景观。草坪最大的艺术价值就在于能给园林提供一个有生命的底色，把各种景物统一协调起来，减少园林的郁闭度，增加园林的明朗度。可以说，草坪是园林平面构图的基本要素，是园林景物的基调。

草坪是一种人造的自然景观，人们可以模仿千姿百态的自然景观，进行浓缩和艺术处理，创造适于当地生态环境的美景。在草坪的造景设计中，要遵循一定的设计原则。首先，草坪设计要注意变化与统一的结合，在一定区域内草坪的布局形式、造型特征及组成等应有所不同，不宜千篇一律，但其中的变化应该与周围的景物相和谐统一；其次，应注意调和和对比，草坪设计过程中，在注重空间对比、体量对比和色彩对比的同时，可利用草坪的形状、起伏变化、色彩和组织特征等加以调和；再次是应该注意草坪设计的艺术性，在景物搭配过程中注意节奏与韵律的调配，兼顾景物的均衡与稳定，草坪与其他景物的搭配过程中，注意适当的尺度和比例，各种艺术手法运用在一起，可营造出和谐舒适的环境。

与花卉跟其他景物的搭配一样，草坪同样可以与水体、建筑、山石和园路等进行景物的搭配，在草坪的设计过程中，充分利用草坪极其丰富的可塑性，可以设计出各种兼有实用性与观赏性的优美园林景观。在现代城市绿化及园林设计中，草坪与其他植物的相互搭配是设计中的一项最为重要的内容。

12.3.3.5 水生植物造景设计

水生植物有着较为重要的景观意义。水生植物能够丰富景观效果，与陆上植物不同，水生植物不仅可以观叶、赏花、还能欣赏映照在水中的倒影。早在我国古代，莲花、菖蒲等水生植物就被用作水景园的种植材料，此外，像水葱修长的茎秆、伞草碧绿的苞叶等，均为水生植物园中观叶的好材料。水生植物尤其能够体现园林的“野趣”，这也是一些西方国家目前较为提倡的一种造园方式。我国南方尤其多见小型湖泊，水生植物的设计可以与优美的水景互相结合，创造出一种独特而耐人寻味的意境。水生植物的造景设计可分两个方面进行阐述：

1）种植设计要求

室外水生植物造景，以有自然水体或与附近的自然水体（湖、河）相沟通为好。流动的水体能使水质更新，减少藻类繁衍，所谓“流水不腐”。按植物的生态习性设置深水、中水及浅水栽植区。无自然水体沟通的情况，可挖湖或造池，还可结合叠水、小溪、步石等丰富景观效果。考虑到一些水生植物不能露地越冬，多做盆栽处理。各种水生植物原产地的生态环境不同，对水位要求也有很大差异，多数水生高等植物分布在100～150 cm的水中，挺水及浮水植物常以30～100 cm为适，而沼生、湿生植物种类只需20～30 cm的浅水即可。

在种植设计上，专类园的竖向设计也可有一定起伏，在配置上应高低错落、疏密有致。从平面上看，应留出1/3～1/2水面，水生植物不宜过密，否则会影响水中倒影及景观透视线。为此，山下、桥下、临水亭榭附近，一般均不宜种植水生植物，即使种植，也常在水体中设池或设置金属网，以控制水生植物的生长范围。

2）景观生态学要求

水生植物的配置应注重水生植物景观宏观的视觉效果、视觉的时空变化及生态效益。除了要满足人们游憩、观赏的需要外，还有维持生态平衡、保护生物多样性、再现自然、净化与提高城市景观的环境质量等功能。在水生植物配置中，可借鉴景观生态规划与设计的一些原则，从以下几方面进行考虑：

首先是整体优化原则。在水生植物景观设计时，应把景观作为一个整体单位来思考和管理。除了水面种植水生植物外，还要注重水池、湖塘岸边耐湿乔灌木的配置。尤其要注意落叶树种的栽植，尽量减少水边植物的代谢产物，以达到整体最佳状态，实现优化利用。

其次是多样性原则。自然环境的差异会促成植物种类的多样性而实现景观的多样性。景观的多样性还包括垂直空间环境差异而形成的景观镶嵌的复杂程度。这种多样性往往通过不同生物学特性的植物配置来实现。还可通过多种风格的水景园、专类园的营造来实现。

再者是景观个性原则。根据不同的立地条件、不同的周边环境，选用适宜的水生植物，结合瀑布、叠水、喷泉以及游鱼、水鸟、飞禽等动态景观，将会呈现各具特色又丰富多彩的水体景观。

最后是综合性原则。景观是自然与文化生活系统的载体，景观生态规划需要运用多学科知识，综合多种因素，满足人类各方面的需求。水生植物景观不仅要具有观赏和美化环境的功能，其丰富的种类和用途还可作为科学普及、增长知识的活教材。

水生植物是园林水景的重要造景素材。它不仅极大地丰富了园林的水体景观，还与水质处理系统、生态系统保护巧妙地结合为一体。今后的水域景观必然要向水域景观与水质处理系统相结合的方向发展，向水域景观生态系统保护方向发展。为此园林设计师应结合景观生态学理论，巧妙运用具有较高观赏价值的水生植物，营造富有诗情画意、环境幽雅的水生植物景观，最终在景观和生态系统水平上展示其美学价值。

12.4 中心城镇绿化的建设

12.4.1 中心城镇道路交通绿化的分类建设

12.4.1.1 城市道路交通的绿化建设

城市道路绿化对于城市而言有着相当的必要性。城市道路绿化能够有效调节城市小气候，净化空气，减弱噪声，并能改善市容景观，形成绿色屏障，在满足道路交通功能的基础上，可以为城市居民创造一个良好舒适的工作生活环境。

目前城市道路绿化仍存在着一些未解决的问题。在道路建设中往往并不注意坚持"三同时"原则，建设先行而绿化滞后往往导致无法达到预期的绿化效果。而在城市道路绿化的时候则常只是过分强调景观效果，忽略道路的交通功能及与之伴随的生态效益、社会效益乃至是经济效益。在植物的选择配置上常常显得设计模式过于单调，没有形成真正意义上的乔、灌、草立体种植结构，从而无法充分发挥道路绿化的主要作用，在常绿和落叶树的搭配上比例不当，常会导致冬天出现过于萧条缺乏生机的情况。另外许多时候往往忽视了绿化与地下管网、架空线路之间的矛盾，盲目种植大型乔灌木，从而导致其他更为深远的影响。

因此城市道路绿化应该在一些相关问题上采取有针对性的措施。应该认真调查道路的周围环境和立地条件，为绿化设计打下坚实基础。主要调查的指标包括：周围绿化现状（绿化布局、树种及长势）、土壤理化性质及地下、空中管道的布设等，大型公共场所的方位也是重点调查对象之一，在认真调查的基础上，仔细分析，合理规划。

道路绿化包括行道树、分车带、中心环岛和林荫带4个组成部分，不同道路或者同一道路的不同地段应该各有特色，既要与周围环境协调，做到景色的相对统一，又不至于使得整个城市的绿化格调太过单一。行道树宜以冠大荫浓的乔木为主，侧重落叶类，可以起到夏季遮阴，冬季提供天然日光浴的作用；分车带作为道路绿化的重点，其绿化则应该以草坪和宿根花卉为主，适当配以小型花灌木；中心环岛地处道路交叉点，要求绿化高度在0.7 m以下，则应该采用小乔木和灌木、花、草结合的方式，并进行各种几何图案或变形设计；而对于林荫带，由于其功能是以方便居民步行或游憩为前提，故可参照公园、游园、街头绿地进行乔、灌、草、花的合理优化配置，同时可以布置少量园林设施。

在植物品种的选用及配置上，树种应选择适应当地生态环境、抗性强、花叶果干俱美，无臭味、无飞絮、寿命长、春季发芽早、秋季落叶晚的乡土树种，草皮应选择绿期长者，并要合理选用经过引种驯化的外来优良品种，以丰富本地的物种，增加城市色彩。

12.4.1.2 花园林荫路的绿化建设

花园林荫路由于其绿地宽度较小，因而一般布局以规则式布局为主，路面较宽者也可酌情采用自然式布局。其种植设计则不受宽度限制。花园林荫路的园路与铺装布置要活泼，平面美观大方，方便游人活动，同时保证排水良好。面积较小的地段一般采用道路与广场铺装相结合的形式，在路的转折处留有一定的小面积铺装供人停留、休息。有时候还可以与相邻便道结合从而达到整体与协调的统一。

花园林荫道要体现“林荫”的特点，要多种植乔木，分段布置，结合小广场空间，种植灌木和花卉；注意常绿和落叶比例和空间层次变化，以落叶乔木为基调，辅之宿根花卉和小灌木从而营造出具有动态、深远的开敞空间；而在远离交通要道的小广场上用乔木遮盖，用灌木所挡隔，构成了较为封闭的私密空间。绿地所占比例不少于道路总面积的25%，乔木应占绿地面积40%～60%，灌木占地面积20%～30%，草坪占10%～20%，花卉占2%～5%。

花园林荫道的设置可以配合儿童游戏场、坐椅、花坛、喷泉、阅报栏、花架等建筑小品的结合，由于花园林荫道其出入口常与街道广场或公园相连，因此其布置形式、大小、装饰特点应该与周围相统一。

12.4.1.3 人行道的绿化建设

人行道的绿化要遵循少而精的原则，以最少的面积来获取最好的环境、社会效益。绿化要精细，精雕细刻而形式灵活多样。绿化时要注意落叶乔木和常绿绿篱的结合，应多种植大乔木以遮阴。以常绿树为主，并适当点缀各种开花灌木。针对常绿树生长缓慢、初期遮阴效果差的特点，可在常绿树之间种植窄树冠的落叶乔木。对于绿化带下管线多、有地下构筑物、土层薄不宜栽植乔、灌木的情况，可以只种植草皮和花卉，同时可以取得更好的艺术效果。绿化设置应该注意对能够进行绿化的场所见缝插针，做到形式多样化。如栏杆，灯杆等都可以成为悬吊、布置花篮的场所。

人行道绿化植物材料的选择要略为注重。遮阴树种树干要高低适中，树冠丰满，树形优美，枝叶可赏性强，不能选择那些丛生、低矮的灌木如连翘、榆叶梅、蔷薇等，影响行人穿行；另外选择一些如冷型草、砂地柏、宿根花卉等地被植物，结合当地布局也可以创造出极具田园情调的环境空间。

12.4.1.4 高速公路的绿化建设

高速公路在现代交通运输中所起的作用正日益重要，作为高速公路建设重要内容的高速公路绿化工作也逐渐受到了人们的重视，从表12-2可以清楚看到高速公路绿化的一些功能。

在高速公路绿化设计过程中，要明确绿化设计的指导思想，尤其是功能侧重、树种和草种的选用、景观处理等问题上，有着较为复杂的技术要求。

表12-2　高速公路绿化功能一览

功能类别	具体功能
交通安全	绿化以引导司机视线预测路线的趋向 绿化以调整明暗对比 绿化以降低反眩
环境保护	绿化以降低灰尘 绿化以降低噪音 绿化以净化空气，杀灭细菌，制造氧气改善小气候
自然防护功能	绿化以保护边坡 绿化以防风固沙 绿化以防雷 绿化以防止水土流失
景观改善	绿化以提供树荫增加舒适的休息良区 绿化以遮盖不良景观与物体 绿化以使道路跟周围景观和谐 绿化以提供野生动物栖息地
生产功能	绿化以提供木材 绿化以提供果品及其他副产品 绿化以提供花卉
社会效能	绿化以提供就业机会 绿化以陶冶人类品性，有助于精神文明建设 绿化以改善社会环境

首先是绿化功能的问题。高速公路的绿化功能可大致分为“路用功能”和“精神功能”两大类。在设计中，应首先满足路用功能，然后再满足其精神功能。比如边坡植草的路用功能是稳定边坡，防止冲刷，因此在选择草种的时候应选择根系发达、耐旱、生长快、覆盖率高的草种，而不能够只求美观去选择一些叶形美观、花期长、根系不发达、覆盖率低的草种。

其次是植物品种的具体选择问题。外来植物品种由于其发芽早、生长快，且大多为四季常青而备受青睐。但在高速公路绿化的实际应用中发现，乡土植物由于长期生长在其自然分布区内，对本区的气候和土壤条件的适应性比外来植物要强得多，许多外来植物往往寿命不太长，几年后常会出现退化、荒芜等问题，增加后期养护的工作量，并且，外来植物的生物入侵作用现在也越来越受到专业领域的关注。因此在植物的具体选择的时候，应该尽可能的选用较适合的乡土植物。

再次是绿化的景色搭配问题。在高速公路绿化的时候可以适当考虑对季节的体现，让高速公路上的绿化随着季节的变化而转换不同的颜色基调，对于常需要经过这条高速公路的司机来说，没有春夏秋冬会让人觉得单调而缺乏生气。另外，与公园绿化不同，高速公路的绿化是动态的、远观的，从而高速公路的路景应该是粗犷的，豪放的，应该采用大手笔，大片大段的与大自然的景物融洽在一起。即使在互通环道内侧空地的绿化小品，也应该采用粗犷豪放的设计。

最后要在保持高速公路的共性的基础上，注意有本地区高速公路的绿化特色。注意结合本路线的地形、气候、土壤和人文景观进行绿化，突出自己的风格，做到当汽车驶入高速公路的时候，看到绿化的风格能够大致清楚自己所处的方位。

12.4.2 中心镇公共绿地建设规划

12.4.2.1 滨河路的绿化建设

滨河路的绿化设计应充分利用宽阔的水面，临水造景，利用水体富有的生机，与植物及园林建筑有机结合起来，使人置身其中的时候有一种远离尘嚣、充分放松身心享受自然栖息的感觉。滨河林荫道应该展示水面给予的开阔优美感，使行人能够充分欣赏水面的优美景观，同时也为水上泛舟的游人考虑，使其能够欣赏到岸上景观及沿街的建筑艺术。

滨河路绿化带的配置可参照滨海路的绿化配置，以大面积开阔的草地为主调，草地中配以低矮的花木或观叶植物成片种植，组成线条流畅色彩对比强烈的抽象化图案色块。以大型棕榈科植物及适于沿江生长并有较高观赏价值的植物（如苏铁、黄槿等）与图案色块相结合，形成组团式的植物造景构图。组团内的植物种类可以不多，但在配植时应注意色彩及图案效果，并拉大组团间距，中间留以较大面积草坪，与草坪间适当点缀少量孤植树。从而做到总体布局的开阔简洁与局部种植的丰富多彩形成对比，达到多样统一、富有韵律的构图效果。同时，考虑滨河路的特殊情况，需要在绿化过程中设置河岸的环境缓冲带，利用草坪，灌木丛的布置来减少由于下雨对城镇地表污染物的冲刷作用所导致的河流污染情况的发生。

在进行滨河绿化的同时，可以在树荫下搭配一些石桌、石椅或宣传栏等，在突出河岸线的半岛地带，由于其丰富的风景表现力和吸引力，还可以考虑设置雕塑、纪念碑、小游园等具有特殊意义的建筑。人们可以或漫步于林荫下，或聚首娱乐、或临河垂钓、或引吭高歌，在下班休息的傍晚营造出其乐无穷的气氛。

12.4.2.2 中心镇庭园绿化的建设

1）地形多变化的庭园

目前地形多变化的庭园建设是城市发展的一个较为重要的发展趋势。在地球大的生态圈中，发展山水城市，强调地形的多变化，建立山水园林模式的总趋势，符合了人类几千年的自然发展、进化的客观规律。建设地形多变化的庭园的一个设计意念是通过较大的绿化覆盖率和优美的自然群落有机组合，依托本地固有的地形条件来进行本地的庭园建设。

“山令水古，水令山远”，山水的运用可扩大园林空间和增加园林的景色，山水相衬，在水面或池岸叠石，可使平淡的池水具有立体动态的效果。水从山石中流出，因其量的大小和高度的不同而产生不同的景观感受，水大成瀑布，水枯成滴泉。

2）自然情趣式的庭园

自然情趣式的园林强调从生态学角度来了解和剖析风景园林对人类栖息环境的作用。美国众多的国家公园系统即属此类。其主要特点是以自然生态为基础，保留尽可能多的自然奇观异貌。中心城镇的此类庭园由于条件所限比较难以有太大的规模，但由于地处广州市的市郊，其天然条件较好，环境中受到人为干扰的地方较少，可以最大限度的保留当地的自然特色。

自然情趣的庭园应该尽可能少的予以人工的修饰，朴素、淡雅、强调自然美是其在美学上的主要特点。但是强调自然情趣的同时并不代表仅仅是让庭园自身在自然条件下放任发展。每一个成功的自然情趣庭园都应该是民族文化艺术和地方精神的体验与保存空间，是维系居民情感和表述一方文脉的公共家园。

3）强调季节变化的庭园

强调季节变化的庭园主要是通过绿化植物来进行表现，同时运用非植物的自然材料进行装饰布置以迎合各个季节的变化特色。广州地处亚热带，丰富的水量，适宜的温度以及充足的光照可以有足够保证庭园中各相关植物在进行配置时候的自然条件。

春季主要观花树种有杜鹃、玉兰、含笑、碧桃、樱花、绣线菊、海棠、迎春等，夏景主要为荷花、睡莲、广玉兰、栀子、石榴、木槿、紫薇等；秋景主要为色叶树种，如各种槭树、无患子、枫香、乌柏、银杏、麻株等，还有桂花香味相伴；冬景主要观花树种为梅花、腊梅、山茶等。还有斑皮抽水树、夭目紫董、夭目木姜子、豹皮樟、油柿、悬铃木等观光树种。传统的竹梅松岁寒三友也是庭园表现自然变化的一个重要角色。

12. 4. 2. 3　中心城镇广场绿化的建设

1）排列式种植

排列式种植在实际绿化中呈带状，一般为沿道路两侧的绿地绿化采用。排列式的植物种植主大多以高大乔木为主，以花卉点缀。排列式种植适用于集会游行广场的植物配置。此类广场一般为城市中的市中心广场、区中心广场，其主要特点式公共建筑的配置较多，平时为城市交通服务。同时也提供游览和一般的活动，需要时可进行集会游行。这类广场有足够的面积，并可合理的组织交通，与城市干道相连，满足人流集散要求。此类广场的中心一般不设置绿地以免妨碍交通和破坏广场的完整性。在主席台、观礼台的周围，可重点配置常绿树，节日时加以花卉。为了与广场气氛相协调，一般就是以整型排列式种植为主，并在广场周围道路两侧布置行道树。

2）集团式种植

集团式种植则适用于面状的广场绿化。相对排列式种植而言，集团式种植在广场绿化中的应用更为广泛。包括集散广场、交通广场、商业广场以及文化广场均大量采用集团式的种植方式。这些广场的特点是人流量或者车流量较大，其服务对象均为日常市民。

集散广场主要是为解决人流、车流的交通集散而设置。其特点是交通量大，组织交通，保证广场上车辆和行人互不干扰、畅通无阻。一般广场上还应有足够的停车面积和行人活动空间。其绿化特点为：一般沿周边种植。为了组织交通，可在广场上设绿地，种植草坪、花坛，形成交通岛的作用，起一种装饰的效果。

交通广场一般指环形交叉口和桥头广场，设在几条交通干道交叉上，主要为组织交通用，亦可装饰街景。因此在种植设计上必须服从交通安全的条件，绝对不可阻碍驾驶人员的视线，因此多采用集团种植矮生植物来点缀中心岛，如海珠广场。这类广场上可种植花草、绿篱、低矮灌木或点缀一些常绿针叶树，要求四季常青，在冬季也有较好的绿化效果；同时可以设置小部分的喷泉、雕像等建筑小品。

3）广场绿化配置应注意的几个问题

广场绿化配置要根据广场的特性、要求，同时并根据植物的生长习性，选择理想的园林植物，从不同的艺术角度进行配置，体现植物个体和群体的形式美。

①对比和衬托。运用植物不同的形态特征，包括高低、姿态、叶形叶色、花形花色的对比手法。用差异和变化可产生对比的效果，具有强烈的刺激感，形成兴奋、热情和奔放的感受。

②韵律、节奏和层次。广场植物配置应注重韵律和节奏感的表现，同时注重乔、灌、草垂直层次的合理配置，使体量、质地各异的植物配置呈有规律的变化。

③色彩和季相。植物的干、叶、花、果，色彩丰富，可以用单色表现，也可以用多色组合表现。同时植物是一年四季随着季相而变化的一种园林要素，在广场上种植银杏，春季为嫩绿色，秋季为金黄色。处理好在不同季节中植物的色彩变化，产生具有时令特色的季相效果。

城市绿化广场的立体绿化应该予以加强。许多已有的城市广场绿化空间层次简化的现象十分突出，包括树种单一、同龄、单层、单行等，形式上相当几何化，在植物配置上采取纯化的园林模式。因此，在城区广场绿化中要科学的利用高大、生态功能好的乔木，组成乔、灌、草、花相呼应的近似天然的植物群落，才能够尽可能大地发挥其生态效益。

12. 4. 3　中心镇防护绿地建设规划

防护绿地是指改善城市自然条件和卫生条件而设的防护林，是城市园林绿地的一种形式，属于城市总体规划中土地平衡用地范围之内的，城区部分属于城市总体规划绿地系统的重要组成部分。诸如城市防风林，工厂与居住区之间的卫生防护距离中的绿化地带，以及城区内防止风沙、保护水源、隔离公墓、掩蔽防空及城市公用设施防护为目的而营造的防护林。

防护绿地在城镇建设及环境保护规划中有着重要的意义。目前，环境污染已经严重威胁着人类的生存与发展，水污染、海洋污染、大气污染、核污染、放射污染以及毁林开发建设、围湖造田迫使水土流失、洪水泛滥、影响气候等问题已向人类发出了挑战。防护绿地的规划建设，正是应对这些污染对城市的冲击而产生。防护绿地具有净化空气、土壤、涵养水源的作用以及杀菌、降低噪声、改善小气候的功能。中心城镇的规划建设，城防林及城市绿地系统的规划建设是改善人居环境有效途径之一。巴黎、莫斯科城郊周围是森林环抱。以人为本规划建设我们的家园不能抛开防护绿地的基础依托，若偏离这一点，就谈不上诸如“花园城市”、“园林城市”、“卫生城市”等建设，单纯地规划建设提高城市绿化覆盖率和人均绿化面积，不规划建设提高森林绿化覆盖率，可以说就像是无根基的空中楼阁，没有任何的意义。

根据不同的防护功能，防护绿地大致可以分为如下一些类型：

①城区环湖绿地。一般城区及城市公园内的湖泊，包括人工湖、护城河、江河内流湖，其湖面周边规划建设环湖防护绿地。其构筑物有挡土墙、驳岸、几级台地，环湖种植花木、铺设草坪、点缀小品、营造绿化美化景观。一般常把这部分绿地统计为城区公共绿地，实质确有防护功能。

②滨江海防绿地。在不破坏水利防洪和海防设施前提下，滨江堤下迎水面规划建设防浪林，理想防洪效果是距离堤岸 20 ～ 30 m 的植树，树种选耐水淹浸的植物，诸如杞柳等柳属树种。据水利部门实践，防浪林的消力和减弱洪水流速作用强于钢筋混凝土。滨江堤坝背水面 20 ～ 30 m 外植护堤林，有效地保护了堤坝建设。

③城市防风林带。其作用是保护城市免受风沙粉尘等侵袭，一般位于城市外围，规划建设总宽度 100 ～ 200 m 的防风林带，每带不小于 10 m 且与主导风向垂直。结构采用透风林、半透风林、不透风林形式。

④卫生防护绿地。位于工厂、医院、氧化塘、垃圾处理厂、水源地等与居住区之间规划建设的林带，主要用于吸收、稀释、过滤、减弱、屏蔽污染源散发的有害气体、有害物质对水源地的影响，视程度不同设宽度各异的林带。针对具体情况选择耐污染、吸收有害气体、抗性强的树种，诸如选择桧柏、蚊母等树种。

⑤水土保持林带。在河谷、坡地栽植根系深广的林木用于改良土壤，固定谷坡，防止沙化和水土流失而设置的防护林带。

常用的防护绿地树种，常绿乔木有：油松、黑松、白皮松、侧柏、桧柏、红楠、木麻黄等；落叶乔木包括：毛白杨、青杨、银白杨、银中杨、加杨、刺槐、复叶槭、白蜡树、水曲柳等；亚乔木和花灌木则有：柽柳、杞柳、女真、接骨木、金银木等。中心城镇可根据本地的情况选择树种进行搭配以期获得最好的效果。

12.4.4 中心镇居住区绿地规划建设

研究表明，居住区绿地能够为居住区带来丰富的生态功能，包括净化空气、降温增湿、改善小气候、阻滞尘埃、放出杀菌素等功能。

中心镇居住区绿地的规划中，需要有效提高城市居住区绿地的生态功能，加强用地规划、增加居住区的绿地面积，改善种植结构，组成复层混交，有效提高绿地率和合理配置植物，以充分发挥其生态功能。

进行居住区绿地建设的时候，由于建筑过程的影响，城市居住区绿地的土质较差，受到人为的损害比较严重。因此在保证改良土壤，实施客土栽植的前提下，应选择耐瘠薄、生长健壮、抗病虫害、管理粗放的乡土树种及已经引种成功的树种。在树种的选择中，由于居住区绿地处于建筑的包围中，阴暗面积较大，应该注意选择耐阴树种，如金银木、珍珠梅、杜鹃、海桐、金银花、八角金盘等。

另外，由于居民大部分时间在居住区生活休息，因此应该多选择一些对人身体健康有益的树种，特别是具有防病、治病和健身等功能的树种，如：银杏、喜树、白玉兰、女贞、枇杷、腊梅、木槿、月季、桂花、茶花、栀子等，有的树木不应该在小区内运用，如悬铃木、朴树、胡桃、杨、臭椿等，其花粉成熟后容易造成人们的过敏反应。

地被植物能有效提高绿视率以及有着无法取代的景观效果。落叶乔木和冬绿地被配合使用可以形成特有的冬季景观，开花地被（葱兰、白花三叶草、菊花脑等）则可以在居住区内形成大片花景，十分壮观。另外，还可以选用地锦、牵牛花、木香等攀援植物进行墙体绿化以增加居住区绿源，改善居住区生态环境。

在居住区绿地规划中，应合理配置植物，建立相对稳定而多样化的园林复层种植结构，做到有层次、厚度、色彩，充分利用阳光、空气、土地、肥力，充分发挥生态功能。植物的配置应该形成蜂窝式的绿化结构，组成不同大小的空间，有效模拟自然的生态环境，使得自然界的气息融入居住环境中，可具有良好的生理和心理作用。

12.4.5 中心镇单位附属绿地的规划建设

机关单位绿地是单位建筑物不可分割的一部分，其设计应视单位建筑物的结构、风格、绿地形状及大小、绿化资金投入而定。如建筑物高大、绿地面积大，宜设计栽种一定量的高大挺拔的乔木，在体量及数量上与建筑物相协调，并和小乔木、灌木、地被植物一起构成完整的多层次丰满的绿地。如绿地面积小，环境拥挤，则应尽可能利用建筑物的顶部及墙面，发展立体绿化，如屋顶花园、围墙与墙面绿化、棚架绿化等，以弥补绿地的不足，提高绿化覆盖率。

单位作为一个严肃、有序的办公场所，决定机关单位绿地的植物配置宜采用规则式、有规律的植物布局，一般根据绿地形状，机关单位绿地须有3～4个完整的绿面，绿地面积大的宜采用大乔木－小乔木－灌木－地被植物，如广玉兰、雪松－桂花、玉兰、红枫－海桐、杜鹃、红花木－草坪；反之则宜采用小乔木－灌木－地被植物，如樱花、碧桃、桂花－火棘、紫薇、黄杨－草坪。具体栽种时不仅要考虑到绿地近年的景观效果，还要顾及到长远的效果，对植物间的距离要有充分的估计。为了体现绿地上植物多姿多彩的风格韵味，必须依据植物的树型、叶型、叶色、花期、季相变化等进行合理栽种，充分体现植物春花、夏荫、秋果、冬杆四季分明，景色各异。此外，因地制宜栽种不同生态习性的植物，组成不同功能和审美要求的空间，如食堂、厕所周围，宜栽种一些抗污染、净化空气，又能遮挡的植物，如珊瑚树、夹竹桃等，既净化大气，又美化环境。

为体现机关单位绿地以绿为主的原则，树种应以常绿植物为主，适量搭配落叶和观叶、观花植物，还要注意对树种的适应性及抗病虫能力的选择，便于日后的养护管理。

机关单位绿化应注意两个问题：一是正确处理栽树与种草的关系。从绿地的综合效果看，由乔灌木组成的绿地，其释氧固氮、降温增湿、减尘滞尘、减少大气污染、降低噪音等综合生态效益是单一草坪的4～5倍，而养护管理费用与后者比是1:3，且耗水量也小于后者。因此，在机关单位绿地的设计规划中，宜以乔灌木、草坪的绿地风格为主。适量栽种疏林草坪型绿地，以发挥其美化和生态效果。其中与居住区绿地类似的是，草坪植物宜选择耐阴品种；二是要重视立体绿化，开拓绿化新领域。在机关单位绿地普遍不足的情况下，立体绿化应予以重视和发展。机关单位绿地中，立体绿化的内容包括：围墙、墙面绿化，屋顶绿化，棚架绿化等。绿化的实施与建筑物结构及设计有密切联系。在单位建筑物建造时，应作为一项必要的基建配套设施，事先予以考虑和安排。

立体绿化植物的选择：屋顶绿化考虑屋面的承重等因素，土层较浅，宜选择栽种草坪地被植物及小灌木等，如火棘、红花木－黄杨球－马蹄金草坪等；围墙墙面及棚架绿化，可根据墙体朝向、结构及棚架的使用功能等选择合适的藤本植物，喜阳的有葡萄、凌霄、牵牛花等，耐阴的有常春藤、爬山虎、绿萝、紫藤、蔷薇等。

12.4.6 中心城镇生产绿地的规划建设

城镇的生产绿地指得是以生产木材、果品、花卉、苗木，以及农、牧、副、鱼产品等为主要目的的林地、绿地、水域。包括竹木用材林、林副产品、药材、蚕桑等林地、果园、苗圃、花圃、草场、菜地、农田、鱼塘等绿地。是满足居民林农产品需要的重要场所，在郊区占很大比例。还有调节气候等功能，也是城市景观。可能发展为生产、游览、度假、购物等综合经营的多功能产业。

目前，全球兴起了一股在城市郊区发展观光休闲农业的热潮，通过优美的农业自然环境及其相应的农、林、牧、副、渔业的生产过程和农业农作物吸引城市居民前往参观、参与、购物与游玩，既能促进郊区农业本身的发展、交流，增加旅游收入，又缓解了城市休闲设施不足的压力。中心城镇广泛分布在广州市的城郊，相当一部分具有发展观光农业的条件和基础，可以根据当地的实际走一条利用城市生产绿地进行经济发展的道路。

12.4.7 中心城镇建筑屋顶绿化的建设

12.4.7.1 屋顶绿化概述

目前城市用地日趋紧张，城市绿地的发展受到限制，近年以来，世界各地先后掀起了屋顶绿化热。包括美国、日本、德国、英国、法国、俄罗斯、意大利、澳大利亚、瑞士、新加坡和香港地区等国家和地区都在某些大型公共建筑和居住建筑的屋顶或天台上，相继建造了各种规模和类型的屋顶绿化工程。我国内地从20 世纪60 年代开始研究屋顶绿化的建造技术，开展最早的是四川省。70 年代我国第一个大型屋顶绿化工程在广州东方宾馆10 层屋顶建成。20 世纪80 年代开始，在个别大城市出现了一批较为著名的屋顶绿化工程，如北京长城饭店、北京林业大学主楼、成都饭店、兰州园林局办公楼、上海金桥大厦等。目前我国多数城市的屋顶绿化工作已逐步展开。

12.4.7.2 屋顶的绿化功能

屋顶绿化是节约土地、开拓城市空间、改善城市环境的有效方法。屋顶实施绿化后，不仅将增大城市绿地面积，城市景观、城市温度湿度、建筑室内气温、城市大气环境、城市水环境等多方面因素都将得以改善。

1）对城市绿化面积和城市景观的改善

屋顶绿化使绿化向空间发展，为提高城市绿化面积提供了一条新的途径，屋顶绿化与主体建筑几何空间的对比，柔和、丰富并充满生机，可形成多层次的城市空中绿化景观。绿色是最适宜人眼观看的颜色，当在视野中的比例达到25%时，人的心情最舒畅。屋顶绿化以绿色植物代替灰色混凝土和黑色沥青，可减少来自相邻低层屋面反射的眩光和阳光辐射热，俯视或平视时，绿色空间与建筑空间的相互作用和相互渗透，还给人以视觉的缓冲，使长时间生活在混凝土等无机空间中的人感受到绿色植物生命力的旺盛，并进一步与建筑物建立起愉快的视觉联系。

2）对城市气温及湿度的改善

目前城市热岛效应正在大城市中逐步扩散蔓延。传统屋面受到太阳直射，吸热量大而冷却困难，更对热岛效应起了推波助澜的作用。屋顶绿化之后，植物的同化作用、遮阳作用、蒸腾作用以及蒸发作用等能够使得屋面的储热量以及地 - 气间的热交换量大为减少，从而使绿化屋顶空气获得的热量少，热效应降低，破坏或减弱了城市的“热岛效应”。此外，屋顶绿化对城市环境湿度也有显著改善：一方面，绿色植物的蒸腾和潮湿土壤的蒸发会使空气的绝对湿度增加；另一方面，由于绿化后温度有所降低，其相对湿度也会明显增加。

3）对建筑屋顶性能及温度的改善

经过绿化的屋顶由于种植层的阻滞作用，屋面内外表面的温度波动较小，减小了由于温度应力而产生裂缝的可能性。有资料表明，夏季绿化较好的屋顶种植层下表面的温度仅20℃～25℃。而没有屋顶绿化覆盖的平屋顶，夏季阳光照射，屋面温度最高可达80℃以上；冬季冰雪覆盖，夜晚温度最低可达 -

20℃。较大的温度梯度使屋顶各类卷材和黏结材料经常处于热胀冷缩状态，加之紫外线长期照射引起的材料老化现象，使得屋顶防水层较易遭到破坏造成屋顶漏水。经过绿化的屋顶由于不再受到阳光的直接照射，其密封材料的老化得到了有效控制，同时也增加了屋顶的寿命。在有效保护屋顶的同时，绿色屋面还具有隔热（夏季）、保暖（冬季）的作用。

4）对城市雨水径流量的削减

许多城市城镇的建筑面积都很大，甚至能够占到该地区总面积的一半以上，并且基本上没有经过屋顶绿化。每逢雨季屋顶的几乎所有雨水流量均直接通过檐沟和水落管排入排水管道，随着城市硬化面积的扩张，暴雨峰流量明显增大，雨季极易造成排水不畅和洪涝灾害。而屋顶经绿化后，由于植物对雨水的截留、蒸发作用以及人工种植土对雨水的吸纳作用，屋面汇流的雨水量可大幅降低。屋顶绿化对暴雨峰值流量的大幅削减，有利于城市的防洪排涝，相应提高防涝标准。同时，随着绿化屋顶的日益增多，可减少雨水资源的流失，调节雨水的自然循环和平衡。

5）对城市非点源污染负荷的削减

屋顶绿化能够有效削减气体污染负荷以及雨水污染负荷。屋顶绿化对气体污染负荷的削减主要表现在两方面：降低灰尘和吸收 CO_2。屋顶绿化对灰尘的降低主要通过降低风速与吸附作用两个途径。与地面植物相比，屋顶植物生长位置较高，能在城市空间中多层次地拦截、过滤和吸附灰尘，减尘效果更佳。屋顶绿化对大气中 CO_2 的吸收，则主要通过植物的光合作用完成。

屋面雨水污染负荷包括两部分：降雨污染负荷和屋面径流污染负荷。屋顶绿化主要可从3个方面削减雨水中的污染物质：首先是可以通过屋顶绿化层截留、吸纳部分天然雨水，并逐渐利用植物和人工种植土层中微生物的作用降解所蓄积污染物质。其次，利用土壤渗透过程净化天然雨水中的部分污染物质；第三，屋顶绿化可以杜绝沥青等屋面材料对径流雨水的污染。

12.4.7.3 屋顶绿化的基本原则

屋顶绿化的基本原则可以总结为四点：实用，精美，安全，经济。

“实用”是屋顶绿化的目的。进行屋顶绿化是为了改善城市的生态环境，充分发挥绿化的效益，为人们提供良好的工作、生活和休息场所。屋顶花园不论其形式如何，都应把绿化作用放在首位。衡量一座屋顶花园的好坏除满足不同要求外，绿化覆盖率指标必须保证在50%～70%。只有保证了一定数量和品种的植物，才能发挥绿化的生态效益、环境效益和经济效益。

“精美”是屋顶绿化的特色。屋顶绿化要为人们提供优美的游息环境，因此，应精心设计植物造景的特色，既要与主体建筑物及周围大环境协调一致，又要有独特的园林风格。

“安全”是屋顶绿化的保证。屋顶绿化正常运作的先决条件是建筑物是否能安全地承受屋顶花园所加的荷重，这里所指的“安全”包括结构承重和屋顶防水构造的安全使用，以及屋顶四周的防护栏杆等。

“经济”是屋顶绿化发展的前提，屋顶绿化不但要追求精美，同时要遵循经济原则，以最低的投入发挥其最大的效益，只有这样屋顶绿化才有广阔的发展空间。

由于屋顶绿化空间布局受到建筑物固有平面的限制，而且一般会较为规则、狭小，屋顶上景物和植物选配又受到建筑结构承重的制约，因此，屋顶绿化的设计既复杂又关系到相关工种（如建筑设计、建筑构造、建筑结构和水电等）的协调。

12.4.7.4 屋顶绿化的种类

根据屋顶绿化选用的植物类型和景观特点，可将屋顶绿化分为草地式和群落式两大类。草地式屋顶绿化是以种植低矮草本植物为主，形成贴近屋顶表面植被层的屋顶绿化形式。群落式屋顶绿化指选用乔木、灌木、藤本、草本等多种或至少两种以上的植物类型，通过一定的组织，形成层次丰富的屋顶植物群落。

德国、美国和匈牙利等部分国家根据屋顶绿化建造的精细程度分为粗放式（Extensive Green Roofs）与精细式（Intensive Green Roofs），这种分类方式和按草地式与群落式分类有着相似的内涵。

12.4.7.5 屋顶绿化的技术问题

屋顶绿化的技术问题主要是在总结已有屋顶绿化项目经验的基础上，以确保屋顶绿化中屋顶防水、排水、荷载安全为前提，深入研究包括种植植物、种植土、防排水措施在内的屋顶绿化系统配套技术，为加快城市绿化发展开辟新的途径。屋顶绿化的技术问题包括以下一些内容。

1）承重问题

进行绿化，要有一定厚度的土壤，针对设计时没有考虑屋顶绿化承重的问题，对新设计的建筑可加入屋顶绿化的承重，对已有的建筑可进行重新计算，得出可承载的压力，有的可以承载屋顶绿化，有的需要加固或改造，有的不可以绿化。要选择合适的绿化技术来配合屋顶的实际状况，从土壤到防水层乃至植物本身进行全面的考虑。

2）屋顶绿化植物的合理选择

屋顶绿化要切实注意对植物生长的各种不利因素，预测气候的作用，全面考虑种植条件，考虑种植土的深度与成分、排水情况、空气污染情况、浇灌条件、养护管理等因素，还要考虑植物本身的体态、色彩效果、质感、生长速度等，植物是否容易移植也须慎重考虑。

根据屋顶土壤厚度薄和生态条件差的情况，应选择耐旱性、抗寒性强的矮灌木和草本植物、适应性强，长日照的浅根性小乔木、灌木、花、草、藤本小植物以及抗风、不易倒状、耐短时潮湿积水，且最好是以常绿为主，冬季能露地过冬的植物。以乡土植物为主，适当增加当地精品，并可酌情引进少量外来品种。

3）屋顶绿化种植土的选择

种植土的选用和配制应满足重量轻、持水量大、通风排水性能好、营养适中、清洁无毒、材料来源广并价格便宜等优点。

4）屋顶绿化的防排水措施

a. 屋顶绿化的防水层要求。

屋顶绿化的防水层不仅要求防水性能好，同时要求防水层具有长期抵抗植物根穿透的能力。可采取以下两方面措施：一是加防水剂；二是在混凝土中放一层钢筋网，经浇筑成为钢筋混凝土屋顶基层。

b. 屋顶绿化的排水层要求。

屋面的排水系统和防水层一样，是保护屋面不漏水的另一技术关键问题。因为只有顺利地排除屋顶上的雨水、雪水及植物浇灌水，才能使屋面不积水、不渗漏。在原有的传统排水材料基础上开发较新型的排水层是解决屋顶绿化的关键。与排水层配套的是过滤层以及溢洪口的设置，过滤层的作用是滤除被水从种植层冲走的泥沙，防止排水管泥沙淤积；而一个完善的排水系统，除天沟外还应该设置出水口、排水管道等。大型屋顶花园，还要考虑设溢洪口，以防百年一遇的特大暴风雨对绿化过的屋顶产生的危害。

5）屋顶绿化的养护管理

屋顶绿化的养护管理，主要是指主体景物的各类地被、花卉、树木的养护管理，同时也包括保持屋顶防水层的完好性，并防止枝叶等杂物堵塞排水通道而导致屋面积水现象。尤其是在台风季节前，要认真做好准备工作。

12.5 中心城镇绿化的管理与维护

12.5.1 中心城镇绿化的管理规章

12.5.1.1 园林绿化管理

园林绿化管理目前仍存在着重建轻管、养护管理片面、养护管理机制相对之后以及社会力量参与绿化养护管理力度不够等问题。园林绿化应该切实执行目前广州市实施的《城市绿化条例》、《园林城市标准》、《广州市城市绿化管理条例》、《城市园林绿化企业资质标准》和《广州市城市园林绿化三级企业资质标准》等相关标准的有关条文，从园林施工、园林生产管理、园林绿化设计（尤其是反映问题较多的庭院绿化）等方面提高管理质量，加强对园林职工的培训制度，确定质量管理人员，健全管理制度和质量标准，并通过联系挂钩岗位责任制和奖罚制度来完善园林绿化的管理。

12.5.1.2 侵占绿地及处理

建筑占地的原因导致了影响触及城市绿地。国内城市由于城市化进程的不断推进，侵占和破坏绿地的情况十分严重。原有绿地少，规划中的森林绿地由于主观客观原因难以实现。目前我国颁布的4个主要法律法规，在侵占绿地和处理方面都作了相关的规定。它们是：《中华人民共和国森林法》、《关于开展全民义务植树运动的实施办法》、《城市园林绿化管理暂行条例》和《风景名胜区管理暂行条例》。以上4个法律法规基本囊括了有关城市园林绿化工作的法制规定，还有另外一些有联系的法律规定，如《中华人民共和国草原法》、《中华人民共和国环境保护法》等，都具有重要的指导意义，可借鉴使用。

12.5.1.3 砍伐树木管理

任何单位和个人不得擅自砍伐或迁移城市树木。

电力、公安、市政、交通和通信等部门，因城市基础设施安全需要修剪、迁移、砍伐树木的，应报请城市绿化管理部门批准，属城市道路的由城市绿化管理部门统一组织实施；其他地段的由申请单位委托持有相应资质证书的单位实施。所需费用由申请单位支付。因紧急抢险救灾需要修剪、迁移、砍伐树木的，可先予进行，并须在险情排除后5日内，按规定补办手续。

经批准砍伐或迁移树木的，应当向树木权属单位或个人交纳绿化补偿费。

砍伐、迁移、修剪城市树木，按下列权限审批：

①在市辖各区内，需要砍伐、迁移单位附属绿地、居住区绿地、次干道绿地树木胸径小于30 cm、数量在19株以下的，由所在区城市绿化管理部门审批，并报市城市绿化行政主管部门备案；上述范围以外的城市绿地树木的砍伐、迁移申请，由市城市绿化行政主管部门审批。

②铁（公）路沿线、江河两岸、水库周围等城市绿地内，需要砍伐、迁移树木的，由市城市绿化行政主管部门审批。

③需要修剪枝条直径在5 cm以上树木的，依照本条①、②项规定申报批准。城市绿化专业部门的正常作业除外。

在同一建设工程项目或建设用地范围内需要砍伐、迁移城市树木的，应一次申请。城市绿化管理部门应在收到申请之日起7个工作日内予以批复。

12.5.1.4 公园绿地率及养护管理

对于公园绿化建设的要求有如下几点：

①城市建设精品多，标志性设施有特色，水平高。

②城市公园绿地布局合理，分布均匀，设施齐全，维护良好，特色鲜明。

③公园设计突出植物景观，绿化面积应占陆地总面积的70%以上，绿化种植植物群落富有特色，维护管理良好。

④推行按绿地生物量考核绿地质量，园林绿化水平不断提高，绿地维护管理良好。

⑤城市公园建设要突出以植物造景为主，植物配置要乔、灌、草相结合，建筑小品、城市雕塑要突出城市特色，与周围环境协调美观，充分展示城市历史文化风貌。

12.5.1.5 公共绿地养护管理

《广州市城市绿化管理条例》对公共绿地的养护管理做了相关的规定。城市公共绿地由市管理的公园、防护绿地、风景林地由其主管单位管理，城市干道和立交绿地、广场绿地、小游园和市辖区管辖的公园、防护绿地和风景林地，由其所在区城市绿化管理部门管理，属建制镇管辖的，由建制镇人民政府管理。因此首先应该根据《条例》的规定落实责任。

任何单位和个人都不得擅自在公共绿地内设置与绿化无关的设施，任何要占用公共绿地开设商业、服务设施者必须经过市城市绿化行政主管部门、市城市规划行政主管部门审批后，持工商行政管理部门核发的营业执照，在指定地点从事经营活动，并应遵守城市绿地和工商行政管理的规定。城市基础设施建设影响城市绿化的，其使用或管理单位必须在设计和施工前，向所在区城市绿化管理部门提出申请，经批准并制定保护措施后，方可施工。

单位和个人在城市干道绿化带上开设机动车辆出入口的，经市城市绿化行政主管部门同意后，向有关部门办理审批手续。

12.5.1.6 街道绿化管理

街道在进行绿化之后，要切实加强维护管理，尽可能做到门前三包，行道树不缺株，绿篱不断篱，树形整齐美观、生长茂盛，绿化带三季有花、四季常青。可引入私人绿化经营于街道绿化管理中，借鉴其他城市的成功经验，如开展城区街道绿化树义务领养的活动，大力宣传，政府积极通过各类途径支持，让行道树和其他绿化设施告别无人看管，任人破坏的历史。或采用街道绿化管理责任制制度，把街道绿化管理与街道委员会工作成绩挂钩，把街道绿化管理落实到每一个街道，让工作细分化，环保知识宣传、日常护理均由街道负责实施，并制定相关法规措施对损坏街道绿化的行为进行惩罚。具体法规条例的制定可参照《广州市城市绿化管理条例》的相关条文进行制定。

12.5.1.7 居住区绿化管理

居住区的绿化长效管理机制的建立有如下几点建议

①认识居住区绿化的属性，保证可持续发展。规划阶段应该尽量周全考虑今后使用功能，并留有变动余地，防止以后进行绿地的过度调整。

②确立居住区绿化管理的目标。绿化管理的主要职责是正确指导绿化设计及养护计划的实施，根据专业标准对绿化有关措施、制度进行修正。居住区的绿化要求管理人员通晓专业知识的同时又要具备业务监督和指导能力，要求管理人员能够合理利用绿化资源，有效养护本区的绿化。

③对于居民宅前屋后的绿地养护，宜采取鼓励政策，惩罚失管失养的行为，把养护绿化引入各个家庭，把养护不当的行为认定为“破坏绿化”予以惩罚。

12.5.1.8 单位绿地绿化管理

单位绿地存在于城市各类用地之中，是城市绿地系统中“面”的体现，也是反应城市普遍绿化水平的主要标志。由于单位附属及其居住区绿地的建设与维护管理归各单位负责，所以从规划、建设到日常养护管理应该建立起一套切合实际的运营机制。为确保单位及其住宅区附属绿地规划的实施，必须针对此类绿地的特点和要求，确定其绿地面积的指标，对各有关单位提出绿地建设的量化要求，以全面控制城市绿化量，保证城市达到良好的环境质量水平。

12.5.1.9 古树名木保护

古树名木保护在许多地方都已经出台相关的管理规章制度。广州目前实施有建设部颁布的《城市古树名木保护管理办法》对有关古树名木的保护规程做了详细周全的规定。广东省古树名木管理主要涉及两个部门，城市生长的古树名木主要通过市政园林部门管理，而这部分一般都会落实了管护经费和管护责任人，管护工作一般做得较好。广州市政府连续发布过4批古树名木名单，由市政府挂牌保护，并加强科学研究；而对于农村生长的古树名木主要是由绿化委员会或林业部门管理。中心城镇应该根据本地的具体情况落实好相关管理部门及时全面的对古树名木进行到位的管理，应加强对古树名木的保护规划，准确编制古树名木分布图，为古树名木的保护提供依据。通过加强宣传教育，提高全社会保护古树名木群体意识。不断的继续完善相关的法规条例，加大执法的力度，推进依法保护。同时通过开展有关古树名木保护基础工作及养护管理技术等方面的研究，制定相关的技术规程、规范，建立科学的古树名木保护管理体系。

12.5.1.10 义务植树管理

义务植树管理包括以下一些方面：

①规范义务植树登记考核制度，条块结合，强调属地管理工作的全面性。

②实事求是，因地制宜，突出义务植树尽责形式的多样化。

③加强领导，发挥街道作用，是开展义务植树属地管理工作的根本保证和成败关键。

12.5.2 中心城镇绿化管理维护的评估

12.5.2.1 基础建设

绿化工程质量验收应符合下列规定：

①乔、灌木的成活率应达到95%以上。珍贵树种和孤植树应保证成活。

②强酸性土、强碱性土及干旱地区，各类树木成活率不应低于85%。

③花卉种植地应无杂草、无枯黄，各种花卉生长茂盛，种植成活率应达到95%。

④草坪无杂草、无枯黄，种植覆盖率应达到绿地整洁，表面平整。

⑤种植的植物材料的整形修剪应符合设计要求。

⑥绿地附属设施工程的质量验收应符合《建筑安装工程质量检验评定统一标准》的有关规定。

12.5.2.2 绿化覆盖面

绿化覆盖面的评估主要通过城市绿地面积及绿化指标来实行。城市绿地面积大小及绿化水平的高低，可以说明城市绿化质量与效果，以此可评价城市的环境质量和城市居民生活福利保健水平。关于城市园林绿化指标的计算方法如下：

每人平均占有公共绿地面积（m^2/人）=城市公共绿地总面积/城市人口。

城市绿地总面积（hm^2）=公共绿地面积+道路交通绿化覆盖面积+专用绿地面积+居住区绿地面积+生产绿地面积+防护绿地面积+风景名胜区面积

城市绿化覆盖率（%）=城市绿地总面积/城市用地总面积

关于城市园林绿化指标计算的说明：城市绿化覆盖率的计算因树冠覆盖面积大小与树种、树龄有关，而全国各城市所处地理位置不同，树种差异很大，因此，绿化覆盖面积只能是概略的计算，各城市可根据各自的具体情况和特点，最好经典型调查确定。绿化覆盖面积是指乔灌木和多年生草本植物覆盖面积，可按树冠垂直投影测算，但乔木覆盖面积下的灌木和草本植物不再重复计算。

公共绿地的绿化覆盖面积可按用地100%计算，风景游览绿地及生产、防护绿地也都按占地面积100%计算。因在我国公园中，一般建筑占全园的1%～7%，道路广场占3%～5%，由于各类公共绿地，风景游览用地复杂，为简化计算，可按用地计算绿化覆盖率。道路交通绿化覆盖面积=〔行道树平均单株树冠投影面积×单位长度平均植树数（株/km）×已绿化道路总长〕+草地面积

12.5.2.3 建筑小品山石景观

建筑小品可分成观赏小品和集观赏与实用为一体的建筑小品。观赏小品主要集中在景区中心成为主要景观或是全园的构图中心，其主要作用是通过作品自身的美来激发人的审美情趣，并将环境衬托的更加和谐漂亮。而集观赏于实用于一体的建筑小品则是园林绿地中数量最多，体积最大的人工景观，如亭、廊、架、榭等。

建筑小品打破了传统的建筑模式，给人以一种耳目一新的感觉，凭借自身的艺术感染力为现代园林环境注入新的生机与活力。现代建筑小品应该具备以下的显著特点：

①造型新颖。为充分体现自身的艺术价值，它们必须新颖独特、千姿百态，不同于一般建筑物。比如在一个作品中除满足基本使用功能外，应更多地考虑其外形立面的处理，加大各个构件组合的对比强度，给游人以很强的吸引力。

②具有强烈的时代气息：无论是哪类建筑小品都应体现时代精神，体现当时社会发展特征，不能滞后于历史，也不能跳跃历史。

③具有地域和民族风格：园林绿地中的建筑小品应充分考虑到自然地域和社会文化地域的特征，要与当地整个城市风貌协调一致。在小品的建筑形式上应与当地自然景观和人文景观的秩序相一致。

④新型材料的应用：新型建筑材料的出现给小品建筑提供了良好的素材，给设计者带来了充分的选

择自由，从而可以充分体现构思意图，为小品创造和发展开辟了新的广阔途径。

12.5.2.4　**水体景观**

水体景观评估中，对于自然水体，要充分利用自然所提供的天然水景布置城市空间，并注意在以下几个方面进行注意：

①不能随意忽视、遮挡或破坏水景。

②形状是否秀丽、婉畅，避免呆板。

③注意与外界山石地势相互呼应。

④水体的方位、朝向有讲究，要顾及周围环境，对水因势利导。

⑤深度有所控制，一般 80 cm 以下，且考虑排污防虫。

⑥与项目规模相适应，中国是水资源短缺的国家，须节约用水并节省水景的日常维修成本。

⑦与当地的人文、民俗相协调。

水体景观的构景要素包括水体自身及动态，自然美学特征以及历史文化特征的表现。需在较高的科学、艺术和管理水平的基础上对其进行综合性的评估与管理。

12.5.2.5　**净化**

净化程度的评价可直接引用我国已经颁布的各类水质标准，包括《地面水环境质量标准》、《海水水质标准》、《生活饮用水卫生标准》、《渔业水质标准》、《农田灌溉用水水质标准》等。根据评价的目的和功能结合当地实际情况援引有关标准进行监测评估。

12.5.2.6　**绿地养护**

关于绿地养护的评估有 6 个方面，包括树木养护、卫生保洁、植物保护、草坪养护、园林设施和行政管理等。

树木养护工作主要包括浇水、松土、除草、病虫害防治、施肥、支撑、修剪、树木补植及环境清理等。结合其养护工作有如下一些评估标准：

①树木成活率和老树保存率。

②乔木、灌木形状整齐程度，整枝修剪、抹芽时间。

③施肥频率和时期掌握。

④树木整体美观程度，是否有死树、缺株、枯枝头、断残枝等。

⑤树木体上是否有影响树木生长的物质，如铁丝、钉子等。

⑥树干倾斜度和挺直度，树干主干高度。

卫生保洁的标准是：垃圾是否日产日清，是否有蚊蝇孳生地。

植物保护的标准有：

①防治病虫害是否及时，是否产生明显危害情况。

②防治时的安全注意程度。

对于草坪养护，其总体要求是：草坪覆盖率不得少于 95%，集中空秃不得大于 1 m^2；及时控制病虫害，保证草坪色泽正常，生长良好、无明显杂草。具体养护标准有：

①草坪覆盖率和杂草率。

②草坪修剪次数与修剪质量。

③早春和仲夏时施肥的及时程度以及适量程度。

园林设施的质量标准有：

①园路、园椅、石凳等园林设施的安全程度，是否注意及时上报和解决。

②供水、排水等管网设施的维护程度，是否及时发现问题及时修理。

③绿化宣传牌、指路牌、禁令牌的规范和醒目程度。

行政管理的质量标准包括：

①公共绿地管理制度的落实程度。

②养护管理和安全保卫工作的落实，工作的记录。

③卫生、保洁制度的健全程度。

12.5.2.7 绿化生产

绿化生产可根据当地的相应情况制订相适应的管理维护制度。受城市固有的条件影响，城市的绿化生产在城市绿化中所占有的比例相对较小，相应管理维护制度的制定亦会因不同的情况而异。具体已经出台的现有绿化生产管理维护制度较少，而且并不太完善。由于绿化生产在各中心城镇中所占有的比例，其生产的目的以及数量质量均有较大差异，因此宜具体情况具体分析，拟订出适合本地绿化生产的管理措施予以实施，使其走上规范化的台阶。

第13章　中心城镇环卫设施技术指引

13.1　城镇环卫设施概述

13.1.1　城镇垃圾

13.1.1.1　城镇垃圾的定义及分类

城镇垃圾是指城市在生产建设、日常生活和其他活动中产生的污染环境的固态、半固态废弃物质，包括城镇生活垃圾和建筑垃圾，不包括工业固体废弃物和危险废弃物。

城镇垃圾按化学成分分为：

①有机垃圾。指果皮、菜叶、骨头、废纸纤维材料、破布、废皮革、橡胶、塑料等。

②无机垃圾。指砂石、脏土、金属、玻璃、陶瓷等。

按燃烧难易程度分为：

①难燃垃圾。如果皮、菜叶等含水率较高的垃圾。

②易燃垃圾。如纸屑、木、竹、稻草等。

③不燃垃圾。如脏土、砂石、陶瓷等。

按产生源分类分为：居民生活垃圾、清扫垃圾、商业垃圾、行政事业单位垃圾、交通运输垃圾、建筑装修垃圾以及其他垃圾。

①居民生活垃圾：指在居民日常生活活动中，在居住场所产生的垃圾。

②清扫垃圾：指城市道路、桥梁、隧道、广场、公园及其他的面向社会开放的公共场所所产生的垃圾。

③商业垃圾：指城市中各种类型商业企业及城市中其他行业经办的商业性或专业性服务网点所产生的垃圾。

④行政事业单位垃圾：指城市中各级政府、事业行政部门、社会团体、学校等单位产生的垃圾。

⑤交通运输垃圾：指城市公共交通、客货运输、与交通运输有关的场点以及各行业停放交通工具、中转运输和进行车辆维修管理所设的场所所产生的垃圾。

⑥建筑装修垃圾：指城市中新建、扩建、改建及维修建筑物（构筑物）的施工现场所产生的垃圾。

⑦市政园林垃圾：指城市中市政园林绿化的维护和管理过程中产生的垃圾。

⑧其他垃圾：除以上各类垃圾产生场所以外的其他场所（如水域）或自然现象产生或形成的垃圾。

13.1.1.2　城镇垃圾的成分及产量

城镇垃圾的成分很复杂，但大致可分为有机物、无机物和可回收废品几类。属于有机物的垃圾主要为动植物性废弃物；属于无机物的垃圾主要为炉灰、家庭灰土、碎砖瓦等；可回收废品主要为金属、橡胶、塑料、废纸、玻璃等。

影响城镇生活垃圾成分的主要因素是：燃料结构、居民生活水平和消费结构及城镇规模等，我国垃圾成分与工业发达国家的显著差别是无机物多、有机物少、可回收的废品也少。

城镇生活垃圾的产生量受城镇人口、居民条件、居民生活习惯方式等的不同和其他因素的影响，城镇人口的增加是影响城镇垃圾产生量的最主要因素。城镇垃圾清运量可以间接反映城镇垃圾产量，应按实际重量统计垃圾量的方法计算垃圾年清运量，不应该根据垃圾运输车辆的载重吨位及车辆数来估算垃圾的产生量，即所谓“车吨位”，车吨位实际无法真实地反映垃圾的清运量。

人均垃圾产生量的变化范围比较大。应根据当地的具体情况，确定人均垃圾产生量指标。一般说来，城市的燃气普及率越高，垃圾中的煤灰等无机物会大幅度减少，垃圾产生量也会相应降低。广州的人均垃圾产量发展过程一般与发达国家大致相似，即在某阶段以前逐渐上升，到了这一阶段以后逐渐稳定并稍有下降趋势。20世纪90年代的香港特别行政区、新加坡、汉城、东京等亚洲城市人均垃圾日产量在1.4 kg/（人·日），尤其与广州生活习惯大致相似的香港特别行政区人均垃圾日产量也只有1.3 kg/（人·日）。

广州市老八区的人均日产生活垃圾量在2003年为1.06 kg/（人·日）。估计在2010年前人均垃圾产量仍处于增长期，考虑到各方面因素的制约，根据经验人为地推测，2005年广州市老八区人均日产垃圾量为1.1 kg/（人·日），2010年人均日产垃圾量1.2 kg/（人·日）比较合适。2011年后可能会有增长缓慢或略有下降的趋势，到2015年预计为1.15 kg/（人·日）。

根据统计数据，番禺区目前人均日产生活垃圾量为1.0 kg/（人·日），花都区和两县级市约为0.9 kg/（人·日）左右，近5～10年内的人均产量可参照人均GDP增长进行预测。

13.1.2　环卫设施

凡是有从整体上改善环境卫生、限制或消除生活废弃物影响功能的设备、容器、构筑物、建筑物及场地等统称为环境卫生设施，即环卫设施。

环卫设施可分为以下几类：

1）环境卫生公共设施

凡供人们在公共场所使用并具有收集和临时存储生活废弃物功能的容器、构筑物和建筑物统称环境卫生公共设施。

环境卫生公共设施包括公厕、化粪池等粪便污水前端处理设施、垃圾管道、垃圾容器、废物箱等。

2）环境卫生工程设施

凡是环境卫生专业队伍在收集、运输、转运、综合利用和最终处置生活废弃物所需的构筑物、建筑物和基地统称环境卫生工程设施。

环境卫生工程设施包括转运站、水上环卫设施、粪便处理场、填埋场、垃圾焚烧厂、垃圾堆肥厂、建筑垃圾处置场、其他固体废物处理场等；

3）其他环境卫生设施

其他环境卫生设施，包括基层环卫管理场所、车辆清洗站、车辆停车场、车辆通道、车辆供水器等。

13.1.3　基层环境卫生机构和工作场所。

凡是在城市或其某一区域内负责环境卫生的行政管理和环境卫生专业业务管理的组织称为环境卫生机构。基层环境卫生机构一般是指按街道设置的环境卫生机构。

环境卫生基层机构为完成其所承担的管理和业务职责所需的各种场所称为环境卫生基层机构的工作场所。

13.1.4　中心城镇环卫设施概况

13.1.4.1　中心城镇的垃圾状况

城镇垃圾现状调查需要确定产生量，分析垃圾的成分和所占比例，为确定合理的规划方案奠定基础。

由于中心城镇与大城市相比规模小，其垃圾产量相对要小。一般来说，城镇每人每天产生的垃圾量为1 kg左右。随着经济的发展和城镇人口的增加，垃圾总量会相应增加。目前，中心城镇的生活垃圾成分以厨余、木竹、纸布塑料为主，两者之和占总垃圾的90%以上，今后中心城镇居民的厨余组分不会继续上升，上升幅度将会减缓甚至相对下降一些，到了一定阶段后会稳定下来，而纸的含量将会升高，金属、玻璃等组分含量也将稍微上升。但未来中心城镇垃圾组分仍将以厨余、塑料和纸类为主。另外，中心城镇垃圾分类的程度普遍不高。

13.1.4.2 中心城镇垃圾处理现状

广东城市垃圾处理现状令人担忧，21个地级以上城市现有垃圾处理场54座，日处理量21 545 t，其中基本达到无害化处理标准的只有16座，占垃圾处理场总数的29.6%，70%以上的垃圾处理场未达到无害化处理标准要求。

检查发现，广东省绝大部分中心城镇的垃圾填埋场，只是把垃圾裸露堆放、四处抛弃，还混合填埋了工业垃圾和医疗垃圾，这样的简易填埋场不仅占用了大量土地，而且对土壤和地下水造成严重污染，甚至传播疾病。由于资金缺乏，垃圾处理场建设标准低，已建成的填埋场普遍存在无垃圾渗滤液的防渗、收集和处理系统，没有沼气收集导排设施。

广州新区的生活垃圾收运依然采取侧装密封车或垃圾斗吊装等落后的方式，通过压缩站运输垃圾的比例不到5%；垃圾处理场的建设和营运管理标准不高。

近年来，广州市5个中心城镇用于垃圾处理的环卫设施有所改善：江高镇新购置垃圾压缩车1台及垃圾运输工具一批，新建垃圾压缩站2个，城区及江河、村庄在全面取消垃圾池，做到垃圾日产日清；狮岭镇建成公厕—垃圾转运站综合楼2个，完善环卫设施配套；太平镇建立了占地43.3 hm^2 的大型垃圾填埋场和垃圾中转站。

13.1.4.3 中心城镇环卫建设需要解决的问题

中心城镇环卫建设需要解决的问题有以下方面：

①需重点引进和推广、使用先进的垃圾处理技术，实现垃圾无害化处理；配套建立垃圾处理站；加快建设生活垃圾焚烧厂；对城镇的垃圾压缩站进行综合治理，要彻底解决居民区中影响群众生活的垃圾压缩站问题。

②有关建设经费的问题。可以引导社会资金投入到环卫事业，形成政府和社会资金共同投入的多元化投入机制。

③体制改革问题。由于建设管理运行经费紧缺成为制约垃圾处理水平提高的重要因素，应改革现有不适应的管理体制。可以按照先易后难、分步实施，先改管理体制、后改运行机制的原则，积极稳妥地推进环卫管理体制的改革。改革垃圾处理体制，实行企业化管理，垃圾处理单位实行政企、政事分开，推动环卫市场化、社会化和产业化进程。

④环卫法律法规需进一步健全。事实上，垃圾中有毒物质仅占1%以下，混合与扩散使控制污染的难度逐渐加大。垃圾分类收集与处理是解决污染扩散的较经济的方法。问题在于，几乎所有商品生产都以破坏环境为代价（例如商品包装等），而环境损失并未计入商品的生产成本之中，而环境保护并未被引入市场机制。让利于垃圾回收与处理是强有力的经济杠杆，因此，我国的相关垃圾分选的经济法律法规应该尽快出台。

⑤垃圾收费问题。为解决生活垃圾处理环节所发生的设施建设、维修和营运费用，参照广州市人民政府《关于收取城市生活垃圾处理费的通告》（穗府［2002］28号）制定广州市中心城镇的垃圾收费制度。

⑥垃圾收运机具和转运车辆配置问题。环卫装备作为环卫业的重要支撑在很大程度上影响着环卫业的发展，垃圾收运机具和转运车辆是环卫业的重要硬件，如果装备陈旧，在运输途中会对沿途造成污染，转运车辆均需采用密闭式车辆，并安装垃圾渗滤液收集装置。

⑦环卫处理设施的区域协调建设与处理问题。区域协调建设和处理能提高投资效益，目前各中心城镇的环卫处理设施的区域协调机制尚未建立，区域协调发展观念不强。

⑧垃圾分类回收利用问题。目前，广东省乃至全国普遍存在垃圾分类回收利用难的问题，就广州市而言原因主要有：首先，没有建立“前期分类投放、中期分类收集运输、后期分类处理利用”的垃圾分类回收利用体系，随手丢垃圾、分类运输工具严重不足、经费不够等现象依然十分严峻；其次，最终处理前的垃圾分类回收效益成本比低；再次，垃圾最终处理利用设施还未建成；最后，市民垃圾分类回收利用观念淡薄、相关法规滞后。针对这一问题，广州市将推出四大措施推进垃圾分类回收利用：垃圾回收利用的关键是分类处理，但是分类投放是其前提和基础，所以，首先发动机关、团体、企事业单位等社会各界进行广泛宣传教育，培养出广大民众的垃圾分类意识。其次，努力构建科学的垃圾分类收集利用体系，重新构建投放类别、收集运输系统。同时，准备把广州餐饮行业、机关团体餐厨垃圾单独收集处理。另外，在硬件建设上，将加快垃圾分类处理利用设施建设。目前，广州正加快生活垃圾焚烧发电厂的建设工作，争取尽快实现对生活垃圾的资源化利用。

13.2 中心城镇环卫设施建设的必要性与可行性

13.2.1 中心城镇环卫设施建设的必要性

13.2.1.1 城镇垃圾产量的增加对环境的危害

城镇垃圾对环境的危害与垃圾的性质和数量有关，任何垃圾对环境的危害都有一定的阈值，在其阈值以下就不会对环境产生危害，但当垃圾的量达到一定程度时，如果不加以控制，就可能产生环境污染，并对环境产生危害。

1）对土壤环境的危害

固体废物露天堆存，不仅占用大量土地，而且其含有的有毒有害成分也会渗入到土壤之中，破坏土壤中微生物的生存条件，影响动植物生长发育。一般来说，堆存1万t废物就要占地1亩，而受污染的土壤面积往往比堆存面积大1～2倍。

2）对水体环境的危害

大量固体废物排放到江河湖海会造成淤积，从而阻塞河道、侵蚀农田、危害水利工程。有毒有害固体废物进入水体，会使一定的水域成为生物死区，与水（雨水、地表水）接触，废物中的有毒有害成分必然被浸滤出来，从而使水体的酸碱度和矿化度发生变化，还会造成富营养化，悬浮物增加，危害生物和人体健康。在我国，固体废物污染水体的事件已屡见不鲜。

3）对大气环境的危害

城镇垃圾对大气环境的危害表现为3个方面：

①废物的细粒被风吹起，进入大气并扩散增加了大气中的粉尘含量，加重了大气的尘污染。

②一些有机固体废物在适宜的温度和湿度下还可发生生物降解，释放出沼气，在一定程度上消耗其上层空间的氧气，使植物衰败。

③堆放的固体废物中的有害成分由于挥发及化学反应等，产生有毒气体，导致大气的污染。

另外，焚烧作为一种固体废物处理法会导致二次污染，这已成为有些国家主要的大气污染源，特别是最近发现焚烧垃圾可以产生致癌物质，因此，在对城镇垃圾处置时要注意二次污染大气的问题。

4）对人体健康的危害

城镇垃圾中的有毒有害物质可以通过不同的途径进入大气、水、进而进入生物圈和食物链，进入人体，危害健康。

5）对生态环境的危害

随着科学技术的发展，人工合成的化合物越来越多，每年都有大量新的化合物混入垃圾，其中包括工业品、农药、医药品、食品添加剂、化妆品等，造成大量的化学污染，给人类的生活和人体环境健康带来严重影响的同时，其中有害化学物质在环境中长期低剂量存在造成的损伤尤为突出，例如，诱发了生物体遗传突变、致癌、致畸、促进衰老和代谢障碍等。

13.2.1.2 人们生活水平的提高对环卫设施建设提出了新的要求

随着生活质量的不断改善，市民对生活环境品质的追求越来越高，保护环境的呼声和环境维权意识明显增强。广州市统计局2004年2月1日公布的广州市民调查表明：在当前市民最关心的20个问题中，与环境保护有直接相关的占7项，其中，机动车尾气污染治理、水污染治理、交通噪声治理、饮食服务业污染治理分别排第4、第6、第8和第12位。

人们对生活环境的品质要求越高也意味着对环卫设施建设的要求也越高，对环卫设施建设的现状提出了新的要求。过去，由于环卫设施的相对落后，造成垃圾露天堆放或简易焚烧，对人体健康产生很大危害，现在，人们对自身健康的重视，要求环卫设施的配套建设。

13.2.1.3 相关法规的要求

为了防治固体废物污染环境、保障人体健康、维护生态安全、促进经济社会可持续发展，制定《中华人民共和国固体废物污染环境防治法》（1995年10月30日第八届全国人民代表大会常务委员会第十六次会议通过，2004年12月29日第十届全国人民代表大会常务委员会第十三次会议修订，自2005年4月1日起施行）；为了引导城市生活垃圾处理及污染防治技术发展，提高城市生活垃圾处理水平，防治环境污染，促进社会、经济和环境的可持续发展，建设部、科技部、国家环保总局制定《城市生活垃圾处理及污染防治技术政策》（2000）；为加强城市市容和环境卫生管理，创造整洁、优美、文明的城市环境，保障人民身体健康，根据有关法律、行政法规，结合广东省实际，制定《城市市容和环境卫生管理条例》（1992）。为了加强城市生活垃圾的管理，改善城市市容和环境卫生，中华人民共和国建设部制定《城市生活垃圾管理办法》（1993）；为了加强对城市建筑垃圾的管理，保障城市市容和环境卫生，中华人民共和国建设部制定了《城市建筑垃圾管理规定》（第139号令），已于2005年3月1日经第53次部常务会议讨论通过，自2005年6月1日起施行。

为加强城市垃圾的管理，控制污染，改善城市环境，根据《中华人民共和国固体废物污染环境防治法》和有关法律、法规，结合广东省实际，广东省人大常委会制定了《广东省城市垃圾管理条例》（广东省第九届人民代表大会常务委员会第二十八次会议于2001年9月28日通过，自2002年1月1日起施行）。该条例规定城市人民政府应当按照减量化、资源化、无害化的原则，对城市垃圾产生和处理的全过程实行管理，从源头减少垃圾的产生量，对已经产生的垃圾，要积极进行无害化处理和回收利用，防止污染环境；对违反该条例的单位或个人将处以不同程度的罚款。

为加快城市环境保护基础设施建设，促进环境保护与经济建设协调发展，国家计委、建设部、国家环境保护总局等部门共同研究制定了《关于推进城市污水、垃圾处理产业化发展的意见》（2002年9月10日）。

为促进垃圾处理市场化、社会化和产业化进程，根据国家计委、财政部、建设部、国家环境保护总局《关于实行城市生活垃圾处理收费制度促进垃圾处理产业化的通知》（计价格〔2002〕872号），结合广东省的实际，广东省物价局、建设厅、财政厅、环保局联合制定了《广东省城市生活垃圾处理收费管理办法》，自2002年12月1日执行。

13.2.2 中心城镇环卫设施的建设可行性

13.2.2.1 中心城镇的发展及政府的资助为环卫设施建设提供了经济条件

据2003年的《广东省中心镇发展评估报告》，广东省确定的273个中心镇，仅占全部建制镇总数的17.8%，但城镇财政收入却占全省小城镇的50.65%，如广州市中心城镇之一狮岭镇2001年的工农业总产值为46.2亿元，规划到2010年总产值达125亿～158.3亿元。这说明广州市中心城镇在周围地区中其经济实力较强，为环卫设施的建设提供了良好经济条件。

广州市将向15个中心镇每镇每年支持500万元用于基础设施建设，此外，还将把市区共建的资金安排向中心镇重大基础设施建设项目开放，只要符合条件的中心镇的重大基础设施建设项目将择优安排。

13.2.2.2　城市政府对中心城镇的政策支持

为落实广东省委、省政府关于推进城镇化、加快中心镇发展的一系列方针政策，广州市委、市政府于2004年做出了《关于进一步加快中心镇建设的决定》（穗字〔2004〕3号）。其中包括加强建设用地管理，推进中心镇基础设施建设。提到按照“生态卫星城”的目标，抓好中心镇的环境规划，统筹规划建设垃圾、污水处理设施。统筹考虑中心镇基础设施建设与中心城区基础设施的协调衔接。

13.2.2.3　其他城市环卫建设的成功经验

在这里主要介绍茂名市、重庆市及大连市等环卫建设的一些成功经验。

①茂名市将荔红、新湖路、火箭巷等3座垃圾中转站改为压缩站，垃圾压缩站投入使用之后，将原来运用多功能车挂斗敞开暴露运输垃圾的方式转变为密封贮运，垃圾进站后马上被推进压缩箱进行破碎、压缩，垃圾污水被处理后排入下水道，从而有效杜绝了苍蝇等的滋生，大大减少垃圾源的二次污染，而且垃圾收集效率提高了3倍，大大提高了茂名市城市垃圾无害化处理水平。

②重庆市环保型压缩式垃圾站运用专业的收运设备，垃圾入站立刻倾倒压缩，并配有专门的污水处理池过滤污水，完全改变了老式垃圾站敞放垃圾，导致环境脏、乱、臭且滋生蚊蝇的弊病，其日清运量可达50 t以上。在运输方面，由于垃圾已经过压缩全封闭存储，运送沿途不会出现飘洒、滴漏和散发臭味的现象，从而大大降低了对市民生活的影响。

③大连市在提高城市环境卫生质量方面取得了显著成效，在环卫建设方面取得了许多的成功经验：

拨专款在两年之内配齐了密封压缩车；将袋装收集资金列入专项计划，全面普及和推广垃圾袋装化管理；利用世行贷款对市毛茔子垃圾填埋场按照国际卫生填埋标准进行了改造；实行了以减量化为目的的净菜上市工程。

垃圾袋装化的普及后，又将垃圾收运方式改革的目标定位在“垃圾袋装清运不落地”的新坐标点上，探索城市生活垃圾从源头收集到运输过程中无暴露、无滞留、无污染的规范运作新路子。

试行分类收集，实现资源利用。

大连市政府和各级环卫部门十分重视对垃圾场的综合管理。自1999年利用世行贷款改造的20万m^2的垃圾场启用后，场区综合治理的力度不断加强：一是“埋”。为防止恶臭扩散，调集设备全力围盖，保证垃圾当日覆盖率达到100%。二是“堵”。垃圾场填埋到一定高度后，调集土石方在场区四周围坝堵截，防止因垃圾填埋层逐渐高出地面而产生渗滤液外溢和垃圾场对外的视觉污染。三是“挡”。在垃圾场四周构筑固定栅栏，在垃圾倾卸区域设置活动栅栏，将试图刮起的塑料袋挡在“场”内，并由机动“治白分队”盯在场内外，随时清理。四是“封”。全面封闭出入垃圾场的通道，派专人24 h值班，严格划分垃圾倾卸区、填埋作业区和分类捡拾区，保证垃圾填埋工作有序进行；在捡拾人员管理上，集中登记造册、统一食宿、统一服装、统一作业；对捡拾分类的物品统一回收、加工，统一打包外运。五是“绿”。近几年来，已陆续在垃圾场旧填埋区及其周边构筑了10万m^2的绿色屏障。此外，针对恶臭和蚊蝇问题，打破常规，采用新的技术措施，在进场道路和填埋区及时喷洒除臭清新剂，在场区内安装了灭蝇灯和灭蝇盒，效果较为理想。

13.2.2.4　环卫设施新设备和技术的发展

城市的垃圾收运处理的设备和技术得到了迅速的发展，具体包括以下几个方面：

①从2000年前后开始，老八区的生活垃圾收运处理系统服务逐步向农村乡镇辐射，目前已基本覆盖八区范围内的所有城乡地区。生活垃圾收运处理流程是：上门收集袋装垃圾→人力车（站前运输）→垃圾压缩车（压缩运输）→填埋场。

分类收集的可回收垃圾物流流程是：上门收集可回收垃圾→人力车→环卫站临时储存→普通载重车→庆丰垃圾分选中心→销售。

对于上门收集垃圾，收集工人的劳动强度较大，收集时间受限制，对垃圾压缩站的冲击大，使压缩站不能均匀满负荷作业。为此，广州市市容环卫局正积极寻求先进适用的替代技术方案，例如拟在金沙洲小区试验用真空管道收集系统、垂直管道+密封舱式收集系统等，准备试点成功后加以推广。

②目前，广州市在老八区进行车载桶装垃圾收运方式推广，既扩大了服务范围，提高工作效率，又解决三轮车、手推车停放，减少噪音、臭气对居民的影响和城市环境的污染，改革优化站前运输工具，达到了机械化、密闭化、外形美化要求。

③垃圾压缩站应“相对集中、合理布局、交通方便”的指示，广州市环卫局在深入调研的基础上，重新编制了市内垃圾压缩站的总体规划。在原有134座垃圾压缩站保留95座，计划新建40座，同时适度建设大型压缩站。从2004年开始陆续对前期建成的站进行除臭、消噪、防滴漏等改造，推进脱水式大容量压缩站设施改造，并加强对垃圾压缩站的管理力度，减少垃圾压缩站臭气扰民的情况。

④目前，广州市正在抓紧建设日处理垃圾1 000 t的李坑垃圾焚烧发电厂，按照计划，李坑生活垃圾焚烧发电厂将在今年正式投产。同时，日处理1 000 t的生活垃圾综合处理厂已经签订特许经营协议，即将动工建设。正在筹建的有日处理2 000 t的李坑生活垃圾焚烧发电二厂和日处理3 000 t的大田山生活垃圾焚烧发电厂，目前两项目均已完成项目建议书编制、评审工作。随着上述各处理设施的陆续建成使用，兼具填埋、焚烧、堆肥和回收利用处理方式的生活垃圾综合处理系统已粗具雏形，广州市将彻底改变单一填埋处理方式，真正实现垃圾处理减量化、无害化、资源化。

⑤番禺区、花都区以及从化市、增城市两个县级市均有自己独立的生活垃圾收运处理系统，目前不纳入广州市区现有的垃圾收运处理系统。

13.3　中心城镇环卫设施的规划与设计

13.3.1　垃圾处理的步骤

治理城镇垃圾是一个系统工程，包括垃圾的收集与运输、转运、预处理及处理和回收再利用等环节。

13.3.1.1　收集与运输

垃圾的收集是整个城镇垃圾收运处置系统的第一环，它必须要与其后的转运、预处理、处理及回收相适应。

我国大多数城镇目前大都采用混合收集方法进行垃圾收集（医院垃圾除外）。所采用的垃圾作业收集方式和设备主要有以下几种：固定式垃圾箱、垃圾的贮存收集、活动式垃圾箱；垃圾的收集、垃圾桶收集、塑料袋收集、密封集装箱收集及地面垃圾站收集等。

城镇垃圾被收集后运送至处置场的过程称为运输。一般条件下，运输有短途运输和长途运输之分。

城镇垃圾运输是垃圾有效处理的关键环节，目前我国城镇垃圾机械化收运率较低，环卫职工劳动强度大，手工操作，机具不足，设备性能差。

13.3.1.2　转运

城镇垃圾的转运是城镇垃圾收运处置体系中的重要环节，是连接垃圾产生源头和末端处置系统的结合点，起到枢纽作用。

垃圾运输方式分为短途运输和长途运输两种。短途运输是采用垃圾收集车从收集点直接运送到垃圾处理场或中转站的垃圾运输；长途运输是采用垃圾收集车将垃圾收集后送到垃圾中转站，再由大型的垃圾运输车将垃圾运往垃圾处理场。

13.3.1.3　预处理

城镇垃圾的预处理是对它在被最终处理或再生利用前的一种为后续处理或利用提供准备的处理工序，也称前处理。

城镇垃圾预处理主要包括垃圾的分选、破碎、压实、脱水、加湿、混合等，预处理工序的选择必须依据后续处理工艺的要求及进料垃圾的特性而确定。

13.3.1.4 处理和资源化利用

同世界其他国家一样，目前我国采用的垃圾处理场与资源化技术主要是卫生填埋、堆肥、焚烧等方法。国内较成熟的固体废物处理方法有卫生填埋和堆肥化等。其中，大部分城镇垃圾采用堆放、简易填埋处理，卫生填埋、机械化堆肥、焚烧处理也有部分应用。

城镇垃圾进行最大限度的资源化、回收再利用，将是今后固体废物处理的重要目标。

13.3.2 中心城镇垃圾处理技术的分类

13.3.2.1 垃圾填埋技术

卫生填埋是指采取防渗、压实、覆盖和气体、滤水治理等环境保护措施的固体废物填埋方法。

对城镇垃圾进行填埋处理时，首先必须根据城镇垃圾组成特点和分布特征确定以可再生资源最大量回收为目的的垃圾分拣工艺和手段，减少垃圾清运量；其次，解决填埋工艺、渗滤液处理及填埋气体疏导利用等关键技术。

近几年，填埋场的建设日趋完善，一般具有较高水平的垃圾填埋场相继建成，同时，填埋场所产沼气的回收和利用技术也得到了发展，如杭州、广州、苏州、北京、成都、包头等城市根据本市实际情况建立了较为完善的卫生填埋场。

长期以来，我国大部分城镇都是采用露天堆放、自然填沟和填坑等方式处理垃圾，只能达到一般性厌氧处理。中小城镇承担不了垃圾焚烧工艺和设备的高昂处理费用，故垃圾堆放及填埋在一定程度上不可避免。目前填埋方式仍是我国最主要的城镇垃圾无害化处理方式。

13.3.2.2 垃圾堆肥化技术

堆肥化就是利用微生物对有机废物进行分解腐熟而形成肥料的过程。近年来我国垃圾堆肥化发展较快。从20世纪80年代起开始应用“二次发酵工艺”，由于采取了强制密封、好氧发酵措施，缩短了发酵周期，堆肥化机械也日趋完善，生产趋向产业化。目前，无锡、常州、天津、沈阳、北京、武汉等城市已自行设计了适合我国的机械化垃圾堆肥化处理生产线，许多城市还有相当一部分的简易垃圾堆肥化处理厂。

13.3.2.3 垃圾焚烧技术

我国垃圾焚烧技术的研究起步于20世纪80年代中期，焚烧技术是垃圾减量化、无害化、资源化处理最有效的方式，是未来垃圾处理的发展方向。焚烧法的优点是可以处理各种不同性质的废弃物，焚烧后可减少废物体积90%（取决于其灰分的高低），便于填土处理。

我国城镇生活垃圾主要采用填埋和堆肥化两种处理方式，焚烧处理方式所占比重较小。

但由于填埋场选址及渗滤液处理的困难，堆肥厂因垃圾分类收集进展缓慢及恶臭处理成本高而受到的限制，未来的垃圾处理的发展方向将以焚烧为主。目前，我国仅有深圳、乐山、徐州等少数城市建立了垃圾焚烧处理场，进行了焚烧发电的示范性试验，系统运行情况良好，但规模不大，日处理能力低。国外已广泛采用焚烧来处理固体废物（主要是有机质的固体废物）。广州市已趋向以焚烧为主，经多次论证修改，拟建的几家焚烧厂总规模已达6 000 t/d，但仅可解决市区问题，各中心镇的垃圾出路是什么是否也趋向焚烧是有待解决的问题。但随着经济的发展，可以预见城镇垃圾焚烧将逐步取代垃圾填埋，广东珠三角地区已有数十座的镇级垃圾焚烧厂即将投入使用。

13.3.2.4 垃圾资源化处理技术

垃圾资源化处理技术包括垃圾热解技术、垃圾资源能源化利用、废旧橡胶制品的回收利用、废玻璃的回收利用、废旧皮革的回收利用和废旧塑料综合利用。

垃圾热解是将有机化合物在缺氧的条件下利用热能是化合物的化合键断裂，有大分子量的有机物转化成小分子量的燃料气、液状物（油、油脂等）及焦炭等。

垃圾资源能源化利用除垃圾可回收资源的二次利用、垃圾场所的环保资源改造、垃圾堆肥的处理及应用、垃圾沼气能源的利用等技术手段外，垃圾焚烧发电技术是垃圾资源能源化利用的主要途径。

近十几年来，发达国家大力推行垃圾的回收和综合利用，以实现城市垃圾减量化与资源化的目的。我国在这方面有着长期实践和成功经验，如上海20世纪六七十年代曾建有遍布全市的废品回收站，但由于种种原因正常经营的废品回收站越来越少。20世纪90年代，政府日益重视垃圾的减量化和资源化，一部分城市还开展了垃圾分类收集的试点工作，并且绝大部分城市已将垃圾分类收集、资源化综合利用作为城市垃圾处理的重要内容进行规划。

我国环保科技工作者借鉴国外垃圾处理的先进经验，并紧密结合我国城镇垃圾的组成状况、分布特征等诸多因素，逐步探索垃圾处理减容化、无害化与资源能源化同步发展的新道路，取得了丰硕的成果，有力地推动着我国环保市场化的进程。已开发出适合我国垃圾组成特性的国产化焚烧炉，它主要采用鼓泡流化床和循环流化床两种燃烧方式。

13.3.3 环卫设施的规划设计原则

13.3.3.1 减量化、无害化、资源化的原则

我国在《城市生活垃圾处理及污染防治政策》中明确指出："应按照减量化、无害化、资源化的原则，加强对垃圾产生的全过程管理，从源头减少垃圾的产生，对已经产生的垃圾，要积极进行无害化处理和回收利用，防止污染环境。"环卫设施的规划设计也要以城镇垃圾的减量化、无害化、资源化为原则。

1）减量化

城镇垃圾的减量化任务主要是通过适宜的手段减小垃圾的数量和容积。

减量化这一任务的实现，必须从两个方面入手：一是对固体废物进行处理和利用。对固体废物进行处理和利用属于生产过程的末端，主要是通过各种手段使垃圾减少容积和质量。二是减少固体废物的产生。这是从源头开始改进或采用新的生产工艺—清洁生产，尽量减少或不排废物，必须从资源的综合开发和生产过程中的物质资料的综合利用着手。

2）无害化

城镇垃圾的无害化处理的基本任务是将垃圾通过工程处理，以不危害人体健康、不污染周围自然环境。

目前，城镇垃圾的无害化处理工程已发展成为一门崭新的工程技术，如垃圾的焚烧、卫生填埋、堆肥、有害废物的热处理和解毒处理等。

对城镇垃圾进行无害化处理事业必须看到，无害化处理技术的通用性是有限的，他们的应用都有一定的局限性，如焚烧垃圾需要垃圾具有较高的热值，发酵需要垃圾有机物含量高，而且它们通常会产生二次污染，如填埋会产生渗滤液，污染地下水；焚烧会产生致癌物质；堆肥会产生恶臭气体等。

3）资源化

城镇垃圾资源化的基本任务是采取工艺措施，从垃圾中回收有用的物质和能源。

垃圾处理的最主要目标是使其不对环境造成污染，资源利用的前提也应是以不造成二次污染为首任，在垃圾资源化过程中一定要避免污染转移。

在考虑垃圾资源化时，要注意以下4个问题：

①市场的可能性。只有确立了市场，才能收集并资源化；同时市场的确立要以再循环产品连续提供可接受的产品质量加以保证。

②系统的经济性。主要指资源综合利用中系统的投入和产出的平衡，再生资源的处理、处置与再利用的平衡，一次资源与二次资源的经济性比较。

③系统开发的技术可行性。取决于科学和技术的发展。

④系统设计的环境效益。如果产生严重的二次污染问题也是不可行的。

13.3.3.2 可持续发展原则

可持续发展是指既满足现代人的需求也不损害后代人满足需求的能力。可持续发展理论的前提是发

展，是在平衡与稳定的基础上的持续不断地发展。

13.3.3.3　与城镇总体规划协调相一致的原则

城镇环境卫生设施专业（专项）规划的期限和范围应与城镇总体规划相一致，与城镇体系规划相协调。

13.3.3.4　先进、合理与适度的超前原则

环卫设施的规划既要先进、合理，又要有适度的超前性，要具有前瞻性。

13.3.3.5　科学性与系统性原则

规划设计应遵循的国家相关法规、标准、规范、规定等，以及针对广州市中心城镇对环卫设施的建设、维护、管理等做出相应的规划设计，保证其科学性和系统性。

13.3.3.6　源头控制与综合处理相结合原则

垃圾的源头控制的治理效果、意义实际上比综合处理更为重大，还可以节省大量的垃圾处理投资和运行费用。

13.3.3.7　可操作性和弹性调整原则

可操作性即不能太抽象，应切实可行。环卫设施的规划设计越具有可操作性，建设管理起来越容易，也越能起到应有的作用。当然，也应具有一定的弹性，在建设时可根据特定条件进行调整。

13.3.3.8　处理好长远规划与分步实施的关系

规划要体现前瞻性、高起点，立足于长远发展，不给未来留下遗憾。同时，要制订分阶段实施方案，坚持开创性、坚韧性和操作性的有机统一。

13.3.3.9　处理好规划与现状的关系

城镇规划的修编要以现状为基点，但不能拘泥和迁就现状。要努力适应广州市中心城镇发展的新形势和新要求，体现出规划对城镇长远发展的导向作用，引导城镇持续、健康、有序发展。

13.3.3.10　优化配置原则

重大环境卫生工程设施的规划设置宜做到区域共享、城乡共享，实现环境卫生重大基础设施的优化配置。

13.3.4　中心城镇环卫设施的规划设计步骤

中心城镇环卫设施规划主要内容包括：估算规划范围内固体废物产量，提出环境卫生控制要求，选择固体废物的收运方式和处理方法，布置各类环境卫生设施，确定服务范围、设置规模和标准等。

13.3.4.1 中心城镇垃圾废弃物的总量预测

城镇生活垃圾产生量预测主要采用人口预测法和回归分析法等，可参见《城市生活垃圾产量计算及预测方法》（CJ/T 106—1999）。

1）人口预测法

近年来，随着经济的发展和城镇规模的扩大，城镇生活垃圾量也在增加。人口增长应考虑两方面的因素，即人口的自然增长率和农村人口向城市转移的比例。依据城镇发展预测结果，预测生活垃圾产生量。

如沙湾镇生活垃圾排放量根据人口预测，每人每天产生0.8 kg计算，近期为130 t/d，远期为208 t/d。

2）回归分析法

根据历史数据，统计分析城镇生活垃圾产生量变化趋势，采用线性回归方法预测垃圾产生量。

13.3.4.2　城镇环卫公共设施的规划布置

城镇环卫公共设施的规划布置一般规定应方便社会公众使用，满足卫生环境和城市景观环境要求；其中生活垃圾收集点、废物箱的设置还应满足分类收集的要求。

1）公共厕所的规划布置

a. 公共厕所设置的范围：

①主要交通干道两侧。

②车站、码头、商业服务中心等公共设施附近。

③风景名胜古迹游览区、广场、公园、市场、停车场及其他公共场所。

④新建住宅区及老居民区。公共厕所是城镇居民公共使用的卫生设施，在上述设置场所的公共厕所具体位置应选择在明显、易找之处，在厕所的附近和入口处，应设置明显的统一标志；同时，公共厕所还应与城镇排水系统相结合，粪便污水应排入城镇污水管道；污水管网及污水处理设施不完善的地区，其公共厕所应配建粪便污水前端处理设施。

b. 公共厕所的间距和数量。

①按城镇道路人流量决定设置间距。公共厕所之间的距离与人口密度有很大的关系，人口密度大的区域公共厕所之间的距离应短些，反之则要长些。居住用地间距为 500 ～ 800 m（旧城区宜取密度的高限，新区宜取密度的中、低限），公共设施用地间距为 300 ～ 500 m（人流密度区域取高限密度、下限间距，人流稀疏区域取低限密度、上限间距。商业金融业用地宜取高限密度、下限间距。其他公共设施用地宜取中、低限密度，中、上限间距）。工业用地仓储用地间距为 800 ～ 1 000 m。

②按地区规模确定设置数量。旧区成片改造地段和新建小区，每平方千米不少于 3 座。按常住人口 2 500 ～ 3 000 人设置 1 座。如狮岭镇近期规划 35 ～ 40 座，远期规划公厕 45 ～ 50 座；沙湾镇规划到 2020 年建公共厕所 55 ～ 65 座。

c. 公共厕所的建筑面积指标和用地范围。

公共厕所建筑面积应根据人口流动量，因地制宜，统筹安排。一般建筑面积规划指标规定如下：

居住小区内：6 ～ 10 m^2/千人；车站、码头、体育场（馆）：15 ～ 25 m^2/千人；广场、街道：2 ～ 4 m^2/千人；商业大街、购物中心：10 ～ 20 m^2/千人。

公共厕所的用地范围规定：距公厕外墙皮 3 m 以内的空地，如确因条件限制不能满足此要求时，亦可靠近其他房屋修建。

d. 公共厕所的类型。

公共厕所按其建设形式分为独立式公共厕所和附建式公共厕所。附建式公共厕所应结合主体建筑一并设计和建造。独立式公共厕所应与所在地区的建筑群体一并统一规划设计，相互协调。远期规划以生态公厕为主。

中心城镇公共厕所宜发展附建式，附建式的公共厕所宜设在建筑物底层。

e. 公共厕所的建筑要求。

商业区、重要公共设施、重要交通客运设施、公共绿地及其他环境要求高的区域的公共厕所不低于一类标准；主、次干路及行人交通量交大的道路沿线的公共厕所不低于二类标准；其他街道及区域的公共厕所不低于三类标准。

公共厕所因按不同的等级标准，使用性质进行规划建设和配置设备以及装饰，公共厕所上面不宜搭建住宅；一般应设置冲洗设备、洗手盆和挂衣钩以及老人、残疾人专用蹲位和无障碍通道；根据男女使用厕所时间和人数，合理配置男女厕所的蹲位，一般为男女 1∶2，男厕可适当增加小便器；大便蹲位或大便槽、小便槽的表面应光滑、耐腐蚀；要保持空气流通、光线充足，并应有防臭、防蛆、防蝇、防鼠等技术措施；其四周应加强绿化，确保环境卫生。

2）垃圾容器和垃圾容器间的规划布置

垃圾容器间是指单独建造或依附于主体建筑的用于防治可移动式垃圾容器的构筑物。

垃圾容器和垃圾容器间规划布置的一般要求是：

①供居民使用的生活垃圾容器和垃圾容器间，以及袋装垃圾收集堆放点的位置一般要固定，并应符合方便居民和不影响市容观瞻等方面的要求，同时又要利于垃圾的分类收集和机械化清除。

②生活垃圾收集点的服务半径一般不应超过 70 m。在规划建造新住宅区时，未设垃圾管道的多层住宅一般每 4 栋设置 1 个垃圾收集点，并建造生活垃圾容器间，安置活动垃圾箱（桶）。生活垃圾容器

间内应设置通向污水窨井的排水沟。

③医疗废弃物和其他特种垃圾必须单独存放。垃圾容器要密闭并具有便于识别的标志。

④各类垃圾容器的容量应按使用人口、垃圾日排出量计算。垃圾存放容器的总容纳量必须满足使用需要，避免垃圾溢出而影响环境。

3）废物箱的规划布置

废物箱的设置应满足行人生活垃圾的分类收集要求，行人生活垃圾分类收集方式应与分类处理方式相适应。

废物箱一般设置在街道两侧和路口、居住区或人流密集地区；废物箱应美观、卫生、耐用、并能防雨阻燃、清理便捷。

设置在道路两侧的废物箱，其间距按道路功能划分：商业、金融业街道一般为：50～100 m，在商业、金融业、娱乐等人流量大的场所，考虑节假日人流量和出游者实际使用习惯，废物箱可按30 m间隔设置或者废物箱容量增大；主干路、次干路、有辅道的快速路：100～200 m；支路、有人行道的快速路：200～400 m。

13.3.4.3 城镇环卫工程设施的规划布置

环境卫生工程设施一般规定选址应满足城市环境保护和城市景观要求，并应减少其运行时产生的废气、废水、废渣等污染物对城市的影响；生活垃圾处理、处置设施及二次转运站宜位于城市规划建成区夏季最小频率风向的上风侧及城市水系的下游，并符合城市建设项目环境影响评价的要求。对环境卫生工程设施运行中产生的污染物应进行处理并达到环境保护标准的要求。

1）垃圾转运站的规划布置

城镇垃圾转运站一般在住宅区或工业、市政用地中设置。不宜设在公共设施集中区域和靠近人流、车流集中地区。当生活垃圾运输距离超过经济运距且运输量较大时，宜在城市建成区以外设置二次转运站并可跨区域设置。

垃圾转运站的设置数量的规模取决于城镇规模和垃圾收集车的类型、收集范围、垃圾转运量。广州市的垃圾转运站基本上是水平平推式工艺的压缩站，原有100～200 m^2 的压缩站要逐步淘汰。现有的转运站都是带压缩装置的。

一般小型垃圾转运站按每2～3 km^2 范围内设置1座，用地面积不小于800 m^2，与周围建筑物间距不小于5 m；中型转运站每10～15 km^2 设置1座，其用地面积根据日转运量确定［详见《城市环境卫生设施规划规范》（GB50337－2003）］；采用非机动车收运方式时，生活垃圾转运站服务半径宜为0.4～1 km；采用小型机动车收运方式时，其服务半径宜为2～4 km；采用大、中型机动车收运的，可根据实际情况确定其服务范围。

垃圾转运站的外形应美观，操作应封闭，设备力求先进。其飘尘、噪声、臭气、排水等指标必须符合环境监测标准，其中绿化面积在10%～30%。

远期规划为机械化垃圾转运站，垃圾转运站绿地率为25～35%。

如狮岭镇规划设中型垃圾转运站2座，小型垃圾转运站22座；沙湾镇规划小型垃圾转运站50～80座，中型垃圾转运站共4～5座。

2）垃圾、粪便无害化处理厂（场）的规划布置

在污水处理率低、大量使用旱厕及粪便污水处理设施的城市可设置粪便处理厂。

粪便处理厂应设置在城市规划建成区边缘并宜靠近规划城市污水处理厂，其周边应设置宽度不小于10 m的绿化隔离带，并与住宅、公共设施等保持不小于50 m的间距。

垃圾、粪便无害化处理厂（场）的用地面积根据处理量、处理工艺确定。具体标准按表13－1的规定计算。

表13-1 垃圾、粪便无害化处理厂（场）用地面积指标

垃圾处理方式	用地指标（$m^2 \cdot t^{-1}$）	粪便处理方式	用地指标（$m^2 \cdot t^{-1}$）
静态堆肥	260～330	厌氧（高温）	20
动态堆肥	180～250	厌氧（好氧）	12
焚烧	90～120	稀释（好氧）	25

3）垃圾最终处置场的规划布置

垃圾最终处置场是指为最终处置综合利用后的垃圾残体或直接采用（卫生）填埋法处置垃圾所建造的场地。

垃圾最终处理厂应符合下列要求：

①防止污水渗透。

②防止沼气燃烧。

③防止病虫害。

④设置卫生防护区。

⑤使用时间不少于10年。

卫生填埋最终处理厂一般应选择在地质条件较好的远郊，并与围海造田、造山置景等综合利用相结合。

如沙湾镇近期对垃圾填埋场作防渗漏处理，对垃圾渗滤液进行收集，配套污水处理设施作无害化处理，远期取消沙湾镇垃圾填埋场，垃圾统一由区火烧岗垃圾填埋场处理。

13.3.4.4 城镇垃圾处理和回收循环利用

城镇垃圾处理技术系统的规划应服从于城镇垃圾处理技术体系。对于垃圾处理体系的建立，首先应是从垃圾发生源头减少或抑制垃圾的产生，当垃圾产生后，考虑处理技术体系是首先应用在利用或再生循环利用，对不能再利用或再生循环利用的废物再考虑用热解、焚烧等处理手段，回收热量与资源。废物处理有时不可能全部被利用，如焚烧、热解还有焚烧残渣，最后必须进行无害化处置，如填埋等。

规划城镇垃圾处理系统时首先应根据城镇垃圾组成，分析可资源化物流，可资源化产品的市场，可资源化技术是否可行，可资源化产品的质和量，可资源化技术的经济、社会环境效益。如果上述诸项都已确立，对应于资源化技术应采取的分类收集运输的方式，是混合收集还是分类收集；分类收集是按焚烧处理分可焚烧垃圾与不可焚烧垃圾来分类，还是按堆肥处理分可堆肥垃圾与不可堆肥垃圾，或是按其他处理技术来分类；分类是居民自己分类还是有分拣中心来分类；运输方式分水路运输、陆路运输、水路结合，其中又可细分，如路上运输使用多大吨位的车辆运输，还是集装箱式运输。在进行方案比较后，再对资源化处理、处理技术进行讨论。

城镇垃圾无害化处理方法主要有卫生填埋法、焚烧法、堆肥法和资源化综合处理法。由于各地具体情况不同及生活垃圾的性质差异，对垃圾处理技术的选择也难以统一，很难绝对说哪种方式最好，应该因地制宜。

13.4 中心城镇环卫设施的建设

根据建设部“关于把城市卫生设施的建设纳入城市总体规划的通知”，新建、扩建、改建的环卫设施，应当执行环境影响评价制度，其配套的环卫设施应当与主体工程同时设计、同时施工、同时投入使用。所需建设经费由建设单位负责。

充分认识生活垃圾处理与城市可持续发展之间的关系后，建设的重点是保障和落实规划的垃圾处理设施用地。此外，在选址工作上要综合平衡城市一般性建设用地与生活垃圾设施用地之间的城市景观、

卫生环境、地租级差、运输条件等因素，做到环境－经济－社会诸元素之间的和谐统一。

13.4.1 中心城镇环卫公共设施的建设

13.4.1.1 公共厕所

应按建设部颁发的《城市环境卫生设施设置标准》规划建设城市公共厕所。建造城市公共厕所应贯彻“全面规划，合理布局，改、建并重，方便群众，卫生适用，水厕为主，有利排运”的方针。

公共厕所的建设包括独立式公共厕所的建设、附建式公共厕所的建设、活动式公共厕所建造及公共厕所无障碍设施建设。新建、改建公共厕所应当符合建筑设计规划和建设标准。

各级人民政府应当按照市容环境卫生设施建设专业规划和公共厕所建设定额指标组织本行政区域内公共厕所的建设。

根据《公共厕所建设标准》（DB11/190－2003）要求，二类以及二类以上公厕，在硬件条件上，只要具备面镜、洗手池、烘干器等必备硬件即可。选择公厕修建位置要明显、易找、便于粪便排入城市排水系统或便于机械抽运。

在有条件的地区应逐步发展附属式公共厕所，并应设置直接通至室外的单独出入口和管理间。

13.4.1.2 垃圾容器和垃圾容器间

垃圾容器不得设置在主要交通道路及其人行道上。

垃圾容器间应做到防雨、地坪平整、易清洗，并有通向下水道的排水沟。

13.4.1.3 废物箱

废物箱的建设按照废物箱的规划布置来进行建设。主次干道两侧设置布局合理、足够数量、容积适宜的废物箱，并应美观、卫生、耐用、防雨、阻燃。

13.4.2 中心城镇环卫工程设施的建设

13.4.2.1 垃圾运输设备

城市垃圾运输方式及设备的形式，与垃圾运输的距离有关，与城市的经济、技术发展水平有关，与城市居民的环保意识、对环境质量的要求有关。在建设垃圾运输设备时应该考虑上述因素。

13.4.2.2 垃圾中转运输设施

在新建、扩建的居住区或旧城改建的居住区应设置垃圾中转站，并应与居住区同步规划、同步建设和同时投入使用。中转站应具有收集、压缩和转运的功能。垃圾中转站设置应采用相对集中、合理布局、交通方便的原则。

城镇垃圾中转运输设施的建设要根据城市的总体规划、环卫专业规划、垃圾清运量、城市经济发展水平和垃圾运输距离等因素来考虑。

垃圾中转站的建设是为了使城市生活垃圾的收集作业和生活垃圾的最终处置场消纳作业之间的运输（预处置作业）过程更经济、更有效、更合理。垃圾中转站的建设工作，除了必须选好站址之外，还将涉及中转站的规模、服务年限、站内的环保措施、称量、监控系统、垃圾运输车的形式及中转站的占地面积和主体建筑工程等内容。

在中转站设计建设时，必须规划好站内的交通布局，一般要求各种车辆应分门、分道进出；分区域活动；应人、车分流。

13.4.2.3 垃圾、粪便无害化处理厂（场）

垃圾、粪便无害化处理方法有高温堆肥法或沼气发酵法，也有采用密封贮存池或三格化粪池处理。垃圾、粪便无害化处理厂（场）的建设包括处理厂（场）的选址、规模和用地面积等。

13.4.2.4 垃圾最终处置场

垃圾最终处置场的建设工作涉及垃圾最终处置场的选址、建设规模、用地面积等。

垃圾卫生填埋场的建设应根据城市的规模与特点，结合城市环境卫生专业规划，合理确定填埋场建设规模和项目构成，建设规模根据垃圾产生量、场址自然条件、地形地貌特征、服务年限及技术、经济合理性等因素综合确定；填埋场的选址应符合城市总体规划、环境卫生专业规划，以及现行国家标准《城市生活垃圾卫生填埋处理工程项目建设标准》（建标［2001］101号）的要求。另外还包括填埋场主体工程与设备、填埋场的配套工程的建设。

垃圾焚烧和堆肥处理场的建设依据《城市生活垃圾焚烧处理工程项目建设标准》（建标［2001］213号）和《城市生活垃圾堆肥处理工程项目建设标准》（建标［2001］213号）。除此之外，中心城镇垃圾处理系统还应重点考虑与广州市环卫处理系统的结合和协调。

13.4.2.5 资源回收利用厂和建筑垃圾处置场

为顺应循环经济发展，应将资源回收利用厂和建筑垃圾处置场的建设纳入城镇环卫设施的建设中。

可根据实际情况，建设具有一定规模和水平的再生资源加工基地，并以此为中心，形成再生资源回收、加工、利用的产业链条。重点建设几个规模适度、管理先进、符合环保要求的废家用电器、电脑，报废汽车回收拆解中心，减轻废弃物对环境的危害；集中力量支持一批示范工程，包括以钢铁企业为龙头的报废汽车回收拆解一体化示范工程，废旧铬镍电池（二次电池）无害化处理示范工程，废润滑油回收处理示范工程，废纸回收分选造纸示范工程，废家用电器、电脑再制造及加工处理示范工程等。

广州市将通过构建社区回收、市场集散交易中心和综合利用3个层次组成的再生资源回收利用网络体系，2005年选择芳村区作为社区回收网络建设的试点，2008年基本完成越秀、东山、海珠、荔湾、天河、白云、黄埔等7个区的回收网络建设，在广州市东、西、南、北建成4个集散中心。

国家鼓励建筑垃圾综合利用，鼓励建设单位、施工单位优先采用建筑垃圾综合利用产品。建筑垃圾处置设施包括建筑垃圾中转站、建筑垃圾消纳场、综合处理场等。单位和个人设置建筑垃圾处置场，应符合城市规划和市容环境管理有关规定，经市容环境行政管理部门会同有关部门验收合格并办理《建筑垃圾处置许可证》后方可投入使用。建筑垃圾堆放场地一般由市环卫处组织各区市容环境卫生行政主管部门与城市规划土地行政主管部门共同选址，按基本建设程序进行审批，分区建设。

13.5 中心城镇环卫设施的管理与维护

13.5.1 环卫设施的评价

中心城镇环卫设施是一个复杂的大系统，对其进行环境、经济和社会效益评价，单靠一个或几个指标难以实现，需要在一些原则基础上建立指标体系，这些原则一般包括：整体性和完备性、科学性、独立性和可操纵性原则。

13.5.1.1 整体性和完备性

环卫设施是一个复杂的大系统，各子系统之间相互联系、相互作用，构成一个统一的整体，指标体系应涉及每个子系统的基本要素，应能比较全面地反映被评价系统的主要特征和发展状况。

13.5.1.2 科学性

具体指标的选取应建立在对研究城市生活垃圾处理与利用系统充分认识的科学基础上，并且能反映城市生活垃圾处理与利用生态工程，以可持续发展为目标，追求环境效益、经济效益和社会效益三者统一的思想。

13.5.1.3 独立性

描述环卫设施的指标往往存在指标间信息的重叠，因此在选择指标时，应尽可能选择具有相对独立性的指标，从而增加评价的准确性和科学性。

13.5.1.4 可操纵性

指标设置应尽可能利用易获得的资料，指标数据应易于调查、整理或理论推算、实测而获得。

13.5.2 管理和维护费用分析

从企业角度对于投资项目的评估方法，目前认为最有效的管理和维护费用分析是所谓的现金流量贴现法（DCF），这种方法的主点是：

①评估项目周期内的收益流。

②估计项目寿命期内的支出。

③对以上两项进行贴现手续，使不同时期内所发生的收益和支出可以相加。

但对于环境项目的评估，由于企业效益与社会利益不相一致，并且二者之间通常会发生冲突，用这种方法得出的结论往往具有片面性，从20世纪50年代起，形成了一种称之为费用—效益的方法，这种方法在形式上与现金流量贴现法并无大的不同，只是在收益和支出的计算上要充分考虑企业利益和社会利益不一致的情况，并仍以货币为单位进行计量，用类似的贴现手续得出相应的指标。

13.5.2.1 评估项目周期内的收益流

在现金流量贴现法中，投资者考虑风险及其他因素后，一般都得到一个最低的收益率，用它来作为贴现率进行贴现。环境卫生的收益指报告期市容环境卫生单位的各项有关从事市容环境卫生的资金收入，包括国家拨款、事业收入、经营收入和其他收入。

13.5.2.2 估计项目寿命期内的支出

投资者在评估了项目周期内的收益流后，还要对项目寿命周期内的支出进行估计，使贴现过程中贴现率至少要达到投资者的愿望。环境卫生的支出指报告期用于环境卫生的各项支出，包括建设、维护支出以及其他各项业务经费支出。

13.5.2.3 对以上两项进行贴现手续，使不同时期内所发生的收益和支出可以相加

对收益和支出以货币为单位计量，然后，将整个现金流量贴现为收益现值和支出现值，相减后得到一个净现值。净现值 >0，说明项目可以达到投资者的愿望，可以进行投资。

13.5.2.4 净限值、效益—费用比和内部收益率等指标的评价

在现金流量方法中，本质上有区别的评价判据指标有3个：净现值、效益－费用比和内部收益率。

1）净现值

净现值被认为是DCF评价方法中的一个主要指标，用 P_0 表示，

$$P_0 = \sum_{i=0}^{N} Y_i (1 + i_0)^{-t}$$

在给定基准贴现率 i_0 的情况下，P_0 以一个明确的值表明方案在整个生命期 N 内的经济性，当 $P_0 \geqslant 0$ 时，方案可接受，否则拒绝。在没有其他条件限制时，P_0 越大越好。

2）效益－费用比

采用这个判据时，各年的净现金流量 Y_i 分解为效益 $B^{(t)}$ 和费用 $C^{(t)}$ 两部分，分别贴现。效益现值 $B_0 = B^{(t)}(1 + i_0)^{-t}$，费用现值 $C_0 = C^{(t)}(1 + i_0)^{-t}$，显然，净现值 $P_0 = B_0 - C_0$。

效益－费用比（B/C）$= \dfrac{P_0 + C_0}{C_0} = \dfrac{P_0}{C_0} + 1$

当 $B/C \geqslant 1$ 时，方案可接受，反之则拒绝。

使用效益－费用比的最大困难是无法明确地划分效益和费用的界限，因此一般不作为单独的评价依据。

3）内部收益率

内部收益率（IRR）定义为净现值（P_0）为零时的利息率，即

$$P_0 = \sum_{t=0}^{N} Y_i \left(1 + i^*\right)^{-t}$$

其中 i^* 为内部收益率。

由于内部收益率的计算可事先不知道基准贴现率，此外很多人相信它比净现值更能反映单位投资的净效果，因而被广泛采用。

13.5.3 环卫设施的维护

环境卫生设施的管理者应当负责环境卫生设施的维护和保养，保持设施的完好、整洁，提高管理和服务水平。城镇环卫设施由设施所属单位负责定期维护和维修，保证设施的完好。

13.5.3.1 环卫公共设施的维护

公共厕所的粪便严禁直接排入雨水管、河道或水沟内。公共厕所的进出口处，必须设有明显标志，标志包括中文（一类厕所可加英文）和图像。公共厕所应合理布局，经常保持地面、坑位、门窗、四壁的整洁卫生。沟槽、管眼应畅通，不得有蝇蛆、尿碱、剧臭。对化粪池定期检查、清掏。应有专人进行清扫保洁。

应对废物箱进行定时清扫、定期消毒，周围无溢漏垃圾、无蝇蛆。

垃圾桶、果壳箱每日清理，定期清洗，保持洁净。垃圾容器等环卫公共设施，应经常保持完好、洁净。

13.5.3.2 环卫工程设施的维护

1）垃圾运输设备的维护

保持车容整洁，车体外部无污物、灰垢，标志应清晰。

运输作业结束，应将车辆清洗干净（结冰期除外），并定期消毒。

2）垃圾中转站的维护

垃圾中转站每日进行冲洗，应保证冲洗后无异味；根据实际需要进行消杀，有效控制蝇、蚊等害虫孳生。

做好封闭隔音减噪措施，尽量减少对周围环境的污染。

3）垃圾预处理设施的维护

预处理设施的维护主要是对垃圾的输送设备、破碎设备和分选设备的维护。进行必要的日常保养维护，如带式输送机的维护主要考虑保护其中最重要也最昂贵的部件输送带，使之有较长的寿命。

4）垃圾处理设施的维护

①垃圾填埋场的维护应注意以下主要事项：

对垃圾渗透每日检测，对地下水监测井按要求定期监测。

填埋场场区内道路、排水等设施应定期检查维护，发现异常及时修复；场区内供电设施、电器、照明设备、通讯管线等应定期检查维护；场区内各种机械设备应进行必要的日常维护保养，并应按有关规定检测维护。

场区内避雷、防爆等装置应有专业人员按有关标准进行检测维护。

场区内的各种交通、告示标志、各种消防设施、仪器仪表应定期检查、更换。

在填埋场内机械停止时间超过一周时，应对履带、压实齿等易腐蚀部件进行防腐防锈处理；填埋区

以及污水厂区的所有钢结构的设备设施等也应定期进行防腐防锈处理。

场区内设施、路面及绿地应定期进行卫生检查。

必须控制填埋物产生的气体，必须防止甲烷气体爆炸；填埋完工后，封场后填埋场的场地鉴定和使用规划应严格遵守有关规定。至少在3年内（即不稳定期）封场监测，不准使用，要特别注意防火、防爆。

②粪便处理厂（场）接受的粪便应是吸粪车或其他专用运输工具清运和转运的人粪便，其中严禁混入有毒有害污泥；对粪便处理厂的其他危险，如触电、火警、机械伤害及一般受伤等，应做好安全防护工作；接受口接受的原料应是专用运输工具收集的人粪便和化粪池污泥，严禁接受有毒有害污泥。

第 14 章　中心城镇防灾工程技术指引

14.1　中心城镇灾害概述

14.1.1　城镇灾害的特性

城镇灾害具有以下特性：多样性、复杂性、人为失误特性、突发性和伤亡严重性、破坏残酷性等。

14.1.1.1　多样性

城镇灾害的种类多样：

①自然灾害：包括洪灾、水害、地震、台风、地质灾害、气象灾害等。

②火灾：城镇火灾随城镇的发展而加重，损失比例常年居高不下。

③环境污染：又称城市公害，是城市化的必然结果。

④其他灾害：如城镇交通事故、城镇噪声污染、新技术灾害等。

14.1.1.2　复杂性

城镇灾害的复杂性有表现在两个方面：

一方面，一种灾情的出现常常表现为多种灾因的复杂叠加，各灾度可能极微；另一方面，一些平常的灾变在城镇系统中会酿成大灾。如地震灾害可能造成地下煤气管道破裂或诱发火灾；可以摧毁城镇电力网络，使现代化城市的生命维护系统顷刻瘫痪等。

14.1.2　城镇灾害源

14.1.2.1　城镇灾害及其规律性

城市化是人类发展、变革的重要过程，是一个国家或地区经济、文化发展的必然结果。随着城市化进程，城镇灾害日趋严重，越来越受到众多国家和政府的重视。

城镇灾害是一种“社会人文、工程技术、自然生态”的灾害系统，其规律性表现在：城镇灾害的原生特性要求城镇管理者要重点设防，有的放矢。

14.1.2.2　城镇地震灾害

城镇地震灾害包括地面震动、地表断裂地面破坏及海啸。城镇地震灾害的特点是：

①造成人员伤亡惨重，财产损失巨大，对城市生命线工程破坏影响巨大，并随城市的日益发展而愈加严重；

②引起的城镇次生灾害严重；

③造成严重的社会问题。

我国地处实践两大最活跃的地震带太平洋地震带和欧亚地震带之间。华南位于我国东南沿海地震带中段，具有发生 5 级以上中强地震的构造背景。根据我国国情和震情，确定抵御 6 级地震为地震防灾减灾十年目标。根据广州市的实际情况，广州市中心镇应确定以抵御 7 ～ 8 级地震为地震防灾减灾十年目标。

14.1.2.3　城镇洪灾

城镇洪灾包括暴雨洪水、溃坝洪水、台风洪水、山洪等。

做好城市中小城镇防洪工作，保障城镇防洪安全，具有重要的政治意义和经济意义：广州位处珠江流域，包括东江、西江、北江在内的珠江流域的流量状况以及水污染、水资源短缺、生态破坏和水土流失、环境管理问题是广州市中心镇防洪抗灾的重要内容。

国外江河防洪标准为百年一遇，目前广州市的江河防洪标准为50年一遇。广州市中小城镇防洪建设的目标是：广州市的防洪标准达到百年一遇。

14.1.2.4 城镇气象灾害

城镇气象灾害包括暴雨洪涝、热带气旋（台风）、干旱、高温灾害、龙卷风灾害、冰雪灾害、城市雾灾、雷电灾害等等。城镇气象灾害种类多、范围广、发生频率高，具有季节性、连锁性、集中性等特点。

目前，对城市影响较大的气象灾害重点是风灾（包括台风和雷暴大风）、城市雾灾、城市热岛效应。

14.1.2.5 城镇火灾与爆炸

城镇火灾多为人为火灾，现代城市火灾往往伴随爆炸。

城镇爆炸的特点是：频率高，偶然性大；既是火灾的引发源，又是火灾的次生灾害、伴生灾害；有显著的人为特性；有局部性特点。

14.1.2.6 城镇地质灾害

主要地质灾害包括地震、崩塌、滑坡、泥石流、水土流失、地面塌陷、地裂缝、土地沙漠化、火山爆发等，大多数地质灾害现象都是人为因素引发。

目前，城市中心镇地质灾害的主要特点是：以突发性、群发性的小型地面塌陷为主；诱发的直接原因主要是集中性强降雨。

14.1.2.7 “建设性”破坏致灾

城镇“建设性”破坏（图14－1）指在城镇的建设发展过程中，决策者只顾眼前利益违背可持续发展的原则，追求短期效益，造成环境资源的破坏和浪费并制约了后人的发展。“建设性”破坏包括认识不足性和急功近利型。“建设性”破坏包括损坏自然物、损坏地方建筑、损坏地方文化、引入污染与毒害等内容。

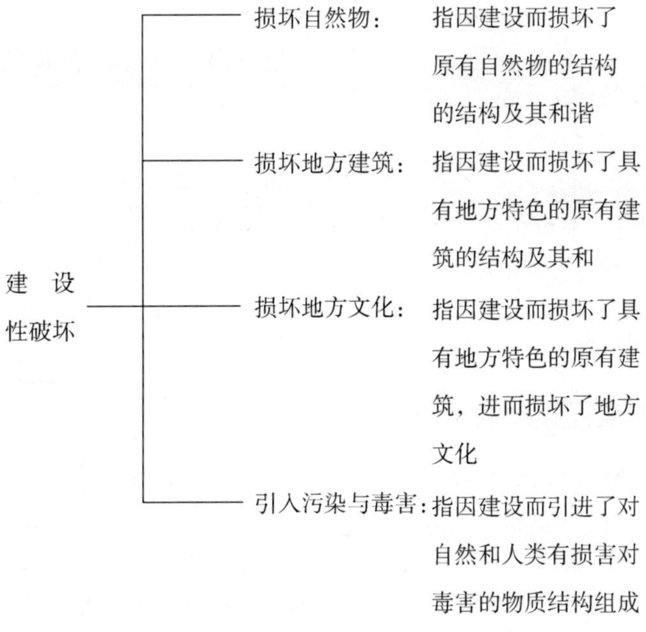

图14－1 城镇建设性破坏分类

14.1.3 中心城镇防灾工程需要解决的问题

14.1.3.1 中心城镇灾害的规律性

城市所处的地理环境和城镇发展自身特点决定中心城镇灾害有如下规律：

华南地区位于我国东南沿海，位于亚欧地震带中段，洪灾、水害、地震、台风、气象灾害等多种自然灾害受灾频繁。

由于城市人口基数大，流动人口多，城镇灾害一旦发生，可能造成严重的经济损失、人员伤亡，甚至引发社会问题。

某些中心城镇在发展过程中缺乏科学的规划，存在城镇交通、火灾隐患等问题。

14.1.3.2 中心城镇防灾工程需要解决的问题

中心镇防灾工程学要解决的问题有如下几个方面：

①区改造中的防火和消防规划。

②城镇防洪规划和防洪工程建设。

③城镇区域空气污染、水污染等环境问题。

④城镇交通问题。

14.2 中心城镇防灾工程的必要性与可行性

14.2.1 中心城镇防灾工程建设的必要性

1）城镇灾害对生产生活和经济发展的危害

包括自然灾害和人为灾害在内的地震、洪灾、火灾、疫病等城镇灾害严重威胁城镇居民的生命安全和身体健康，严重影响城镇正常的社会生产，影响城镇社会生活和消费生活，对经济发展和社会稳定有很大的破坏作用。

2）城镇灾害的严重化趋势

由于城镇的发展、全球气候变化等原因，城镇在还有严重化趋势，其危害程度和破坏作用越来越大。

3）安全工程的防灾和减灾作用

安全工程有两类基本的功能：

①防御工程系统能减轻、甚至免除灾害给人、社会和自然造成的损害，实现保护人类生命安全和健康，减少和消除社会经济与财富的损失。

②减灾的同时还能保障和维护人类的生活活动，促使人类的价值增值，实现其间接地为人类社会增值或创效益的功能。

14.2.2 中心城镇防灾工程建设的可行性

自然灾害有其形成的原因和发生的规律，其规律是可以被人认识和掌握的，所以自然灾害可以预测预报，城镇灾害可以通过积极措施加以预防，以减少损失。

防灾减灾新技术的发展：进入21世纪，科学技术日新月异，城镇防灾减灾技术亦不断发展，给城镇防灾减灾带来新的前景。这些技术包括：自然灾害监测新技术和监测仪器设备的研究；高技术在灾害监测领域的应用；自然灾害监测系统；自然灾害应急管理技术；信息决策支持系统；综合性的风险评估技术体系；灾害快速评估和防治技术体系；综合减灾的科技示范。

14.3 城镇灾害学减灾控制原理

14.3.1 综合减灾原理

城镇灾害学综合减灾原理主要体现在 3 个方面：

①关于综合减灾规划的指导思想。强调系统化的综合分析与决策的综合减灾规划的指导思想，抓住“综合”的关键调查。

②关于综合减灾规划的“水平”与“垂直”两大体系。所谓水平体系要素及强调要包括城镇规划建设抗灾减灾所涉及的一切领域；所谓垂直体系要素即应强调工作程序的基础过程。

③关于综合减灾的模型体系。模型化体系是建立数学模型进行系统模拟开展系统研究，在计算机化的系统模型上进行一切分析、预测、模拟、决策。

14.3.2 工程控制原理

城镇灾害学工程控制原理包括：加强城镇从单项规划趋向综合规划的综合减灾规划；提高城镇小区及住宅的安全度，提高人们居住区的防灾抗灾能力，保障人居环境的安全；加强城镇生命系统防灾减灾研究，确保交通运输、情报通讯、能源供应、供排水等工程系统的安全；加强城镇地震综合减灾技术研究；加强城镇地下空间的防灾减灾研究；重视城镇塌陷防治工程。

14.4 中心城镇防灾工程的规划与设计

14.4.1 城市防灾规划概述

14.4.1.1 城市减灾规划基本原则

城市减灾规划必须依附城市总体规划；城市减灾规划是新思维，是在传统城市规划理论及方法上的新扩展。城市防灾减灾规划一般包括防洪、抗震、人防、防火、环保等规划。

城市减灾规划的基本原则包括以下几点：

①做好城市用地评定，科学选择城市建设用地。

②合理安排城市各项用地功能布局，在布局中不但使其达到经济合理使用方便，而且符合防灾抗灾减灾的要求。

③有便捷通畅的道路系统，城市道路系统是城市结构布局的骨架。

④综合开发利用城市地下空间，地下空间是城市的一项宝贵资源。

⑤遵循各项防灾技术规定，采取防灾减灾措施。

14.4.1.2 城市应急预案编制方法

城市减灾应急预案即城市突发事件，如自然巨灾、重特大事故、城市公害或人为破坏的应急管理、指挥、救援计划。

城市减灾应急预案的构成包括：

①建立完善的组织领导指挥系统，与平时组织领导体制、生产运营调度指令系统、信息通讯系统保持一致。领导指挥系统的各岗位应建立明确的岗位责任制。

②建立强有力的应急工程抢修保证体系。要从城市供水范围、系统工程各个部位的实际需要出发，建立工程抢修队伍。

③建立协调作战保证体系。要求社会各个部门有关部门紧密配合、协同作战。

④灾时生产运营保证体系。一要强化自身安全生产，防止任何事故的发生；二是要强化安全保卫工作，防止社会环境影响城市各部门正常生产运营。

⑤后勤保障体系。包括技术保证、物资设备保证、生活保证等。

14.4.1.3 中心镇防灾规划总则和一般规定

1）中心镇防灾规划总则

①编制中心镇防灾减灾工程规划，是为了提高中心镇的综合防灾能力，最大限度地减轻灾害损失。

②中心镇总体规划中应包括防灾减灾工程规划及中心镇防灾减灾专业规划。

③中心镇防灾专项规划应结合中心镇总体规划和所在区域防灾规划。

④中心镇防灾规划应包括地质灾害、洪灾、震灾、风灾和火灾防御的规划，并根据当地易遭受灾害及可能发生灾害的影响情况，确定防灾规划专项。

⑤编制中心镇规划防灾规划应贯彻“预防为主，防、抗、避、救相结合”的方针，根据小城镇防灾需要，以人为本，平灾结合、因地制宜、突出重点、统筹规划。

⑥中心镇防灾规划应纳入中心镇总体规划一并实施。对一些特殊措施，应明确实施方式。

2）中心镇防灾规划编制层次和要求

编制中心镇防灾减灾规划，可根据灾害类别、不同规划区域的重要性、灾害规模效应、防灾要求等，将规划区分为三级工作区，满足表 14 －1 的要求：

表 14 －1 中心镇防灾规划编制

<table>
<tr><th>工作区级别＼编制模式</th><th>一级模式</th><th>二级模式</th></tr>
<tr><td rowspan="2">一级</td><td colspan="2">省级及以上开发区，自然保护区和规划区内的自然遗产、历史文化保护区</td></tr>
<tr><td>规划区的建成区、建设用地</td><td></td></tr>
<tr><td>二级</td><td></td><td>规划区的建成区、建设用地</td></tr>
<tr><td>三级</td><td colspan="2">其他地区</td></tr>
</table>

中心镇防灾规划编制模式应根据其性质、规模、作用、地位、区域性功能和防灾要求确定，并满足以下规定：

①中心镇规划应对与防灾有关的城镇建设、地震地质、工程地质、水文地质、地形地貌、土层分布及地震活动形等情况进行深入调查研究，取得准确的基础资料，必要时应补充进行现场测试、调查、观测，专题研究。

②中心镇防灾减灾规划的成果应包括：规划文本、说明书和综合防灾规划图纸，综合防灾规划图的比例按中小城镇总体规划的要求。

③中心镇防灾减灾规划一般应包括以下内容：各种灾害危害程度估计，防灾减灾现状和防灾能力评价。各类防灾规划目标、防灾标准。防灾减灾设施规划，其内容应包括防洪设施、消防设施布局及用地、避灾疏散产地和避难中心设置规划。工程防灾规划对策与措施。中心镇防灾减灾专项规划内容尚应包括建设用地评价与土地利用防灾规划。

④中心镇防灾规划在下列情形下应进行修编：中心镇总体规划进行修编时。防御目标发生重大变化时。中心镇功能和规模发生较大变化、现行规划已不能适应时。

14.4.2 城镇防灾工程的分类规划与设计

14.4.2.1 防震规划与设计

1）一般规定

①位于地震基本烈度为6度及以上（地震动峰值加速度值大于0.05g）地区的中心镇应进行抗震防灾规划编制。

②中心镇抗震防灾规划实施应达到以下基本防御目标：当遭受多遇地震影响时功能正常，建设工程一般不发生破坏；当遭受相当于本地区地震基本烈度的地震影响时，生命线系统和重要设施基本正常，一般建设工程可能发生破坏但基本不影响城镇整体功能，重要工矿企业能很快恢复生产和经营；当遭受罕遇地震影响时，城镇功能基本不瘫痪，要害系统、生命系统和重要工程设施不遭受严重破坏，无重大人员伤亡，不发生严重的次生灾害。

③中心镇抗震防灾规划应包括下列内容：规划区抗震环境综合评价和抗震防灾能力；规划区的抗震防御目标、抗震设防标准；建设用地抗震评价与要求；抗震防灾要求和措施；规划的实施和保障。

抗震防灾规划中的抗震设防标准、建设用地评价与要求、抗震防灾措施应根据小城镇的防御目标、抗震设防烈度和国家现行标准确定，并作为强制性要求。

2）建设用地抗震评价与要求

①建设用地抗震评价主要包括：场地分类分区，场地破坏影响分区，土地利用抗震适宜性评价。

②在进行建设用地抗震评价时应充分收集和利用已有的抗震设防区划或地震小区化成果资料，以及现有的场地资料。当所收集的场地资料不满足规定时，应进行补充勘察、测试及实验。

③建设用地抗震评价所需的钻孔资料，应能满足揭示工作区主要地质地貌单元地震工程地质特性和建立地震工程地质剖面的要求。

④场地破坏估计应包括对场地液化、地表断错、地质滑坡和震陷等影响的估计。可采用定型和定量相结合的多种方法，圈定潜在地震场地破坏效应危险区段，编制工作区场地破坏分区图件。

⑤根据场地类别分区和场地破坏影响分区，采用现行《建筑抗震设计规范》（GB200511）将场地地段划分为对建筑抗震有力地段、不利地段和危险地段；综合考虑城镇功能分区、土地利用性质、社会经济等因素，进行土地利用抗震适宜性分区，提出抗震适宜性建设要求和措施。

⑥根据中心镇各地区地震和场地效应的差异情况，制定中心镇发展的用地选择原则、指导和具体要求。

3）建筑工程和基础设施抗震评价

①建筑工程的抗震评价和要求包括中心镇建筑，应在对抗震性能评价的基础上提出重要建筑抗震防灾、新建工程抗震设防、既有建筑工程抗震加固和改造以及城镇区建设和改造等抗震防灾要求。

②基础设施的抗震评价和要求主要包括：应结合基础设施诸系统的专业规划，针对供电、供水、供气、交通和对抗震救灾起重要作用的指挥、通讯、医疗、消防、物资供应应急保障等基础设施在抗震防灾中的重要性和可能的薄弱环节及功能失效影响，提出基础设施改造以及抗震规划要求。

③在进行建筑抗震防灾评价时，应根据建筑的重要性、抗震防灾的要求和在抗震防灾中的作用，区分重要建筑和一般建筑。重要建筑应进行单体建筑抗震性能评估。重要建筑评价应包括：《建筑抗震设防分类标准》中的甲类、乙类建筑；党政指挥机构、防灾指挥部门的主要办公楼；基础设施的骨干建筑；学校、礼堂等公共设施。

④建筑的抗震性能评价应包括设防烈度和防御地震水准下的地震破坏程度估计、伤亡和需安置避震疏散人员数量估计。

⑤对镇区建筑，应在抗震性能评价的基础上，找出薄弱环节，提出建成区建筑抗震防灾的改造规划。对于高密度、高危险性的城区，应根据抗震性能评价结果、防止次生灾害影响和满足避震疏散要求提出城区拆迁、加固和改造的范围、力度、避震疏散安排等。

⑥应提出新建工程的抗震设防对策和要求。对既有不符合抗震要求的建筑类型，应根据其破坏情况，结合城镇的发展需要，提出分期分批加固和改造要求。

4）地震次生灾害防御

①在进行抗震防灾规划编制是应确定次生灾害危险源的种类和分布，并进行危害影响估计。对次生火灾可采用定型方法划定高危险区，应进行危害影响估计，给出火灾发生的可能区域；对城镇周围重要水利设施或海岸的次生水灾应进行地震作用下的破坏影响估计；对于爆炸、毒气扩散、放射性污染、海啸等次生灾害可根据实际情况选择对象进行定性评价。

②应根据次生灾害的特点，结合中心城镇发展提出旨在控制总体对策和各类次生灾害源的防治、搬迁改造等要求。

③生产和贮存次生灾害源的单位，应采取以下措施：

次生灾害严重的，应迁出镇区；

次生灾害不严重的，应采取防止灾害蔓延的措施；

人员活动区不得建有次生灾害源的工程。

14.4.2.2 消防规划与设计

中心镇消防规划主要应包括消防安全布局和确定消防站、消防给水、消防通道、消防车通道、消防装备、消防通讯等。

1）中心镇消防安全布局应符合以下规定

①现状中影响消防安全的工厂、仓库、堆场和储罐等必须迁移或改造，耐火等级低的建筑密集区应开辟防火隔离带和消防车通道，增设消防水源。

②生产和储存易燃、易爆物品的工厂、仓库、堆场和储罐等应设置在镇区边缘或相对于独立的安全地带。

③生产和储存易燃、易爆物品的工厂、仓库、堆场、储罐、加油站与一般民用建筑防火间距不得小于50 m。燃气供应站（含汽车加气站及汽车加油加气合建站）与重要公共建筑防火间距应按不小于100 m控制。

④林区的建筑与成片林的消防安全距离，各类用地中建筑的防火分区、防火间隔和消防车通道的设置，均应符合现行国家标准《村镇建筑设计防火规范》（GBJ39）的有关规定。

2）中心城镇的消防给水量

《建筑设计防火规范》（修订本）（GBJ－87）中规定：城镇、居住区室外消防用水量，应按同一时间内的火灾次数和一次灭火用水量确定。同一时间内的火灾次数和一次灭火用水量，不应低于表14－2的规定。

表14－2 城镇、居住区室外消防用水量

人数（万人）	同一时间的火灾次数（次）	一次灭火用水量（$L\cdot s^{-1}$）
≤1.0	1	10
≤2.5	1	15
≤5.0	2	25
≤10.0	2	35
…	…	…

《村镇建筑设计防火规范》（GBJ39－90）中规定：在确定建筑物室外消防用水量时，应按期消防需水量最大的一座建筑物或一个消防区来计算，且不宜小于表14－3的规定。

表14－3 建筑物的室外消防用水量

建筑物的耐火等级	建筑物名称及类别		建筑物体积（m^3）			
			≤1 500	1 500～3 000	3 001～5 000	>5 000
			消防用水量（$L \cdot s^{-1}$）			
一、二级	厂房	甲、乙	10	15	20	25
		丙	10	15	20	25
		丁、戊	10	10	10	15
	库房	甲、乙	15	15	25	-
		丙	15	15	25	25
		甲、乙	10	10	10	15
	民用建筑		10	15	15	20
三级	厂房 库房	丙	15	20	30	40
		丁戊	10	10	15	20
	民用建筑		10	15	20	25
四级	丁戊类厂（库）房		10	15	20	—
	民用建筑		10	15	20	—

3）中心城镇消防给水管网设计

①室外消防给水管网应布置成环状。环状管网的输水干管及向环状管网输水的输水管均不应少于2条，当其中一条发生故障时，其余的干管应能通过消防用水总量。

②室外消防给水管道的最小直径不应小于100 mm。最不利点消火栓压力不小于0. 1 Mpa，流量不小于10～15L/s。

4）中心城镇室外消火栓布置

①室外消火栓应沿道路设置，当道路宽度超过60 m时，宜在道路两旁设置消火栓，并靠近十字路口。消火栓的间距不应超过120 m，距房屋外墙不宜小于5 m。可采用地下消火栓，应有明显的标志。

②室外消火栓的间距不应超过120 m。其保护半径不应超过150 m。

5）中心城镇消防站设计

①大型镇区消防站的布局应以接到报警5 min内消防人员到达责任区边缘为准，并应设在责任区内的适中位置和便于消防车辆迅速出动的地段。

②消防站的主体建筑距离学校、幼儿园、医院、影剧院、集贸市场等公共设施的主要疏散口的距离不得小于50 m。

③一个消防站保护范围按5～7 km^2 设计。

6）中心城镇消防通讯系统设计

中心城镇消防通讯系统设计要实现消防报警接警调度管理科学化，提高消防队的反应速度。

加大中心城镇在消防通讯系统的设施投入，实现“火警接处数字化、实情判断智能化、指挥调度自动化、信息综合实时化、火灾档案标准化”。

7）中心城镇消防常规措施：

在中心城镇规划中主要考虑的消防工程常规措施包括：

①预防为主，防消结合，加强宣传教育，提高防火意识，增强社会消防法制观念。

②从保证中心城镇消防安全出发，合理布局易燃易爆工业企业、仓库的位置。

③合理设置中心城镇消防站。

④正确设计中心镇消防车通道。街区内的道路应考虑消防车的通行，其道路中心线间距不宜超过160 m。

⑤正确设计中心镇给水管网和消防水压、水量。设置必要的市政消防栓。

⑥保证火灾报警和消防指挥通讯系统的畅通。

⑦按照有关消防法规，进行各项工程建设。

14.4.2.3 防洪规划与设计

中心城镇防洪规划应与当地江河流域、农田水利、水土保持、绿化造林等的规划相结合，统一整治河道，确定修建堤坝和蓄、滞洪区等工程防洪措施。

中心城镇防洪规划应根据洪灾类型选用相应的防洪标准及防洪措施，实行工程防洪措施与非工程防洪措施相结合，组成完整的防洪体系。

中心城镇防洪工程规划应以中心镇总体规划及所在江河流域防洪规划为依据，全面规划、综合治理、统筹兼顾，讲求效益。

1）中心城镇防洪标准

制定中心城镇防洪规划的首要问题是需要在经过仔细调查研究与分析计算，并全面考虑工程的社会效益、经济效果和施工问题的基础上，确定其防洪标准。

根据《城市防洪工程设计规范》（CJJ50－92）的有关规定，一般城镇，防洪标准应按20～50年一遇洪水频率考虑。

防洪标准及其规划应服从所在地区江河流域规划的总体要求，不应孤立地从单个城镇来确定。

防洪的标高应考虑水面的浪高，要调查和研究汛期年内平均最大风速，按一定的公式计算浪高。

有潮汛影响的河流还应考虑到汛期洪水加上超高的水位。

2）中心城镇防洪规划的基本原则

①城镇防洪工程设计应以城镇总体规划及所在江河流域防洪规划为依据，全面规划、综合治理、统筹兼顾、讲求实效。

②城镇范围内的河道及沿岸的土地利用必须服从防洪要求，各项工程建设及其防洪措施不得低于该镇的防洪标准。

③城镇防洪总体设计必须在城镇总体规划和流域防洪规划的基础上，根据洪水特性及其影响，结合城镇自然地理条件、社会经济状况和城镇发展的需要确定。

④城镇防洪总体设计应保护生态环境。城镇的天然湖泊、水塘等应与保留和充分利用，调节径流，削减洪峰，同时应予农田灌溉、水土保持、绿化及小城镇的给水排水结合起来，达到综合利用的目的。

⑤城镇防洪应与市政工程密切配合，在确保有关部门的要求，提高投资效益。

14.4.2.4 防风规划与设计

1）一般规定

①防风减灾规划应根据风灾危害影响评价，提出防御风灾的规划和工程防风措施，制定城镇防风减灾对策。

②中心城镇防风标准应依据城镇防灾要求、历史风灾资料、风度观测数据资料，根据现行国家标准《建筑结构荷载规范》（GB5009）的有关规定确定。

③易形成台风灾害地区的镇区规划应符合下列规定：

滨海地区、岛屿应修建抵御风暴潮冲击的堤坝；

确保风暴后雨水及时排除，应按国家和省、自治区、直辖市气象部门提供的年登陆台风最大降雨量，统一规划建设排水体系；

应建立台风预报信息网，配置医疗和救援设施。

2）风灾危害性评价

①对于易受台风影响的地区，应对台风造成的大风、风浪、风暴潮、暴雨洪灾等灾害影响进行综合评价。

②风的危害性评价可在总结历史资料的基础上，分区估计风灾对建设用地、建筑工程、基础设施的灾害影响。

3）风灾防御要求和措施

①易形成风灾地区的镇区应在其迎风方向的边缘选种密集型的防护林带。

②中心城镇建筑施工、室外广告的设置和绿化树种的选择应满足抵御台风正面袭击的要求。

③对直接受台风严重威胁的危险房应制定改造规划，并对居民避险安置进行规划安排。

④易形成风灾地区的城镇规划，其建筑物的规划设计除应符合现行国家标准《建筑结构荷载规范》（GB50009）的有关规定外，还应符合以下规定：建筑物易成组成片布置；迎风地段宜布置刚度大的建筑物，外形力求简洁规整，建筑物的长边应同风向平行布置；不宜孤立布置高耸建筑物。

⑤宜充分利用分离资源，因地制宜利用风能建设能源转换和能源储存设施。

14.4.2.5 人防工程规划与设计

城镇人民防空是城镇规划工作的重要内容。我国人防工程建设的方式是："全面规划，突出重点，平战结合，质量第一"。

城市人防工程在总体规划阶段包括：确定人防工程系统的组成，主要人防设施的布置，确定人防设施的标准。在详细规划阶段应包括：地下设施的规模数量、位置布局、平时的用途等。

人防工程系统，按城市战事防空作战考虑，应能独立成系统。包括指挥、防护、通讯、救护、物资储备、生活休息等，这些设施要在战时发挥作用，平时也应该安排相应的用途。

城镇人防的规模与策略为估计战时留城人口占城市总人口的比例，一般为40%～50%。在居住区规划时，成片居住区可按居住建筑总面积的2%设置人防工程，此项工程在规划审批时确定，其投资有专项规定。

14.4.2.6 生命线系统防灾规划与设计

生命线系统是在灾害发生时危及人民生命安全及生存环境的工程项目。

人对灾害权重的选择顺序是：生命、健康、生存环境、财产。所以，防灾规划的重点应是城镇防灾救灾生命线系统工程的措施，即指那些维持市民生活的电力、煤气、自来水供应等系统，包括陆空交通运输系统、水供应系统、能源共给系统、信息情报系统四大网络体系，以及急救中心、消防中心、疏运通道等设施。

①电力是生命线系统的核心，主电网是生命线系统的核心，主电网应形成环路，并且是多路电源供电，还应具备自发电及可移动式的柴油发电机系统，以提高应急系统的可靠性。变电所、配电室、控制室、调度室一般应位于地势较高、不受洪水淹没的地段，这些设施的规划设计与建设，必须按照国家规定的地震烈度提高一度设防。

②燃气储罐的基础应该坚实，防止地震时燃气泄漏，诱发次生灾害；储气罐的进气管设有紧急切断阀，并设有手动和自动启闭装置，在地震时自动地切开电源。燃气管道采用钢管、灰口铸铁管；热力管道必须采用钢管，并敷设在管沟内；如必须通过地基上可液化地段时，都应采用钢管。

③供水可采取分区供应，设置多水源。管网一般采用环状形式。

④通讯要有线和无线相结合，保证防灾救灾信息的迅速传播和及时发布。

⑤保护铁路枢纽及铁路干线、公路等对外交通设施的安全，确保灾时、灾后交通运输畅通和安全。

⑥提高医院建筑的设防标准，保证医院在灾时、灾后能正常工作；尽可能利用按照规定设防的医院作为抢救伤员的场所，保证出入口的畅通。

14.4.2.7　地质灾害防治工程的规划与设计

1）一般规定

编制地质灾害防治规划，应当坚持预防为主、避让与治理相结合和全面规划、突出重点的原则，充分考虑地质灾害防治要求，避免和减轻地质灾害造成的损失。

在进行地质灾害防治规划编制时，应对自然因素或者认为活动引发的危害人民民生和财产安全的山体崩塌、滑坡、泥石流、地面塌陷、地裂缝、地面沉降等与地质作用有关的灾害以及环境地质灾害进行调查评价，进行地质灾害危害性评价。评估时，应当对工程建设遭受地质危害的可能性和引发地质灾害的可能性做出评价，划定地质灾害的易发区段，并提出防治治理对策。

2）地质危害性评价

地质灾害危险性评价应将地质灾害对规划区内工程建设的影响或危害以及工程建设时候会诱发地质灾害进行分析。应基本查明评估区内存在滑坡、泥石流、崩塌、地面塌陷、地裂缝、地面沉降等地质灾害的类型、分布、规模及对工程建设可能年产生的危害与影响，预测评价工程建设可能诱发的灾害类型及危险性。

危险性评估包括现状评估、预测评估和综合评估。对于受自然因素影响的地质灾害，评估时应考虑自然因素周期性的影响。地质灾害的危险性如表 14 –4 所示：

表 14 –4　地质灾害危险性

危险性分级\确定因素	稳定状态	危害对象	损失情况
危险性大	差	城镇及主体建筑物	大
危险性中等	中等	有居民及主体建筑物	中
危险性小	好	无居民及主体建筑物	小

14.4.2.8　城镇综合防灾规划与设计

1）一般规定

①中心城镇防灾减灾规划应在对各种灾种的灾害影响评价基础上，进行建设用地的土地利用适宜性综合评价，进行避灾疏散规划安排及疏散要求和对策的制定，提出灾害综合防御要求和措施。

②中心城镇建设用地进行土地利用适宜性综合评价时，可结合城镇规划工程地质勘察一并进行。规划工程地质勘察应符合《城市规划工程地质勘察规范》（CJJ57）的规定要求。

③建设用地适宜性综合评价应以搜集整理、分析已有资料和工程地质测绘与调查为主。需要进行的必要勘探、测试工作应综合考虑各灾种的评价结果。

2）灾害环境综合评价

中心城镇防灾减灾规划应根据城镇防灾减灾现状、灾害危害分析和防灾能力评价等，对城镇灾害环境进行综合评价，内容包括：城镇概况和灾害影响环境综合评价；规划区防灾减灾现状；基础设施、重要工程灾害估计；建筑工程破坏程度估计；其他灾害影响及危害估计。

中心城镇详细规划阶段，应根据地质灾害、地震场地破坏效应等，对建设场地进行综合评价和预测。存在场地稳定性问题时，应进行测绘与调查、勘察及测试工作，查明建筑地段的稳定性。

3）用地适宜性

中心城镇防灾减灾专项规划应针对规划发展建设用地，提出适宜建设强度、防灾要求及防灾措施建议；应对城镇基础设施的规划布局、设防要求、实施节点的防灾处理、设施的防灾备用率等提出规划要求。

中心城镇用地适宜性综合评价如表 14 –5 所示：

表 14－5　中心城镇用地适宜性综合评价

地段类别	地质、地形、地貌
适宜	（1）属稳定基岩或坚硬土或开阔、平地、密实、均匀的肿硬土等场地稳定、土质均匀、地基稳定的场地 （2）地质环境条件简单，无地质灾害破坏作用影响 （3）无明显地震破坏效应 （4）地下水对工程建设无影响 （5）地形起伏虽较大但排水条件尚可
较适宜	（1）属中硬土或中软土场地，场地稳定性尚可，土质较均匀、密实，地基较稳定 （2）地质条件简单或中等，无地质灾害破坏作用影响或影响轻微易于整治 （3）虽存在一定的软弱土、液化土，但无液化发生或仅有轻微液化的可能，软土一般不发生震陷或震陷很深，无明显的其他地震破坏效应 （3）地下水对工程建设影响较小 （4）地形起伏虽较大但排水条件尚可
适宜性差	（1）中软或软弱场地，土质软弱或不均匀，地基不稳定 （2）场定稳定性差，土质环境条件复杂，地质灾害破坏作用影响大，较难整治 （3）软弱土或液化土较发育，可能发生中等程度及以上液化或软土可能震陷且震陷较重，其他地震破坏效应影响较小 （4）地下水对工程建设有较大影响 （5）地形起伏大，易形成内涝
不适宜	（1）场地不稳定，动力地质作用强烈，环境工程地质条件严重恶化，不易整治 （2）土质极差，地基存在严重失稳的可能性 （3）软弱土或液化土发育，可能发生严重液化或软土可能震陷且震陷严重 （4）条状突出的山嘴，高耸孤立的山丘，非岩质的陡坡，河岸和边坡的边缘，平面分布上成因、岩性、状态明显不均匀的土层等地质环境条件复杂，地质灾害危险性大 （5）洪水或地下水对工程建设有严重威胁 （6）地下埋藏有待开采的矿藏资源
危险地段	（1）可能发生滑坡、崩塌、地陷、地裂、泥石流等的场地 （2）发震断裂带上可能发生地表位错的部位 （3）不稳定的地下开采区 （4）地质破坏作用影响严重，环境工程地质条件严重恶化，难以整治

4）避震防灾

①避震疏散应根据需要安置避灾疏散人口数量和分布的估计，安排避灾疏散场所与避灾疏散道路，提出规划要求和安全措施。

②应对避灾疏散场所和避灾疏散主通道进行包括地质环境、人工环境、次生灾害防御等防灾安全评估。

③中心城镇道路出入口数量已符合人口数量要求，应保障主干道两侧建筑一旦倒塌不阻塞交通，其有效宽度不宜低于 8 m。

④避灾疏散场所内外的疏散主通道有效宽度不宜低于 4 m。

⑤避灾疏散场地应根据疏散人口的数量规划，疏散场地应与广场、绿地等综合考虑，与火灾、水灾、海啸等其他防灾要求相结合。

⑥避灾疏散场所四周有次生火灾或爆炸危险源时，应设防火隔离带或防火树林带。

⑦中心城镇避灾疏散场所建设，应优先采用防灾公园和防灾据点，逐步提高避灾疏散质量。

⑧避灾疏散场地应有多个进出口，便于人员与车辆进出。人员进出口与车辆进出口尽可能分开。

⑨应加强对避灾疏散场地的管理，应规划和设置引导性的表示牌，并绘制责任区域的分布图和内部区划图。

14.5 中心城镇防灾工程的建设

14.5.1 台风安全工程的建设

14.5.1.1 沿海地区的台风灾害

台风，又名热带气旋。华南地区是台风影响严重的地区。台风往往挟持着高强、高速的风力、伴随着风后暴雨和沿海岸常被台风掀起的风暴潮三大破坏潜能，使被台风侵袭的城镇可能遭受到程度不等的强大风力、特大暴雨和海潮所形成的台风灾害。

台风的直接作用方式有风、浪、暴雨和风暴潮，这 4 种方式此形成台风灾害链如图 14 –2：

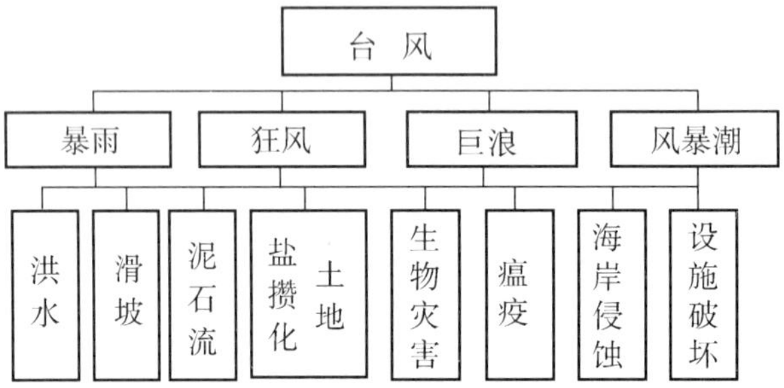

图 14 –2 台风的作用方式

14.5.1.2 减轻台风灾害的对策

台风灾害造成的损失极大，减轻台风灾害的对策有如下几个方面：

①宣传普及台风和台风灾害知识，提高台风地区全民的减轻台风灾害知识和意识。广州地处台风灾害的重灾区，对城镇居民应大力宣传和普及有关台风的常识，以引起城镇居民对台风的认识和树立减轻台风灾害的意识，共同防灾抗灾减灾。

②建立沿海地区减轻台风灾害的常设管理机构。沿海地区特别是台风经常登陆的地区应当建立减轻台风灾害的常设机构。

③实行村镇规划和加强村镇工程建设管理。在常遇台风侵袭的沿海地区村镇，在原有基础上加以整顿、改善，提出最大限度地减轻台风灾害的村镇建设改造规划。

14.5.1.3 台风安全工程的建设

台风安全工程是抵御台风灾害的关键。台风安全工程包括：江海堤围与蓄水工程、沿海渔港防波堤和护岸、城镇雨水管道和排涝设施等。

14.5.2 中心城镇防洪工程建设

14.5.2.1 防洪堤的建设

防洪堤可采用土堤、土石混合堤或是石堤。堤形应根据当地土、石料的质量、数量、分布范围、运输条件、场地等因素综合考虑，经技术经济比较后确定。

土堤和土石混合堤，堤顶宽度应满足堤身稳定和防洪抢险的要求，但不宜小于 4 m，如堤顶兼作城镇道路，其宽度应按城镇公路标准确定。

1）土堤

土堤选择时主要取决于当地筑堤涂料质量、数量及分布情况，在造型上要求考虑城镇环境美化，利用天然河道，给城镇居民创造休息和游览条件。

沿海和受海潮影响的河口堤防，经常承受海潮和波浪的冲击，因此堤防强度和稳定性要求更高，并要求较强的抗海浪冲击性能。

2）石堤和钢筋混凝土堤

迎水面水流流速大、风浪冲击力强的堤段，宜采用石堤或钢筋混凝土堤。受潮水和海浪冲击强度大的海堤，宜采用重力式浆砌石堤或混凝土堤。根据需要可设置反滤层或过滤层。

14.5.2.2 防洪闸的建设

1）防洪闸的分类

在城镇防洪工程中常见形式有下列3种防洪闸：

a. 防潮闸。

在感潮河段，为防止由于潮水顶托，使河道泄洪能力受阻，而危及城镇安全，所以在河口附近或支流上修建防潮闸，以提高河流的泄洪能力。

b. 分洪闸。

当洪水超过河道安全泄量时，为确保下游城镇安全，采取分洪与滞洪措施。为了控制流量的分配，在分洪道或滞洪区的进口修建分洪闸。

c. 滞洪闸。

在河流支流或滞洪区下游，为了挡住外部洪水，防止淹没并及时排泄内水，须在堤上修建泄洪闸。

2）防洪闸的位置选择

防洪闸的闸址，在选择防洪闸位置的时候一般应考虑以下因素：

①应符合整个防护工程的要求。

②应根据其功能和应用要求，综合考虑地形、地质、水流、泥沙、潮汐、航运、交通、施工和管理因素，经技术经济比较确定。

③应选择在水流流态平顺、河床与岸坡稳定的河段。

④应尽可能选择在地基密实、均匀、压缩性小、承载力较大和抗渗稳定性好的天然地基，应避免采用人工处理地基。

⑤交通方便，有足够开阔的场地。

⑥要有良好的进水（出水）条件，以减少分洪（或泄洪闸）对江河的淤积或冲刷影响。

⑦分洪闸寨之选择应尽量靠近城镇及滞洪区，以充分发挥对城镇河段的分洪作用，并减少分洪道的工程量。

14.5.2.3 排洪渠道和截洪沟的建议

1）排洪明渠

排洪明渠线的走向：

①在设计流量确定后，排洪渠线走向是工程的关键，要做多方案比较。

②要与城镇总体规划密切结合。

③要从排洪安全角度出发，应选择分散排放渠线。

④尽可能利用天然渠道，但应保证水流顺畅，如不顺畅，可考虑改道。

2）排洪暗渠

有一些中心城镇处于半山区或丘陵区，山洪天然冲沟往往通过市区，给市容、环境卫生和交通运输带来一系列问题，在中心镇道路的立面规划时，应考虑如下因素。

①排放暗渠设在车行道下面，覆土厚度不宜小于0.7m。

②为了检修和清淤，应根据具体情况，100～300m设一座检查井，在断面、高程、方向变化出增设检查井。

③暗渠受河水倒灌而引起灾害时，可在出口设置闸口。

3）截洪沟

截洪沟是拦截山坡上的径流，使之排入山洪沟或排洪渠沟内，以防止山坡径流到处漫流，冲蚀山坡，造成危害。

14.5.2.4 排涝泵站的建设

根据排水地区的面积和地形等自然条件，实行高低水分流、主客水分流、自然和抽排结合。需要防渍或治碱的地区，也需要抽排地下水，控制地下水位，保障农业生产发展。因此，排水站的任务包括排涝、排渍和排碱等多个方面。

1）设计量程的确定

确定排水站设计流量的主要依据，是由规划中确定的治涝设计标准相应的降雨量和排水面积、地形，以及河湖的调蓄水量、田间蓄水量和作物耐淹程度等因素。

2）特征扬程的确定

排水站的特征扬程计算是净扬程和管理水利损失之和。净扬程是由排水站的外河水位（外水位）和进水池水（内水位）中有代表性的水位（称为特征水位）来确定。

14.5.3 消防安全工程的建设

14.5.3.1 消防给水建设

1）消防给水系统建设

中心城镇的消防给水系统和消防设施，一般采用消防、生产、生活合一的给水系统。消防用水可以由给水管网、天然水源或消防水池供给。利用天然水源时，应设置通向水源地的消防车通道，并确保枯水期最低水位时消防用水的可靠性，同时要设置可靠的取水设施。

目前，中心城镇在消防供水方面存在不同程度的问题，主要包括：水量小、水压低；市政消火栓缺少或者间距大、数量少；管道陈旧，缺乏检修更新。

2）中心城镇消防站

中心城镇要按照公安部和建设部颁布的《城镇消防站布局与技术装备标准》（GWJ－82）的规定，结合本地的工业、商业、居住、人口密度、建筑现状以及道路、水源、地形等情况，合理设置消防站（队）。目前我国小城镇布设消防站，中心城镇和规模较大的一般城镇应规划配置消防站，并为周围村镇服务，其责任区已根据县域规划来确定。

消防站的位置应选择在本责任区的中心或靠近中心的地点，当消防站责任区的最远点发生火灾时，消防车可迅速赶到火场，及早进行扑救。

消防站必须设置在交通方便，利于消防车迅速出发的地点。一般可考虑设置在主要公路、街道的十字路口附近或主要街道的旁边。

为了使消防车在接警出动和训练等不致影响医院、学校、托儿所、幼儿园等单位的治疗、休息、上课等正常活动，同时防止人流集中时影响消防车迅速、安全地出动，消防站的位置距上述单位建筑应保持足够的距离，一般应在50m之外。

3）中心城镇消防通道

①为保证消防车辆顺利通行，城镇道路的规划建设必须考虑消防要求，其宽度不小于4m。

②根据消火栓保护半径150 m的作用范围，消防道路平行间距应控制在160 m以内。当建筑物沿街部分超过150 m或总长度超过220 m时，应在建筑物适中位置穿越建筑的消防车道。

③消防车道穿过建筑的门洞时，其净宽、净高不应少于4 m；门垛之间的净宽不应少于3.5 m。

④占地面积超过3 000 m^3 的甲、乙、丙类厂房、大型公共建筑、大型堆场、储罐区、重要建筑物四围应设环形消防通道。

⑤消防通道的转弯半径不应小于9 m，回车场面积不应小于12 m×12 m。

14.5.4 抗震安全工程的建设

14.5.4.1 防震目标的确定与设防原则

地震烈度分为12度。1～5度，建筑基本无损坏；6度，建筑有损坏，少量破坏；7～9度时，则建筑大多被损坏和破坏，严重时倒塌；10度以上为毁灭性地震烈度，房屋建筑普遍毁坏，通常不在建筑涉及范围内。

抗震标准主要包括房屋（建筑物）、铁路、公路、港口、水工建筑物、管道等工程的抗震设计标准及鉴定加固标准。抗震标准有基础标准、通用标准和专用标准。

根据我国国情和震情，确定抵御6级地震为地震防灾减灾十年目标，体现当今国际上逐步发展的“小震不坏，大震不倒”的二次设计概念。

14.5.4.2 地震区的土地利用

地震区城镇的土地利用除应遵循城镇规划的基本要求外，应充分发挥对防震抗震有利的场地因素的作用和减少不利因素的影响。地震区土地利用的基础是抗震设防小区和岩土地震工程评价。

抗震设防小区和岩土地震工程评价的根本目的是对城市各部分场地地层的地震效应进行科学的评价和分区，并在此基础上结合土地利用规划寻求场地动力响应和结构动力响应之间的合理搭配。

城镇地震土地规划中断层带、边坡稳定、地震时可液化地基的加固方面的要求如下：

①地震区城镇和工矿企业中，坡度在25度以上的土地应制定为绿化保护区，一般不进行开发建设，坡度为10度～25度的土地当能保证其抗震稳定性且有完善排水设施的条件下方可进行有限的开发利用。

城镇中所有建筑物、构筑物和公用设施的基础都不应坐落在地震时有滑坡危险的地层上。为避免可能的滑坡，地震区河岸两侧宜开辟为绿化保护区。

②断层作为地壳岩石中的结构面在地层中的分布是相当广泛的，需要研究断层周围地震强度的分布、特性和断层破裂的可能性，根据严重程度对其利用开发加以限制和管理。一般断层破碎带的宽度不超过0.5 km（走坡断层）或1～2 km（倾滑断层）。

③液化地基的改良可根据具体情况选用换土、强夯、振冲、挤密桩或振动挤密桩、振密法和旋喷桩法等。

14.5.4.3 生命线工程的抗震防灾

城镇生命线系是指那些维持市民日常生活必不可少的交通及电力、煤气、自来水供应等供给系统，包括陆空交通运输系统、水供应系统、能源共给系统、信息情报系统四大网络体系以及急救中心、消防中心、疏运通道等设施。

城镇生命线工程的抗灾防灾减灾措施包括如下几个方面。

1）电力工程

电力工程系统是生命线的核心。保持城镇供电系统地震时不停电或迅速恢复供电，保持电网稳定和安全，电力系统抗震防灾对策如下：

①电厂、枢纽变电站中各类建筑物和设施之间应保持必要的安全距离和疏散通道，防止次生灾害的发生、蔓延和扩大。

②在地震区变电站中采用抗震性能较好的瓦斯继电器。

③输配电设备中广泛应用的断路器、隔离开关、避雷器等设备上装减震器或阻尼器等各种装置来减少设备对地震的动力反应。

2）道路、桥梁

由道路、桥梁组成的运输生命线网络是抗震救灾工作中不可缺少的重要环节。确保道路桥梁的抗震安全和震后的抢修恢复是城镇生命线工程的基本组成部分。

①道路、桥梁的抗震安全度主要应从新建工程的设计、施工和现有工程的震害预测、抗震鉴定和加固等几个方面来加以保证。

②对现有路段主要检查包括地基的抗震稳定性、对路面应加强平时的维修和保养。

③在桥梁抗震鉴定中重点检查顺桥方向的抗震稳定性，包括桥墩的抗震强度和桥台、地基基础的稳定性。

④拱桥具有较好的抗震性能，破坏往往是由于地基失效致河岸迫失稳引起的，因此首先要检查桥台、桥墩及地基、基础的抗震稳定性，当不能满足要求时应考虑加固。

⑤公路、铁路桥桥面宽度小于6 m的桥梁由于侧向刚度太弱，地震时容易遭受破坏，地震区的虹桥和跨度较大的梁式桥桥面宽度不应小于7 m，对不满足此要求的桥梁宜增强其侧向刚度。

3）煤气、热力工程。

煤气、热力工程的抗震防灾措施主要是防止可能发生的次生灾害，保障安全供给，应该注意以下几点：

①各类煤气设施储气罐、煤气管道和场内建筑物都应根据其在地震中可能发生的问题采取防御措施，包括通过增强结构本身的抗震强度和耗能能力和增加地震保护装置。

②对大型储罐应着重保障地基基础和罐壁的抗震能力，对螺旋罐同时应加强定环、钢水槽平台和其他搭节升降滑动部分的抗震稳定性。

③管网应采取环状布置，特别是对不能中断供气的用户，应有第二环路保障其迅速恢复。重要管道都应有切断装置，一旦有事故发生可迅速排除险情。地下埋设的管道、阀门、接口、管件应经常检查，发现损坏随时维修或更换。

④地下埋设的中低压煤气管道当采用承插式铸铁管时应采用柔性接口。

⑤石油液化气罐瓶装站的建筑物应进行认真的抗震防灾检查，不符合标准的应该限期采取措施直至符合要求。液化气罐不允许重叠堆放，平台边缘应有围栏，防止液化气罐滑倒。

⑥城镇热力系统抗震防灾的重点应集中在生产基地和管网，首先要维护供热系统本身的安全，其次也要防止由于供热管道破坏而造成的热能散逸引发火灾和爆炸。

⑦为了加速抢险排险，应准备必要的应急设备和器材，如急切断阀、小型罐瓶、管材、消防水泵、化学消防车和其他灭火器材。

4）给水排污工程

城镇供水系统的抗震防灾措施考虑如下几点：

①综合治理城镇管网，未形成环路的部分应尽快改造成环状，网络中应设置一定的调压设备，并多设闸门控制，便于震后分割、抢修。重要的闸门应有井室保护。管网中消火栓的设置应符合防火规范的要求。

②过河管道和通过液化地基和其他软弱地基的管道采用钢管敷设。

③经过活动断层和地质条件决然不同的地段的重要干管宜加隧道保护或采取其他能抵御错动的措施。

④逐步发展城镇综合管道沟，将各种管道按规定要求布置在大管沟中，便于维修和检查，有利于抗震。

14.6 中心城镇防灾工程的管理与维护

14.6.1 中心城镇防灾的应急管理

14.6.1.1 灾害评估的意义

当代城镇灾害危险性表现在自然巨灾、人为灾害及混合性灾害（含环境公害）。从现代城镇突发性事故灾害机理分析入手，灾害评估的目的是估算在没有采取预防措施时，可能造成的社会、经济损失，以供规划和决策人员采取防灾措施。

14.6.1.2 综合减灾应急管理系统模式研究

城镇综合减灾应急管理模式研究的主要内容包括：

①综合减灾应变能力。一般的，对于严重的事故灾害，若可事先估计准确，采取的防灾措施得当，会使损失减轻10%～30%，若预报信息不准确，就会造成不必要的浪费甚至引起城镇社会的震荡。在城镇减灾对策中的能力应变能力是综合减灾管理中突出问题。

②明确城镇综合防灾及应急对策的任务和范围，明确城镇综合减灾应急预案的基本构成原理：建立完善的组织管理指挥系统，要充分考虑与平时组织管理体制、平时城镇运转调度各指令系统及通讯系统的一致性。建立强有力的应急工程抢险保障体系，拥有素质高的人才队伍。建立协调一致的安全保障体系既要严格“应急法规”调整城镇各种社会关系。城镇突发事件状态下的安全生产运营保障体系，目的不仅仅在于保障生产，而在于防止事故扩大化，为城镇减灾提供必要保障。灾时后勤保障体系，主要指技术保障、物资设备保障、生活保障等。灾时信息及历史资料保障系统。

14.6.1.3 城镇灾害经济的保险管理机制

城镇灾害的经济保险管理机制的目的在于：

①提高科学预测的基础上，保证城镇各项防灾抗灾工程的实施，提高灾害保险的承保能力和承保容量，确保和提高承保效益。

②保证城镇灾后的经济发展。确立放在经济投入的最优化方法，一是灾害总体的经济损失和消耗最低，这是“最小经济负担”思想；二是防灾经济效益最大，这是“最大经济效益”的思想。

14.6.2 中心城镇防灾工程的安全

中心城镇建设是解决三农问题的必然选择，而随着中心城镇经济的发展，将形成新的产业圈，城市的大量工业企业已不断迁往乡镇，引进的工业企业也大多落户乡镇，生产活动中的火灾、爆炸、中毒、建筑物坍塌、交通等重大事故将会增加，由此将会造成大量人员伤亡或是造成巨大的财产损失或环境损害，或者几者兼而有之。因此，中心城镇建设应结合2002年6月29日我国公布的《安全生产法》，重视生产活动事故预防、安全管理和应急救援系统的建设。

1）安全生产管理

①安全生产管理，坚持安全第一、预防为主的方针。

②中心城镇政府应当根据本行政区域内的安全生产状况，组织有关部门按照职责分工，对本行政区域内容易发生重大生产安全事故的生产经营单位进行严格检查；发现事故隐患，应当及时处理。

③对安全生产负有监督管理职责的部门依照有关法律、法规的规定，对涉及安全生产的事项需要审查批准（包括批准、核准、许可、注册、认证、颁发证照等，下同）或者验收的，必须严格依照有关法律、法规和国家标准或者行业标准规定的安全生产条件和程序进行审查；不符合有关法律、法规和国家标准或者行业标准规定的安全生产条件的，不得批准或者验收通过。对未依法取得批准或者验收合格的单位擅自从事有关活动的，负责行政审批的部门发现或者接到举报后应当立即予以取缔，并依法予以处理。对已经依法取得批准的单位，负责行政审批的部门发现其不再具备安全生产条件的，应当撤销原批准。

2）安全应急救援系统

①中心城镇政府应当组织有关部门制定本行政区域内特大生产安全事故应急救援预案，建立应急救援体系。

②危险物品的生产、经营、储存单位、建筑施工单位应当建立应急救援组织；生产经营规模较小，可以不建立应急救援组织的，应当指定兼职的应急救援人员。

③建立通畅和快速的事故汇报反应渠道。生产经营单位发生生产安全事故，事故现场有关人员应当立即报告本单位负责人。单位负责人接到事故报告后，应当迅速采取有效措施，组织抢救，防止事故扩大，减少人员伤亡和财产损失，并按照国家有关规定立即如实报告当地负有安全生产监督管理职责的部

门。负有安全生产监督管理职责的部门接到事故报告后，应当立即按照国家有关规定上报事故情况。

④任何单位和个人都应当支持、配合事故抢救，并提供一切便利条件。

⑤事故调查处理应当按照实事求是、尊重科学的原则，及时、准确地查清事故原因，查明事故性质和责任，总结事故教训，提出整改措施，并对事故责任者提出处理意见。任何单位和个人不得阻挠和干涉对事故的依法调查处理。

14.6.3 中心城镇防灾工程的管理与维护

14.6.3.1 中心城镇灾害管理

1）中心城镇灾害管理需要解决的问题

中心城镇灾害管理还存在以下问题需要解决：

①建立中心镇灾害预报预测体制，完善灾害事故预警系统。

②科学制定中心镇防灾减灾规划。

③科学合理地制定中心镇防灾与减灾指挥调度，包括人、财、物的积聚、分配和调度等制度。

④设计和评估中心镇灾害发生人员紧急疏散与救治方案。

⑤灾害发生时跨地区和跨部门的协调和合作。

⑥重视灾害保险原理，科学评估灾害损失，合理制定灾害重建规划。

⑦建立并不断完善灾害管理网络信息系统。

⑧重视和研究灾害安全管理的理论和技术。

⑨研究灾民行为学，设计和制定减灾公众响应与政策。

2）中心镇灾害管理的内容

城镇灾害主要研究灾害的形成机理和运动规律，而城镇灾害的管理制度则应研究如何进行抗灾减灾和灾害的管理。其研究管理的内容应包括：

①灾害管理的一般原理。

②灾害预测预报、事故预警技术。

③抗灾减灾规划的理论和方法。

④抗灾减灾指挥调度的理论和方法。

⑤减灾支持系统的设计理论和实现技术。

⑥减灾政策协调与组织设计。

⑦灾害损失的评估与灾害保险。

⑧灾害管理网络系统。

⑨安全管理的理论和技术。

⑩减灾公众响应与灾民行为学。

⑪抗灾减灾的技术选择。

⑫灾后重建规划的理论和方法。

⑬减灾抗灾的法律和法规研究。

14.6.3.2 城镇防灾体系的管理

中心城镇防灾体系管理工作有以下几个要点：

①要发挥政府的主导作用。政府在防灾减灾工程的设计、实施和管理中应起到核心和主导的作用。

②要通过市场经济手段来提高防灾减灾水平。

③坚持以人为本的防灾减灾工作原则。

④平灾结合，建立城市同一的应急指挥系统。

⑤加强社会监督和舆论监督。

14.6.3.3 城镇防灾体系的管理

在中心城镇防灾工程的维护过程中，需要建立防灾减灾的综合维护思想，建立中小城镇应急指挥系统总体方案，其基本维护原则包括：

1）“属地维护，分级负责”的原则

实行“属地维护”的原则，条块结合，以块为主，由地方政府同意指挥协调相关部门，保证对突发事件的有效控制和快速处置，定期对城镇防灾抗灾基础设施进行监督和维护。

2）“统一高效，灵敏快捷”的原则

处理紧急事件和实施定期维护时，力争减少环节，“一竿子插到底”，保证指挥系统发布的指令能在最短的时间内传达到基层执行单位。

3）“平战结合，以平备战”的原则

将城镇灾害的应急处置与防灾设施的平时维护有机结合起来。把应急管理的各项工作落实在日常维护之中，增强预警分析能力，提高防范水平，力争防止重大突发事件的发生。

4）“资源整合、逐步提升”的原则

做好资源整合工作，本着节俭、务实、高效能的精神，充分利用、发挥现有资源的作用，对已有的各类应急指挥机构、人员、设备、信息、工作方式等进行整合。

附录　技术规范与标准

1）《公路隧道设计规范》（JTJ 026—90）
2）《公路隧道施工技术规范》（JTJ 042—94）
3）《地下铁道工程施工及验收规范》（GB 50299—1999）
4）《公路隧道勘测规程》（JTJ 063- 85）
5）《地下工程防水技术规范》（JTJ 50108—2001）
6）《城市污水再生利用分类》（GB/T18919—2002）
7）《污水排水城市下水道水质标准》（CJ3082—1999）
8）《水污染物排放限值》（DB44/26—2001）
9）《中华人民共和国城市规划法》（1989）
10）《污水排入城市下水道水质标准》（CJ 3082—1999）
11）《低压锅炉水水质标准》（GB1576—86）
12）《污水再生利用工程设计规范》（GB50335—2002）
13）《城市污水再生利用城市杂用水水质》（GB18921—2002）
14）《城市污水再生利用景观环境用水水质》（GB18921—2002）
15）《地表水环境质量标准》（GB3838—2002）
16）《农田灌溉水质标准》（GB5018—92）
17）《污水综合排放标准》（GB8978—1996）
18）《广东省水污染排放限值》（DB44/26—2001）
19）《城镇污水处理厂污染物排放标准》（GB18918—2002）
20）《中华人民共和国电力法》1996
21）《电力供应与使用条例》1996
22）《城市电力规划规范 》（GB/T50293—1999）
23）《城市电力网规划设计导则》（能源电力 228—1993）
24）《城市中低压配电网改造技术导则》（DL/T5188—2000）
25）《城镇燃气设计规范》（GB50028—93）[2002 年版]
26）《城镇直埋供热管道工程技术规程》（CJJ/T81—98）
27）《压力管道安全管理与监察规定》[1999 年版]
28）《工业企业煤气安全规程》（GB6222—86）
29）《城市燃气管理办法》（建设部令 [62 号]）
30）《城市燃气安全管理规定》（建设部、劳动部、公安部令 [第 10 号]）
31）《城镇燃气输配工程施工及验收规范》（CJJ33—89）
32）《中华人民共和国邮政法》
33）《中华人民共和国邮政法实施细则》
34）《城市邮电支局所工程设计暂行技术规定》（YDJ61—90）
35）《县（市）邮电支局所工程设计规范》（YD2005—93）
36）《农村邮电支局所工程设计规范》（YD2006—92）

37）《住宅区信报箱群（间）工程设计规范》（YD/T2009—93）
38）《邮政汽车运输站工程设计规范》（YD2010—93）
39）《邮亭、报刊亭、报刊门市部工程设计规范》（YD2013—94）
40）《邮电建筑防火设计标准》（YD5002—94）
41）《邮件转运站工程设计规范》（YD5008—95）
42）《邮件处理中心工程设计规范》（YD5013—95）
43）《报刊分发设施工程设计规范》（YD5016—95）
44）《邮件处理中心电视监控系统设计规范》（YD5030—97）
45）《邮政金融计算机网络系统工程设计暂行规定》（YD5042—97）
46）《邮政通信设备安装工程施工及验收暂行规定第一册、第二册》（YD5009）
47）《城市道路绿化规划与设计规范》的通知（C1997259 号）
48）《本地电话网通信管道与通道工程设计规范》（YD5007—95）
49）《通用基础通信工程建设标准》
50）《电信工程制图与图形符号》（YD/T5015—95）
51）《电信专用房屋设计规范》（YD5003—94）
52）《邮电建筑防火设计标准》（YD5002—94）
53）《通信设备安装抗震设计暂行规定》（YD2003—92）
54）《通信工程建设环境保护技术规定》（YD5039—97）
55）《通信电源设备安装设计规范》（YD5040—97）
56）《综合电信营业厅设计标准》（YD5047—97）
57）《通信局（站）接地设计暂行技术规定（综合楼部分）》（YDJ26—89）
58）《邮政通信工程建设标准》
59）《城市邮电支局所工程设计暂行技术规定》（YDJ61—90）
60）《县（市）邮电支局所工程设计规范》（YD2005—93）
61）《农村邮电支局所工程设计规范》（YD2006—92）
62）《住宅区信报箱群（间）工程设计规范》（YD/T2009—93）
63）《邮政汽车运输站工程设计规范》（YD2010—93）
64）《邮亭、报刊亭、报刊门市部工程设计规范》（YD2013—94）
65）《邮电建筑防火设计标准》（YD5002—94）
66）《邮件转运站工程设计规范》（YD5008—95）
67）《邮件处理中心工程设计规范》（YD5013—95）
68）《报刊分发设施工程设计规范》（YD5016—95）
69）《邮件处理中心电视监控系统设计规范》（YD5030—97）
70）《邮政金融计算机网络系统工程设计暂行规定》（YD5042—97）
71）《无线通信工程建设标准》
72）《公用移动电话工程设计规范》（YD2007—93）
73）《微波站防雷与接地设计规范》（YD2011—93）
74）《数字微波（PDH 部分）接力通信工程设计规范》（YD5004—94）
75）《同步数字系列（SDH）微波接力通信系统工程设计暂行规定》（YD5019—96）
76）《国内卫星通信小型地球站 VAST 通信系统工程设计暂行规定》（YD5028—96）
77）《点对多点微波通信工程设计规范》（YD5031—97）
78）《集群通信工程设计暂行规定》（YD5034—97）
79）《国内卫星通信地球站工程设计规范》（YD5050—97）

80)《微波接力通信设备安装工程施工及验收技术规范》(YD2012—94)
81)《卫星通信地球站设备安装工程施工及验收技术规范》(YD5017—96)
82)《集群通信设备安装工程验收暂行规定》(YD5035—97)
83)《点对多点微波设备安装工程验收规范》(YD5038—97)
84)《接入网、本地网工程建设标准》
85)《城市住宅区和办公楼电话通信设施设计标准》(YD/T2008—93)
86)《城市居住区建筑电话通信设计安装图集》(YD5010—95)
87)《用户接入网工程设计暂行规定》(YD5023—96)
88)《本地电话网通信管道与通道工程设计规范》(YD5007—95)
89)《本地电话网用户线线路工程设计规范 》(YD5006—95)
90)《本地电话网局间中继同步数字系列光缆传输工程设计规范 》(YD5024—96)
91)《通信管道工程施工及验收技术规范》(YDJ39—90)
92)《城市住宅区和办公楼电话通信设施验收规范》(YD5048—97)
93)《本地网通信线路工程验收规范》(YD5051—97)
94)《长途有线传输工程建设标准》
95)《长途通信干线光缆数字传输系统线路工程设计暂行技术规定》(YDJ14—91)
96)《光缆线路对地绝缘指标及测试方法》(YD5012—95)
97)《海底光缆数字传输系统工程设计规范》(YD5018—96)
98)《 同步数字系列(SDH)长途光缆传输工程设计暂行规定》(YD5021—96)
99)《 长途通信光缆塑料管道工程设计暂行技术规定》(YD5025—96)
100)《 长途通信传输机房铁架、槽道安装设计标准 》(YD5026—96)
101)《 光缆通信工程无人值守电源设备安装设计暂行规定》(YD5046—97)
102)《 电信网光纤数字传输系统工程及验收暂行技术规定》(YDJ44—89)
103)《 数字复用设备安装工程施工及验收技术规范(PDH)》(YD5014—95)
104)《 长途通信光缆塑料管道工程验收暂行规定 》(YD5043—97)
105)《 同步数字系列(SDH)光缆传输设备安装工程验收暂行规定 》(YD5044—97)
106)《 交换 、数据、支撑工程建设标准》
107)《 程控电话交换设备安装设计暂行技术规定》(YDJ20—88)
108)《 长、市话交换局房设计参考平面图册》(YD/T5001—94)
109)《 No. 7 信令网工程设计暂行规定》(YD5005—94)
110)《 数字同步网工程设计暂行规定》(YD5020—96)
111)《 公用分组交换数据网工程设计规范》(YD5022—96)
112)《 通信电源集中监控系统工程设计暂行规定 》(YD5027—96)
113)《 数字数据网工程设计暂行规定》(YD5029—97)
114)《 会议电视系统工程设计规范》(YD5032—97)
115)《 智能网工程设计暂行规定》(YD5036—97)
116)《 中国公用计算机互联网工程设计暂行规定 》(YD5037—97)
117)《 传真存储转发业务网工程设计暂行规定》(YD5041—97)
118)《 市内电话程控交换设备安装工程施工及验收暂行技术规定》(YDJ50—88)
119)《 电报、传真设备安装工程施工及验收技术规范 》(YD5011—95)
120)《 会议电视系统工程验收规范 》(YD5033—97)
121)《城市生活垃圾卫生填埋技术标准》(CJJ17—88)
122)《生活垃圾填埋污染控制标准》(GB16889—1997)

123）《生活垃圾填埋场环境监测技术标准》（CJ/T3037—1995）
124）《生活垃圾焚烧污染控制标准》（GWKB3—2000）
125）《城市生活垃圾堆肥处理厂技术评价指标》（CJ/T3059—1996）
126）《城镇垃圾农用控制标准》（GB8172—87）
127）《粪便无害化卫生标准》（GB7959—87）
128）《恶臭污染物排放标准》（GB14554—93）
129）《城镇建设常用规范集 4 环境卫生工程及其他规范》
130）《城市粪便处理厂运行、维护及其安全技术规程》（CJJ/T30—99）
131）《城市公共厕所规划和设计标准》（CJJ14—87）
132）《城市环境卫生设施设置标准》（CJJ27—89）
133）《交换数据网工程验收规范》（YD5045—97）
134）《建筑防火设计规范》（修订本）（GBJ16—87）
135）《村镇建筑设计防火规范》（GBJ37—90）
136）《火灾自动报警系统设计规范》（GB50116—98）
137）《建筑抗震设计规范》
138）《建筑结构设计统一标准》
139）《构建物抗震设计规范》
140）《工业与民用建筑抗震鉴定标准》
141）《工业构筑物抗震鉴定标准》
142）《铁路工程抗震设计规范》
143）《公路工程抗震设计规范》